mini
débutants

mon premier vrai dictionnaire

LAROUSSE

17 RUE DU MONTPARNASSE 75298 PARIS CEDEX 06

C

Photocomposition M.C.P. – Fleury-les-Aubrais.

IMPRIMERIE JEAN DIDIER, STRASBOURG. – Juin 1985.
Dépôt légal Juin 1985. – N° de série Éditeur 13306.
IMPRIMÉ EN FRANCE *(Printed in France).* 320119 C-avril 1986.

ISBN 2-03-320119-8

direction et rédaction

Claude KANNAS

dessins originaux de

Danièle SCHULTHESS
assistée de Isabelle PIERRON

maquette

Serge LEBRUN
assisté de Simone PIERRE

correction-révision

Christine EYROLLES-OUVRARD

coordination illustration

Danielle JOURDRAN

légendes des illustrations

Mireille CHENU
Henri DEWITTE

couverture

Gérard FRITSCH

un dictionnaire fait pour toi

Quand tu parles, tu utilises des mots. Et pour te faire bien comprendre, tu sais déjà qu'il faut employer le mot exact, celui qui veut dire ce que toi tu veux dire.

Quand tu lis, quand tu écoutes ce qui se dit autour de toi, il y a bien souvent des mots dont tu n'es pas sûr ou que tu ne connais pas. Tu penses qu'ils veulent dire quelque chose, mais tu ne saurais pas bien dire quoi.

Ton **Mini-Débutants** est là pour t'expliquer ce que les mots veulent dire, avec des phrases faites pour toi.

Quand tu écris, c'est la même chose : celui qui te lit doit bien reconnaître tes mots pour bien te comprendre. Chaque mot est fait de lettres qui ont chacune une place bien précise.

Ton **Mini-Débutants** est là pour t'aider à trouver et à fixer dans ta mémoire cette forme des mots qu'on appelle l'orthographe.

Ton **Mini-Débutants** répond aussi, dans le texte ou dans les dessins, à beaucoup de questions que tu peux te poser : D'où vient le coton ? Qu'est-ce qu'un satellite ? Où sont les planètes ?

Regarde bien tous les dessins qui illustrent les pages. Tu y trouveras d'autres renseignements sur les mots, des idées d'objets à faire toi-même et aussi des petits jeux pour te distraire.

Page 32, nous te présentons Arthur, Judith, David, Marion et bien d'autres petits amis. Ils t'emmèneront au fil des pages de ton **Mini-Débutants** à la découverte des mots.

Dans un dictionnaire, les mots sont rangés dans l'ordre des lettres de l'alphabet. Pour t'aider, nous avons divisé ton **Mini-Débutants** en trois parties :
— jaune pour les mots qui commencent par A, B, C, D, E,
— orange pour les mots qui commencent par F, G, H, I, J, K, L, M, N, O,
— rose pour les mots qui commencent par P, Q, R, S, T, U, V, W, X, Y, Z.

Avec un peu d'habitude, tu sauras vite chercher le B au début, le J vers le milieu, le T vers la fin du dictionnaire.

En haut des pages, il y a ce qu'on appelle les mots-repères. Le mot à gauche est le premier mot de la page de gauche. Le mot à droite est le dernier mot de la page de droite. Quand tu cherches un mot, compare-le avec ces mots-repères pour savoir à quelle page t'arrêter.

Ton dictionnaire est fait comme celui des grandes personnes. Quand tu sauras bien t'en servir, tu auras plaisir à découvrir tout ce que pourront t'apporter les autres dictionnaires.

Amuse-toi bien !

comment chercher un mot ?

Tu cherches, par exemple : **croc**

A
B
C
D

1. Première lettre : **c.** Trouve cette lettre dans les bandes de couleur et ouvre ton livre à l'endroit où le **C** est bien noir.

2. Deuxième lettre : **r.** Regarde les mots-repères en haut des pages jusqu'à ce que tu trouves un mot qui commence par **cr**.
Puis tu fais la même chose pour la troisième lettre **o.**
Tu as trouvé le mot-repère **cro**codile :
croc est entre **cr**êpe et **cro**codile.

3. Tu as trouvé **croc.**

> **croc** (nom masc. : *un* croc). Les crocs d'un chien, ce sont ses grandes dents pointues.
> □ attention, **c** à la fin qui ne se prononce pas.

4. À côté du mot, on te dit que c'est un nom et qu'il est masculin (masc.). On l'emploie donc avec *un* ou *le*.

5. Ensuite tu lis l'explication du mot.

6. Il y a un petit carré □ après l'explication du mot.
C'est pour te signaler :
— une difficulté d'orthographe,
— une difficulté de prononciation,
— un dessin que tu trouveras à un autre mot,
— un autre mot qu'on te conseille d'aller regarder.

✱ Souviens-toi : masc. = masculin, et fém. = féminin.

✱ À la lettre H, tu remarqueras une petite étoile * devant certains mots. Cela veut dire que le h est « aspiré » : on ne doit pas faire de liaison en prononçant. Par exemple, pour *héros, il faut dire des/héros [deero] sans prononcer le s de *des*, et pas [dezero].

je connais les lettres et les signes

l'alphabet :

en majuscules d'imprimerie

A B C D E F G H I J K L M
N O P Q R S T U V W X Y Z

en minuscules d'imprimerie

a b c d e f g h i j k l m
n o p q r s t u v w x y z

en majuscules d'écriture

A B C D E F G H I J K L M
N O P Q R S T U V W X Y Z

en minuscules d'écriture

a b c d e f g h i j k l m
n o p q r s t u v w x y z

les accents :

l'accent grave : è
l'accent aigu : é
l'accent circonflexe : ê
le tréma : ë

la ponctuation :

le point .
les deux points :
la virgule ,
le point virgule ;
le point d'interrogation ?
le point d'exclamation !

les signes :

les parenthèses ( )
les guillemets « »

je prononce et j'écris

Un même son peut s'écrire de différentes façons.
Voici un code, qu'on appelle l'« alphabet phonétique »,
et voici différentes façons d'écrire les sons.

voyelles

[ɑ] pâte, tas
[a] lac, là, femme
[e] pré, pied, payer, canoë
[ɛ] fer, mère, aile, reine, Noël, être, paye
[ə] serin, faisan
[œ] peuple, œuf, club, cueillir
[ø] feu, vœu
[i] lit, île, cygne
[j] lion, rail, maille, crayon, yeux
[ɔ] or, Paul, sotte
[o] sot, rôle, au, eau, football
[y] tube, mûr, eu
[ɥ] lui, aiguille
[u] fou, goût, saoul, où, football
[ɑ̃] an, lampe, faon, enlever, embellir
[ɛ̃] fin, impossible, sain, faim, chien, plein
[œ̃] brun, parfum
[ɔ̃] son, sombre
[w] dans [wa] : oiseau, royal, poêle
[wi] : oui
[wɛ] : ouest, western
[wɛ̃] : coin

consonnes

[b] bas
[d] doux, addition
[f] fou, affreux, pharmacie
[g] gare, seconde, gui
[ʒ] jeu, genou, nous mangeons
[k] kilo, carré, coq, quille, chorale
[l] lit, allée
[m] maman, grammaire
[n] nuage, panne
[p] pot, appeler
[r] rat, arracher, rhume
[s] sac, assis, cent, science leçon, patience, ration, soixante
[t] tas, attaque, théâtre
[v] voiture, wagon
[z] rose, zéro, deuxième
[ʃ] chat, shampooing, schéma
[ɲ] montagne
[ks] extraordinaire, accident
[gz] examiner

N'oublie pas :

Le **h** ne se prononce pas. Il peut se cacher dans le mot.
Penses-y quand tu cherches dans ton dictionnaire.
Ainsi tu trouveras **o**péra à la lettre **o**,
mais **h**ôpital à la lettre **h**,
témoin à **t-é-** mais **thé**âtre à **t-h-é-**.

je ne confonds pas

Certains mots se prononcent de la même manière
mais ils ne s'écrivent pas de la même manière.
Apprends à y faire attention.
En voici quelques-uns :

a Il **a** un bonbon
(c'est le verbe **avoir** → j'ai, tu as, il **a** un bonbon)

à J'habite **à** Paris
(ce n'est pas le verbe, je mets l'accent)

est Il **est** grand
(c'est le verbe **être** → je suis, tu es, il **est** grand)

et Un livre **et** un cahier
(ce n'est pas le verbe, je peux dire « **et** puis »)

ont Ils **ont** des livres
(c'est le verbe **avoir** → nous avons, ils **ont** des livres)

on **On** a fini
(ce n'est pas le verbe, je peux dire « **nous** avons fini »)

sont Ils **sont** gentils
(c'est le verbe **être** → nous sommes, vous êtes, ils **sont** gentils)

son Il prend **son** livre
(ce n'est pas le verbe, je peux dire « je prends **mon** livre »)

ce Je veux **ce** livre (que je te montre = celui-là)

se Pierre **se** lave (je peux dire « je **me** lave »)

ces Je veux **ces** livres (que je te montre = ceux-là)

ses Pierre prend **ses** livres
(à lui, les siens, je peux dire « je prends **mes** livres »).

Voici d'autres mots. Ils ont des sens bien différents.
Cherche bien dans ton dictionnaire quand tu hésites :

une amande (que l'on mange)
une amende (que l'on paye)

une ancre (du bateau)
une encre (pour écrire)

le balai (pour balayer)
le ballet (la danse)

la boue (la terre)
le bout (le morceau)

une cane (un canard)
une canne (pour marcher)

une chaîne (pour attacher)
un chêne (un arbre)

un champ (à la campagne)
un chant (à chanter)

un conte (à raconter)
un compte (à compter)
un comte (une comtesse)

le cor (de chasse)
le corps (de l'homme)

le cou (de la tête)
le coup (que l'on frappe)

la cour (de l'immeuble)
le cours (de français)
le cours (d'eau)

la date (le jour)
la datte (le fruit)

le fil (pour coudre)
la file (la queue)

la fin (de l'histoire)
la faim (l'envie de manger)

le golf (le sport)
le golfe (au bord de la mer)

le pain (à manger)
le pin (l'arbre)

le poignet (de la main)
la poignée (de la porte)

le poing (de la main)
le point (sur le i)

le poil (sur la peau)
le poêle (à charbon)
la poêle (à frire)

le porc (le cochon)
le port (pour les bateaux)

le pâté (du charcutier)
la pâtée (du chien)

il est près (à côté)
il est prêt (préparé)

la reine (et le roi)
les rênes (pour le cheval)
le renne (l'animal)

le repaire (des brigands)
le repère (pour se repérer)

le sel (et le poivre)
la selle (du vélo)

je suis sûr (et certain)
je suis sur la chaise (dessus)

ma tante (et mon oncle)
ma tente (de camping)

le verre (à boire)
le ver (de terre)
le vers (de poésie)
le vert (la couleur)

la voie (de chemin de fer)
la voix (pour parler, chanter)

j'écris les nombres

1	un	21	vingt et un
2	deux	22	vingt-deux
3	trois	30	trente
4	quatre	40	quarante
5	cinq	50	cinquante
6	six	60	soixante
7	sept	70	soixante-dix
8	huit	71	soixante et onze
9	neuf	79	soixante-dix-neuf
10	dix	80	quatre-vingts (avec s)
11	onze	81	quatre-vingt-un (sans s)
12	douze	90	quatre-vingt-dix
13	treize	100	cent
14	quatorze	200	deux cents (avec s)
15	quinze	201	deux cent un (sans s)
16	seize	1 000	mille
17	dix-sept	10 000	dix mille
18	dix-huit	100 000	cent mille
19	dix-neuf	1 000 000	un million
20	vingt	1 000 000 000	un milliard

Pour indiquer la place,
le rang, on dit et on écrit :

1er	premier	11^{e}	onzième
2^{e}	deuxième	12^{e}	douzième
3^{e}	troisième	13^{e}	treizième
4^{e}	quatrième	14^{e}	quatorzième
5^{e}	cinquième	15^{e}	quinzième
6^{e}	sixième	16^{e}	seizième
7^{e}	septième	17^{e}	dix-septième
8^{e}	huitième	18^{e}	dix-huitième
9^{e}	neuvième	19^{e}	dix-neuvième
10^{e}	dixième	20^{e}	vingtième

je mesure

les longueurs

1 millimètre (1 mm)
1 centimètre (1 cm) = 10 mm
1 décimètre (1 dm) = 10 cm
= 100 mm
1 mètre (1 m) = 10 dm
= 100 cm
1 kilomètre (1 km) = 1 000 m

les poids

1 gramme (1 g)
1 kilogramme (1 kg) = 1 000 g
1 quintal (1 q) = 100 kg
= 100 000 g
1 tonne (1 t) = 1 000 kg
et : 1 livre = 500 g
1 demi-livre = 250 g

les liquides

1 millilitre (1 ml)
1 centilitre (1 cl) = 10 ml
1 décilitre (1 dl) = 10 cl
= 100 ml
1 litre (1 l) = 10 dl
= 100 cl
= 1 000 ml

le temps

1 seconde
1 minute = 60 secondes
1 quart d'heure = 15 minutes
1 demi-heure = 30 minutes
3 quarts d'heure = 45 minutes
1 heure = 60 minutes
1 jour = 24 heures
1 semaine = 7 jours
1 mois = 30 ou 31 jours
(sauf février 28/29 jours)
1 an = 12 mois.

je connais les formes et les couleurs

ligne droite verticale

ligne droite horizontale

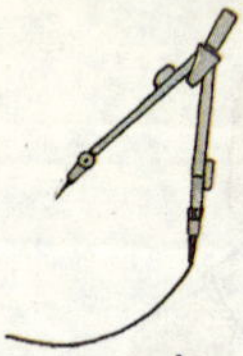
ligne courbe

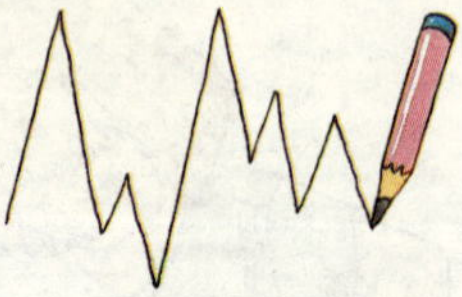
ligne brisée

un cercle

un ovale

un rectangle

un carré

un triangle

un losange

un cube

une sphère

un cylindre

un cône

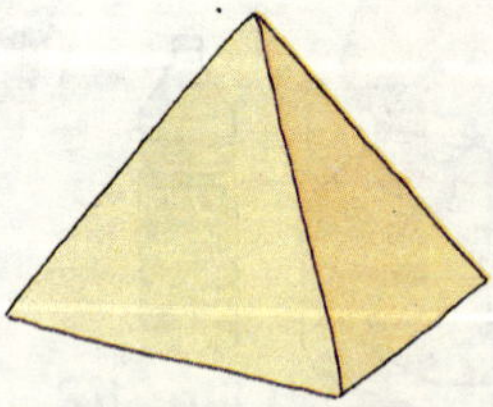
une pyramide

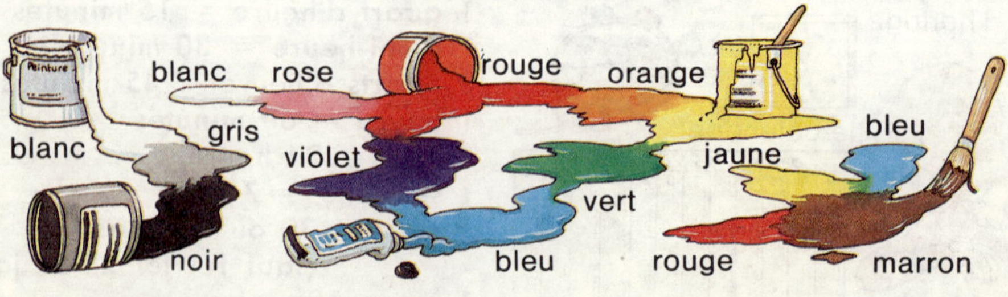

je connais mon corps

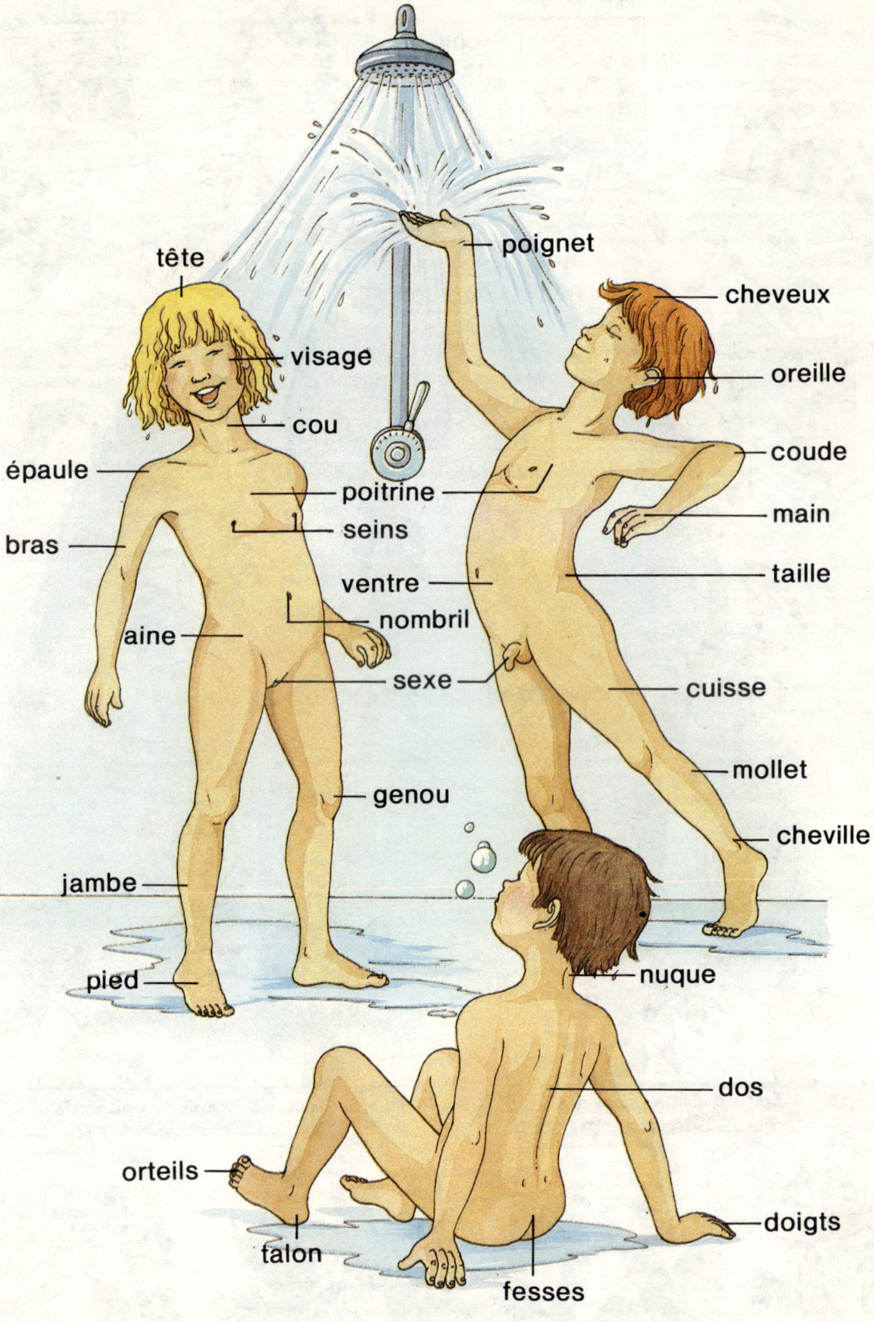

je connais ma famille

je conjugue

avoir

Présent

j' ai
tu as
il, elle a
nous avons
vous avez
ils, elles ont

Futur

j' aurai
tu auras
il, elle aura
nous aurons
vous aurez
ils, elles auront

Imparfait

j' avais
tu avais
il, elle avait
nous avions
vous aviez
ils, elles avaient

Passé composé

j' ai eu
tu as eu
il, elle a eu
nous avons eu
vous avez eu
ils, elles ont eu

Impératif

aie
ayons
ayez

Participe présent

ayant

Participe passé

eu

être

Présent

je suis
tu es
il, elle est
nous sommes
vous êtes
ils, elles sont

Futur

je serai
tu seras
il, elle sera
nous serons
vous serez
ils, elles seront

Imparfait

j' étais
tu étais
il, elle était
nous étions
vous étiez
ils, elles étaient

Passé composé

j' ai été
tu as été
il, elle a été
nous avons été
vous avez été
ils, elles ont été

Impératif

sois
soyons
soyez

Participe présent

étant

Participe passé

été

chanter

Présent

je chante
tu chantes
il, elle chante
nous chantons
vous chantez
ils, elles chantent

Futur

je chanterai
tu chanteras
il, elle chantera
nous chanterons
vous chanterez
ils, elles chanteront

Imparfait

je chantais
tu chantais
il, elle chantait
nous chantions
vous chantiez
ils, elles chantaient

Passé composé

j' ai chanté
tu as chanté
il, elle a chanté
nous avons chanté
vous avez chanté
ils, elles ont chanté

Impératif

chante
chantons
chantez

Participe présent

chantant

Participe passé

chanté

avancer
c/ç

Présent

j' avance
tu avances
il, elle avance
nous avançons
vous avancez
ils, elles avancent

Futur

j' avancerai
tu avanceras
il, elle avancera
nous avancerons
vous avancerez
ils, elles avanceront

Imparfait

j' avançais
tu avançais
il, elle avançait
nous avancions
vous avanciez
ils, elles avançaient

Passé composé

j' ai avancé
tu as avancé
il, elle a avancé
nous avons avancé
vous avez avancé
ils, elles ont avancé

Impératif

avance
avançons
avancez

Participe présent

avançant

Participe passé

avancé

manger
g/ge

Présent

je mange
tu manges
il, elle mange
nous mangeons
vous mangez
ils, elles mangent

Futur

je mangerai
tu mangeras
il, elle mangera
nous mangerons
vous mangerez
ils, elles mangeront

Imparfait

je mangeais
tu mangeais
il, elle mangeait
nous mangions
vous mangiez
ils, elles mangeaient

Passé composé

j' ai mangé
tu as mangé
il, elle a mangé
nous avons mangé
vous avez mangé
ils, elles ont mangé

Impératif

mange
mangeons
mangez

Participe présent

mangeant

Participe passé

mangé

céder
é/è

Présent

je cède
tu cèdes
il, elle cède
nous cédons
vous cédez
ils, elles cèdent

Futur

je céderai
tu céderas
il, elle cédera
nous céderons
vous céderez
ils, elles céderont

Imparfait

je cédais
tu cédais
il, elle cédait
nous cédions
vous cédiez
ils, elles cédaient

Passé composé

j' ai cédé
tu as cédé
il, elle a cédé
nous avons cédé
vous avez cédé
ils, elles ont cédé

Impératif

cède
cédons
cédez

Participe présent

cédant

Participe passé

cédé

acheter
e/è

Présent

j' achète
tu achètes
il, elle achète
nous achetons
vous achetez
ils, elles achètent

Futur

j' achèterai
tu achèteras
il, elle achètera
nous achèterons
vous achèterez
ils, elles achèteront

Imparfait

j' achetais
tu achetais
il, elle achetait
nous achetions
vous achetiez
ils, elles achetaient

Passé composé

j' ai acheté
tu as acheté
il, elle a acheté
nous avons acheté
vous avez acheté
ils, elles ont acheté

Impératif

achète
achetons
achetez

Participe présent

achetant

Participe passé

acheté

jeter
t/tt

Présent

je jette
tu jettes
il, elle jette
nous jetons
vous jetez
ils, elles jettent

Futur

je jetterai
tu jetteras
il, elle jettera
nous jetterons
vous jetterez
ils, elles jetteront

Imparfait

je jetais
tu jetais
il, elle jetait
nous jetions
vous jetiez
ils, elles jetaient

Passé composé

j' ai jeté
tu as jeté
il, elle a jeté
nous avons jeté
vous avez jeté
ils, elles ont jeté

Impératif

jette
jetons
jetez

Participe présent

jetant

Participe passé

jeté

appeler
l/ll

Présent

j' appelle
tu appelles
il, elle appelle
nous appelons
vous appelez
ils, elles appellent

Futur

j' appellerai
tu appelleras
il, elle appellera
nous appellerons
vous appellerez
ils, elles appelleront

Imparfait

j' appelais
tu appelais
il, elle appelait
nous appelions
vous appeliez
ils, elles appelaient

Passé composé

j' ai appelé
tu as appelé
il, elle a appelé
nous avons appelé
vous avez appelé
ils, elles ont appelé

Impératif

appelle
appelons
appelez

Participe présent

appelant

Participe passé

appelé

payer
y/i

Présent

je paie	*ou*	je paye	
tu paies		tu payes	
il, elle paie		il, elle paye	
nous payons		nous payons	
vous payez		vous payez	
ils, elles paient		ils, elles payent	

Futur

je paierai	*ou*	je payerai
tu paieras		tu payeras
il, elle paiera		il, elle payera
nous paierons		nous payerons
vous paierez		vous payerez
ils, elles paieront		ils, elles payeront

Imparfait

je payais
tu payais
il, elle payait
nous payions
vous payiez
ils, elles payaient

Passé composé

j' ai payé
tu as payé
il, elle a payé
nous avons payé
vous avez payé
ils, elles ont payé

Impératif

paye
payons
payez

Participe présent

payant

Participe passé

payé

nettoyer
y/i

Présent

je nettoie
tu nettoies
il, elle nettoie
nous nettoyons
vous nettoyez
ils, elles nettoient

Futur

je nettoierai
tu nettoieras
il, elle nettoiera
nous nettoierons
vous nettoierez
ils, elles nettoieront

Imparfait

je nettoyais
tu nettoyais
il, elle nettoyait
nous nettoyions
vous nettoyiez
ils, elles nettoyaient

Passé composé

j' ai nettoyé
tu as nettoyé
il, elle a nettoyé
nous avons nettoyé
vous avez nettoyé
ils, elles ont nettoyé

Impératif

nettoie
nettoyons
nettoyez

Participe présent

nettoyant

Participe passé

nettoyé

copier

Présent

je copie
tu copies
il, elle copie
nous copions
vous copiez
ils, elles copient

Futur

je copierai
tu copieras
il, elle copiera
nous copierons
vous copierez
ils, elles copieront

Imparfait

je copiais
tu copiais
il, elle copiait
nous copiions
vous copiiez
ils, elles copiaient

Passé composé

j' ai copié
tu as copié
il, elle a copié
nous avons copié
vous avez copié
ils, elles ont copié

Impératif

copie
copions
copiez

Participe présent

copiant

Participe passé

copié

aller

Présent

je vais
tu vas
il, elle va
nous allons
vous allez
ils, elles vont

Futur

j' irai
tu iras
il, elle ira
nous irons
vous irez
ils, elles iront

Imparfait

j' allais
tu allais
il, elle allait
nous allions
vous alliez
ils, elles allaient

Passé composé

masculin			*féminin*		
je	suis	allé	je	suis	allée
tu	es	allé	tu	es	allée
il	est	allé	elle	est	allée
nous	sommes	allés	nous	sommes	allées
vous	êtes	allés	vous	êtes	allées
ils	sont	allés	elles	sont	allées

Impératif

va
allons
allez

Participe présent

allant

Participe passé

allé

envoyer

Présent

j' envoie
tu envoies
il, elle envoie
nous envoyons
vous envoyez
ils, elles envoient

Futur

j' enverrai
tu enverras
il, elle enverra
nous enverrons
vous enverrez
ils, elles enverront

Imparfait

j' envoyais
tu envoyais
il, elle envoyait
nous envoyions
vous envoyiez
ils, elles envoyaient

Passé composé

j' ai envoyé
tu as envoyé
il, elle a envoyé
nous avons envoyé
vous avez envoyé
ils, elles ont envoyé

Impératif

envoie
envoyons
envoyez

Participe présent

envoyant

Participe passé

envoyé

finir

Présent

je finis
tu finis
il, elle finit
nous finissons
vous finissez
ils, elles finissent

Futur

je finirai
tu finiras
il, elle finira
nous finirons
vous finirez
ils, elles finiront

Imparfait

je finissais
tu finissais
il, elle finissait
nous finissions
vous finissiez
ils, elles finissaient

Passé composé

j' ai fini
tu as fini
il, elle a fini
nous avons fini
vous avez fini
ils, elles ont fini

Impératif

finis
finissons
finissez

Participe présent

finissant

Participe passé

fini

ouvrir

Présent

j' ouvre
tu ouvres
il, elle ouvre
nous ouvrons
vous ouvrez
ils, elles ouvrent

Futur

j' ouvrirai
tu ouvriras
il, elle ouvrira
nous ouvrirons
vous ouvrirez
ils, elles ouvriront

Imparfait

j' ouvrais
tu ouvrais
il, elle ouvrait
nous ouvrions
vous ouvriez
ils, elles ouvraient

Passé composé

j' ai ouvert
tu as ouvert
il, elle a ouvert
nous avons ouvert
vous avez ouvert
ils, elles ont ouvert

Impératif

ouvre
ouvrons
ouvrez

Participe présent

ouvrant

Participe passé

ouvert

fuir

Présent

je fuis
tu fuis
il, elle fuit
nous fuyons
vous fuyez
ils, elles fuient

Futur

je fuirai
tu fuiras
il, elle fuira
nous fuirons
vous fuirez
ils, elles fuiront

Imparfait

je fuyais
tu fuyais
il, elle fuyait
nous fuyions
vous fuyiez
ils, elles fuyaient

Passé composé

j' ai fui
tu as fui
il, elle a fui
nous avons fui
vous avez fui
ils, elles ont fui

Impératif

fuis
fuyons
fuyez

Participe présent

fuyant

Participe passé

fui

dormir

Présent

je dors
tu dors
il, elle dort
nous dormons
vous dormez
ils, elles dorment

Futur

je dormirai
tu dormiras
il, elle dormira
nous dormirons
vous dormirez
ils, elles dormiront

Imparfait

je dormais
tu dormais
il, elle dormait
nous dormions
vous dormiez
ils, elles dormaient

Passé composé

j' ai dormi
tu as dormi
il, elle a dormi
nous avons dormi
vous avez dormi
ils, elles ont dormi

Impératif

dors
dormons
dormez

Participe présent

dormant

Participe passé

dormi

partir

Présent

je pars
tu pars
il, elle part
nous partons
vous partez
ils, elles partent

Futur

je partirai
tu partiras
il, elle partira
nous partirons
vous partirez
ils, elles partiront

Imparfait

je partais
tu partais
il, elle partait
nous partions
vous partiez
ils, elles partaient

Passé composé

masculin	*féminin*
je suis parti	je suis partie
tu es parti	tu es partie
il est parti	elle est partie
nous sommes partis	nous sommes parties
vous êtes partis	vous êtes parties
ils sont partis	elles sont parties

Impératif

pars
partons
partez

Participe présent

partant

Participe passé

parti

servir

Présent

je sers
tu sers
il, elle sert
nous servons
vous servez
ils, elles servent

Futur

je servirai
tu serviras
il, elle servira
nous servirons
vous servirez
ils, elles serviront

Imparfait

je servais
tu servais
il, elle servait
nous servions
vous serviez
ils, elles servaient

Passé composé

j' ai servi
tu as servi
il, elle a servi
nous avons servi
vous avez servi
ils, elles ont servi

Impératif

sers
servons
servez

Participe présent

servant

Participe passé

servi

cueillir

Présent

je	cueille
tu	cueilles
il, elle	cueille
nous	cueillons
vous	cueillez
ils, elles	cueillent

Futur

je	cueillerai
tu	cueilleras
il, elle	cueillera
nous	cueillerons
vous	cueillerez
ils, elles	cueilleront

Imparfait

je	cueillais
tu	cueillais
il, elle	cueillait
nous	cueillions
vous	cueilliez
ils, elles	cueillaient

Passé composé

j'	ai	cueilli
tu	as	cueilli
il, elle	a	cueilli
nous	avons	cueilli
vous	avez	cueilli
ils, elles	ont	cueilli

Impératif

cueille
cueillons
cueillez

Participe présent

cueillant

Participe passé

cueilli

venir

Présent

je	viens
tu	viens
il, elle	vient
nous	venons
vous	venez
ils, elles	viennent

Futur

je	viendrai
tu	viendras
il, elle	viendra
nous	viendrons
vous	viendrez
ils, elles	viendront

Imparfait

je	venais
tu	venais
il, elle	venait
nous	venions
vous	veniez
ils, elles	venaient

Passé composé

masculin			*féminin*		
je	suis	venu	je	suis	venue
tu	es	venu	tu	es	venue
il	est	venu	elle	est	venue
nous	sommes	venus	nous	sommes	venues
vous	êtes	venus	vous	êtes	venues
ils	sont	venus	elles	sont	venues

Impératif

viens
venons
venez

Participe présent

venant

Participe passé

venu

courir

Présent

je	cours
tu	cours
il, elle	court
nous	courons
vous	courez
ils, elles	courent

Futur

je	courrai
tu	courras
il, elle	courra
nous	courrons
vous	courrez
ils, elles	courront

Imparfait

je	courais
tu	courais
il, elle	courait
nous	courions
vous	couriez
ils, elles	couraient

Passé composé

j'	ai	couru
tu	as	couru
il, elle	a	couru
nous	avons	couru
vous	avez	couru
ils, elles	ont	couru

Impératif

cours
courons
courez

Participe présent

courant

Participe passé

couru

devoir	vouloir	pouvoir
Présent	**Présent**	**Présent**
je dois	je veux	je peux *ou* puis
tu dois	tu veux	tu peux
il, elle doit	il, elle veut	il, elle peut
nous devons	nous voulons	nous pouvons
vous devez	vous voulez	vous pouvez
ils, elles doivent	ils, elles veulent	ils, elles peuvent
Futur	**Futur**	**Futur**
je devrai	je voudrai	je pourrai
tu devras	tu voudras	tu pourras
il, elle devra	il, elle voudra	il, elle pourra
nous devrons	nous voudrons	nous pourrons
vous devrez	vous voudrez	vous pourrez
ils, elles devront	ils, elles voudront	ils, elles pourront
Imparfait	**Imparfait**	**Imparfait**
je devais	je voulais	je pouvais
tu devais	tu voulais	tu pouvais
il, elle devait	il, elle voulait	il, elle pouvait
nous devions	nous voulions	nous pouvions
vous deviez	vous vouliez	vous pouviez
ils, elles devaient	ils, elles voulaient	ils, elles pouvaient
Passé composé	**Passé composé**	**Passé composé**
j' ai dû	j' ai voulu	j' ai pu
tu as dû	tu as voulu	tu as pu
il, elle a dû	il, elle a voulu	il, elle a pu
nous avons dû	nous avons voulu	nous avons pu
vous avez dû	vous avez voulu	vous avez pu
ils, elles ont dû	ils, elles ont voulu	ils, elles ont pu
Impératif	**Impératif**	**Impératif**
Participe présent	**Participe présent**	**Participe présent**
devant	voulant	pouvant
Participe passé	**Participe passé**	**Participe passé**
dû	voulu	pu

savoir

Présent

je sais
tu sais
il, elle sait
nous savons
vous savez
ils, elles savent

Futur

je saurai
tu sauras
il, elle saura
nous saurons
vous saurez
ils, elles sauront

Imparfait

je savais
tu savais
il, elle savait
nous savions
vous saviez
ils, elles savaient

Passé composé

j' ai su
tu as su
il, elle a su
nous avons su
vous avez su
ils, elles ont su

Impératif

sache
sachons
sachez

Participe présent

sachant

Participe passé

su

valoir

Présent

je vaux
tu vaux
il, elle vaut
nous valons
vous valez
ils, elles valent

Futur

je vaudrai
tu vaudras
il, elle vaudra
nous vaudrons
vous vaudrez
ils, elles vaudront

Imparfait

je valais
tu valais
il, elle valait
nous valions
vous valiez
ils, elles valaient

Passé composé

j' ai valu
tu as valu
il, elle a valu
nous avons valu
vous avez valu
ils, elles ont valu

Impératif

Participe présent

valant

Participe passé

valu

voir

Présent

je vois
tu vois
il, elle voit
nous voyons
vous voyez
ils, elles voient

Futur

je verrai
tu verras
il, elle verra
nous verrons
vous verrez
ils, elles verront

Imparfait

je voyais
tu voyais
il, elle voyait
nous voyions
vous voyiez
ils, elles voyaient

Passé composé

j' ai vu
tu as vu
il, elle a vu
nous avons vu
vous avez vu
ils, elles ont vu

Impératif

vois
voyons
voyez

Participe présent

voyant

Participe passé

vu

recevoir

Présent

je	reçois
tu	reçois
il, elle	reçoit
nous	recevons
vous	recevez
ils, elles	reçoivent

Futur

je	recevrai
tu	recevras
il, elle	recevra
nous	recevrons
vous	recevrez
ils, elles	recevront

Imparfait

je	recevais
tu	recevais
il, elle	recevait
nous	recevions
vous	receviez
ils, elles	recevaient

Passé composé

j'	ai	reçu
tu	as	reçu
il, elle	a	reçu
nous	avons	reçu
vous	avez	reçu
ils, elles	ont	reçu

Impératif

reçois
recevons
recevez

Participe présent

recevant

Participe passé

reçu

s'asseoir

Présent

je	m'assieds	*ou*	je	m'assois
tu	t'assieds		tu	t'assois
il, elle	s'assied		il, elle	s'assoit
nous	nous asseyons		nous	nous assoyons
vous	vous asseyez		vous	vous assoyez
ils, elles	s'asseyent		ils, elles	s'assoient

Futur

je	m'assiérai	*ou*	je	m'assoirai
tu	t'assiéras		tu	t'assoiras
il, elle	s'assiéra		il, elle	s'assoira
nous	nous assiérons		nous	nous assoirons
vous	vous assiérez		vous	vous assoirez
ils, elles	s'assiéront		ils, elles	s'assoiront

Imparfait

je	m'asseyais	*ou*	je	m'assoyais
tu	t'asseyais		tu	t'assoyais
il, elle	s'asseyait		il, elle	s'assoyait
nous	nous asseyions		nous	nous assoyions
vous	vous asseyiez		vous	vous assoyiez
ils, elles	s'asseyaient		ils, elles	s'assoyaient

Passé composé

masculin			*féminin*		
je	me suis	assis	je	me suis	assise
tu	t'es	assis	tu	t'es	assise
il	s'est	assis	elle	s'est	assise
nous	nous sommes	assis	nous	nous sommes	assises
vous	vous êtes	assis	vous	vous êtes	assises
ils	se sont	assis	elles	se sont	assises

Impératif

assieds-toi	*ou*	assois-toi
asseyons-nous		assoyons-nous
asseyez-vous		assoyez-vous

Participe présent

s'asseyant *ou* s'assoyant

Participe passé

assis

vendre

Présent

je vends
tu vends
il, elle vend
nous vendons
vous vendez
ils, elles vendent

Futur

je vendrai
tu vendras
il, elle vendra
nous vendrons
vous vendrez
ils, elles vendront

Imparfait

je vendais
tu vendais
il, elle vendait
nous vendions
vous vendiez
ils, elles vendaient

Passé composé

j' ai vendu
tu as vendu
il, elle a vendu
nous avons vendu
vous avez vendu
ils, elles ont vendu

Impératif

vends
vendons
vendez

Participe présent

vendant

Participe passé

vendu

prendre

Présent

je prends
tu prends
il, elle prend
nous prenons
vous prenez
ils, elles prennent

Futur

je prendrai
tu prendras
il, elle prendra
nous prendrons
vous prendrez
ils, elles prendront

Imparfait

je prenais
tu prenais
il, elle prenait
nous prenions
vous preniez
ils, elles prenaient

Passé composé

j' ai pris
tu as pris
il, elle a pris
nous avons pris
vous avez pris
ils, elles ont pris

Impératif

prends
prenons
prenez

Participe présent

prenant

Participe passé

pris

peindre

Présent

je peins
tu peins
il, elle peint
nous peignons
vous peignez
ils, elles peignent

Futur

je peindrai
tu peindras
il, elle peindra
nous peindrons
vous peindrez
ils, elles peindront

Imparfait

je peignais
tu peignais
il, elle peignait
nous peignions
vous peigniez
ils, elles peignaient

Passé composé

j' ai peint
tu as peint
il, elle a peint
nous avons peint
vous avez peint
ils, elles ont peint

Impératif

peins
peignons
peignez

Participe présent

peignant

Participe passé

peint

connaître

Présent

je connais
tu connais
il, elle connaît
nous connaissons
vous connaissez
ils, elles connaissent

Futur

je connaîtrai
tu connaîtras
il, elle connaîtra
nous connaîtrons
vous connaîtrez
ils, elles connaîtront

Imparfait

je connaissais
tu connaissais
il, elle connaissait
nous connaissions
vous connaissiez
ils, elles connaissaient

Passé composé

j' ai connu
tu as connu
il, elle a connu
nous avons connu
vous avez connu
ils, elles ont connu

Impératif

connais
connaissons
connaissez

Participe présent

connaissant

Participe passé

connu

battre

Présent

je bats
tu bats
il, elle bat
nous battons
vous battez
ils, elles battent

Futur

je battrai
tu battras
il, elle battra
nous battrons
vous battrez
ils, elles battront

Imparfait

je battais
tu battais
il, elle battait
nous battions
vous battiez
ils, elles battaient

Passé composé

j' ai battu
tu as battu
il, elle a battu
nous avons battu
vous avez battu
ils, elles ont battu

Impératif

bats
battons
battez

Participe présent

battant

Participe passé

battu

mettre

Présent

je mets
tu mets
il, elle met
nous mettons
vous mettez
ils, elles mettent

Futur

je mettrai
tu mettras
il, elle mettra
nous mettrons
vous mettrez
ils, elles mettront

Imparfait

je mettais
tu mettais
il, elle mettait
nous mettions
vous mettiez
ils, elles mettaient

Passé composé

j' ai mis
tu as mis
il, elle a mis
nous avons mis
vous avez mis
ils, elles ont mis

Impératif

mets
mettons
mettez

Participe présent

mettant

Participe passé

mis

suivre

Présent

je suis
tu suis
il, elle suit
nous suivons
vous suivez
ils, elles suivent

Futur

je suivrai
tu suivras
il, elle suivra
nous suivrons
vous suivrez
ils, elles suivront

Imparfait

je suivais
tu suivais
il, elle suivait
nous suivions
vous suiviez
ils, elles suivaient

Passé composé

j'ai suivi
tu as suivi
il, elle a suivi
nous avons suivi
vous avez suivi
ils, elles ont suivi

Impératif

suis
suivons
suivez

Participe présent

suivant

Participe passé

suivi

vivre

Présent

je vis
tu vis
il, elle vit
nous vivons
vous vivez
ils, elles vivent

Futur

je vivrai
tu vivras
il, elle vivra
nous vivrons
vous vivrez
ils, elles vivront

Imparfait

je vivais
tu vivais
il, elle vivait
nous vivions
vous viviez
ils, elles vivaient

Passé composé

j'ai vécu
tu as vécu
il, elle a vécu
nous avons vécu
vous avez vécu
ils, elles ont vécu

Impératif

vis
vivons
vivez

Participe présent

vivant

Participe passé

vécu

écrire

Présent

j'écris
tu écris
il, elle écrit
nous écrivons
vous écrivez
ils, elles écrivent

Futur

j'écrirai
tu écriras
il, elle écrira
nous écrirons
vous écrirez
ils, elles écriront

Imparfait

j'écrivais
tu écrivais
il, elle écrivait
nous écrivions
vous écriviez
ils, elles écrivaient

Passé composé

j'ai écrit
tu as écrit
il, elle a écrit
nous avons écrit
vous avez écrit
ils, elles ont écrit

Impératif

écris
écrivons
écrivez

Participe présent

écrivant

Participe passé

écrit

conduire

Présent

je conduis
tu conduis
il, elle conduit
nous conduisons
vous conduisez
ils, elles conduisent

Futur

je conduirai
tu conduiras
il, elle conduira
nous conduirons
vous conduirez
ils, elles conduiront

Imparfait

je conduisais
tu conduisais
il, elle conduisait
nous conduisions
vous conduisiez
ils, elles conduisaient

Passé composé

j' ai conduit
tu as conduit
il, elle a conduit
nous avons conduit
vous avez conduit
ils, elles ont conduit

Impératif

conduis
conduisons
conduisez

Participe présent

conduisant

Participe passé

conduit

dire

Présent

je dis
tu dis
il, elle dit
nous disons
vous dites
ils, elles disent

Futur

je dirai
tu diras
il, elle dira
nous dirons
vous direz
ils, elles diront

Imparfait

je disais
tu disais
il, elle disait
nous disions
vous disiez
ils, elles disaient

Passé composé

j' ai dit
tu as dit
il, elle a dit
nous avons dit
vous avez dit
ils, elles ont dit

Impératif

dis
disons
dites

Participe présent

disant

Participe passé

dit

lire

Présent

je lis
tu lis
il, elle lit
nous lisons
vous lisez
ils, elles lisent

Futur

je lirai
tu liras
il, elle lira
nous lirons
vous lirez
ils, elles liront

Imparfait

je lisais
tu lisais
il, elle lisait
nous lisions
vous lisiez
ils, elles lisaient

Passé composé

j' ai lu
tu as lu
il, elle a lu
nous avons lu
vous avez lu
ils, elles ont lu

Impératif

lis
lisons
lisez

Participe présent

lisant

Participe passé

lu

rire

Présent

je ris
tu ris
il, elle rit
nous rions
vous riez
ils, elles rient

Futur

je rirai
tu riras
il, elle rira
nous rirons
vous rirez
ils, elles riront

Imparfait

je riais
tu riais
il, elle riait
nous riions
vous riiez
ils, elles riaient

Passé composé

j' ai ri
tu as ri
il, elle a ri
nous avons ri
vous avez ri
ils, elles ont ri

Impératif

ris
rions
riez

Participe présent

riant

Participe passé

ri

croire

Présent

je crois
tu crois
il, elle croit
nous croyons
vous croyez
ils, elles croient

Futur

je croirai
tu croiras
il, elle croira
nous croirons
vous croirez
ils, elles croiront

Imparfait

je croyais
tu croyais
il, elle croyait
nous croyions
vous croyiez
ils, elles croyaient

Passé composé

j' ai cru
tu as cru
il, elle a cru
nous avons cru
vous avez cru
ils, elles ont cru

Impératif

crois
croyons
croyez

Participe présent

croyant

Participe passé

cru

boire

Présent

je bois
tu bois
il, elle boit
nous buvons
vous buvez
ils, elles boivent

Futur

je boirai
tu boiras
il, elle boira
nous boirons
vous boirez
ils, elles boiront

Imparfait

je buvais
tu buvais
il, elle buvait
nous buvions
vous buviez
ils, elles buvaient

Passé composé

j' ai bu
tu as bu
il, elle a bu
nous avons bu
vous avez bu
ils, elles ont bu

Impératif

bois
buvons
buvez

Participe présent

buvant

Participe passé

bu

faire

Présent

je fais
tu fais
il, elle fait
nous faisons
vous faites
ils, elles font

Futur

je ferai
tu feras
il, elle fera
nous ferons
vous ferez
ils, elles feront

Imparfait

je faisais
tu faisais
il, elle faisait
nous faisions
vous faisiez
ils, elles faisaient

Passé composé

j' ai fait
tu as fait
il, elle a fait
nous avons fait
vous avez fait
ils, elles ont fait

Impératif

fais
faisons
faites

Participe présent

faisant

Participe passé

fait

se taire

Présent

je me tais
tu te tais
il, elle se tait
nous nous taisons
vous vous taisez
ils, elles se taisent

Futur

je me tairai
tu te tairas
il, elle se taira
nous nous tairons
vous vous tairez
ils, elles se tairont

Imparfait

je me taisais
tu te taisais
il, elle se taisait
nous nous taisions
vous vous taisiez
ils, elles se taisaient

Passé composé

masculin	*féminin*
je me suis tu	je me suis tue
tu t'es tu	tu t'es tue
il s'est tu	elle s'est tue
nous nous sommes tus	nous nous sommes tues
vous vous êtes tus	vous vous êtes tues
ils se sont tus	elles se sont tues

Impératif

tais-toi
taisons-nous
taisez-vous

Participe présent

se taisant

Participe passé

tu

extraire

Présent

j' extrais
tu extrais
il, elle extrait
nous extrayons
vous extrayez
ils, elles extraient

Futur

j' extrairai
tu extrairas
il, elle extraira
nous extrairons
vous extrairez
ils, elles extrairont

Imparfait

j' extrayais
tu extrayais
il, elle extrayait
nous extrayions
vous extrayiez
ils, elles extrayaient

Passé composé

j' ai extrait
tu as extrait
il, elle a extrait
nous avons extrait
vous avez extrait
ils, elles ont extrait

Impératif

extrais
extrayons
extrayez

Participe présent

extrayant

Participe passé

extrait

Ils t'attendent tous au fil des pages,
pars avec eux à la découverte des mots...

a

abandonner (verbe). **1.** Dans une maison **abandonnée,** plus personne ne vient.
2. Abandonner un enfant, c'est le laisser pour toujours à d'autres gens.

abat-jour (nom masc. : *un abat-jour*). On met un abat-jour autour de la lampe pour que la lumière ne soit pas trop forte. L'abat-jour est en tissu ou en papier.
☐ attention, le mot ne change pas au pluriel : des abat-jour.

abeille (nom fém. : *une abeille*). Les abeilles vivent dans les ruches. Elles sont organisées. Elles font le miel et la cire.
☐ regarde <u>insecte</u>.

abîmer (verbe). Tu **as abîmé** ton jouet, c'est-à-dire il est un peu cassé, un peu sali, il n'est plus en bon état.
☐ attention, **î**.

abonnement (nom masc. : *un abonnement*). Au lieu d'acheter ton journal chaque semaine, tu peux prendre un abonnement : tu payes une fois par an et tu le reçois chez toi chaque semaine.

abonner (verbe). **S'abonner** à un journal, c'est prendre un abonnement.

Une maison abandonnée.

d'**abord.** C'est avant autre chose, tout de suite, en premier : On joue d'abord, on range après.

aboyer (verbe). Le chien **aboie,** c'est son cri à lui.
☐ attention, aboyer, avec **y,** mais il aboie, avec **i.**

Chut ! N'aboie pas !

abreuvoir (nom masc. : *un abreuvoir*). C'est là où le bétail, les vaches vont boire.

abréviation (nom fém. : *une abréviation*). C'est une manière plus courte de dire ou d'écrire un mot : « télé » pour « télévision ».

abri (nom masc. : *un abri*). C'est là où on se met pour se protéger : Quand il pleut on se met à l'abri dans le préau de l'école.

abricot (nom masc. : *un abricot*). C'est un fruit jaune, avec un gros noyau, une peau toute douce. Il pousse sur un arbre, l'abricotier.
☐ regarde <u>fruit</u>.

s'**abriter** (verbe). C'est se mettre à l'abri : Viens **t'abriter** sous mon parapluie. Nous **nous abritons** dans le préau quand il pleut.

abrutir (verbe). Pierre a trop regardé la télévision, Pierre **est abruti**. Il n'a plus les idées claires. Il a un peu mal à la tête.

absence (nom fém. : *une absence*). Jean a eu trois absences ce mois-ci, c'est-à-dire il a été absent trois fois.
☐ attention, **bs** au début et **c** à la fin.

absent (adjectif : *il est absent, elle est absente*). Jean est malade, il sera absent demain, c'est-à-dire il ne viendra pas.

absolument. Cela veut dire tout à fait, complètement, totalement, vraiment : Il faut absolument que tu viennes, c'est-à-dire tu dois venir.

absorber (verbe). **1.** L'éponge **absorbe** l'eau, c'est-à-dire elle retient l'eau, elle boit l'eau, elle s'en remplit. **2. Absorber** de la nourriture, c'est manger.

abuser (verbe). Si on **abuse** des chocolats on est malade, c'est-à-dire si on en mange trop, si on exagère.

accélérer (verbe). C'est aller plus vite.
☐ attention, accélérer, avec **é**, mais il accélère, avec **è**.

La voiture jaune <u>accélère</u> pour doubler.

accent (nom masc. : *un accent*). **1**. C'est un signe sur une lettre : accent aigu **é** ; accent grave **è** ; accent circonflexe **ê**. **2**. C'est aussi une manière de parler : l'accent du Midi, l'accent du Nord.

accepter (verbe). C'est dire oui, être d'accord, vouloir bien : Il **a accepté** de venir, il viendra.

accès (nom masc. : *un accès*). Sur la porte il y a écrit : « Accès interdit », c'est-à-dire on n'a pas le droit d'entrer.

accident (nom masc. : *un accident*). Quand quelque chose de mauvais arrive et qu'on ne l'a pas fait exprès, c'est un accident.

acclimatation (nom fém.). Au jardin d'acclimatation, il y a des animaux de tous les pays qu'on garde dans notre climat.

accompagner (verbe). Je t'**accompagne** à l'école, c'est-à-dire je vais avec toi jusqu'à l'école.

☐ attention, **m** devant **p**.

accord (nom masc. : *un accord*). **1**. Tu ne peux pas sortir sans l'accord de tes parents, c'est-à-dire sans qu'ils disent oui. **2**. Je suis **d'accord** pour aller avec vous, c'est-à-dire je veux bien.

accordéon (nom masc. : *un accordéon*). C'est un instrument de musique.

accorder (verbe). La maîtresse nous **accorde** une heure de récréation le samedi, c'est-à-dire elle veut bien nous la donner.

accoucher (verbe). La maman de Laure **a accouché** hier d'un petit garçon. C'est-à-dire elle lui a donné naissance. Laure a un petit frère.

s'**accouder** (verbe). Luc **s'accoude** à la fenêtre, il a les coudes posés sur le rebord de la fenêtre.

Il est accoudé à la fenêtre.

accourir (verbe). Un poulain est né, les enfants **accourent** pour le voir, c'est-à-dire ils viennent vite, en courant.

☐ attention, un seul **r** comme dans courir.

Qu'il joue bien de l'accordéon !

accroc (nom masc. : *un accroc*). C'est un trou, une déchirure dans un tissu, un vêtement.
□ attention, le dernier **c** ne se prononce pas.

accrocher (verbe). C'est fixer, suspendre : Nous **avons accroché** nos dessins au mur.

s'**accroupir** (verbe). Les enfants, **accroupis,** jouent aux billes, c'est-à-dire les genoux pliés, assis sur les talons.

accueillir (verbe). Nous sommes très contents de t'**accueillir** chez nous, c'est-à-dire de te recevoir chez nous.
□ attention, **uei.**

accuser (verbe). C'est dire de quelqu'un qu'il est le coupable, qu'il a fait la bêtise, le vol : On l'**accuse** du vol.

achat (nom masc. : *un achat*). Faire des achats, c'est aller acheter des choses. Montrer ses achats, c'est montrer ce qu'on a acheté.

acheter (verbe). Zoé **a acheté** des bonbons, c'est-à-dire elle a payé pour les avoir.
□ attention, nous ach**e**tons, mais il ach**è**te, avec **è.**

acide (adjectif). Une pomme acide pique un peu dans la bouche. Elle n'est pas douce, pas sucrée.

acier (nom masc.). L'acier est un métal blanc, une sorte de fer très dur.

acrobate (nom : *un* ou *une acrobate*). Les acrobates font des sauts extraordinaires, ils font de l'équilibre.

Regarde tous ces acrobates!

acrobatie (nom fém. : *une acrobatie*). C'est le saut, la gymnastique des acrobates.
□ attention, on prononce [si] et on écrit **tie.**

acte (nom masc. : *un acte*). C'est ce qu'on fait : Pierre a plongé pour sauver le petit chien, c'est un acte courageux.

acteur (nom : *un acteur, une actrice*). C'est une personne qui joue au théâtre, au cinéma, c'est un comédien, une comédienne.

actif (adjectif : *il est actif, elle est active*). Les gens actifs travaillent beaucoup, ils sont énergiques, dynamiques.

action (nom fém. : *une action*). **1.** C'est ce qu'on fait : Aider un camarade, c'est une bonne action. **2.** Dans ce film il y a beaucoup d'action, c'est-à-dire il se passe beaucoup de choses, on ne s'ennuie pas.

activité (nom fém. : *une activité*). Dans cette colonie, ce qui est bien, ce sont les activités : ping-pong, piscine, théâtre.

actrice. Regarde <u>acteur</u>.

actuel (adjectif : *un événement actuel, l'époque actuelle*). Ce qui est actuel se passe maintenant, de nos jours, à notre époque.

s'**adapter** (verbe). Lisa **s'est** bien **adaptée** à sa nouvelle école, c'est-à-dire elle s'y sent bien, elle s'y est habituée.

addition (nom fém. : *une addition*). C'est l'opération où on ajoute. C'est le contraire de la soustraction.
☐ attention, **dd**.

Sais-tu faire ces <u>additions</u> ?

additionner (verbe). **Additionne** les deux nombres, c'est-à-dire fais l'addition.
☐ attention, **dd** et **nn**.

adhésif (adjectif : *un papier adhésif, une bande adhésive*). Un papier adhésif colle tout seul.
☐ attention, **dh**.

adieu (nom masc. : *un adieu, des adieux*). Faire ses adieux, c'est dire au revoir.
☐ attention, **x** au pluriel.

admettre (verbe). **1.** C'est accepter, vouloir bien : On **a admis** Jim, le nouveau, dans notre groupe. **2.** Ma sœur **est admise** en 6e, c'est-à-dire elle passe en 6e.

admiration (nom fém.). Pierre a beaucoup d'admiration pour son grand frère, c'est-à-dire il l'admire beaucoup.

admirer (verbe). C'est trouver très beau, très bien : Pierre **admire** son frère, il voudrait lui ressembler.

Les enfants <u>admirent</u> la moto.

A
B
C
D
E

admis. Regarde admettre.

adolescent (nom : *un adolescent, une adolescente*). Ce n'est plus un petit enfant, mais ce n'est pas encore une grande personne. Les adolescents ont entre 13 et 18 ans.
☐ attention, **sc.**

adopter (verbe). **Adopter** un enfant, c'est devenir le papa, la maman d'un enfant qui n'avait plus ses parents.

adorable (adjectif). Cléa est mignonne, gentille, polie. C'est une adorable petite fille.

adorer (verbe). C'est aimer très fort : Luc **adore** le chocolat au lait.

adresse (nom fém. : *une adresse*). C'est le nom de l'endroit où on habite : la rue, le numéro, la ville, le pays.

adresser (verbe). **1.** À qui **adresses**-tu cette lettre ? C'est-à-dire à qui l'envoies-tu ? **2.** Je ne lui **adresse** plus la parole, c'est-à-dire je ne lui parle plus.

adroit (adjectif : *il est adroit, elle est adroite*). Jean est très adroit de ses mains, il sait faire et réparer plein de choses.

adulte (nom : *un* ou *une adulte*). Les adultes, ce sont les grandes personnes.

adversaire (nom : *un* ou *une adversaire*). Dans un match, l'adversaire, c'est celui contre qui tu te bats.

L'avion décolle sur la piste.

aérer (verbe). Pierre **aère** sa chambre, il ouvre les fenêtres pour que l'air frais entre.
☐ attention, aérer, avec **é**, mais il aère, avec **è**.

aéroport (nom masc. : *un aéroport*). C'est l'ensemble des bâtiments et des pistes où les avions décollent et atterrissent.
☐ attention, **aéro**.

affaire (nom fém. : *une affaire*). **1.** Cléa range ses affaires, c'est-à-dire ses vêtements, ses objets. **2.** Nous discuterons de cette affaire, c'est-à-dire de ce problème.

affamé (adjectif : *il est affamé, elle est affamée*). Le chat n'a rien mangé depuis deux jours, il est affamé, c'est-à-dire il a très faim.
☐ attention, **ff** et un seul **m.**

affection (nom fém.). Zoé a beaucoup d'affection pour sa cousine, c'est-à-dire de la tendresse, de l'amitié, de l'amour.

La tour de contrôle.

Cléa et David sont à l'aéroport.

affectueux (adjectif : *il est affectueux, elle est affectueuse*). Mon chien est très affectueux, il vient toujours chercher une caresse, il aime la tendresse.

Qu'ils sont affectueux nos petits amis !

affiche (nom fém. : *une affiche*). C'est un grand papier qu'on met au mur : Devant le cinéma il y a les affiches du film.

afficher (verbe). C'est faire savoir par une affiche : Les dates de vacances **sont affichées** sur le mur de l'école.

affirmer (verbe). C'est dire avec force, en étant sûr : J'**affirme** que j'étais là, c'est-à-dire je vous dis que c'est vrai.

affluence (nom fém.). Aux heures d'affluence, il y a beaucoup de monde dans le train, le métro.

affluent (nom masc. : *un affluent*). C'est une rivière, un fleuve qui se jette dans un autre fleuve.

s'**affoler** (verbe). C'est avoir très peur et faire n'importe quoi : S'il y a le feu, il faut rester calme et ne pas **s'affoler**.

affreux (adjectif : *il est affreux, elle est affreuse*). **1.** Une robe affreuse est laide, horrible, pas belle du tout. **2.** Un temps affreux, c'est un très mauvais temps.

affronter (verbe). Notre équipe **affrontera** votre équipe demain, c'est-à-dire nous nous battrons contre vous.

A B C D E

afin. Je me lève tôt afin d'arriver à l'heure, c'est-à-dire pour arriver à l'heure.

agacer (verbe). C'est énerver, ennuyer : Arrête, tu m'**agaces**.
☐ attention, nous t'agaçons, avec **ç**.

âge (nom masc. : *un âge*). Tu as huit ans, j'ai huit ans, nous avons le même âge.
☐ attention, **â**.

âgé (adjectif : *il est âgé, elle est âgée*). Aline a un frère plus âgé, c'est-à-dire plus vieux.
☐ attention, **â**.

agence (nom fém. : *une agence*). Dans une agence de voyages, on réserve des places de train, d'avion, de bateau, des places pour les vacances.

s'**agenouiller** (verbe). C'est se mettre à genoux, les genoux par terre.

agent (nom masc. : *un agent*). L'agent de police fait traverser les enfants.

s'**aggraver** (verbe). C'est devenir plus grave, plus mauvais : Son angine **s'est aggravée,** il a beaucoup plus mal.
☐ attention, **gg**.

agile (adjectif). Le singe est agile, il grimpe d'une branche à l'autre très facilement.

agir (verbe). **1.** C'est faire quelque chose : Il faut **agir**. **2.** Le médicament **agit**, il commence à me guérir.

agitation (nom fém.). Il y a trop d'agitation dans la classe, c'est-à-dire il y a trop de bruit, trop de mouvement.

agiter (verbe). **1.** C'est remuer : Ils **agitent** leurs mouchoirs pour nous dire au revoir. **2.** Un élève **agité** est nerveux, il ne tient pas en place, il bouge tout le temps.

agneau (nom masc. : *un agneau, des agneaux*). C'est le petit du mouton et de la brebis.
☐ attention, **x** au pluriel.

Le petit agneau.

Le singe est agile.

agrafe (nom fém. : *une agrafe*). C'est un petit crochet pour attacher.
☐ attention, un seul **f**.

agrafer (verbe). C'est faire tenir avec une agrafe.
☐ attention, un seul **f**.

agrandir (verbe). C'est rendre plus grand : On devrait **agrandir** la maison.

agréable (adjectif). **1.** Le temps est agréable, il fait bon, doux. **2.** Un enfant agréable est gentil, il plaît.

agrès (nom masc.). Les agrès, ce sont la corde, les anneaux, le trapèze, la perche accrochés au portique.

agressif (adjectif : *il est agressif, elle est agressive*). Alain cherche toujours à se battre, à attaquer. Alain est agressif.

agricole (adjectif). Les travaux agricoles, ce sont les travaux des champs.

agriculteur (nom masc. : *un agriculteur*). Les agriculteurs travaillent la terre, ils font de l'agriculture.

agriculture (nom fém.). L'agriculture, c'est le travail de la terre pour produire des céréales, des légumes, des fruits.

aide (nom fém. : *une aide*). **1.** Je ne peux pas faire cela tout seul, je te demande ton aide, c'est-à-dire je te demande de m'aider, de le faire avec moi. **2. À l'aide !** crie celui qui est en danger, c'est-à-dire au secours !

aider (verbe). C'est trop lourd, **aide**-moi à le porter, c'est-à-dire porte-le avec moi.

aigle (nom masc. : *un aigle*). C'est un grand oiseau de proie. Il descend vite sur l'animal qu'il va attaquer pour le dévorer.

L'aigle.

aigu (adjectif : *un son aigu, une note aiguë*). Zoé a une voix aiguë, c'est-à-dire très haute, proche des cris. C'est le contraire d'une voix grave, basse.
☐ attention, **ë** au féminin.

aiguille (nom fém. : *une aiguille*). **1.** On coud avec une aiguille et du fil. Il y a aussi de grandes aiguilles sans trou pour tricoter. **2.** Les aiguilles de pin sont les feuilles dures, fines et pointues du pin, du sapin.

aiguiser (verbe). Un couteau bien **aiguisé** coupe très bien.

ail (nom masc.). L'ail donne du goût à la salade, à la viande, aux sauces.
☐ regarde légume.

aile (nom fém. : *une aile*).
1. L'oiseau vole grâce à ses ailes qu'il ouvre et qu'il agite.
2. L'avion a deux grandes ailes fixes.

ailleurs. C'est dans un autre endroit, autre part : Nous jouons là. Vous, allez ailleurs.
☐ attention, **s** à la fin.

aimable (adjectif). Madame Durand est très aimable, elle dit toujours bonjour, elle sourit, elle rend souvent service.

aimant (nom masc. : *un aimant*). L'aimant attire le fer.

aimer (verbe). **1.** J'**aime** le chocolat, je mangerais bien la tablette. **2.** Zoé **aime** son chien de tout son cœur. Elle est contente quand il est là. Elle veut le meilleur pour lui.

aîné (adjectif : *un frère aîné, une sœur aînée*). Le frère aîné, c'est le frère plus âgé, plus vieux.
☐ attention, **î**.

ainsi. C'est un autre mot pour « comme ça » : Je vais te montrer, il faut faire ainsi.

air (nom masc. : *un air*).
1. L'air, c'est ce qu'on respire.
2. Regarder **en l'air,** c'est regarder vers le ciel. **3.** Un air, c'est aussi une musique.

aise. 1. Pierre est **à l'aise** dans son survêtement, c'est-à-dire il n'est pas gêné pour bouger, pour courir. **2.** Il faisait très chaud, je me suis senti **mal à l'aise,** c'est-à-dire j'étais mal.

ajonc (nom masc. : *un ajonc*). Les ajoncs poussent en Bretagne, dans les landes. Ce sont des arbustes avec de belles fleurs jaunes. Leurs feuilles ont des épines.
☐ attention, **c** à la fin qui ne se prononce pas.

ajouter (verbe). C'est additionner, c'est mettre en plus.

alarme (nom fém. : *une alarme*). En cas de grave danger, on tire sur le signal d'alarme dans le train et le chef du train fait tout arrêter.

Elles collent des photos dans l'album.

album (nom masc. : *un album*).
1. C'est un grand livre d'images, de bandes dessinées. **2.** Un album de photos, c'est un grand livre où on colle les photos.
☐ attention, on écrit **um** mais on prononce [om].

alcool (nom masc. : *un alcool*).
1. Il y a de l'alcool dans le vin. C'est cela qui tourne la tête, qui peut rendre un peu soûl.
2. L'alcool est aussi un liquide pour désinfecter : Quand on

nettoie une blessure avec de l'alcool, cela pique un peu.
☐ attention, **oo.**

alentours (nom masc. pluriel). Les alentours d'une ville, ce sont les environs, ce qu'il y a tout autour.

alerte (nom fém. : *une alerte*). Il y a un danger. Les sirènes sonnent pour prévenir tout le monde. C'est une alerte.

algue (nom fém. : *une algue*). Les algues, ce sont des plantes qui vivent dans l'eau.

aligner (verbe). C'est mettre en ligne, à côté les uns des autres : **Aligne** les allumettes sur la table.

aliment (nom masc. : *un aliment*). Le lait, la viande, les œufs, le poisson, les légumes sont des aliments, on les mange.

alimentation (nom fém. : *une alimentation*). Dans un magasin d'alimentation, on trouve ce qu'il faut pour manger.

s'alimenter (verbe). C'est se nourrir, manger : Le malade ne **s'alimente** plus.

allée (nom fém. : *une allée*). C'est un chemin à travers un jardin, un parc.
☐ attention, **ée.**

aller (verbe). **1.** Pierre **va** à l'école, c'est-à-dire il s'y rend. **2.** Je **vais** bien, c'est-à-dire je me sens bien. **3.** Le train **va** arriver bientôt, c'est-à-dire il arrivera bientôt.
☐ regarde la conjugaison, page 19.

aller (nom masc. : *un aller*). Tu pars de la maison pour l'école, c'est l'aller ; tu rentres de l'école à la maison, c'est le retour.
☐ attention, **er** à la fin.

allonger (verbe). **1.** Aline **s'est allongée** par terre, c'est-à-dire elle s'est couchée. **2.** Tu **t'es allongé** pendant les vacances, c'est-à-dire tu as grandi et minci.
☐ attention, nous nous allongeons, avec **e.**

allumer (verbe). **1.** Quand il fait nuit on **allume** la lumière, c'est-à-dire on la fait marcher, on l'ouvre. **2.** **Allumer** une allumette, c'est la frotter pour qu'il y ait une flamme.

allumette (nom fém. : *une allumette*). Les allumettes servent à faire du feu, à allumer les bougies, les cigarettes.

alors. **1.** J'étais alors un enfant, c'est-à-dire à ce moment-là. **2.** Et alors ? Qu'est-il arrivé ? C'est-à-dire, et ensuite, et après.

allure (nom fém. : *une allure*). **1.** Pierre a une drôle d'allure avec son chapeau, c'est-à-dire un drôle d'aspect. **2.** L'allure, c'est aussi la vitesse : On roulait à toute allure.

alouette (nom fém. : *une alouette*). C'est un petit oiseau qu'on voit beaucoup à la campagne dans les champs.
☐ regarde <u>oiseau</u>.

alphabet (nom masc. : *un alphabet*). C'est l'ensemble des lettres d'une langue : A, B, C, D, E, F, G, H, I, J, K, L, M, N, O, P, Q, R, S, T, U, V, W, X, Y, Z.
☐ attention, **ph.**

alphabétique (adjectif). L'ordre alphabétique, c'est l'ordre des lettres de l'alphabet : A avant B, et B avant C.
☐ attention, **ph.**

alpiniste (nom : *un* ou *une alpiniste*). Les alpinistes grimpent au sommet des montagnes.

Les alpinistes.

altitude (nom fém.).
1. L'altitude, c'est la hauteur d'un endroit par rapport à la mer : Le sommet du Mont Blanc est à 4 807 mètres d'altitude.
2. L'avion prend de l'altitude, c'est-à-dire il monte dans le ciel.

amande (nom fém. : *une amande*). L'amande est un fruit. Elle est dans sa coquille. Elle pousse sur un arbre, l'amandier.
☐ attention, **an.**

amateur (nom masc. : *un amateur*). Il fait du sport en amateur, c'est-à-dire parce qu'il aime cela, mais ce n'est pas son métier.

ambiance (nom fém. : *une ambiance*). Dans la classe, il y a une bonne ambiance, c'est-à-dire tout le monde s'entend bien.
☐ attention, **m** devant **b.**

ambulance (nom fém. : *une ambulance*). C'est une grande voiture pour transporter les blessés, les malades.
☐ attention, **m** devant **b.**

Les infirmiers mettent le blessé dans l'ambulance.

améliorer (verbe). Luc fait des progrès, son travail **s'améliore,** c'est-à-dire il devient meilleur, c'est mieux.

aménager (verbe). C'est arranger un endroit : Nous **avons aménagé** le fond de la classe en coin bibliothèque.

amende (nom fém. : *une amende*). Papa, si tu te gares là où c'est interdit, tu auras une amende, c'est-à-dire tu devras payer, tu auras une contravention.
☐ attention, **en.**

amener (verbe). C'est venir avec : Je t'invite à mon anniversaire et si tu veux, tu **amènes** ta sœur.
☐ attention, nous amenons, mais il amène, avec **è.**

amer (adjectif : *du chocolat amer, une amande amère*). Sans sucre, le café au lait est amer. Il n'a pas un goût doux, sucré.

ami (nom : *un ami, une amie*). C'est un garçon, une fille qu'on aime beaucoup.

amitié (nom fém.). L'amitié, c'est ce que tu ressens pour tes amis, pour les gens que tu aimes bien.

amont. Le ski amont est du côté de la montagne quand tu es en travers de la pente. L'autre, c'est le ski aval, du côté de la vallée.

amorce (nom fém. : *une amorce*). Les pistolets à amorces font un bruit de pétard quand on tire.

Les feuilles amortissent sa chute.

amortir (verbe). C'est rendre un choc moins dur : Il est tombé sur un tas de feuilles, cela **a amorti** sa chute.

amour (nom masc.). L'amour, c'est ce que tu ressens pour la personne ou l'animal que tu aimes de tout ton cœur.

amoureux (adjectif : *il est amoureux, elle est amoureuse*). Ma grande sœur est amoureuse de Bob, elle voudrait se marier avec lui.

amovible (adjectif). La doublure de mon blouson est amovible, c'est-à-dire on peut l'enlever et la remettre quand on veut.

ample (adjectif). Une robe ample, c'est une robe large.
☐ attention, **m** devant **p.**

ampoule (nom fém. : *une ampoule*). **1.** C'est ce qui éclaire, dans une lampe. **2.** Une ampoule, c'est aussi une cloque sur la peau : Mes chaussures sont trop petites, j'ai des ampoules.
☐ attention, **m** devant **p.**

A B C D E

C'est un jeu amusant.

amusant (adjectif : *il est amusant, elle est amusante*). Je te propose un jeu très amusant, c'est-à-dire drôle.

amuser (verbe). **1.** C'est faire rire : Le film était drôle, il **m'a** beaucoup **amusé. 2. S'amuser,** c'est jouer, se distraire : Venez, on va s'amuser dans la cour.

an (nom masc. : *un an*). **1.** C'est une année. **2.** Le jour de l'an, c'est le 1er janvier.

analyse (nom fém. : *une analyse*). Maman est malade, on va lui faire des analyses de sang, c'est-à-dire on va regarder ce qu'il y a dans son sang.
☐ attention, **y**.

ananas (nom masc. : *un ananas*). C'est un gros fruit à chair jaune qui pousse sur une plante dans les pays chauds.
☐ regarde fruit.

ancien (adjectif : *il est ancien, elle est ancienne*). **1.** Mon immeuble est ancien, c'est un vieil immeuble. **2.** L'ancienne directrice était blonde, c'est-à-dire la directrice que nous avions avant.

ancre (nom fém. : *une ancre*). L'ancre d'un bateau, c'est un énorme double crochet de métal accroché à une corde. On la jette dans l'eau pour que le bateau n'avance plus.
☐ attention, **an**.

âne (nom masc. : *un âne*). C'est un animal plus petit que le cheval, aux oreilles pointues.
☐ attention, **â**.

anémone (nom fém. : *une anémone*). C'est une jolie petite fleur aux couleurs vives, elle a des feuilles très découpées et elle s'ouvre très largement.
☐ regarde fleur.

ange (nom masc. : *un ange*). On représente les anges avec une tête de bébé et des ailes.

angine (nom fém. : *une angine*). C'est une maladie : Pierre a très mal à la gorge, il a du mal à avaler, il a une angine.

angle (nom masc. : *un angle*). C'est un coin : Il y a quatre angles sur ta feuille.

anguille (nom fém. : *une anguille*). C'est un poisson très long comme un serpent.
☐ regarde poisson.

animal (nom masc. : *un animal, des animaux*). Les chiens, les chats, les oiseaux, les insectes, les chevaux sont des animaux.
☐ attention, **aux** au pluriel.

Nous fabriquons chacun un masque d'animal.

animé (adjectif : *un quartier animé, une ville animée*). **1.** Un quartier animé est vivant, il y a du mouvement. **2.** Dans un **dessin animé,** les personnages bougent comme s'ils étaient vivants.

anneau (nom masc. : *un anneau, des anneaux*). **1.** C'est un rond en bois, en plastique, en métal. **2.** Au portique, on peut se suspendre aux anneaux.
☐ attention, **x** au pluriel.

année (nom fém. : *une année*). Il y a douze mois dans une année.

anniversaire (nom masc. : *un anniversaire*). Ton anniversaire, c'est, tous les ans, la fête du jour de ta naissance.
☐ attention, **aire.**

annoncer (verbe). C'est dire ce qui va arriver : À la télévision, on **annonce** du beau temps pour demain.
☐ attention, nous annonçons, avec **ç.**

annuaire (nom masc. : *un annuaire*). C'est un gros livre où il y a tous les numéros de téléphone des gens de la ville.

annuel (adjectif : *un abonnement annuel, une fête annuelle*). Un abonnement annuel dure un an. La fête annuelle de l'école a lieu une fois par an.

annuler (verbe). Notre voyage **a été annulé,** c'est-à-dire on devait partir et on ne part plus.

ânonner (verbe). Tu **ânonnes** quand tu lis à haute voix, c'est-à-dire tu lis avec peine, en hésitant.
☐ attention, **â, n,** et **nn.**

anonyme (adjectif). Une lettre anonyme n'est signée par personne. On ne sait pas le nom de celui qui l'a écrite.
☐ attention, **y.**

anorak (nom masc. : *un anorak*). C'est une grosse veste imperméable pour la neige, le froid.
☐ attention, **k.**

Bon anniversaire !

A B C D E

anormal (adjectif : *il est anormal, elle est anormale, ils sont anormaux*). **1.** Un enfant anormal n'est pas comme les autres. **2.** Le moteur fait un bruit anormal, c'est-à-dire un bruit qu'on n'entend pas d'habitude, qui n'est pas normal.
□ attention, **aux** au masc. pluriel.

anse (nom fém. : *une anse*). On passe le bras dans l'anse du panier pour le porter.

antenne (nom fém. : *une antenne*). **1.** Les antennes des papillons, des insectes sont comme de fines cornes. Elles servent à sentir et à toucher. **2.** Les antennes de télévision sont installées sur les toits. Elles servent à recevoir les émissions.

antilope (nom fém. : *une antilope*). C'est un animal d'Afrique. L'antilope a des pattes fines, des cornes recourbées. Elle court très vite.

antipathique (adjectif). C'est le contraire de sympathique. Un garçon antipathique est déplaisant, désagréable, on ne l'aime pas beaucoup.
□ attention, **th**.

anxieux (adjectif : *il est anxieux, elle est anxieuse*). Alain a peur de mal faire, il a toujours l'air inquiet. Alain est anxieux.

août (nom masc.). Le mois d'août est après juillet et avant septembre. C'est un mois d'été.
□ attention, **û**.

apercevoir (verbe). **1.** C'est voir un peu, commencer à voir : D'ici, on **aperçoit** son bateau sur la mer. **2.** Cléa **s'est aperçue** de son erreur, c'est-à-dire elle s'en est rendu compte.
□ attention, j'aperçois, avec **ç**.

apéritif (nom masc. : *un apéritif*). C'est une boisson que prennent les grandes personnes avant le repas, souvent avec de l'alcool.

aplatir (verbe). C'est rendre plat : Avec le rouleau, on **aplatit** la pâte à tarte.

aplomb (nom masc.). **1.** Luc n'a peur de rien, il dit ce qu'il pense, il a de l'aplomb, c'est-à-dire du culot, de l'assurance, de l'audace. **2.** Remettre un meuble **d'aplomb,** c'est le remettre bien droit.
□ attention, **mb**.

apparaître (verbe). Le soleil **apparaît** derrière les nuages, c'est-à-dire on commence à le voir.
□ attention, **î** devant un **t**.

appareil (nom masc. : *un appareil*). **1.** Zoé fait des photos avec son appareil tout neuf. **2.** Pierre porte un appareil pour redresser ses dents.

apparence (nom fém.). En apparence, il a l'air gentil, c'est-à-dire d'après ce qu'on voit.

appartement (nom masc. : *un appartement*). C'est un logement à l'intérieur d'un immeuble : Zoé a un appartement de trois pièces.

appartenir (verbe). Ce livre m'**appartient**, c'est-à-dire il est à moi.

appât (nom masc. : *un appât*). C'est ce que le pêcheur met à l'hameçon, au bout de sa ligne, pour attirer le poisson.
☐ attention, **ât**.

appel (nom masc. : *un appel*). Le maître fait l'appel, c'est-à-dire il appelle chaque élève par son nom pour savoir s'il est là.

appeler (verbe). **1.** Maman nous **a appelés** trois fois déjà, c'est-à-dire elle a dit fort nos noms pour que nous venions.
2. Elle **s'appelle** Anne, c'est-à-dire elle porte ce nom.
☐ attention, nous appelons, avec un **l**, mais il appelle, avec **ll**.

appétissant (adjectif : *un plat appétissant, une tarte appétissante*). Ce gâteau est appétissant, c'est-à-dire il a l'air très bon. J'ai envie de le manger.
☐ reconnais le mot <u>appétit</u>.

appétit (nom masc. : *un appétit*). Luc a un gros appétit, c'est-à-dire il a envie de beaucoup manger.

applaudir (verbe). C'est taper dans ses mains pour dire bravo : À la fin du spectacle on **a applaudi** très fort.

applaudissement (nom masc.). On entend les applaudissements dans la salle de spectacle, c'est-à-dire les mains tapées l'une contre l'autre pour applaudir.

application (nom fém.). Zoé travaille avec beaucoup d'application, c'est-à-dire elle fait très attention, elle s'applique.

s'**appliquer** (verbe). C'est faire très attention, c'est faire le mieux qu'on peut : Zoé **s'applique** dans son travail. C'est une élève **appliquée**.

apporter (verbe). Si tu viens, **apporte** des jeux, c'est-à-dire porte-les nous, viens avec.

appréciation (nom fém. : *une appréciation*). Le maître écrit ses appréciations sur le carnet de l'élève, c'est-à-dire il écrit ce qu'il pense de l'élève, de son travail, si c'est bien ou si c'est mal.

apprécier (verbe). C'est aimer bien : Maman **apprécie** les voyages.

Les enfants <u>applaudissent</u> leurs camarades.

A
B
C
D
E

apprendre (verbe). **1.** C'est étudier, travailler pour savoir : Aline **apprend** sa leçon.
2. Viens, je vais t'**apprendre** à coudre, c'est-à-dire je vais te montrer comment il faut faire.

apprivoiser (verbe). Pierre **a apprivoisé** un lapin blanc : le lapin n'est plus sauvage, il n'a plus peur de Pierre, il vient manger dans sa main.

approcher (verbe). C'est mettre plus près ou venir plus près : **Approche-toi** du tableau, tu verras mieux.

approfondir (verbe). Si tu cherches à en savoir plus, à aller plus loin, tu **approfondis** ta leçon.

approuver (verbe). C'est être d'accord : Tu as raison, je t'**approuve.**

appuyer (verbe). C'est pousser, presser. C'est le contraire de tirer : En **appuyant** sur ce bouton la porte s'ouvre.
☐ attention, nous appu**y**ons, avec **y**, mais il appu**i**e, avec **i**.

après. 3 vient après 2. On joue d'abord à mon jeu et après on jouera au tien, c'est-à-dire ensuite, plus tard.

après-demain. C'est le jour qui vient après demain : Aujourd'hui nous sommes lundi, après-demain, c'est mercredi.

après-midi (nom : *un* ou *une après-midi*). C'est la période entre le déjeuner de midi et le dîner du soir.

Julie donne à manger aux poissons dans l'aquarium.

aquarium (nom masc. : *un aquarium*). C'est un grand bac en verre avec de l'eau dedans pour garder les poissons.
☐ attention, on prononce [quoi] et [om] mais on écrit **qua** et **um**.

araignée (nom fém. : *une araignée*). Les araignées ont huit grandes pattes fines, elles tissent des toiles.

Brrr ! Ces araignées dans le vieux château !

Connais-tu les arbres et leurs feuilles ?

arbitre (nom masc. : *un arbitre*). C'est la personne qui juge un match. L'arbitre décide si le point est bon.

arbre (nom masc. : *un arbre*). Un arbre a des racines dans la terre, un gros tronc, des branches et des feuilles : Zoé aime grimper dans les arbres.

arbuste (nom masc. : *un arbuste*). C'est un petit arbre.

arc (nom masc. : *un arc*). **1.** C'est une arme pour tirer des flèches. **2.** Dans les jeux de construction, il y a des arcs en forme de ∩.

arcades (nom fém. pluriel). Il y a des boutiques sous les arcades. C'est une allée couverte faite de piliers réunis par des arcs.

arc-en-ciel (nom masc. : *un arc-en-ciel*). Quand il pleut et qu'il y a du soleil en même temps, cela fait un arc-en-ciel. Il y a toutes les couleurs dans l'arc-en-ciel.
☐ attention au pluriel : des arcs-en-ciel.

L'Indien tire une flèche avec son arc.

Il pleut, il fait soleil, regarde l'arc-en-ciel.

Une armée au temps des Gaulois.

archet (nom masc. : *un archet*). Le violoniste frotte les cordes de son violon avec l'archet.

architecte (nom : *un* ou *une architecte*). L'architecte dessine des maisons, des stades, des villes avant les travaux.

ardoise (nom fém. : *une ardoise*). **1.** L'ardoise est une plaque de pierre gris foncé. On recouvre les toits avec des ardoises. **2.** Tu écris à la craie sur ton ardoise.

arène (nom fém. : *une arène*). C'est une grande piste ronde entourée de gradins pour s'asseoir : Il y a des courses de taureaux dans l'arène.

arête (nom fém. : *une arête*). Les arêtes, ce sont les petits os des poissons.
☐ attention, un seul **r** et **ê**.

argent (nom masc.). **1.** L'argent est un métal blanc : Cléa a un bracelet en argent. **2.** L'argent, c'est aussi les pièces et les billets pour payer, pour acheter : Son père lui donne de l'argent de poche chaque semaine.

arme (nom fém. : *une arme*). Le pistolet, le fusil, le couteau, les flèches sont des armes. Les armes servent à attaquer et à se défendre.

armée (nom fém. : *une armée*). C'est l'ensemble des soldats, des militaires.

armer (verbe). L'homme **est armé,** il a une arme sur lui.

armoire (nom fém. : *une armoire*). C'est un meuble haut pour ranger les affaires : Chloé s'est cachée dans l'armoire.

armure (nom fém. : *une armure*). C'était le costume en fer qui protégeait les chevaliers autrefois.

arôme (nom masc. : *un arôme*). C'est un parfum, un goût : Cléa aime les yaourts arôme ananas. Ce café a un merveilleux arôme.
☐ attention, **ô**.

arracher (verbe). C'est retirer, enlever avec force : David pleure, le dentiste lui **a arraché** une dent.

arranger (verbe). **1.** Papa **arrange** le jouet cassé, c'est-à-dire il le répare. **2. Arrange-toi** pour venir, c'est-à-dire trouve le moyen, débrouille-toi.
☐ attention, nous arrangeons, avec **e**.

arrêt (nom masc. : *un arrêt*).
1. L'arrêt d'autobus, c'est là où l'autobus s'arrête, c'est la station.
2. Il a plu **sans arrêt**, c'est-à-dire tout le temps.
☐ attention, **ê**.

arrêter (verbe). **1.** La police **a arrêté** le voleur, c'est-à-dire elle l'a mis en prison. **2.** Le bus **s'arrête** devant chez moi, c'est-à-dire il cesse d'avancer et on peut descendre ou monter.
3. Maman ! Pierre n'**arrête** pas de m'ennuyer, c'est-à-dire il m'ennuie tout le temps.
☐ attention, **ê**.

arrière. 1. Marche en arrière, c'est-à-dire en reculant. **2.** Dans la voiture, papa et maman sont à l'avant. Jim et moi, nous sommes à l'arrière, c'est-à-dire derrière.

arrivée (nom fém.). Nous verrons Jim dès son arrivée à Paris, c'est-à-dire dès qu'il sera là, arrivé. On fait la course, le premier qui franchit la ligne d'arrivée a gagné !
☐ attention, **ée**.

arriver (verbe). Pierre **arrive** bientôt, c'est-à-dire il sera bientôt là.

arrondir (verbe). Le coin est trop pointu, il faut l'**arrondir**, c'est-à-dire le rendre plus rond.

arrondissement (nom masc. : *un arrondissement*). C'est une partie d'une ville qui porte un numéro : Il y a 9 arrondissements à Lyon et 20 à Paris.

arrosage (nom masc.). Avec le tuyau d'arrosage on arrose l'herbe, les fleurs dans un jardin.

arroser (verbe). **Arroser** les fleurs, les plantes, c'est verser de l'eau dessus : Zoé **arrose** ses fleurs avec son arrosoir.

Nous arrosons le jardin.

A B C D E

arrosoir (nom masc. : *un arrosoir*). On met de l'eau dans l'arrosoir et on arrose les fleurs, les légumes avec.

art (nom masc. : *un art*). La musique, la danse, la peinture, la sculpture, le théâtre sont des arts.

artichaut (nom masc. : *un artichaut*). C'est un légume vert, avec un fond, un cœur et beaucoup de feuilles serrées les unes contre les autres.
☐ regarde légume.

article (nom masc. : *un article*). C'est un texte sur un sujet dans un journal.

articuler (verbe). **1.** C'est bien prononcer chaque son d'un mot : **Articule** quand tu parles. **2.** Un pantin **articulé** peut bouger les bras, les jambes, la tête.

artifice (nom masc.). Dans un **feu d'artifice** on tire des fusées qui éclatent dans le ciel, la nuit, en milliers de lumières de toutes les couleurs.

artificiel (adjectif : *un lac artificiel, une fleur artificielle*). Ce qui est artificiel est fabriqué, ce n'est pas naturel : Une fleur artificielle est en tissu, en papier ou en plastique.

artiste (nom : *un* ou *une artiste*). Les chanteurs, les comédiens, les peintres sont des artistes.

as (nom masc. : *un as*). **1.** Il y a quatre as dans un jeu de cartes, l'as de cœur, de pique, de trèfle, de carreau. L'as est la carte la plus forte. **2.** Un as, c'est aussi quelqu'un de très fort dans ce qu'il fait.

ascenseur (nom masc. : *un ascenseur*). On prend l'ascenseur pour monter ou descendre les étages sans prendre l'escalier.
☐ attention, **sc** et **s**.

aspect (nom masc. : *un aspect*). C'est la forme générale, l'allure : Le chien était tout sale, on lui a donné un bain, maintenant il a changé d'aspect.
☐ attention au **c** qui ne se prononce pas.

asperge (nom fém. : *une asperge*). C'est un légume long avec une pointe toute tendre.
☐ regarde légume.

asperger (verbe). C'est mouiller en jetant de l'eau : Il fait très chaud, Marie et Luc **s'aspergent** avec le jet d'eau.
☐ attention, nous aspergeons, avec **e**.

Les enfants s'aspergent d'eau pour jouer.

aspirateur (nom masc. : *un aspirateur*). C'est un appareil électrique pour enlever la poussière par terre.
☐ reconnais aspirer.

aspirer (verbe). C'est le contraire de souffler : Tu **aspires** ta limonade avec ta paille.

assaisonner (verbe). C'est mettre le sel, le poivre, tout ce qu'il faut pour donner du goût à un plat.

assassin (nom masc. : *un assassin*). C'est celui qui a tué, assassiné quelqu'un. C'est un meurtrier, un criminel : Dans le film, la police arrête l'assassin.

assassiner (verbe). Un bandit l'**a assassiné** en pleine rue, c'est-à-dire il l'a tué.

assembler (verbe). C'est mettre ensemble, à la place où il faut : Luc **assemble** les pièces de son jeu de construction.
☐ attention, **m** devant **b**.

Zoé assemble les pièces de son puzzle.

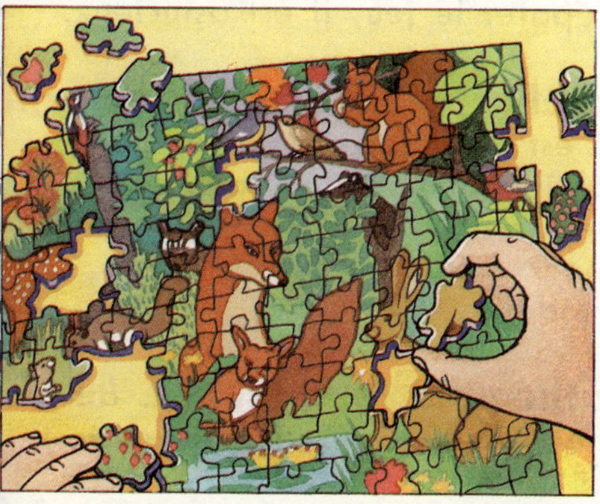

s'asseoir (verbe). Jean **s'assoit** sur une chaise. Marie **est assise** par terre.
☐ attention, pas de **e** dans je m'ass**ois**, tu t'ass**ois**. Regarde la conjugaison page 25.

assez. Tu as assez de bonbons, c'est-à-dire cela suffit.

assiette (nom fém. : *une assiette*). On mange le potage dans l'assiette creuse, la viande dans l'assiette plate.

assis. Regarde asseoir.

assister (verbe). C'est être là : Si tu n'**assistes** pas au cours, tu ne comprendras pas ta leçon.

association (nom fém. : *une association*). Dans notre école il y a une association sportive, c'est-à-dire un groupe organisé pour faire du sport.

s'associer (verbe). C'est se mettre ensemble pour travailler, pour faire quelque chose : Papa **s'est associé** avec mon oncle pour s'occuper du garage.

assommer (verbe). C'est faire perdre connaissance en tapant fort sur la tête : La noix de coco lui est tombée sur la tête. Elle l'**a assommé**.

assortiment (nom masc. : *un assortiment*). Un assortiment de bonbons, c'est un mélange de bonbons de toutes les sortes.

s'assoupir (verbe). C'est s'endormir à moitié : Grand-mère **s'est assoupie** dans son fauteuil.

A B C D E

assurance (nom fém. : *une assurance*). On paye une assurance pour être remboursé, si on est cambriolé, si on a un accident, s'il y a le feu.

assurer (verbe). **1.** C'est dire que c'est sûr, que c'est bien vrai : On partira en vacances, je vous l'**assure**. **2. Assurer** sa maison, c'est payer une assurance pour sa maison.

asthme (nom masc.). L'asthme est une maladie. On a du mal à respirer, on tousse beaucoup.
☐ attention, **sth**.

asticot (nom masc. : *un asticot*). C'est un petit ver : Pour pêcher on met un asticot au bout de l'hameçon.

astiquer (verbe). C'est frotter avec un chiffon pour que cela brille : **J'ai astiqué** les meubles.

Le marin astique le hublot.

astre (nom masc. : *un astre*). Les étoiles et les planètes sont des astres.

L'astronaute pilote le vaisseau spatial.

astronaute (nom : *un* ou *une astronaute*). Les astronautes voyagent dans l'espace, dans les fusées.

astronomie (nom fém.). Dans un livre d'astronomie on apprend les étoiles, les planètes, le ciel.

astuce (nom fém. : *une astuce*). C'est un truc, un moyen habile pour faire quelque chose.

astucieux (adjectif : *il est astucieux, elle est astucieuse*). Pierre a trouvé l'astuce pour réparer le jeu, il est astucieux.

atelier (nom masc. : *un atelier*). C'est une pièce où il y a tout ce qu'il faut pour fabriquer, réparer ou bien pour peindre, coudre, modeler.

athée (adjectif). Les gens athées ne croient pas que Dieu existe.
☐ attention, **ée**.

L'athlétisme.

A l'atelier, nous faisons de la peinture, des objets.

athlète (nom : *un* ou *une athlète*). Les athlètes font du saut, de la course à pied et d'autres sports.
☐ attention, **th**.

athlétisme (nom masc.). C'est un ensemble de sports comme la course à pied, le saut, le lancer du poids.
☐ attention, **th**.

atlas (nom masc. : *un atlas*). C'est un livre où il y a les cartes des pays ou des régions.

L'attaque de la diligence.

atmosphère (nom fém. : *une atmosphère*). **1.** C'est l'air, les gaz qui entourent la planète : La fusée a traversé l'atmosphère. **2.** L'atmosphère, c'est aussi l'ambiance, comment on se sent quelque part : L'atmosphère de la classe est bonne, tout le monde s'entend bien.
☐ attention, **ph.**

atome (nom masc. : *un atome*). C'est le plus petit élément de matière.

atomique (adjectif). La bombe atomique explose avec une force terrible. Elle est très puissante.

atroce (adjectif). **1.** Un crime atroce, c'est un crime cruel, horrible. **2.** Une douleur atroce fait très, très mal.

attachant (adjectif : *un garçon attachant, une fille attachante*). Un enfant attachant est un enfant qu'on aime bien, il est sympathique, gentil.

attacher (verbe). **1.** Quand le chien **est attaché,** il y a une chaîne qui l'empêche d'aller où il veut. **2. Attacher** sa ceinture, c'est la boucler, la fermer. **3.** Luc **est** très **attaché** à sa petite chienne, c'est-à-dire il l'aime, il ne veut pas la perdre.

attaque (nom fém. : *une attaque*). À l'attaque !, et on court tous pour attaquer l'ennemi.

attaquer (verbe). **1. Attaquer** l'ennemi, c'est tirer dessus, le bombarder, essayer de le battre. **2.** Trois hommes **ont attaqué** une banque, ils ont essayé de voler tout l'argent qu'il y a dedans.

s'**attarder** (verbe). C'est rester trop longtemps quelque part : Nous ne **nous attarderons** pas, nous devons rentrer tôt.
☐ reconnais tard.

atteindre (verbe). C'est pouvoir toucher quelque chose : Aude peut atteindre le livre.
☐ attention, il **atteint**, mais nous **atteign**ons.

atteinte (nom fém.). Si quelque chose est **hors d'atteinte,** je ne peux pas le toucher, l'atteindre.

attelage (nom masc. : *un attelage*). Ce sont les chevaux qui tirent la voiture. Ce sont les bœufs attachés à la charrue.

Un attelage.

atteler (verbe). Quand on **attelait** un cheval, on l'attachait à une voiture et le cheval tirait la voiture.
☐ attention, atteler, mais il attelle.

attendre (verbe). **1.** C'est rester où on est jusqu'à ce que quelque chose ou quelqu'un arrive : **Attends**-moi, ne bouge pas. Je reviens tout à l'heure. **2.** Tout le monde **s'attendait** à ce que Luc soit premier, c'est-à-dire tout le monde le croyait, on en était sûrs.

attendrir (verbe). Je la vois pleurer, cela m'**attendrit**, je pleure aussi.

attendrissant (adjectif : *il est attendrissant, elle est attendrissante*). Les larmes me montent aux yeux, c'est touchant. Quel spectacle attendrissant !

Aude peut atteindre le livre.

attentat (nom masc. : *un attentat*). Quand une personne cherche à tuer quelqu'un de connu, quand un groupe veut faire exploser un immeuble, une gare, ce sont des attentats.

attente (nom fém. : *une attente*). **1.** Il y a une heure d'attente, c'est-à-dire il faut attendre une heure. **2.** Une file d'attente, ce sont des gens, les uns derrière les autres, qui attendent leur tour.

attentif (adjectif : *il est attentif, elle est attentive*). Les élèves sont attentifs, c'est-à-dire ils écoutent avec attention.

attention (nom fém.). Faire attention, c'est bien écouter, bien regarder, bien penser à ce qu'on fait.

attentivement. Cléa écoute attentivement, c'est-à-dire elle est attentive, elle écoute avec attention.

atténuer (verbe). C'est faire moins fort, diminuer : Le médicament **atténue** la douleur.

atterrir (verbe). L'avion descend, il sort ses roues, il **atterrit**, c'est-à-dire il se pose à terre.
☐ reconnais terre, avec **rr.**

atterrissage (nom masc. : *un atterrissage*). L'avion se pose à terre quand il atterrit, c'est l'atterrissage.
☐ reconnais terre, avec **rr.**

attirail (nom masc. : *un attirail*). Un attirail de pêche, c'est tout ce qu'il faut pour aller à la pêche : ligne, hameçon, vers.

attirance (nom fém.). Zoé a de l'attirance pour ce métier, c'est-à-dire elle est attirée par ce métier, elle aimerait le faire.

attirant (adjectif : *il est attirant, elle est attirante*). Cet enfant est attirant, c'est-à-dire il me plaît, il est sympathique.

attirer (verbe). **1.** C'est faire venir vers soi : L'aimant **attire** le fer. **2.** Attirer, c'est aussi plaire, séduire, tenter : Ce métier m'**attire.**

attitude (nom fém. : *une attitude*). C'est la manière de se tenir : Cléa se tient mal, je n'aime pas son attitude.

attraction (nom fém. : *une attraction*). **1.** L'attraction terrestre, c'est la force qui attire vers la Terre. **2.** Les attractions à

La pêche à la ligne, mon attraction préférée.

la fête, ce sont le tir, les manèges, les loteries.

attraper (verbe). **1.** C'est saisir, prendre avec la main ou avec autre chose : Pierre lance le ballon et Marie l'**attrape.** Luc **attrape** des papillons avec son filet. **2.** Attraper une maladie, c'est commencer à l'avoir : Gilles tousse, il **a attrapé** une angine. **3. Se faire attraper,** c'est se faire gronder.
☐ attention, **tt** et un seul **p.**

attrister (verbe). C'est rendre triste : Tu ne viens pas à mon anniversaire et cela m'**attriste.**

attroupement (nom masc. : *un attroupement*). Il y a un attroupement dans la rue, c'est-à-dire beaucoup de personnes arrêtées qui regardent toutes la même chose.
☐ reconnais troupe, avec un seul **p.**

aube (nom fém.). L'aube, c'est très tôt le matin, quand le jour se lève. C'est le contraire du crépuscule.

aubépine (nom fém.). L'aubépine est un petit arbuste avec des épines et des jolies petites fleurs.

Chic! On va déjeuner dans le jardin de l'auberge.

auberge (nom fém. : *une auberge*). C'est, à la campagne, un petit restaurant ou un petit hôtel.

Un attroupement.

aubergine (nom fém. : *une aubergine*). C'est un légume long avec la peau violette.
☐ regarde légume.

aucun, aucune. C'est pas un seul, pas une seule : Il n'y a aucune chance qu'il vienne, il ne viendra pas.

audace (nom fém.). Avoir de l'audace, c'est oser faire ce que l'on ne fait pas d'habitude : Quel courage ! Quelle audace ! Il est seul contre tous et il n'hésite pas !

audacieux (adjectif : *il est audacieux, elle est audacieuse*). Zoé n'a peur de rien. Elle a de l'audace. Zoé est audacieuse.

au-delà. C'est plus loin : Tu vois la ligne, ne va pas au-delà, ne la dépasse pas.
☐ attention, **à**.

auditeur (nom : *un auditeur, une auditrice*). Les auditeurs d'une émission de radio, ce sont ceux qui écoutent cette émission.

auge (nom fém. : *une auge*). C'est le récipient dans lequel les animaux, les cochons mangent.

augmentation (nom fém. : *une augmentation*). Le pain a augmenté de dix centimes, il y a une augmentation de dix centimes sur le pain.

augmenter (verbe). **1.** C'est devenir plus long, plus grand : En mars les jours **augmentent**. **2.** C'est aussi devenir plus cher : L'essence **augmente** souvent.

aujourd'hui. C'est le jour où nous sommes, là, maintenant.
☐ attention, **d'h**.

aumône (nom fém. : *une aumône*). Faire l'aumône à un pauvre, à un malheureux, c'est lui donner un peu d'argent.
☐ attention, **ô**.

auparavant. C'est avant quelque chose : Nous irons au jardin, mais auparavant il faut ranger les affaires.

auprès de. C'est à côté de, près de quelqu'un : Marie est auprès de sa mère malade.

aurore (nom fém.). L'aurore, ce sont les premières lueurs du jour.

ausculter (verbe). Le docteur **ausculte** Pierre, c'est-à-dire il écoute son cœur, sa respiration avec son appareil.

aussi. 1. Luc a deux bonbons, Léa en a deux aussi. Tu es content, moi aussi. Je suis content aussi. **2.** Tu es aussi grand que moi, c'est-à-dire nous avons la même taille.

aussitôt. C'est tout de suite, immédiatement, au même moment, à l'instant même : Il y a eu un grand bruit et aussitôt, toutes les lumières se sont éteintes.

Le docteur ausculte Pierre.

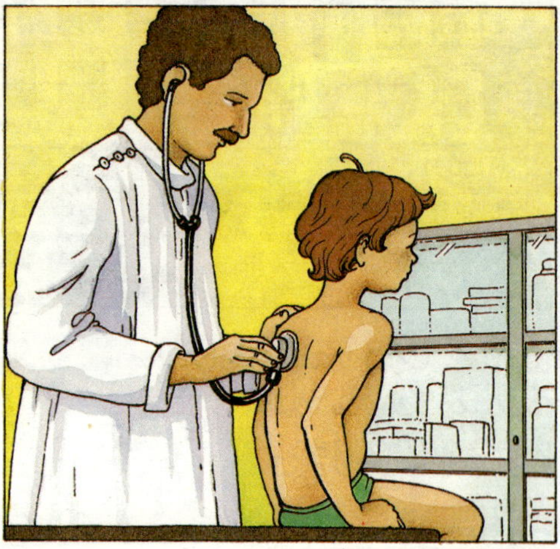

Pierre et Sylvie courent pour attraper l'autobus.

autant. C'est la même quantité. Tu as trois livres et j'ai autant de livres que toi. C'est-à-dire, j'ai trois livres aussi.

auteur (nom masc. : *un auteur*).
1. C'est la personne qui a écrit un livre, une histoire, les paroles d'une chanson. C'est la personne qui a inventé une histoire.
2. L'auteur d'un crime, d'un vol, ou d'une plaisanterie, c'est la personne qui l'a fait, c'est le responsable.

authentique (adjectif). Une histoire authentique est vraie. Elle a vraiment existé.
☐ attention, **th**.

auto (nom fém. : *une auto*). C'est une voiture.

autobus (nom masc. : *un autobus*). L'autobus roule dans les rues des villes. Il fait toujours le même trajet. On le reconnaît à son numéro. Pierre prend l'autobus pour aller à l'école.

autocar (nom masc. : *un autocar*). C'est un grand véhicule qui transporte beaucoup de personnes sur les routes : Les enfants de l'école sont partis en pique-nique en autocar.

Les autocollants.

autocollant (nom masc. : *un autocollant*). C'est une image qui colle toute seule.

automate (nom masc. : *un automate*). C'est une sorte de poupée, de mannequin qui bouge, tourne, danse tout seul.

Les automates dans la vitrine.

Les feuilles jaunissent et tombent,

on cueille des champignons, on ramasse des châtaignes, on laboure les champs,

automatique (adjectif). Une machine automatique fait tout toute seule.

automatiquement. Les portes du métro se ferment automatiquement, c'est-à-dire d'une manière automatique, sans qu'on y touche.

automne (nom masc. : *un automne*). L'automne est une saison. Les feuilles des arbres jaunissent, elles tombent. Après l'automne c'est l'hiver. L'automne commence le 22 ou le 23 septembre et se termine le 21 ou le 22 décembre.
☐ attention au **m** qui ne se prononce pas.

automobile (nom fém. : *une automobile*). C'est un autre nom pour une voiture.

automobiliste (nom : *un* ou *une automobiliste*). C'est la personne qui conduit une automobile.

autonome (adjectif). Cet enfant est très autonome, c'est-à-dire il se débrouille bien tout seul.

autorisation (nom fém. : *une autorisation*). Alain a l'autorisation de regarder la télévision, c'est-à-dire il peut le faire, il a la permission.

les oiseaux s'en vont,

L'automne.

on fait les vendanges.

autoriser (verbe). C'est donner la permission, c'est vouloir bien : Les parents nous **autorisent** à regarder la télévision.

autoritaire (adjectif). Julie est autoritaire, c'est-à-dire elle aime commander.

autorité (nom fém.). La maîtresse a de l'autorité, c'est-à-dire les élèves lui obéissent.

autoroute (nom fém. : *une autoroute*). C'est une grande route pour aller très vite.

autour. Les enfants sont autour de la maîtresse, c'est-à-dire la maîtresse est au milieu.

autre. Zoé voudrait un autre bonbon, c'est-à-dire un bonbon de plus ou bien un bonbon différent.

C'est une vraie autoroute.

L'avalanche.

autrefois. C'est il y a très longtemps : Grand-père dit qu'autrefois, c'était différent. Il n'y avait pas de jeux électroniques.

autrement. C'est d'une autre manière : Si tu ne réussis pas comme cela, fais autrement.

autruche (nom fém. : *une autruche*). C'est un très grand animal à plumes. L'autruche a de longues pattes toutes fines. Elle court très vite mais elle ne vole pas.
☐ regarde <u>oiseau</u>.

auvent (nom masc. : *un auvent*). C'est un petit toit. Il y en a un dans la cour de récréation. On se met dessous quand il pleut.

aval. Le ski aval, c'est le ski qui est du côté de la vallée quand tu es en travers de la pente. L'autre, c'est le ski amont.

avalanche (nom fém. : *une avalanche*). C'est une masse de neige qui se détache de la montagne, qui roule, qui devient de plus en plus grosse. Alors elle recouvre les maisons, les arbres.

avaler (verbe). Pour manger un bonbon, tu le mets dans ta bouche, tu le mâches entre tes dents et tu l'**avales** à la fin.

avance (nom fém.). Luc est arrivé **en avance**, c'est-à-dire avant l'heure, plus tôt, avant les autres.

avancer (verbe). **1.** C'est marcher, rouler, aller devant soi :

La voiture n'**avance** plus. **2.** C'est aussi faire des progrès : Nous **avançons** dans notre travail.
☐ attention, nous avançons, avec **ç**.

avant. 1. A est avant B, c'est-à-dire A vient en premier. **2.** Avant, quand Luc était petit, il avait peur du noir. Maintenant il n'a plus peur.

avantage (nom masc. : *un avantage*). C'est quelque chose de mieux que les autres : Pour courir, tu as un avantage sur moi, tu es plus léger.

avantager (verbe). Toi, tu n'as rien à porter, tu **es avantagé** pour courir. C'est-à-dire tu as un avantage et c'est normal que tu ailles plus vite.
☐ attention, nous t'avantageons, avec **e**.

avantageux (adjectif : *un paquet avantageux, une boîte avantageuse*). Prends cette boîte, elle est plus avantageuse, c'est-à-dire on en a plus pour le même prix. On en a davantage.

avant-dernier (adjectif : *il est avant-dernier, elle est avant-dernière*). L'avant-dernier est juste avant le dernier.

avant-hier. C'est le jour avant hier : Aujourd'hui nous sommes mardi, hier c'était lundi et avant-hier c'était dimanche.

avare (adjectif). Luc est avare, c'est-à-dire il garde tous ses sous pour lui, il ne dépense rien.

avarice (nom fém.). L'avarice, c'est le défaut d'une personne avare.

avarié (adjectif : *un fruit avarié, une viande avariée*). Un aliment avarié est abîmé, pourri. Il ne faut pas le manger.

avec. Léa n'est pas seule, elle est avec sa sœur. Un manteau avec une capuche. Le contraire est sans.

avenir (nom masc. : *un avenir*). L'avenir, c'est plus tard, quand tu seras plus grand.

Quelle aventure merveilleuse, pense-t-il.

aventure (nom fém. : *une aventure*). **1.** C'est une histoire, un événement extraordinaire qui n'arrive pas tous les jours.
2. Dans un livre d'aventures, il y a du danger, du risque.

s'**aventurer** (verbe). C'est aller là où il y a du danger : Ne **t'aventure** pas seul la nuit dans les rues.

A B C D E

aventurier (nom : *un aventurier, une aventurière*). Les aventuriers aiment les aventures, le danger, les risques.

avenue (nom fém. : *une avenue*). L'avenue est plus grande que la rue, avec des arbres sur les trottoirs.

Vite, il pleut, c'est une averse.

averse (nom fém. : *une averse*). Il fait beau. Tout à coup il pleut. Et cela s'arrête. C'est une averse.

avertir (verbe). C'est dire qu'il va se passer quelque chose, c'est prévenir : Je sais que Luc sera en retard. Il m'**a averti.**

avertissement (nom masc. : *un avertissement*). C'est ce qui avertit d'un danger : Cette douleur est un avertissement, il faut aller voir le médecin.

aveu (nom masc. : *un aveu, des aveux*). C'est ce qu'on dit quand on avoue : Le bandit a avoué. Les policiers notent ses aveux.
☐ attention, **x** au pluriel.

aveuglant (adjectif : *un éclair aveuglant, une lumière aveuglante*) Une lumière aveuglante est trop forte. Elle empêche de voir.

aveugle (nom : *un* ou *une aveugle*). C'est une personne qui ne voit pas. Dans la rue, elle a une canne blanche.

aveuglette. Marcher **à l'aveuglette,** c'est marcher sans voir où l'on est, où l'on va.

aviateur (nom : *un aviateur, une aviatrice*). L'aviateur pilote un avion.

Sur un terrain d'aviation.

L'aviron.

aviation (nom fém.). L'aviation militaire, c'est l'ensemble des avions et des pilotes de l'armée. Les avions décollent et atterrissent sur un terrain d'aviation.

avide (adjectif). Les enfants sont avides de savoir, c'est-à-dire ils veulent tout savoir sur tout.

avion (nom masc. : *un avion*). L'avion vole dans le ciel. Pierre va en Amérique en avion.

aviron (nom masc. : *un aviron*). **1.** C'est une rame. **2.** Dans le sport de l'aviron, on rame, on tire sur les avirons pour faire avancer le bateau.

avis (nom masc. : *un avis*). C'est un conseil : Je ne sais pas quoi faire, alors je te demande ton avis : dis-moi ce que je dois faire, dis-moi ce que tu en penses.

aviser (verbe). C'est prévenir quelqu'un, c'est lui dire : L'enfant voit mal au tableau, la directrice en **avisera** les parents.

avocat (nom : *un avocat, une avocate*). L'avocat connaît les lois, il défend les accusés dans un procès.

avoine (nom fém.). L'avoine est une céréale, une plante. Les chevaux mangent de l'avoine.

avoir (verbe). Ces billes sont à moi : **j'ai** des billes.
☐ regarde la conjugaison page 15.

avouer (verbe). **1.** C'est dire ce qu'on a fait de mal, c'est faire ses aveux : Le voleur **a** tout **avoué** à la police. **2.** **Avoue** que tu es gourmande, c'est-à-dire reconnais-le.

avril (nom masc.). Le mois d'avril est après mars et avant mai. C'est un mois du printemps.

axe (nom masc. : *un axe*). C'est la ligne qui passe par le centre, le milieu : La poignée de la porte tourne autour de son axe.

azalée (nom fém. : *une azalée*). C'est une plante en pot qui donne beaucoup de petites fleurs.
☐ regarde fleur.

azur (nom masc.). L'azur, c'est la couleur bleue du ciel.

b

babines (nom fém. pluriel). Les babines, ce sont les lèvres du chien.

bâbord. C'est le côté gauche sur un bateau : Tourner à bâbord. Le contraire est tribord.
☐ attention, **â**.

bac (nom masc. : *un bac*). Pour aller sur l'île on prend le bac. C'est un bateau qui fait sans arrêt l'aller et le retour.

bâche (nom fém. : *une bâche*). C'est une grosse toile pour couvrir ou protéger : Les peintres ont mis une bâche par terre.
☐ attention, **â**.

bâcler (verbe). Un travail **bâclé** est trop vite fait et mal fait.
☐ attention, **â**.

badaud (nom masc. : *un badaud*). Les badauds, ce sont les gens qui se promènent dans les rues pour regarder.
☐ attention, **d** à la fin.

badigeonner (verbe). C'est passer de la peinture, un produit, avec un gros pinceau.
☐ attention, **ge**.

bafouiller (verbe). Émilie ne sait pas sa récitation. Elle **bafouille,** c'est-à-dire elle parle mal, elle hésite.

bagage (nom masc. : *un bagage*). Les sacs, les valises sont des bagages. Faire ses bagages, c'est faire ses valises.

bagarre (nom fém. : *une bagarre*). David cherche toujours la bagarre, c'est-à-dire il cherche à se battre, à se bagarrer.

se **bagarrer** (verbe). C'est se battre avec quelqu'un d'autre : Les deux frères **se bagarrent**.

bagarreur (adjectif : *il est bagarreur, elle est bagarreuse*). David est un enfant bagarreur, c'est-à-dire il aime la bagarre, il cherche à se bagarrer.

bague (nom fém. : *une bague*). C'est un bijou qu'on porte sur le doigt.

baguette (nom fém. : *une baguette*). **1.** C'est un long morceau de bois : Zoé tape avec ses baguettes sur son tambour. **2.** Une baguette, c'est aussi une sorte de pain long et mince.

baignade (nom fém. : *une baignade*). **1.** C'est un endroit où on peut se baigner, nager : Il y a une baignade à la rivière. **2.** Avec ce vent, la baignade est interdite, on n'a pas le droit de se baigner.

baigner (verbe). Zoé **baigne** sa poupée, elle lui donne un bain. **Se baigner,** c'est se plonger dans l'eau pour se laver ou pour nager.

baignoire (nom fém. : *une baignoire*). Dans la salle de bains, on prend un bain dans la baignoire : Je peux m'allonger dans ma baignoire.

bâiller (verbe). Tu as sommeil, tu **bâilles,** c'est-à-dire tu ouvres grand la bouche en soufflant fort.
☐ attention, **â.**

bâillon (nom masc. : *un bâillon*). C'est un tissu sur la bouche pour empêcher de parler, de crier.
☐ attention, **â.**

bain (nom masc. : *un bain*). Je prends un bain dans la baignoire, c'est-à-dire je me plonge dans l'eau.

baiser (nom masc. : *un baiser*). Donne-moi un baiser, c'est-à-dire embrasse-moi.

baisse (nom fém. : *une baisse*). Tes notes sont en baisse, c'est-à-dire elles sont de plus en plus faibles, basses.

baisser (verbe). **1.** C'est mettre plus bas : **Baisse** la glace, elle est trop haute. **2.** C'est faire moins fort : **Baisse** le son, c'est trop fort. **3.** C'est devenir plus bas : Ses notes **baissent.**

bal (nom masc. : *un bal*). Au bal, on peut danser : Il y a un bal au village pour la fête.

balai (nom masc. : *un balai*). Le balai sert à balayer. Il est fait d'un long manche et d'une brosse au bout.

balance (nom fém. : *une balance*). La balance sert à peser, à mesurer le poids.

se **balancer** (verbe). C'est se pencher d'un côté et de l'autre plusieurs fois. Sur la balançoire les enfants **se balancent** : ils vont en haut, en avant, en arrière.
☐ attention, nous nous balançons, avec **ç.**

On se baigne à la baignade.

A
B
C
D
E

Ouah ! Je me balance sur la balançoire.

balançoire (nom fém. : *une balançoire*). C'est pour se balancer : Il y a une balançoire dans mon jardin.
☐ attention, **ç**.

balayer (verbe). C'est nettoyer par terre avec un balai.
☐ attention, il bala**i**e ou il bala**y**e.

balcon (nom masc. : *un balcon*). Le balcon est devant la fenêtre. On peut être debout dehors, sur le balcon.

baleine (nom fém. : *une baleine*). C'est le plus grand animal de la mer. Elle peut plonger une demi-heure sous l'eau. Elle souffle fort de l'air qui est chargé d'eau. Son petit est le baleineau.

balle (nom fém. : *une balle*).
1. C'est un petit ballon ou une petite boule légère pour jouer : Cléa jongle avec deux balles.
2. Un pistolet, un fusil envoient des balles.

ballerine (nom fém. : *une ballerine*). **1.** C'est une danseuse.
2. Les ballerines, ce sont aussi des chaussures de filles, plates, toutes simples.

ballet (nom masc. : *un ballet*). C'est un spectacle de danse.

ballon (nom masc. : *un ballon*).
1. Le ballon de football est rond. Le ballon de rugby est ovale.
2. Un ballon, c'était aussi une énorme boule remplie de gaz qui montait dans le ciel : Autrefois on faisait des voyages en ballon.

bambou (nom masc. : *le bambou*). C'est une sorte de bois léger en forme de bâton : La canne à pêche d'Alain est en bambou.
☐ attention, **m** devant **b**.

banal (adjectif : *un accident banal, une histoire banale*). Ce qui est banal arrive souvent, c'est courant, ordinaire : Avoir un rhume en hiver, c'est tout à fait banal, tout le monde en a.

La baleine et son baleineau.

banane (nom fém. : *une banane*). C'est un fruit à grosse peau jaune. La banane pousse sur une grande plante, le bananier. Un groupe de bananes attachées ensemble s'appelle un régime de bananes.

banc (nom masc. : *un banc*). C'est un siège long en bois pour s'asseoir à plusieurs.

bande (nom fém. : *une bande*). **1.** Si tu as mal au poignet, tu mets une bande, c'est-à-dire un tissu long que tu enroules autour de ton poignet. **2.** Une bande de papier, c'est un long morceau de papier. **3.** Une bande d'amis, c'est un groupe d'amis.

bandeau (nom masc. : *un bandeau, des bandeaux*). C'est un tissu long et rond : Élise porte un bandeau pour tenir ses cheveux. Pour jouer à colin-maillard, on lui a mis un bandeau sur les yeux.
☐ attention, **x** au pluriel.

bander (verbe). Pierre a le bras **bandé,** c'est-à-dire il a une bande autour de son bras.

bandit (nom masc. : *un bandit*). C'est une personne qui vole, qui tue. Le bandit est malhonnête.

banlieue (nom fém. : *la banlieue*). Ce sont les villes qui sont autour d'une grande ville principale : Clichy, Nanterre, c'est la banlieue de Paris.

banque (nom fém. : *une banque*). Dans une banque on dépose son argent et quand on en a besoin on va en prendre.

banquette (nom fém. : *une banquette*). C'est un siège pour s'asseoir à plusieurs dans les trains, les autobus.

baobab (nom masc. : *un baobab*). C'est un arbre d'Afrique, son tronc est énorme, il peut avoir jusqu'à 20 mètres de tour.

baptême (nom masc. : *le baptême*). **1.** C'est un acte religieux. Au moment du baptême le petit enfant devient chrétien. **2.** Quand on prend l'avion pour la première fois, c'est le baptême de l'air.
☐ attention au **p** qui ne se prononce pas et au **ê**.

baptiser (verbe). **1.** On **baptise** le petit frère de Jean dimanche, c'est-à-dire ce sera son baptême. **2.** Baptiser, c'est aussi donner un nom : Nous **avons baptisé** notre bateau « la Belle ».
☐ attention au **p** qui ne se prononce pas.

bar (nom masc. : *un bar*). C'est l'endroit où on peut boire, dans un hôtel, une gare, un café.

baraque (nom fém. : *une baraque*). C'est une petite maison, une cabane.

barbe (nom fém. : *une barbe*). La barbe, ce sont les poils que les hommes ont sur le visage : Le père de Yan ne se rase plus, il a décidé de porter la barbe.

barbelé (adjectif). Les fils de fer barbelés ont des pointes qui piquent fort pour empêcher de passer.

Un barrage.

barboter (verbe). C'est bouger, remuer dans l'eau : Le bébé **barbote** dans son bain.

barbouiller (verbe). Pourquoi **as-tu barbouillé** ton dessin de noir ? C'est-à-dire tu as mis du noir n'importe où et n'importe comment.

barbu (adjectif). Il est barbu, c'est-à-dire il a une barbe.

bariolé (adjectif : *un tissu bariolé, une robe bariolée*). Un tissu bariolé est plein de couleurs vives.

baromètre (nom masc. : *un baromètre*). Le baromètre indique s'il fait beau, si le temps va changer.

barque (nom fém. : *une barque*). C'est un petit bateau. On fait avancer la barque avec des rames.

barrage (nom masc. : *un barrage*). **1.** C'est une sorte de grand mur pour retenir l'eau d'un fleuve. **2.** Dans un barrage de police, les policiers barrent la route.

barre (nom fém. : *une barre*). Une barre de fer, c'est un bâton de fer.

barreau (nom masc. : *un barreau, des barreaux*). Dans les prisons, il y a des barreaux aux fenêtres, c'est-à-dire des barres de fer.
☐ attention, **x** au pluriel.

barrer (verbe). **1. Barre** ce mot, c'est-à-dire tire un trait dessus, raye-le. **2.** La route **est barrée,** c'est-à-dire on ne peut pas passer, il y a une barrière ou un barrage.

barrette (nom fém. : *une barrette*). La barrette sert à attacher, à retenir les cheveux.

barrière (nom fém. : *une barrière*). La barrière ferme un jardin, un champ, une route.

bas (adjectif : *il est bas, elle est basse*). **1.** Une table basse est près du sol, elle n'est pas haute. **2.** Parle à voix basse, c'est-à-dire doucement, pas fort.

bas (nom masc. : *le bas*). Le bas de l'armoire, c'est la partie près du sol. C'est le contraire du haut.

bascule (nom fém. : *une bascule*). Sur un cheval à bascule on peut se balancer.

base (nom fém. : *la base*).
1. C'est la partie en bas : Il coupe l'arbre à la base, c'est-à-dire en bas du tronc.
2. Pierre va redoubler, il n'a pas appris les bases, c'est-à-dire les choses principales pour comprendre.

basse-cour (nom fém. : *la basse-cour*). C'est la cour de la ferme où il y a les poules, les canards.

bassin (nom masc. : *un bassin*). C'est un endroit avec de l'eau : On fait flotter nos bateaux dans le bassin du jardin.

bassine (nom fém. : *une bassine*). C'est un récipient rond et large : Maman met le linge dans la bassine.

bataille (nom fém. : *une bataille*). Quand plusieurs personnes se battent, c'est une bataille.

bateau (nom masc. : *un bateau, des bateaux*). Les barques, les voiliers, les navires sont des bateaux. Le bateau avance sur l'eau.
☐ attention, **x** au pluriel.

bâtiment (nom masc. : *un bâtiment*). Un immeuble, une usine, une maison, une tour sont des bâtiments.
☐ attention, **â**.

bâtir (verbe). C'est un autre mot pour construire.
☐ attention, **â**.

bâton (nom masc. : un *bâton*).
1. C'est un long morceau de bois. **2.** Un bâton de craie, c'est une craie longue.
☐ attention, **â**.

Mon bateau s'est renversé dans le bassin.

A
B
C
D
E

battement (nom masc. : *un battement*). Pour nager, fais des battements de pieds, c'est-à-dire remue les pieds en avant et en arrière.

batterie (nom fém. : *une batterie*). **1.** Dans une voiture, la batterie donne du courant électrique. **2.** Dans un orchestre, la batterie c'est le tambour, la grosse caisse, les instruments pour le rythme.

J'aimerais jouer de la batterie comme lui !

battre (verbe). Alain **bat** sa sœur, c'est-à-dire il la tape, il la frappe. Les enfants **se battent** dans la cour, c'est-à-dire ils se bagarrent.

bavard (adjectif : *il est bavard, elle est bavarde*). Cléa parle tout le temps, elle est bavarde.

bavardage (nom masc. : *le bavardage*). Il y a trop de bavardage au fond de la classe, c'est-à-dire il y a des enfants qui bavardent trop.

bavarder (verbe). Jean **bavarde** avec sa voisine, c'est-à-dire ils parlent, ils discutent.

bave (nom fém. : *la bave*). C'est la salive qui déborde de la bouche, de la gueule des animaux.

baver (verbe). Le chien **bave**, c'est-à-dire de la bave sort de sa gueule.

bavoir (nom masc. : *un bavoir*). C'est une petite serviette pour les bébés.

beau (adjectif : *il est beau, elle est belle, ils sont beaux*). Ce livre est beau, c'est-à-dire joli, agréable à regarder. C'est une belle chanson, elle me plaît, elle est agréable à écouter.
☐ attention, on écrit **bel** au masculin singulier devant certains mots : un bel automne, un bel hiver, un bel homme. (Ces mots masculins commencent par une voyelle ou un h.)

beaucoup. C'est une grande quantité : J'aime les chocolats, j'en veux beaucoup.

beauté (nom fém. : *la beauté*). C'est le caractère de ce qui est beau : Admire la beauté de ce paysage, c'est-à-dire admire comme il est beau.

bébé (nom masc. : *un bébé*). C'est un tout petit enfant, un enfant qui vient de naître.

bec (nom masc. : *un bec*). C'est ce qui sert de bouche aux oiseaux, deux sortes de mâchoires dures.

bêche (nom fém. : *une bêche*). C'est un outil pour remuer la terre.
☐ attention, **ê**.

bêcher (verbe). C'est remuer la terre avec une bêche.
☐ attention, **ê**.

becquée (nom fém. : *la becquée*). L'oiseau donne la becquée à ses petits, c'est-à-dire il prend la nourriture dans son bec pour la mettre dans le bec de ses petits.
☐ reconnais bec, donc **cq**.

L'oiseau donne la becquée à ses petits.

bégayer (verbe). C'est avoir du mal à parler en répétant sans le faire exprès certaines syllabes : Zoé bé-bé-**bégaye**.
☐ attention, il bég**ay**e ou il bég**ai**e.

bégonia (nom masc. : *un bégonia*). C'est une plante à jolies fleurs très colorées.
☐ regarde fleur.

beige (adjectif). La couleur beige est entre le marron et le jaune, c'est un brun clair.

beignet (nom masc. : *un beignet*). C'est une sorte de gâteau saupoudré de sucre, qu'on mange chaud.

bel. Regarde beau.

bêler (verbe). La chèvre, le mouton **bêlent**. C'est leur cri.
☐ attention, **ê**.

bélier (nom masc. : *un bélier*). C'est un grand mouton mâle.

belle. Regarde beau.

bénéfice (nom masc. : *un bénéfice*). C'est ce que l'on gagne : J'ai acheté ce ballon 10 francs et je te le vends 11 francs. Je fais un bénéfice de 1 franc.

benjamin (nom : *le benjamin, la benjamine*). C'est le plus jeune enfant de la famille.
☐ attention, **en** au début et **in** à la fin qu'on prononce pareil.

benne (nom fém. : *une benne*). La benne sert à transporter des matériaux, des marchandises. Elle est accrochée au camion ou à la grue.

La benne du camion.

A **B** C D E

béquille (nom fém. : *une béquille*). Judith s'est cassé la jambe, elle marche avec des béquilles, c'est-à-dire des sortes de bâtons sur lesquels elle s'appuie.

berceau (nom masc. : *un berceau, des berceaux*). C'est le lit d'un bébé.
☐ attention, **x** au pluriel.

bercer (verbe). Zoé **berce** sa poupée dans ses bras, c'est-à-dire elle la balance doucement, pour qu'elle s'endorme ou pour qu'elle se calme.
☐ attention, nous berçons, avec **ç**.

Maman chante une berceuse.

berceuse (nom fém. : *une berceuse*). C'est une chanson douce pour endormir un bébé.

béret (nom masc. : *un béret*). C'est un petit chapeau rond et plat.

berge (nom fém. : *une berge*). C'est le bord d'un fleuve, d'une rivière : Le pêcheur est sur la berge.

berger (nom : *un berger, une bergère*). Le berger garde les moutons.

bergerie (nom fém. : *la bergerie*). C'est l'endroit où les moutons dorment.

bermuda (nom masc. : *un bermuda*). C'est un pantalon qui s'arrête au-dessus du genou.

besoin (nom masc. : *un besoin*). De quoi as-tu besoin pour l'école ? C'est-à-dire que te faut-il ?

bétail (nom masc. : *le bétail*). C'est l'ensemble des gros animaux d'une ferme, d'un ranch : vaches, bœufs, ânes, moutons, porcs, etc.
☐ attention, ce mot n'a pas de pluriel.

bête (nom fém. : *une bête*). C'est un animal : L'amour des bêtes.
☐ attention, **ê**.

bête (adjectif). Tu es bête, tu ne comprends rien, c'est-à-dire tu es stupide, idiot, tu n'es pas intelligent.
☐ attention, **ê**.

bêtise (nom fém. : *la bêtise*). **1.** C'est le défaut d'une personne bête : Tu es d'une grande bêtise, tu es très bête. **2.** Zoé a fait une bêtise, c'est-à-dire elle a fait quelque chose qu'il ne fallait pas faire.
☐ attention, **ê**.

béton (nom masc. : *le béton*). C'est un mélange très dur de ciment, de sable, de gravier : Ce mur est en béton.

On conduit le bétail.

A **B** C D E

betterave (nom fém. : *une betterave*). C'est une plante. On mange sa grosse racine, rouge foncé quand elle est cuite. On tire du sucre de certaines betteraves.
☐ regarde légume.

beurre (nom masc. : *le beurre*). C'est un aliment gras. On le fait à partir du lait de vache.

beurrer (verbe). C'est mettre du beurre : Maman, tu me **beurres** ma tartine, s'il te plaît ? Il faut beurrer le moule à gâteau.

biais. Attention, tu ne coupes pas droit, tu coupes **en biais,** c'est-à-dire de travers.

biberon (nom masc. : *un biberon*). Le biberon est en verre ou en plastique avec une tétine au bout : Le bébé boit son lait au biberon.

bibliothèque (nom fém. : *une bibliothèque*). C'est une salle ou un meuble où on range les livres.
☐ attention, **th.**

biceps (nom masc. : *le biceps*). C'est le muscle du bras.
☐ attention, on prononce le **s** de la fin.

biche (nom fém. : *une biche*). C'est la femelle du cerf et la mère du faon.

bicyclette (nom fém. : *une bicyclette*). La bicyclette a deux roues. On dit aussi vélo.
☐ attention, **cy** comme dans tri**cy**cle ou **cy**cliste.

bidon (nom masc. : *un bidon*). On transporte un liquide dans un bidon : Papa a toujours un bidon d'essence dans la voiture.

bien. Tu as bien travaillé, c'est-à-dire comme il faut.

bien (nom masc. : *le bien*). Je veux ton bien, c'est-à-dire je ne veux que des bonnes choses pour toi.

bientôt. C'est dans pas longtemps, dans peu de temps : On se reverra bientôt.
☐ attention, **ô**.

bière (nom fém. : *la bière*). C'est une boisson qui contient un peu d'alcool. On la fait à partir de deux plantes : l'orge et le houblon.

bifteck (nom masc. : *un bifteck*). C'est une tranche de viande de bœuf qu'on mange grillée.
☐ attention, **ck**.

bijou (nom masc. : *un bijou, des bijoux*). Les colliers, les bagues, les bracelets sont des bijoux.
☐ attention, **x** au pluriel.

Tu as vu tous mes bijoux ?

bijouterie (nom fém. : *une bijouterie*). C'est le magasin où on vend des bijoux.

bijoutier (nom : *le bijoutier, la bijoutière*). Le bijoutier vend les bijoux dans la bijouterie.

bille (nom fém. : *une bille*). C'est une petite boule en verre, en métal, en pierre.

billet (nom masc. : *un billet*). **1.** C'est un papier spécial qui vaut de l'argent : Il y a des billets de 20, 50, 100, et 500 francs. **2.** Le billet de train, c'est le petit carton qui prouve que tu as payé ton voyage.

biscornu (adjectif : *un chapeau biscornu, une maison biscornue*). Une maison biscornue a une forme étrange, bizarre.

biscotte (nom fém. : *une biscotte*). Les biscottes, ce sont des tranches de pain de mie séchées.

biscuit (nom masc. : *un biscuit*). C'est un petit gâteau sec.

bise (nom fém. : *la bise*). C'est un vent froid.

bison (nom masc. : *un bison*). C'est une sorte de gros bœuf

Un troupeau de bisons.

sauvage. Il a une bosse sur le cou et une épaisse fourrure de laine sur la tête, le cou et les pattes avant. En Amérique, il y avait de grands troupeaux de bisons.

bizarre (adjectif). Ce qui est bizarre est étrange, pas normal, étonnant, curieux : Pierre n'est pas encore arrivé, c'est bizarre.
□ attention, **z** et **rr**.

blague (nom fém. : *une blague*). **1.** C'est une histoire drôle, une plaisanterie : Papa m'a raconté une bonne blague. **2.** Une blague, c'est aussi une farce : À l'école, on lui a fait une blague.

blanc (adjectif : *un papier blanc, une couleur blanche*). La couleur blanche, c'est la couleur de la neige, du lait.

blanc (nom masc. : *le blanc*). **1.** Rajoute du blanc pour éclaircir ton bleu, c'est-à-dire de la couleur blanche. **2.** Le blanc d'œuf, c'est le liquide autour du jaune. Il devient tout blanc et dur lorsque l'œuf est cuit.

blancheur (nom fém. : *la blancheur*). C'est l'aspect de ce qui est blanc : Admire comme la neige est blanche, admire la blancheur de la neige.

blanchir (verbe). Ses cheveux **blanchissent** avec l'âge, c'est-à-dire ils deviennent blancs.

blé (nom masc. : *le blé*). Le blé pousse dans des champs. Il se présente sous forme d'épis. Le grain qui s'y trouve donne la farine. Le blé est une céréale.

blessé (nom : *un blessé, une blessée*). C'est une personne qui a été blessée, qui a une blessure : On a sorti les blessés de la voiture accidentée.

blesser (verbe). Alain **s'est blessé** avec le couteau, c'est-à-dire il s'est coupé, il a une blessure.

blessure (nom fém. : *une blessure*). Quand on se coupe, quand on se casse un bras, une côte, quand on se blesse, on a une blessure.

bleu (adjectif : *un ciel bleu, une fleur bleue*). La couleur bleue, c'est la couleur d'un beau ciel sans nuages. Il a les yeux bleus.

bleu (nom masc. : *le bleu*). **1.** Zoé est habillée en bleu, c'est-à-dire avec des couleurs bleues.
2. En tombant, Marie s'est fait deux bleus, c'est-à-dire deux marques un peu bleues sur le corps.

bleuet (nom masc. : *un bleuet*). C'est une petite fleur bleue, avec des pétales très découpés. Le bleuet pousse dans les champs.
□ regarde fleur.

bloc (nom masc. : *un bloc*). Un bloc de pierre, c'est une masse, un gros morceau de pierre.

blond (adjectif : *il est blond, elle est blonde*). Martine est blonde comme les blés, c'est-à-dire ses cheveux sont clairs.

blondir (verbe). Au soleil, ses cheveux **blondissent**, c'est-à-dire ils deviennent plus blonds, plus clairs.

A **B** C D E

bloquer (verbe). **1.** Allez, **bloque** le ballon, c'est-à-dire attrape-le et tiens-le fermement dans tes bras. **2.** La porte **est bloquée**, c'est-à-dire on ne peut plus l'ouvrir.

se **blottir** (verbe). Le poulain **se blottit** contre sa mère, c'est-à-dire il se serre contre elle.
□ attention, **tt**.

blouse (nom fém. : *une blouse*). C'est un long vêtement en toile qu'on met pour ne pas se salir. À l'hôpital, les médecins ont une blouse blanche.

blouson (nom masc. : *un blouson*). C'est une sorte de veste de sport.

boa (nom masc. : *un boa*). C'est un grand serpent. Il peut mesurer jusqu'à 4 mètres. Il y en a beaucoup en Amérique du Sud. Le boa s'enroule autour de l'animal qu'il veut tuer et en serrant très fort, il l'étrangle.

bobine (nom fém. : *une bobine*). Le fil est enroulé sur la bobine.

bocal (nom masc. : *un bocal, des bocaux*). C'est un récipient en verre, assez large avec un bouchon plat : Passe-moi le bocal de cornichons, s'il te plaît.
□ attention, **aux** au pluriel.

bœuf (nom masc. : *un bœuf*). **1.** C'est, comme le taureau, le mâle de la vache. Mais le bœuf ne peut pas faire de petits. On l'élève pour sa viande. On l'utilisait autrefois pour les travaux des champs. **2.** Ce mot s'emploie aussi pour toute la famille des vaches, taureaux : ce sont des bœufs.
□ attention, au pluriel le **f** ne se prononce pas.

boire (verbe). C'est avaler un liquide : Alain **a bu** tout son lait.

bois (nom masc. : *le bois*). **1.** C'est la matière des arbres. **2.** Un bois, c'est aussi un endroit où il y a beaucoup d'arbres, mais plus petit qu'une forêt. **3.** Les bois des cerfs, ce sont leurs cornes.

boisson (nom fém. : *une boisson*). C'est ce qu'on boit : L'eau, les jus de fruits sont des boissons.

boîte (nom fém. : *une boîte*). C'est un objet en carton, en métal, en plastique pour mettre des choses dedans : Zoé collectionne les boîtes d'allumettes.
□ attention, **î**.

boiter (verbe). C'est marcher en se penchant à chaque pas sur le même côté, comme quand on a une jambe plus courte que l'autre.
□ attention, **i**.

bol (nom masc. : *un bol*). Tu bois ton chocolat dans un bol.

bolide (nom masc. : *un bolide*). C'est une voiture, un avion qui va très vite.

bombarder (verbe). **1.** Pendant la guerre, notre ville **a été bombardée**, c'est-à-dire l'ennemi l'a détruite avec des bombes. **2.** On l'**a bombardé** de boules de neige, c'est-à-dire on lui a lancé plein de boules de neige.
□ attention, **m** devant **b**.

bombe (nom fém. : *une bombe*). Une bombe détruit ce sur quoi elle tombe. C'est une arme.
☐ attention, **m** devant **b**.

bombé (adjectif : *un front bombé, une route bombée*). Un front bombé est arrondi.
☐ attention, **m** devant **b**.

bon (adjectif : *il est bon, elle est bonne*). **1.** Ce gâteau est très bon, c'est-à-dire il est agréable à manger, j'aime ça. **2.** C'est un bon travail, c'est-à-dire c'est bien fait. **3.** Madame Duval est très bonne, c'est-à-dire elle est gentille, généreuse.

bonbon (nom masc. : *un bonbon*). Les bonbons sont des friandises à base de sucre.

bond (nom masc. : *un bond*). C'est un saut : Le kangourou avance par bonds.
☐ attention, **d** à la fin.

bondir (verbe). C'est s'élancer et faire un bond, un saut : Le chien **a bondi** sur son maître.

Ma voiture va plus vite, c'est un bolide.

bonheur (nom masc. : *le bonheur*). C'est quand on est heureux.
☐ attention, **h** comme dans malheur.

bonhomme (nom masc. : *un bonhomme, des bonshommes*). C'est un dessin ou une statue de personnage faits grossièrement : Il dessine des petits bonshommes sur sa feuille. On a fait un bonhomme de neige.
☐ attention au pluriel : des **bonshommes**.

bonjour. C'est ce qu'on dit à quelqu'un quand on le rencontre. Le contraire est au revoir.

bonne. Regarde bon.

bonnet (nom masc. : *un bonnet*). C'est un petit chapeau de laine tout simple.

bonsoir. C'est ce qu'on dit quand on rencontre ou quand on quitte quelqu'un le soir.

bonté (nom fém. : *la bonté*). C'est la qualité d'une personne bonne : Elle est très bonne, elle est d'une grande bonté.

bord (nom masc. : *le bord*). **1.** Le bord de la table est abîmé, c'est-à-dire le tour, la limite. **2.** Au bord de l'eau, c'est tout près de l'eau, le long de l'eau.

border (verbe). **1.** Maman me **borde** dans mon lit, c'est-à-dire elle arrange les draps et les couvertures sur moi. **2. Borde** ton dessin de rouge, c'est-à-dire mets du rouge sur le bord.

bordure (nom fém. : *une bordure*). C'est ce qui est sur le bord : Sa robe a un col avec une bordure en dentelle.

borne (nom fém. : *une borne*). **1.** C'est un petit bloc de pierre, de ciment : Sur la route, les bornes kilométriques marquent chaque kilomètre. **2.** Vraiment, tu dépasses les bornes, c'est-à-dire tu exagères.

bosquet (nom masc. : *un bosquet*). C'est un petit groupe d'arbres.

bosse (nom fém. : *une bosse*). C'est une grosseur ronde : En tombant, Alain s'est fait une bosse sur le front.

bossu (adjectif : *il est bossu, elle est bossue*). Un homme bossu a une bosse sur le dos.

botte (nom fém. : *une botte*). C'est une sorte de chaussure qui recouvre la jambe : Il pleut, mets tes bottes en caoutchouc.

bouc (nom masc. : *un bouc*). C'est le mâle de la chèvre.

bouche (nom fém. : *une bouche*). La bouche est bordée par les lèvres. À l'intérieur, les deux mâchoires où sont plantées les dents sur les gencives. En haut le palais. En bas la langue.

bouchée (nom fém. : *une bouchée*). **1.** C'est la quantité de nourriture qu'on prend dans la bouche en une fois : des grosses ou des petites bouchées. **2.** Une bouchée en chocolat, c'est un gros bonbon de chocolat.

boucher (verbe). **1.** C'est fermer avec un bouchon. **2.** Le lavabo **est bouché,** c'est-à-dire l'eau ne part plus.

boucher (nom : *le boucher, la bouchère*). C'est la personne qui tient une boucherie.

boucherie (nom fém. : *une boucherie*). C'est la boutique où on vend de la viande.

bouchon (nom masc. : *un bouchon*). **1.** C'est pour boucher une bouteille, un tube. **2.** Il y a un bouchon sur l'autoroute, c'est-à-dire il y a trop de voitures pour pouvoir rouler normalement.

boucle (nom fém. : *une boucle*). **1.** Zoé a de belles boucles blondes, c'est-à-dire ses cheveux ne sont pas raides, ils font des sortes de ronds. **2.** La rivière fait une boucle, c'est-à-dire un cercle, une courbe. **3.** Des boucles d'oreille, ce sont des bijoux qu'on porte aux oreilles.

bouclé (adjectif : *il est bouclé, elle est bouclée*). Zoé a des boucles, Zoé est bouclée.

bouclier (nom masc. : *un bouclier*). C'est une sorte de plaque. On tient le bouclier devant soi pour se protéger des coups ou des pierres, des armes lancées.

bouder (verbe). C'est faire la tête, c'est ne plus parler aux autres pour montrer qu'on n'est pas content : Arthur **boude** dans son coin.

Dans la boulangerie.

boue (nom fém. : *la boue*). C'est de la terre mouillée : Il pleut, la terre se transforme en boue.

bouée (nom fém. : *une bouée*). Si tu ne sais pas nager, tu vas dans l'eau avec une bouée. Grâce à la bouée, tu flottes.

bouger (verbe). C'est remuer : Je prends la photo, ne **bouge** pas.
☐ attention, nous bougeons, avec **e**.

bougie (nom fém. : *une bougie*). Quand l'électricité ne marche pas, on allume une bougie. La bougie est faite dans une matière qui fond doucement. On allume sa mèche.

Il boude dans son coin.

bouillant (adjectif : *du lait bouillant, de l'eau bouillante*). **1.** L'eau bouillante, c'est de l'eau qui bout. **2.** Il boit son thé bouillant, c'est-à-dire très chaud.

bouillie (nom fém. : *une bouillie*). C'est ce qu'on donne à manger aux bébés qui n'ont pas de dents pour mâcher.

bouillir (verbe). Quand on chauffe l'eau très fort, à un moment, il se forme des grosses bulles, c'est l'eau qui **bout.** L'eau **bout** à 100 degrés.

bouilloire (nom fém. : *une bouilloire*). C'est un récipient pour faire bouillir l'eau.

boulanger (nom : *le boulanger, la boulangère*). Le boulanger fait le pain. Il le vend dans la boulangerie.

boulangerie (nom fém. : *une boulangerie*). C'est la boutique du boulanger.

boule (nom fém. : *une boule*). C'est une masse ronde, un bloc rond : Les enfants font des boules de neige.

bouleau (nom masc. : *un bouleau, des bouleaux*). C'est un arbre dont le bois est blanc.
☐ attention, **x** au pluriel.

boulet (nom masc. : *un boulet*). Les canons lançaient des boulets, c'est-à-dire de grosses boules de métal.

boulette (nom fém. : *une boulette*). C'est une petite boule : À midi, nous avons mangé des boulettes de viande.

boulevard (nom masc. : *un boulevard*). C'est une rue très large, plus large qu'une avenue.
☐ attention, **d** à la fin.

bouleverser (verbe). **1.** Tu **as** tout **bouleversé** dans la chambre, c'est-à-dire tu as mis toutes les affaires en désordre. **2.** Sa maman **était bouleversée,** c'est-à-dire elle était très émue, elle était sur le point de pleurer.

boulon (nom masc. : *un boulon*). C'est une vis et son écrou.

bouquet (nom masc. : *un bouquet*). C'est un ensemble de fleurs : Cléa cueille des fleurs pour faire un bouquet. Elle met le bouquet dans le vase.

bourdon (nom masc. : *un bourdon*). C'est une sorte de grosse abeille.

bourdonner (verbe). J'ai les oreilles qui **bourdonnent,** c'est-à-dire j'entends un bruit « bzz, bzz » comme le bruit des bourdons ou des abeilles.

bourgeon (nom masc. : *un bourgeon*). Sur les tiges, les bourgeons apparaissent au printemps. Puis ils grossissent, s'ouvrent, et les fleurs viennent.
☐ attention, **ge.**

bourreau (nom masc. : *un bourreau, des bourreaux*). C'est l'homme qui met à mort les condamnés.
☐ attention, **x** au pluriel.

bourrer (verbe). Tu **bourres** trop ton sac, il va craquer, c'est-à-dire tu mets trop de choses dedans.

bourse (nom fém. : *une bourse*). **1.** C'est un petit sac pour mettre l'argent. **2.** Une bourse, c'est aussi de l'argent que l'État donne pour payer l'école de certains enfants. Ces enfants sont des boursiers.

boursier (nom : *un boursier, une boursière*). C'est un enfant qui a une bourse.

bousculer (verbe). On m'**a bousculé** dans le couloir et je suis tombé, c'est-à-dire on m'a poussé, on m'a heurté.

boussole (nom fém. : *une boussole*). La boussole indique la direction du Nord et donc du Sud, de l'Est et de l'Ouest. C'est un instrument pour s'orienter. Les marins se dirigent avec une boussole.

bout (nom masc. : *un bout*).
1. Donne-moi un bout de pain, c'est-à-dire un morceau.
2. J'habite au bout de la rue, c'est-à-dire à la fin.

bouteille (nom fém. : *une bouteille*). Dans une bouteille, on met du vin, de l'eau, de l'huile. Le haut de la bouteille s'appelle le goulot.

boutique (nom fém. : *une boutique*). C'est un magasin, l'endroit où il y a un commerce : La boulangerie, c'est la boutique du boulanger. La bijouterie, c'est la boutique du bijoutier.

bouton (nom masc. : *un bouton*). **1.** C'est un petit objet rond pour fermer un vêtement : Il manque un bouton à ta veste.
2. Tourne le bouton du poste pour le mettre en marche. **3.** Un bouton, c'est aussi une petite grosseur sur la peau : Un moustique m'a piqué, j'ai un bouton sur le bras. **4.** Un bouton de rose, c'est une rose qui n'est pas encore ouverte.

David bouscule Bruno.

bouton-d'or (nom masc. : *un bouton-d'or*). C'est une jolie petite fleur jaune vif : À la campagne il y a beaucoup de boutons-d'or au bord des chemins.
☐ attention au pluriel : des boutons**-**d'or. Regarde fleur.

boutonner (verbe). C'est fermer les boutons : **Boutonne** ton manteau.

boxe (nom fém. : *la boxe*). C'est un sport. On se bat avec les poings : Pierre a des gants de boxe.

Un combat de boxe.

boxeur (nom masc. : *un boxeur*). C'est un sportif qui fait de la boxe.

bracelet (nom masc. : *un bracelet*). C'est un bijou qu'on porte autour du bras.

brancard (nom masc. : *un brancard*). C'est une sorte de lit entre deux grands bâtons pour transporter un blessé.
☐ attention, **d** à la fin.

A **B** C D E

branche (nom fém. : *une branche*). Les branches partent du tronc de l'arbre. Les branches portent les feuilles, les fleurs et les fruits.

brancher (verbe). **Branche** la télévision, c'est-à-dire mets le fil électrique dans la prise, pour qu'elle puisse marcher.

bras (nom masc. : *un bras*). Les bras et les jambes sont les membres du corps de l'homme. Le bras commence à l'épaule, il se termine par la main.

brave (adjectif). **1.** Tu as été très brave chez le docteur, c'est-à-dire tu as été courageux, tu n'as pas montré que tu avais peur. **2.** Mon voisin est un brave homme, c'est-à-dire il est gentil, aimable, bon.

bravo. On dit bravo pour montrer que c'est bien.

brebis (nom fém. : *une brebis*). C'est un mouton femelle. La brebis bêle.

bredouiller (verbe). C'est parler en prononçant mal, en se trompant de mot : L'acteur **a bredouillé,** il avait le trac.

bretelle (nom fém. : *une bretelle*). Les bretelles sont des bandes de tissu qui passent sur les épaules. Elles tiennent le pantalon ou la jupe.

bricolage (nom masc. : *le bricolage*). Papa fait du bricolage le dimanche : il fait des petits travaux, des petites réparations, de l'électricité, de la menuiserie, de la peinture.

Papa fait du bricolage.

bricoler (verbe). Papa **bricole** dans la maison le dimanche, il fait du bricolage.

brigand (nom masc. : *un brigand*). C'était un voleur, un voyou, un malfaiteur.
☐ attention, **d** à la fin.

brillant (adjectif : *il est brillant, elle est brillante*). **1.** Un métal brillant brille, il renvoie la lumière. **2.** Un élève brillant travaille très bien.

briller (verbe). **1.** Le soleil **brille,** c'est-à-dire il fait beau, il y a une lumière vive.
2. Ta bague **brille,** c'est-à-dire elle renvoie la lumière, elle étincelle.

brin (nom masc. : *un brin*). Un brin d'herbe, c'est une herbe toute seule.

brindille (nom fém. : *une brindille*). C'est une toute petite branche très fine : On allume le feu avec des brindilles.

brioche (nom fém. : *une brioche*). C'est une sorte de gâteau léger.

brique (nom fém. : *une brique*). Les briques servent à construire des murs, des maisons. Elles sont rouges.

briquet (nom masc. : *un briquet*). On allume les cigarettes avec un briquet.

brise (nom fém. : *la brise*). C'est un petit vent frais.

briser (verbe). C'est un autre mot pour casser : Le vase **s'est brisé** en mille morceaux.

broc (nom masc. : *un broc*). Dans un broc on transporte de l'eau.
☐ attention, **c** à la fin qui ne se prononce pas.

broche (nom fém. : *une broche*). C'est un bijou qu'on accroche sur un vêtement.

brochet (nom masc. : *un brochet*). C'est un poisson d'eau douce : il vit dans les rivières ou les lacs. Le brochet a 700 dents et peut mesurer plus d'un mètre de long.

broder (verbe). Maman **a brodé** mon nom sur mon tablier, c'est-à-dire elle l'a dessiné avec du fil et une aiguille.

broderie (nom fém. : *la broderie*). C'est un joli dessin fait sur du tissu avec du fil et une aiguille.

bronzer (verbe). Au soleil, tu **bronzes** très vite, c'est-à-dire tu deviens vite très brun.
☐ attention, **z**.

brosse (nom fém. : *une brosse*). La brosse sert à nettoyer ou à faire briller. Il y a des poils ou des fils de plastique plantés sur la brosse : Marie a perdu sa brosse à dents.

brosser (verbe). C'est nettoyer ou faire briller avec une brosse : Tu **brosses** tes cheveux tous les jours.

brouette (nom fém. : *une brouette*). C'est pour le jardin. On peut transporter du sable, de l'herbe coupée dans la brouette.

brouillard (nom masc. : *le brouillard*). Quand il y a du brouillard, on ne voit pas bien devant soi. C'est une sorte de nuage tout près du sol.
☐ attention, **d** à la fin.

La voiture roule doucement dans le brouillard.

A
B
C
D
E

brouiller (verbe). **1.** Tout **se brouille** devant mes yeux, c'est-à-dire tout se mélange, je ne vois plus bien. **2.** Aline et Zoé **se sont brouillées,** c'est-à-dire elles se sont fâchées.

brouillon (nom masc. : *un brouillon*). Avant d'écrire ta lettre au propre, fais un brouillon, c'est-à-dire un essai. Et puis tu corriges, tu vérifies.

broussaille (nom fém. : *la broussaille*). Ce sont des touffes d'herbes hautes, d'arbustes avec des épines : Les broussailles ont envahi le jardin.

brousse (nom fém. : *la brousse*). C'est une sorte de forêt faite de petits arbres et de buissons, dans les pays chauds.

brouter (verbe). Les vaches **broutent,** elles mangent l'herbe des prés.

broyer (verbe). C'est écraser très fort : On **broie** des grains de blé pour faire la farine.
□ attention, broyer, avec **y,** mais il broie, avec **i.**

bruine (nom fém. : *la bruine*). C'est une petite pluie toute fine.

bruit (nom masc. : *un bruit*). Le bruit, c'est tout ce qu'on entend, tous les sons : Peux-tu reconnaître les bruits de la rue ? Le bruit, c'est le contraire du silence.

brûlant (adjectif : *il est brûlant, elle est brûlante*). Le plat est brûlant, c'est-à-dire très chaud, tu peux te brûler.
□ attention, **û.**

brûler (verbe). **1.** Le feu **brûle** dans la cheminée, c'est-à-dire il y a des flammes et le bois disparaît peu à peu dans les flammes. **2.** Attention, tu vas **te brûler,** c'est-à-dire tu vas te faire très mal avec quelque chose de très chaud.
□ attention, **û.**

brûlure (nom fém. : *une brûlure*). C'est la blessure qu'on se fait sur la peau en se brûlant.
□ attention, **û.**

brume (nom fém. : *la brume*). C'est un brouillard léger ou bien c'est le brouillard sur la mer.

brun (adjectif : *il est brun, elle est brune*). **1.** Aline a les cheveux noirs, elle est brune. **2.** Les tons bruns, ce sont les couleurs entre le jaune foncé et le marron.

brunir (verbe). Tu **as bruni** en vacances, c'est-à-dire ta peau est devenue plus brune, plus foncée.

Oh! Il y a trop de bruit !

Les bûcherons coupent les arbres et les branches.

brusque (adjectif). Il a des gestes brusques, c'est-à-dire sans douceur.

brusquement. C'est arrivé brusquement, c'est-à-dire sans qu'on s'y attende, tout d'un coup.

brutal (adjectif : *il est brutal, elle est brutale, ils sont brutaux*). Ces enfants sont brutaux, c'est-à-dire ils sont violents.
☐ attention, **aux** au masculin pluriel.

brutalement. Il ferme toujours les portes brutalement, c'est-à-dire d'une manière brutale, violente, sans douceur.

bruyant (adjectif : *il est bruyant, elle est bruyante*). La cour est bruyante, c'est-à-dire il y a beaucoup de bruit. Les enfants sont bruyants, c'est-à-dire ils font du bruit.
☐ attention, **y**.

bruyère (nom fém. : *la bruyère*). Ce sont de petites plantes à fleurs violettes ou roses. Il y en a beaucoup dans les landes.
☐ attention, **y**.

bu. Regarde boire.

bûche (nom fém. : *une bûche*). C'est un gros morceau de bois coupé dans un tronc d'arbre ou dans une grosse branche :
Les bûches flambent dans la cheminée.
☐ attention, **û**.

bûcher (nom masc. : *un bûcher*). C'était une pile de bois sur laquelle on brûlait certaines personnes : Jeanne d'Arc est morte sur le bûcher.
☐ attention, **û**.

bûcheron (nom masc. : *un bûcheron*). Le bûcheron coupe les arbres dans les forêts.
☐ attention, **û**.

budget (nom masc. : *un budget*). C'est la somme d'argent dont on dispose par semaine, par mois ou par an.

Il dessine un bonhomme sur la buée.

buée (nom fém. : *la buée*). Quand il fait très froid dehors et chaud dedans, il y a de la buée sur les fenêtres. On peut dessiner dessus avec le doigt : Karim dessine un bonhomme sur la buée.

buffet (nom masc. : *un buffet*). C'est un meuble pour ranger les assiettes, les verres.

buffle (nom masc. : *un buffle*). C'est une sorte de gros bœuf sauvage avec de grandes cornes. Il vit surtout en Afrique et en Asie.
□ attention, **ff**.

buisson (nom masc. : *un buisson*). C'est un ensemble de grandes herbes ou de petits arbustes très serrés les uns contre les autres.

bulle (nom fém. : *une bulle*). Zoé fait des bulles de savon, c'est-à-dire des petites boules remplies d'air.

bulletin (nom masc. : *un bulletin*). Dans mon bulletin scolaire il y a mes notes du mois ou du trimestre.

bureau (nom masc. : *un bureau, des bureaux*). **1.** C'est une sorte de table pour écrire, ranger ses papiers. **2.** C'est aussi une pièce où on travaille à cette table : Le bureau de Madame la Directrice est au premier étage.
□ attention, **x** au pluriel.

bus (nom masc. : *un bus*). C'est un mot plus court pour autobus.

buse (nom fém. : *une buse*). C'est un oiseau de proie. La buse mange des petits serpents, des petits oiseaux.

buste (nom masc. : *le buste*). C'est la partie du corps au-dessus de la taille.

but (nom masc. : *un but*). **1.** Avoir un but, c'est savoir ce qu'on veut obtenir, ce qu'on veut faire : Son but, c'est d'avoir de bonnes notes. **2.** Le ballon est entré dans les buts, c'est-à-dire entre les deux poteaux. Nous

But ! Le ballon entre dans les buts.

avons marqué un but, c'est-à-dire un point.

buté (adjectif : *il est buté, elle est butée*). Un enfant buté ne veut pas changer d'avis. Il est têtu.

buter (verbe). **1. J'ai buté** contre une pierre, c'est-à-dire je l'ai touchée avec le pied et j'ai failli tomber. **2.** Il **bute** sur chaque mot, c'est-à-dire il hésite, il n'arrive pas à bien les lire ou à bien les dire.

butin (nom masc. : *un butin*). Les voleurs ont caché leur butin, c'est-à-dire tout ce qu'ils ont pris.

butiner (verbe). Les abeilles **butinent** les fleurs, c'est-à-dire elles prennent leur nourriture sur les fleurs.

L'abeille butine la fleur.

butte (nom fém. : *une butte*). C'est une petite colline, quand le terrain est en hauteur.
☐ attention, **tt**.

buvard (nom masc. : *un buvard*). C'est un papier spécial pour sécher l'encre.
☐ attention, **d** à la fin.

C

cabane (nom fém. : *une cabane*). C'est une petite maison, une petite baraque : Les enfants construisent une cabane dans la forêt avec des branches et des feuilles.

Les enfants construisent une cabane.

cabine (nom fém. : *une cabine*). C'est une toute petite pièce : Il y a une cabine pour téléphoner dans la rue. Sur le bateau, on dort dans des cabines.

cabinet (nom masc. : *un cabinet*). **1.** Le cabinet du docteur, c'est le local où il reçoit ses clients. **2.** Les cabinets, ce sont les waters, les W.-C., les lavabos.

cabossé (adjectif : *il est cabossé, elle est cabossée*). La voiture est toute cabossée, c'est-à-dire il y a eu des chocs, il y a des creux et des bosses.

se **cabrer** (verbe). Le cheval **se cabre** devant la barrière, c'est-à-dire il se dresse, il se met debout sur ses pattes de derrière.

cabri (nom masc. : *un cabri*). C'est le petit de la chèvre.

cabriole (nom fém. : *une cabriole*). Sauter, faire des galipettes, faire la roue par terre, c'est faire des cabrioles.

cacao (nom masc. : *le cacao*). C'est une graine. On en fait une poudre qui sert à faire le chocolat.

cachalot (nom masc. : *un cachalot*). C'est un gros animal de la mer qui ressemble à la baleine. Il peut mesurer 18 mètres de long. Il a une tête énorme.

cache-cache. On joue à cache-cache, tu te caches et on essaie de te trouver.

cacher (verbe). **Cache** le petit ours, c'est-à-dire mets-le quelque part où on ne le voit pas.

cachet (nom masc. : *un cachet*). C'est un médicament rond qu'on avale.

cachette (nom fém. : *une cachette*). C'est là où on cache quelque chose : J'ai une bonne cachette pour notre trésor.

cactus (nom masc. : *un cactus*). C'est une plante verte avec des piquants. Les cactus poussent dans les pays chauds.

cadavre (nom masc. : *un cadavre*). C'est le corps d'un mort.

cadeau (nom masc. : *un cadeau, des cadeaux*). C'est ce qu'on offre à quelqu'un pour lui faire plaisir, pour une fête : J'ai eu de beaux cadeaux à Noël.
☐ attention, **x** au pluriel.

Chut ! Cachons-le sous le tapis.

cadenas (nom masc. : *un cadenas*). C'est un objet pour fermer une grille, pour attacher une chaîne.
☐ attention, **s** à la fin.

cadet (adjectif : *un frère cadet, une sœur cadette*). C'est l'enfant, la personne qui est plus jeune : J'ai huit ans. J'ai une sœur cadette, elle a cinq ans.
Le contraire est aîné.

cadran (nom masc. : *un cadran*). Le cadran de la montre, c'est la partie de la montre où les heures sont marquées.

cadre (nom masc. : *un cadre*). On va mettre ton dessin dans un cadre, c'est-à-dire quelque chose qui l'entoure pour le tenir et pour faire joli.

café (nom masc. : *le café*). C'est une graine. On moud les grains pour faire une boisson qui s'appelle aussi le café : Le matin, je bois du café au lait.

cafetière (nom fém. : *une cafetière*). On fait le café dans la cafetière.

cage (nom fém. : *une cage*). C'est là où on garde enfermé un animal : Le dompteur est entré dans la cage du lion.

cagibi (nom masc. : *un cagibi*). C'est une toute petite pièce pour ranger des affaires.

cagoule (nom fém. : *une cagoule*). C'est une sorte de bonnet qui couvre les oreilles et la gorge.

A B **C** D E

cahier (nom masc. : *un cahier*). Ce sont des feuilles attachées ensemble pour écrire.
□ attention, **h**.

caillou (nom masc. : *un caillou, des cailloux*). C'est une petite pierre : J'ai mal, j'ai un caillou dans ma chaussure.
□ attention, **x** au pluriel.

caisse (nom fém. : *une caisse*). **1.** C'est une grande boîte en bois pour transporter des choses : Mets les livres dans la caisse. **2.** C'est l'endroit où on paye dans un magasin : Zoé fait la queue à la caisse pour payer.

caissier (nom : *un caissier, une caissière*). C'est la personne qui tient la caisse d'un magasin, qui prend l'argent et qui rend la monnaie.

cake (nom masc. : *un cake*). C'est un gâteau avec des fruits secs dedans.
□ attention, on écrit **a** et on prononce [kek].

calcul (nom masc. : *un calcul*). C'est une opération, un compte. Le calcul mental, c'est compter dans sa tête sans écrire l'opération.

calculer (verbe). C'est trouver par un calcul, par une opération : Nous partons à deux heures et demie et nous arriverons à cinq heures, **calcule** combien de temps le voyage va durer.

calèche (nom fém. : *une calèche*). C'est une voiture tirée par des chevaux.

calendrier (nom masc. : *un calendrier*). Sur le calendrier, les jours et les mois sont marqués.
□ attention, **en**.

caler (verbe). La voiture **a calé**, c'est-à-dire le moteur s'est arrêté tout d'un coup.

calice (nom masc. : *un calice*). Le calice de la fleur, c'est l'enveloppe verte du bourgeon qui s'ouvre quand la fleur s'ouvre.

à **califourchon**. Être assis à califourchon, c'est être assis avec

Autrefois, on voyageait en calèche.

Cléa est à califourchon sur la branche.

une jambe à gauche et l'autre à droite, comme sur un cheval.

câlin (nom masc. : *un câlin*). C'est un petit mot gentil pour caresse : Jérémie adore les câlins.
☐ attention, **â**.

calme (adjectif). **1.** La rue est calme, c'est-à-dire il n'y a pas de bruit. **2.** Les enfants sont calmes, c'est-à-dire ils sont tranquilles, ils ne sont pas énervés.

calme (nom masc. : *le calme*). C'est quand il n'y a pas de bruit, quand tout est tranquille.

calmement. C'est avec calme, d'une manière calme : Les enfants jouent calmement.

calmer (verbe). **1.** Ce médicament **calme** la douleur, c'est-à-dire il la fait partir.
2. Calmez-vous, vous êtes trop énervés, c'est-à-dire redevenez tranquilles, calmes.

camarade (nom : *un* ou *une camarade*). C'est un ami, une amie. C'est le garçon ou la fille avec qui tu joues.

cambouis (nom masc. : *le cambouis*). C'est la graisse noire qu'il y a sur les moteurs, les chaînes de vélo.

cambriolage (nom masc. : *un cambriolage*). C'est le vol des cambrioleurs.

cambrioler (verbe). Pendant les vacances on **a cambriolé** sa maison, c'est-à-dire des voleurs sont venus voler chez lui.

cambrioleur (nom masc. : *un cambrioleur*). C'est celui qui vole chez quelqu'un, celui qui cambriole les maisons.

caméléon (nom masc. : *un caméléon*). C'est un petit animal. Il peut changer de couleur. Dans les feuilles, il est vert. Sur le bois de l'arbre, il devient marron.

camembert (nom masc. : *un camembert*). C'est un fromage rond. Le camembert est fait avec du lait de vache.
☐ attention, **m** devant **b**.

caméra (nom fém. : *une caméra*). On fait des films avec une caméra.

camion (nom masc. : *un camion*). C'est un gros véhicule pour transporter des marchandises.

camionnette (nom fém. : *une camionnette*). C'est un petit camion.
☐ attention, **nn** et **tt**.

Regarde les douches et les lavabos, la caravane

le point d'eau, le coin vaisselle

camp (nom masc. : *un camp*). Un camp de militaires, ce sont les tentes des militaires installées sur un terrain.

campagne (nom fém. : *la campagne*). À la campagne, il y a des champs, des bois, des rivières.

camper (verbe). C'est faire du camping, dormir sous la tente.

camping (nom masc. : *le camping*). Cet été nous ferons du camping, c'est-à-dire nous dormirons sous des tentes.

canal (nom masc. : *un canal, des canaux*). C'est un cours d'eau artificiel, fabriqué : Les péniches avancent sur les canaux.
□ attention, **aux** au pluriel.

canapé (nom masc. : *un canapé*). C'est un meuble pour s'asseoir à plusieurs ou pour s'allonger : Ton camarade dormira dans le canapé.

canard (nom masc. : *un canard*). C'est un oiseau. Les canards barbotent dans la mare de la ferme. Les canards sauvages volent dans le ciel. La femelle du canard s'appelle la cane.
□ attention, **d** à la fin.

Le canard, la cane et ses petits.

canari (nom masc. : *un canari*). C'est un petit oiseau jaune.

candidat (nom : *un candidat, une candidate*). C'est la personne

la tente,

dans le terrain de camping.

qui se présente à un jeu, à un concours, à un examen.

cane (nom fém. : *une cane*). C'est la femelle du canard.
☐ attention, un seul **n**.

canevas (nom masc. : *un canevas*). C'est une grosse toile avec des fils bien séparés. On brode dessus avec une grosse aiguille et des fils de couleur.
☐ attention, **s** à la fin.

caniche (nom masc. : *un caniche*). C'est un chien au poil tout frisé.

canif (nom masc. : *un canif*). C'est un petit couteau pliant pour mettre dans la poche.

caniveau (nom masc. : *un caniveau, des caniveaux*). L'eau coule dans le caniveau au bord de la rue et du trottoir.
☐ attention, **x** au pluriel.

canne (nom fém. : *une canne*). C'est un bâton pour s'appuyer : Mon grand-père marche avec une canne.
☐ attention, **nn**.

canoë (nom masc. : *un canoë*). C'est un bateau léger pour descendre les rivières. On le dirige avec des pagaies.
☐ attention, **ë**.

canon (nom masc. : *un canon*). **1.** C'est une grosse arme pour bombarder l'ennemi. **2.** Le canon d'un fusil, d'un revolver, c'est le tuyau par où la balle passe.

A B **C** D E

Les soldats tiraient au canon.

canot (nom masc. : *un canot*). C'est un petit bateau.

cantine (nom fém. : *la cantine*). C'est une sorte de restaurant à l'école pour les élèves, au bureau pour les employés.

caoutchouc (nom masc. : *le caoutchouc*). C'est une matière solide et élastique qui vient d'un arbre des pays chauds. Si on tire sur un caoutchouc, il s'allonge. Quand on le lâche, il reprend sa forme.
☐ attention, **c** à la fin qui ne se prononce pas.

capable (adjectif). David est capable de faire le puzzle, c'est-à-dire il peut le faire, il saura le faire.

cape (nom fém. : *une cape*). C'est un genre de manteau sans manches, très large.

capitaine (nom masc. : *un capitaine*). Le capitaine du bateau, c'est celui qui commande.

capitale (nom fém. : *une capitale*). C'est la ville d'un pays où il y a le gouvernement : Paris est la capitale de la France.

capot (nom masc. : *un capot*). Le capot de la voiture, c'est la partie qu'on soulève pour regarder le moteur.

caprice (nom masc. : *un caprice*). Marie pleure, crie, elle veut une autre poupée tout de suite. Marie fait un caprice.

capricieux (adjectif : *il est capricieux, elle est capricieuse*). Alain fait sans arrêt des caprices, Alain est un enfant capricieux.

captivant (adjectif : *un livre captivant, une histoire captivante*). C'est un autre mot pour passionnant.

capturer (verbe). C'est réussir à attraper un animal ou une personne : Le cow-boy **a capturé** un bœuf sauvage.

Il s'enveloppe de sa cape.

Il capture le taureau.

capuche (nom fém. : *une capuche*). La capuche est attachée au col du manteau, elle protège la tête.

capuchon (nom masc. : *un capuchon*). Le capuchon du stylo protège la plume.

capucine (nom fém. : *une capucine*). C'est une plante à belles fleurs orange : Il y a des capucines le long du mur de sa maison.

car. C'est un autre mot pour parce que : Je n'irai pas à l'école car j'ai de la fièvre.

car (nom masc. : *un car*). C'est un mot plus court pour autocar : Nous prenons le car pour aller à l'école.

carabine (nom fém. : *une carabine*). C'est une arme, un genre de fusil.

caracoler (verbe). Le cheval **caracole**, c'est-à-dire il fait de petits sauts.

caractère (nom masc. : *le caractère*). Marie a bon caractère, elle est aimable, gentille, elle aime rire. Paul a mauvais caractère, il n'est jamais content, il se met souvent en colère.

carafe (nom fém. : *une carafe*). On met de l'eau, du vin ou du jus de fruit dans une carafe. La carafe est en verre.

caramel (nom masc. : *un caramel*). C'est un bonbon fait avec du sucre et du beurre : Tu préfères les caramels mous ou les caramels durs ?

carapace (nom fém. : *une carapace*). C'est une sorte de peau très dure : Les langoustes ont une carapace. Les tortues ont leur carapace sur le dos.

caravane (nom fém. : *une caravane*). **1.** Une caravane de chameaux dans le désert, ce sont des chameaux les uns derrière les autres. **2.** Nous partons camper avec la caravane, c'est-à-dire une sorte de petite maison qu'on tire derrière la voiture.

caresse (nom fém. : *une caresse*). Mon chien aime bien les caresses, c'est-à-dire il aime quand je le caresse, quand je passe doucement ma main sur lui.

caresser (verbe). C'est passer doucement la main : Julie **caresse** son chien.

cargaison (nom fém. : *une cargaison*). Ce sont toutes les marchandises, tous les objets transportés dans un bateau, un avion.

cargo (nom masc. : *un cargo*). C'est un très gros bateau pour transporter des marchandises.

caricature (nom fém. : *une caricature*). Jean a dessiné une caricature de la maîtresse, c'est-à-dire un dessin ressemblant mais qui fait rire.

carie (nom fém. : *une carie*). C'est un trou dans une dent.

A B **C** D E

carillonner (verbe). Les cloches de l'église **carillonnent,** c'est-à-dire elles sonnent fort.
☐ attention, **ll** et **nn**.

carnaval (nom masc. : *un carnaval*). C'est une fête où tout le monde se déguise.

carnet (nom masc. : *un carnet*). **1.** Dans un carnet d'adresses, on écrit les adresses. Dans ton carnet de notes, il y a tes notes. Le carnet est plus petit que le cahier. **2.** Un carnet de tickets, c'est un ensemble de plusieurs tickets qu'on achète d'un coup.

On se déguise, c'est le carnaval.

carnivore (adjectif). Les animaux carnivores mangent de la viande. L'homme est carnivore.

carotte (nom fém. : *une carotte*). C'est un légume long et rouge.
☐ attention, un seul **r** et **tt** et regarde légume.

carpe (nom fém. : *une carpe*). La carpe est un poisson qui vit dans les rivières et les étangs aux eaux calmes. Elle saute hors de l'eau quand on lui jette du pain.

carré (nom masc. : *un carré*). C'est une forme, une figure : Les quatre côtés du carré ont la même dimension et les quatre coins sont droits.

carré (adjectif : *un mouchoir carré, une pièce carrée*). Ma chambre est carrée, c'est-à-dire elle a la forme d'un carré.

carreau (nom masc. : *un carreau, des carreaux*). **1.** Le carreau de la fenêtre, c'est la vitre, le verre. **2.** Les petits carreaux d'une feuille, ce sont les petits carrés faits par les lignes qui se coupent.
☐ attention, **x** au pluriel.

carrefour (nom masc. : *un carrefour*). C'est là où deux ou plusieurs rues se coupent. Il y a des feux au carrefour pour traverser.

carrelage (nom masc. : *le carrelage*). Ce sont de petites plaques de céramique, de terre

Le beau carrosse est tiré par quatre chevaux.

cuite : Par terre dans la salle de bains, il y a du carrelage, c'est froid.

carrière (nom fém. : *une carrière*). C'est un endroit dans le sol où on trouve les pierres, les roches qu'on utilise pour construire les maisons, les monuments. Dans une carrière de marbre, on retire du marbre.

carriole (nom fém. : *une carriole*). C'est une sorte de petite voiture, de petite charrette tirée par un cheval.
☐ attention, **rr**.

Nous traversons au carrefour.

carrosse (nom masc. : *un carrosse*). C'est une magnifique voiture tirée par des chevaux pour les rois, les reines, les princes.
☐ attention, **rr**.

cartable (nom masc. : *un cartable*). C'est ton sac pour l'école.

carte (nom fém. : *une carte*). **1.** Sur la carte de la France, il y a la place des villes, des routes, des fleuves. **2.** Sur ma carte de visite, il y a mon nom et mon adresse. **3.** Dans un jeu de cartes, il y a quatre couleurs : pique, cœur, trèfle, carreau.

carton (nom masc. : *un carton*). **1.** C'est un genre de papier très épais. **2.** C'est aussi une boîte faite dans ce papier épais.

cartouche (nom fém. : *une cartouche*). Les cartouches du fusil contiennent la poudre.

cas (nom masc. : *un cas*). **1.** Il neige en mai, c'est un cas rare, c'est-à-dire cela n'arrive pas souvent. **2.** Je ne sais pas qui a parlé, en tout cas ce n'est pas moi, c'est-à-dire de toute façon.

Une cascade.

cascade (nom fém. : *une cascade*). C'est une chute d'eau dans la montagne, quand un torrent descend à pic de la montagne.

case (nom fém. : *une case*). **1.** Dans les mots croisés, il y a des cases blanches et des cases noires, c'est-à-dire des petits carrés bien nets. **2.** Une case, c'est aussi une sorte de cabane, de hutte. Dans les petits villages d'Afrique, les gens vivent dans des cases.

caserne (nom fém. : *une caserne*). C'est le bâtiment où les militaires habitent. La caserne des pompiers, c'est le bâtiment où sont les pompiers et leurs voitures.

casier (nom masc. : *un casier*). C'est un endroit pour ranger.

casque (nom masc. : *un casque*). Le casque protège la tête : Les pilotes de moto portent un casque. Les pompiers ont un casque.

casquette (nom fém. : *une casquette*). C'est un chapeau plat avec une visière devant.

casser (verbe). **1.** La bouteille est tombée, elle **s'est cassée,** c'est-à-dire elle est en morceaux. **2.** Tu **as cassé** ton jouet, c'est-à-dire il ne marche plus.

casserole (nom fém. : *une casserole*). On fait cuire les aliments dans une casserole.
☐ attention, un **r** et un **l**.

cassette (nom fém. : *une cassette*). Sur une cassette, on peut enregistrer des chansons ou bien des films.

castor (nom masc. : *un castor*). C'est un petit animal avec une belle fourrure et une queue plate. Les castors se font des petites maisons de branches et de terre. Ils peuvent faire tomber un arbre en le rongeant à la base.

Les castors.

catastrophe (nom fém. : *une catastrophe*). C'est un accident très grave, un grand malheur.
☐ attention, **ph**.

catégorie (nom fém. : *une catégorie*). C'est un ensemble de choses ou de personnes de même nature, du même genre : Pierre fait du sport dans la catégorie des juniors.

cathédrale (nom fém. : *une cathédrale*). C'est une très grande église : Notre-Dame de Paris est une cathédrale.
☐ attention, **th**.

cauchemar (nom masc. : *un cauchemar*). C'est un mauvais rêve où on a peur.
☐ attention, **r** à la fin.

cause (nom fém. : *une cause*). **1.** La police cherche les causes de l'accident, c'est-à-dire pourquoi, pour quelles raisons il y a eu l'accident. **2.** Zoé pleure **à cause de** toi, c'est-à-dire c'est toi qui la fais pleurer.

causer (verbe). **1.** C'est lui qui **a causé** l'accident, c'est-à-dire c'est à cause de lui qu'il y a eu l'accident. **2.** Pierre **cause** avec Marie, c'est-à-dire ils se parlent.

cavalcade (nom fém. : *une cavalcade*). Qu'est ce que c'est que cette cavalcade ? C'est-à-dire tous ces enfants qui courent dans les couloirs, dans l'escalier en faisant du bruit.

cavalerie (nom fém. : *la cavalerie*). C'est l'ensemble des soldats à cheval.

cavalier (nom : *un cavalier, une cavalière*). **1.** C'est une personne qui monte à cheval : Aline est une bonne cavalière. **2.** C'est le garçon ou la fille avec qui tu danses : Prends ta cavalière par le bras.

La cavalerie attaque.

cave (nom fém. : *une cave*). C'est une pièce sous la maison : On range le vin dans la cave.

caverne (nom fém. : *une caverne*). C'est un grand trou, une grotte dans les roches, les montagnes : Les premiers hommes vivaient dans des cavernes.

Les trésors sont dans une caverne.

céder (verbe). Il veut absolument mon ballon ; je ne **céderai** pas, c'est-à-dire je ne ferai pas ce qu'il veut, je ne le lui donnerai pas.
☐ attention, céder, avec **é**, mais il cède, avec **è**.

cédille (nom fém. : *une cédille*). On met une cédille sous un c (**ç**), devant a, o, u, pour indiquer qu'il se prononce [s].

cèdre (nom masc. : *un cèdre*). C'est un grand arbre d'Asie et d'Afrique. Ses branches s'étalent en largeur.

ceinture (nom fém. : *une ceinture*). **1.** Ta ceinture retient ton pantalon à la taille. **2.** Nous avions de l'eau jusqu'à la ceinture, c'est-à-dire jusqu'à la taille.
☐ attention, **ein**.

célèbre (adjectif). Un chanteur célèbre, c'est un chanteur que tout le monde connaît.

céleri (nom masc. : *le céleri*). C'est un légume. On le trouve sous deux formes : en branches ou sous la forme d'une grosse boule.
☐ regarde légume.

célibataire (adjectif). Mon oncle est célibataire, c'est-à-dire il n'est pas marié.

cendre (nom fém. : *la cendre*). La cendre de cigarette, c'est la poudre noire qui se forme quand on fume la cigarette. Quand le bois a fini de brûler, il ne reste que des cendres.

cendrier (nom masc. : *un cendrier*). On met les cendres de cigarettes dans un cendrier.

centime (nom masc. : *un centime*). Il faut cent centimes pour faire un franc. Il y a des pièces de 5, 10, 20, 50 centimes.

centimètre (nom masc. : *un centimètre*). Il faut cent centimètres pour faire un mètre.

centre (nom masc. : *le centre*). C'est le milieu : Nous faisons un cercle et tu te mets au centre. Je vise le centre de la cible.

Le maïs, le riz, le blé, le seigle et l'avoine sont des céréales.

cep (nom masc. : *un cep*). C'est un pied de vigne.
☐ attention, **p** à la fin.

cèpe (nom masc. : *un cèpe*). C'est un champignon.
☐ attention, **e** à la fin.

cependant. C'est un autre mot pour mais, pourtant : Il faisait froid, cependant il y avait du soleil.

céramique (nom fém. : *la céramique*). C'est de la terre cuite. On fait des poteries, des assiettes, des statuettes en céramique.

cerceau (nom masc. : *un cerceau, des cerceaux*). Zoé pousse son cerceau devant elle, c'est-à-dire un grand rond de bois qu'elle fait rouler avec un bâton.
☐ attention, **x** au pluriel.

cercle (nom masc. : *un cercle*). C'est un rond.

cercueil (nom masc. : *un cercueil*). On place le mort dans un cercueil, en général en bois, avant de le descendre dans la tombe.
☐ attention, **ueil**.

céréale (nom fém. : *une céréale*). C'est une plante qui donne des grains : Le blé, l'avoine, le seigle, le riz, le maïs sont des céréales. Arthur mange des céréales avec du lait au petit déjeuner.

cérémonie (nom fém. : *une cérémonie*). C'est un événement important, officiel : La cérémonie du mariage aura lieu la semaine prochaine.

Le cerf.

cerf (nom masc. : *un cerf*). C'est un animal sauvage. Le cerf vit dans les forêts. Ses cornes s'appellent des bois. Ses bois tombent tous les ans et ils repoussent l'année d'après. La biche est sa femelle. Le petit est le faon. Le cerf brame, c'est son cri à lui.
☐ attention au **f** à la fin qui ne se prononce pas.

A B **C** D E

Les cerfs-volants volent dans le ciel.

cerf-volant (nom masc. : *un cerf-volant*). C'est un jouet fait de papier ou de tissu léger qui vole : Les enfants font voler leurs cerfs-volants sur la plage.
☐ attention au pluriel : des cerf**s**-volants.

cerise (nom fém. : *une cerise*). C'est un fruit rouge tout rond avec un noyau dedans. Les cerises poussent sur les cerisiers.

cerisier (nom masc. : *un cerisier*). C'est l'arbre qui porte les cerises.

On cueille des cerises.

certain (adjectif : *c'est certain, c'est une chose certaine*). **1.** Il viendra, j'en suis certaine, c'est-à-dire j'en suis sûre, je le sais. **2.** Certains élèves n'écoutent pas, c'est-à-dire quelques-uns.

certainement. Je viendrai certainement te voir demain, c'est-à-dire sûrement, sans faute.

cerveau (nom masc. : *un cerveau, des cerveaux*). Le cerveau est dans la tête. Grâce au cerveau, on pense, on voit, on sent, on parle, on bouge.
☐ attention, **x** au pluriel.

cervelle (nom fém. : *une cervelle*). C'est le cerveau d'un animal : À midi, on a mangé de la cervelle d'agneau.

cesse. Alain parle **sans cesse,** c'est-à-dire il n'arrête pas de parler, il parle sans arrêt.

cesser (verbe). La pluie **a cessé,** c'est-à-dire elle s'est arrêtée, il ne pleut plus.

chacal (nom masc. : *un chacal*). C'est une sorte de chien sauvage de la taille du renard. Il vit surtout en Afrique et en Asie. Les chacals mangent des cadavres, des animaux morts.

chacun, chacune. Pierre, Marie, vous aurez chacun un bonbon, c'est-à-dire Pierre aura un bonbon, Marie aura un bonbon. Zoé et Line ont chacune un cadeau.

chagrin (nom masc. : *un chagrin*). Zoé a perdu son petit chat. Elle pleure. Elle a du chagrin, c'est-à-dire de la peine.

chaîne (nom fém. : *une chaîne*). C'est un objet pour tenir attaché. La chaîne est formée de maillons, d'anneaux les uns dans les autres.
☐ attention, **î**.

chaînette (nom fém. : *une chaînette*). C'est une petite chaîne.
☐ attention, **î**.

chair (nom fém. : *la chair*). C'est ce qu'il y a entre la peau et les os. La chair des animaux qu'on mange s'appelle la viande.

chaise (nom fém. : *une chaise*). C'est un siège pour s'asseoir. La chaise n'a pas de bras, le fauteuil en a.

chalet (nom masc. : *un chalet*). C'est une maison en bois dans la montagne.

chaleur (nom fém. : *la chaleur*). J'aime bien la chaleur, c'est-à-dire quand il fait chaud.

se **chamailler** (verbe). C'est se disputer pour de petites choses : Pierre et sa sœur **se chamaillent** tout le temps.

chambre (nom fém. : *une chambre*). C'est la pièce où on dort. Aline et sa sœur dorment dans la même chambre.
☐ attention, **m** devant **b**.

chameau (nom masc. : *un chameau, des chameaux*). C'est un animal d'Asie. Il a deux bosses sur le dos. Il peut rester longtemps sans boire.
☐ attention, **x** au pluriel, et regarde <u>dromadaire</u>.

chamois (nom masc. : *un chamois*). C'est un animal de la montagne. Il a deux cornes.

champ (nom masc. : *un champ*). C'est un grand terrain qu'on cultive. On y fait pousser des légumes, des céréales.

Les chalets.

A B **C** D E

Les champignons.

champignon (nom masc. : *un champignon*). Les champignons poussent dans la forêt ou dans les prés. Il y a des champignons très dangereux et d'autres très bons à manger.

champion (nom : *un champion, une championne*). Le champion, c'est le plus fort, le meilleur.

championnat (nom masc. : *un championnat*). C'est un concours, une épreuve, une compétition pour voir qui est le plus fort.

chance (nom fém. : *la chance*). Zoé choisit le numéro 6. Elle lance le dé. C'est le 6 : Zoé a de la chance. Pierre, lui, n'a pas de chance, il a perdu.

chandail (nom masc. : *un chandail*). C'est un tricot de laine, un pull.

chandelier (nom masc. : *un chandelier*). On met les bougies, les chandelles sur un chandelier. C'est une sorte de bougeoir.
□ attention, un seul l.

Le camion,

chandelle (nom fém. : *une chandelle*). C'est une sorte de bougie.
☐ attention, **ll**.

changement (nom masc. : *un changement*). Il y a un changement de décor à l'entracte, c'est-à-dire on change le décor.

changer (verbe). **1. Change** de robe, c'est-à-dire mets-en une autre. **2.** Bruno **a changé** pendant les vacances : il s'est transformé, il a grandi, il n'est plus le même.
☐ attention, nous changeons, avec **e**.

chanson (nom fém. : *une chanson*). C'est une musique avec des paroles.

chant (nom masc. : *un chant*). **1.** Écoute le chant des oiseaux, c'est-à-dire les jolis sons qu'ils font. **2.** Marie prend des cours de chant, c'est-à-dire elle apprend à chanter.

chanter (verbe). **1.** L'oiseau **chante** dans l'arbre, c'est-à-dire il fait de jolis sons. **2.** Marie apprend à **chanter**, c'est-à-dire à faire de la musique avec sa voix. **Chantez**-moi une chanson.

chanteur (nom : *un chanteur, une chanteuse*). Le métier du chanteur, c'est de chanter : J'ai acheté un disque de mon chanteur préféré. La chanteuse chante une nouvelle chanson.

chantier (nom masc. : *un chantier*). C'est là où on fait de gros travaux de construction : L'immeuble est encore en chantier, on est en train de le construire.

la grue, les ouvriers,

sur le chantier.

chantonner (verbe). C'est chanter tout doucement, presque sans y penser : Papa **chantonne** en se rasant.
☐ attention, **nn**.

chapeau (nom masc. : *un chapeau, des chapeaux*). La casquette, le bonnet sont des chapeaux. Le chapeau protège la tête du froid ou du soleil.
☐ attention, **x** au pluriel.

chapelle (nom fém. : *une chapelle*). C'est une petite église ou une partie d'une église.

chapiteau (nom masc. : *un chapiteau, des chapiteaux*). Le cirque installe son chapiteau sur la place, c'est-à-dire sa grande tente.
☐ attention, **x** au pluriel.

chapitre (nom masc. : *un chapitre*). C'est une partie d'un livre : Dans mon livre, il y a six chapitres, j'en suis au chapitre deux.

chaque. Chaque enfant aura un bonbon, c'est-à-dire chacun en aura un, tous les enfants en auront un.

charade (nom fém. : *une charade*). C'est un petit jeu, une devinette sur les mots : Mon premier fait miaou, mon second est le contraire de tard et mon tout est une maison de roi. Qu'est-ce que c'est ?

charbon (nom masc. : *le charbon*). Le charbon est noir. Il brûle très bien. On s'en sert pour se chauffer.

charcuterie (nom fém. : *la charcuterie*). C'est la boutique du charcutier. C'est aussi ce qu'il vend.

charcutier (nom : *le charcutier, la charcutière*). Le charcutier vend du jambon, du saucisson, des saucisses, du pâté.

chardon (nom masc. : *un chardon*). C'est une plante qui pousse un peu partout à la campagne. Ses feuilles ont des piquants.

chargement (nom masc. : *un chargement*). Le camion a perdu une partie de son chargement, c'est-à-dire une partie des choses qu'il transportait.

charger (verbe). **1.** Les déménageurs **chargent** les meubles dans le camion, c'est-à-dire ils les mettent dans le camion. **2.** La voiture **est** trop **chargée,** c'est-à-dire il y a trop de choses dedans.
☐ attention, nous charg**e**ons, avec **e**.

chariot (nom masc. : *un chariot*). Le chariot est monté sur des roues. On transporte des marchandises dedans.
☐ attention, un seul **r**.

charmant (adjectif : *il est charmant, elle est charmante*). Marie est charmante, c'est-à-dire elle a du charme.

charme (nom masc. : *le charme*). Marie a un joli sourire, un gentil regard, Marie a du charme, on aime bien la regarder.

charpente (nom fém. : *une charpente*). La charpente de la maison, ce sont les poutres, les planches ou les tiges de métal qui la soutiennent.

charpentier (nom masc. : *un charpentier*).
Le charpentier fabrique et pose les charpentes des maisons.

charrette (nom fém. : *une charrette*). C'est une sorte de voiture à deux roues. Le cheval tire la charrette.
☐ attention, **rr** et **tt**.

charrue (nom fém. : *une charrue*). Avec la charrue, on laboure, on retourne la terre. Autrefois, elle était tirée par des bœufs. Aujourd'hui, un tracteur la tire.
☐ attention, **rr**.

chasse (nom fém. : *la chasse*). Bruno va à la chasse aux papillons, c'est-à-dire il va essayer d'attraper des papillons. Les chasseurs vont à la chasse en automne, ils vont chasser, essayer d'attraper des animaux.

chasse-neige (nom masc. : *un chasse-neige*). L'hiver, en montagne, les chasse-neige repoussent la neige sur les côtés de la route en roulant.
☐ attention, le mot ne change pas au pluriel.

chasser (verbe). **1.** Le chasseur **chasse** des animaux, c'est-à-dire il essaie de les attraper ou de les tuer. **2.** La vache **chasse** les mouches avec sa queue, c'est-à-dire elle les repousse, elle les écarte, elle les fait partir.

Les chats.

chasseur (nom masc. : *un chasseur*). C'est une personne qui chasse.

chat (nom : *un chat, une chatte*). C'est un animal domestique ou sauvage. Avec ses longues moustaches, il sent ce qui l'entoure. La femelle est la chatte, le petit est le chaton. Le chat miaule.

châtaigne (nom fém. : *une châtaigne*). C'est le fruit du châtaignier, une sorte de marron qui se mange.
☐ attention, **â**.

châtaignier (nom masc. : *un châtaignier*). C'est l'arbre qui donne les châtaignes.
☐ attention, **â** et **ier** à la fin.

châtain (adjectif). Marie a les cheveux châtains, c'est-à-dire entre le blond et le brun.
☐ attention, **â**.

A
B
C
D
E

Les tours, *le donjon,*

le pont-levis du château fort.

château (nom masc. : *un château, des châteaux*). C'est une très grande maison avec des tours, au milieu d'un grand parc. Les rois, les princes habitaient des châteaux. Un **château fort** est entouré de murailles pour le protéger.
☐ attention, **â**, et **x** au pluriel.

chaton (nom masc. : *un chaton*). C'est le petit du chat.

chatouiller (verbe). C'est toucher doucement sous les pieds, sous les bras, dans le cou, et cela fait un drôle d'effet : Zoé **chatouille** son petit frère. Cela le fait rire.
☐ attention, un seul **t**.

chaud (adjectif : *il est chaud, elle est chaude*). **1.** Le feu est très chaud, il brûle. Marie est chaude, elle a de la fièvre. L'été, les températures sont chaudes, c'est-à-dire élevées. **2.** Les manteaux, les pulls sont des vêtements chauds.

chaudement. Habille-toi chaudement, c'est-à-dire avec des vêtements chauds.

chauffage (nom masc. : *le chauffage*). Il fait froid, on va mettre le chauffage en marche, c'est-à-dire les appareils qui chauffent la maison.

chauffer (verbe). C'est rendre plus chaud, c'est donner de la chaleur : Les radiateurs **chauffent** la maison.

chauffeur (nom masc. : *un chauffeur*). C'est la personne qui conduit une voiture.

chaume (nom masc. : *le chaume*). C'est la paille qui reste dans les champs après les moissons.

chaumière (nom fém. : *une chaumière*). C'est une petite maison. Son toit est recouvert de chaume.

chaussée (nom fém. : *la chaussée*). C'est la partie de la route, de la rue où les voitures roulent : Attention, la chaussée est glissante à cause de la pluie.

chausser (verbe). **1.** Pierre **chausse** du 33, c'est sa taille, sa pointure de chaussures. **2. Se chausser**, c'est mettre ses chaussures.

chaussette (nom fém. : *une chaussette*). On enfile les pieds dans les chaussettes et après on met les chaussures.

chausson (nom masc. : *un chausson*). Les chaussons, ce sont des sortes de chaussures pour la maison, des pantoufles.

chaussure (nom fém. : *une chaussure*). Les mocassins, les bottes, les tennis, les ballerines sont des chaussures.

chauve (adjectif). Monsieur Mollet est chauve, c'est-à-dire il n'a plus de cheveux sur la tête.

chauve-souris (nom fém. : *une chauve-souris*). La chauve-souris a un corps de souris et de grandes ailes sans poils et sans plumes. Les chauves-souris voient dans le noir. Elles dorment la tête en bas, accrochées aux plafonds.
☐ attention au pluriel : des chauve**s**-souris.

Les chauves-souris.

chavirer (verbe). Le bateau **a chaviré**, c'est-à-dire il s'est retourné.

chef (nom masc. : *un chef*). C'est celui qui commande, qui dirige et qui est responsable.

chef-d'œuvre (nom masc. : *un chef-d'œuvre*). C'est une peinture, un dessin, un modelage très réussis, très beaux.
☐ attention au **f** qui ne se prononce pas et au pluriel : des chef**s**-d'œuvre.

A B **C** D E

chemin (nom masc. : *un chemin*). **1.** C'est une petite route, un large sentier à la campagne : On a pris un chemin à travers la forêt. **2.** Dis-moi le chemin pour aller à la gare, c'est-à-dire dis-moi par où il faut passer. **3.** Le **chemin de fer,** c'est le train.

cheminée (nom fém. : *une cheminée*). C'est une sorte de passage pour la fumée qui va de l'intérieur de la maison au toit. L'hiver, nous faisons du feu dans la cheminée.

chemise (nom fém. : *une chemise*). **1.** C'est un vêtement pour le buste et les bras : Alain a une chemise jaune sous son pull. **2.** Une chemise de nuit, c'est une sorte de robe pour dormir.

chêne (nom masc. : *un chêne*). C'est un grand arbre. Il peut vivre plus de 500 ans. Il donne des glands.
☐ attention, **ê**.

chenille (nom fém. : *une chenille*). C'est une petite bête spéciale. La chenille se transforme en papillon.
☐ regarde papillon.

cher (adjectif : *un jeu cher, une jupe chère*). **1.** Un livre cher coûte beaucoup d'argent. **2.** Ma chère maman, c'est-à-dire ma maman que j'aime bien.

chercher (verbe). C'est essayer de trouver : Marion **cherche** son dessin partout, tu ne l'as pas vu ?

chéri (adjectif : *mon garçon chéri, ma fille chérie*). On dit cela à quelqu'un qu'on aime très fort.

Les chevaux.

cheval (nom : *un cheval, des chevaux*). **1.** C'est un bel animal sauvage ou domestique. Il a beaucoup de force et il peut courir très vite. La jument, c'est sa femelle. Le petit est le poulain. **2.** Pierre est **à cheval** sur une branche, c'est-à-dire assis une jambe de chaque côté, à califourchon.
☐ attention, **aux** au pluriel.

chevalier (nom masc. : *un chevalier*). Autrefois, les chevaliers avaient une armure et un cheval. Ils se battaient pour défendre les faibles.

chevelure (nom fém. : *la chevelure*). C'est l'ensemble des cheveux.

cheveu (nom masc. : *un cheveu, des cheveux*). Les cheveux poussent sur la tête.
☐ attention, **x** au pluriel.

Quel est le chien qui aura le premier prix ?

cheville (nom fém. : *une cheville*). La cheville est entre le pied et la jambe : Pierre s'est tordu le pied, il a mal à la cheville.

chèvre (nom fém. : *une chèvre*). C'est un animal de la montagne. La chèvre donne du lait. On en fait du fromage. Le bouc, c'est son mâle. Le petit est le chevreau.

chevreau (nom masc. : *un chevreau, des chevreaux*). C'est le petit de la chèvre.
☐ attention, **x** au pluriel.

Le chevalier et son armure.

chèvrefeuille (nom masc. : *le chèvrefeuille*). C'est une plante avec des fleurs qui sentent bon : Les murs de la maison étaient couverts de chèvrefeuille.

chevreuil (nom masc. : *un chevreuil*). C'est un animal sauvage de la famille des cerfs : Les chasseurs ont tué un chevreuil.

chez. Chez moi, c'est dans ma maison. Chez le coiffeur, c'est dans sa boutique.

chien (nom : *le chien, la chienne*). C'est un animal domestique. La femelle est la chienne, le petit est le chiot. Le chien aboie.

chiffon (nom masc. : *un chiffon*). C'est un morceau de tissu pour essuyer, laver.

chiffonner (verbe). Tes vêtements **sont chiffonnés**, c'est-à-dire ils sont froissés, fripés, pas repassés.
☐ attention, **ff** et **nn**.

chiffre (nom masc. : *un chiffre*). 0, 1, 2, 3, 4, 5, 6, 7, 8, 9 sont des chiffres.

chimpanzé (nom masc. : *un chimpanzé*). C'est un singe très intelligent d'Afrique. Il vit en groupe avec les autres chimpanzés.
☐ attention, **m** devant **p**, et **z**.

chiot (nom masc. : *un chiot*). C'est le petit du chien.

chipie (nom fém. : *une chipie*). Julie me joue toujours des tours. Elle est un peu méchante. Julie est une petite chipie.

chirurgien (nom masc. : *un chirurgien*). C'est le médecin qui fait les opérations.

choc (nom masc. : *un choc*). C'est un coup très fort : Les voitures se sont tamponnées. Le choc a été violent.

chocolat (nom masc. : *le chocolat*). Le chocolat est fait avec du cacao et du sucre.

choisir (verbe). C'est, parmi plusieurs choses, prendre celle que l'on préfère : Voilà plusieurs robes, **choisis-**en une, c'est-à-dire prends-en une et laisse les autres.

choix (nom masc. : *un choix*). Dans cette librairie, il y a un grand choix de livres, c'est-à-dire beaucoup de livres pour pouvoir choisir.
☐ attention, **x** à la fin.

chômage (nom masc. : *le chômage*). Quand on n'a pas de travail et qu'on en cherche un, on est au chômage.
☐ attention, **ô**.

chorale (nom fém. : *une chorale*). C'est un groupe de personnes qui chantent ensemble.
☐ attention, on écrit **cho** mais on prononce [ko].

chose (nom fém. : *une chose*). **1.** C'est un objet : Les livres, les cahiers, les crayons sont des choses. **2.** C'est aussi tout ce qui se passe : Hier, j'ai vu une chose extraordinaire, c'est-à-dire un fait, un événement, une scène.

chou (nom masc. : *un chou, des choux*). Il y a plusieurs sortes de choux : les choux-fleurs, les choux rouges, les choux de Bruxelles.
☐ attention, **x** au pluriel et regarde <u>légume</u>.

Le hibou et la <u>chouette</u>.

chouette (nom fém. : *une chouette*). C'est un oiseau de nuit. Elle ressemble au hibou, mais elle n'a pas de plumes dressées sur la tête.

chrétien (adjectif : *il est chrétien, elle est chrétienne*). Les religions chrétiennes suivent ce que le Christ a dit : Les catholiques et les protestants sont chrétiens.

chronomètre (nom masc. : *un chronomètre*). C'est une montre très précise. Le chronomètre donne les secondes et les parties de secondes.

chuchoter (verbe). C'est parler tout bas.

chut ! C'est ce qu'on dit pour demander le silence.

chute (nom fém. : *une chute*). Le skieur a fait une chute, c'est-à-dire il est tombé.

cible (nom fém. : *une cible*). C'est l'objet sur lequel on veut tirer : Arthur a un jeu de fléchettes avec une cible.

cicatrice (nom fém. : *une cicatrice*). C'est la marque sur la peau après une blessure ou une opération.

cidre (nom masc. : *le cidre*). C'est une boisson faite avec du jus de pommes. Il y a un peu d'alcool dans le cidre.

ciel (nom masc. : *le ciel*). C'est l'espace dehors au-dessus de nos têtes. La nuit, on voit des étoiles dans le ciel. Il a peint un ciel avec des nuages.
☐ attention : il y a deux pluriels : les **cieux** (on trouve ce mot surtout dans les poésies) et les **ciels** (quand il s'agit d'une peinture par exemple).

cigale (nom fém. : *une cigale*). La cigale vit sur les arbres. L'été on l'entend crier, chanter.
☐ regarde <u>insecte.</u>

cigare (nom masc. : *un cigare*). Ce sont des feuilles de tabac roulées : Le père de Stéphanie fume le cigare.

cigarette (nom fém. : *une cigarette*). C'est du tabac hâché et roulé dans une feuille de papier spécial.

La <u>cigogne</u> et ses petits dans le nid.

cigogne (nom fém. : *une cigogne*). C'est un oiseau. La cigogne a de très longues pattes et un long bec. Elle est blanche avec des ailes noires. Les cigognes se déplacent d'une région à l'autre. Quand elles arrivent en Alsace, c'est la fin de l'hiver.

cil (nom masc. : *un cil*). C'est chacun des poils au bord des yeux, des paupières : Julie a de longs cils.

cime (nom fém. : *la cime*). La cime d'un arbre, c'est le haut de l'arbre. Les cimes des montagnes, ce sont les sommets.

ciment (nom masc. : *le ciment*). C'est une poudre blanche. On la mélange avec de l'eau. Cela devient dur. Le maçon fait tenir les briques avec du ciment.

cimetière (nom masc. : *un cimetière*). C'est le lieu où les morts sont enterrés.

cinéma (nom masc. : *un cinéma*). **1.** C'est une salle où on voit des films. **2.** Faire du cinéma, c'est faire des films.

cintre (nom masc. : *un cintre*). C'est un objet pour suspendre les vêtements.

cirage (nom masc. : *un cirage*). C'est un produit pour cirer les chaussures.

circuit (nom masc. : *un circuit*). C'est un chemin, un trajet qui ramène au point de départ : Arthur a un circuit de voitures, c'est une piste qui fait un rond ou un 8.

circulation (nom fém. : *la circulation*). Aujourd'hui, il y a beaucoup de circulation, c'est-à-dire il y a beaucoup de voitures qui circulent sur les routes.

circuler (verbe). C'est se déplacer dans une direction : Le sang **circule** dans les veines. Les voitures **circulent** sur l'autoroute.

cire (nom fém. : *la cire*). C'est la matière fabriquée par les abeilles. Avec cette matière, on fait d'autres matières, la cire pour les meubles, le cirage pour les chaussures. La cire fait briller.

Regarde les acrobates,

les clowns,

cirer (verbe). C'est passer du cirage ou de la cire pour nettoyer et pour faire briller : Bruno **cire** ses chaussures avec du cirage.

cirque (nom masc. : *un cirque*). Au cirque on voit des clowns, des jongleurs, des animaux, des acrobates. C'est un spectacle.

ciseaux (nom masc. pluriel : *des ciseaux*). Avec les ciseaux, on coupe du papier, du tissu, du fil. ☐ attention, **x**.

cité (nom fém. : *une cité*). **1.** C'est un ensemble d'immeubles, d'habitations. **2.** La cité, c'est un vieux mot pour désigner la ville. Aujourd'hui, c'est le nom de la vieille partie de certaines villes.

citer (verbe). C'est dire, nommer : **Cite**-moi deux noms de villes qui commencent par « B ».

citerne (nom fém. : *une citerne*). C'est un grand réservoir : Ces citernes contiennent de l'eau.

l'éléphant, l'orchestre,

et monsieur Loyal au cirque.

citoyen (nom : *un citoyen, une citoyenne*). Je suis un citoyen français, c'est-à-dire un Français.

citron (nom masc. : *un citron*). C'est un fruit jaune. Son jus est un peu piquant, acide. Il pousse sur un citronnier.
☐ regarde fruit.

citronnade (nom fém. : *une citronnade*). C'est une boisson faite de jus de citron avec de l'eau et du sucre.

citronnier (nom masc. : *un citronnier*). C'est l'arbre qui donne les citrons.

citrouille (nom fém. : *une citrouille*). C'est un gros légume orange : La fée a transformé la citrouille en carrosse pour Cendrillon.
☐ regarde légume.

civière (nom fém. : *une civière*). C'est une sorte de lit pour transporter les blessés.

civil (adjectif : *un mariage civil, une guerre civile*). **1.** Le mariage civil, c'est le mariage à la mairie. **2.** Une guerre civile, c'est une guerre entre les gens d'un même pays.

civil (nom masc. : *un civil*). **1.** Un policier en civil est habillé comme tout le monde, il n'a pas d'uniforme.
2. Les bombes ont tué des civils, c'est-à-dire des gens qui n'étaient pas des soldats.

clair (adjectif : *un bleu clair, une couleur claire*). **1.** Les couleurs claires sont plus près du blanc que du noir. L'eau claire est transparente. Le contraire est foncé. **2.** Ce que tu dis est clair, c'est-à-dire je le comprends facilement. **3.** Il fait clair, c'est-à-dire il y a de la lumière.

clair de lune. Le clair de lune, c'est la lumière de la lune, la nuit. Avec un beau clair de lune, on voit autour de soi, la nuit.

Nous jouons dans la clairière.

clairière (nom fém. : *une clairière*). C'est, au milieu d'une forêt, un endroit où il n'y a pas d'arbres.

clairon (nom masc. : *un clairon*). C'est un instrument de musique dans lequel on souffle. Ce sont surtout les militaires qui jouent du clairon.
□ regarde instrument.

clandestin (adjectif). Un passager clandestin voyage sans billet, sans que personne ne le sache.

claque (nom fém. : *une claque*). C'est une tape forte de la main : Papa était énervé. Il m'a donné une claque.

claquer (verbe). Les portes **claquent**, c'est-à-dire elles font du bruit en se fermant toutes seules.

clarinette (nom fém. : *une clarinette*). C'est un instrument de musique dans lequel on souffle.
□ regarde instrument.

clarté (nom fém. : *la clarté*). Quand il fait clair, quand il y a de la lumière, il y a de la clarté.

classe (nom fém. : *une classe*). **1.** C'est chaque année à l'école : En quelle classe es-tu ? **2.** C'est un groupe d'élèves avec le même maître, dans la même salle, la même année : Zoé et moi, nous sommes dans la même classe. **3.** Il y a plus de confort et c'est plus cher en première classe dans le train, dans l'avion, sur le bateau.

classement (nom masc. : *un classement*). **1.** Faire du classement, c'est faire du rangement, classer ses papiers. **2.** Aline est première au classement de fin d'année, c'est-à-dire elle a la première place.

classer (verbe). **1.** C'est ranger dans un certain ordre :
Papa **classe** ses papiers.
2. Classer des élèves, des sportifs, c'est leur donner une place dans un classement selon leurs notes, leurs résultats.

clavier (nom masc. : *un clavier*). C'est un ensemble de touches. On appuie dessus avec les doigts. Il y a le clavier du piano, le clavier de la machine à écrire, le clavier du téléphone, le clavier de l'ordinateur.

clé ou **clef** (nom fém. : *une clé* ou *une clef*). **1.** On ouvre une serrure avec une clé. **2.** La clé anglaise, la clé à molette servent à serrer ou à desserrer les écrous, ce sont des outils.

clémentine (nom fém. : *une clémentine*). C'est un fruit à peau orange, une sorte de mandarine mais sans pépins.

client (nom : *un client, une cliente*). C'est la personne qui achète : La boutique est pleine de clients.

clientèle (nom fém. : *la clientèle*). C'est l'ensemble des clients.

cligner (verbe). Alain **cligne** des yeux à cause du soleil, c'est-à-dire il ferme et il ouvre très vite les paupières.

clignoter (verbe). La lumière **clignote**, c'est-à-dire elle s'allume, elle s'éteint, elle s'allume, elle s'éteint très vite.

climat (nom masc. : *le climat*). C'est le temps qu'il fait en général, dans une région, un pays : Ce pays a un climat froid et humide, c'est-à-dire il fait souvent froid et il pleut souvent.

clin d'œil. 1. Faire un clin d'œil, c'est faire un signe en fermant et en ouvrant vite les paupières. **2.** Nous avons tout rangé en un clin d'œil, c'est-à-dire très vite.

clinique (nom fém. : *une clinique*). C'est une maison où on soigne les malades, où on les opère. Une clinique est plus petite qu'un hôpital.

clochard (nom masc. : *un clochard*). C'est une personne très pauvre qui n'a nulle part où dormir, qui reste dehors, dans les rues.
☐ attention, **d** à la fin.

cloche (nom fém. : *une cloche*). Quand on remue la cloche, elle sonne. Le bâton de métal tape sur chaque côté. Le dimanche, les cloches de l'église sonnent.

à **cloche-pied.** Marcher, courir à cloche-pied, c'est avancer en sautant sur un seul pied.

clocher (nom masc. : *un clocher*). C'est une sorte de tour en haut de l'église où il y a des cloches.

clochette (nom fém. : *une clochette*). **1.** C'est une petite cloche. **2.** Les clochettes, ce sont aussi des petites fleurs en forme de cloche comme dans le muguet.

cloison (nom fém. : *une cloison*). C'est une sorte de mur pas très épais : Les pièces de l'appartement sont séparées par des cloisons.

clôture (nom fém. : *une clôture*). C'est une sorte de barrière qui entoure un jardin, un pré, un champ.
☐ attention, **ô**.

clou (nom masc. : *un clou, des clous*). C'est une petite tige de métal pour fixer, assembler : Éric enfonce le clou dans le mur avec le marteau.

clouer (verbe). C'est fixer avec des clous : Le menuisier **cloue** les planches.

Un maquillage de clown.

clown (nom masc. : *un clown*). C'est un artiste qui fait rire au cirque. Il a des vêtements drôles et des maquillages très marqués.
☐ attention, **w**.

club (nom masc. : *un club*). C'est un groupe, une association : Charlotte est inscrite dans un club de tennis.
☐ attention, on écrit **u**, mais on prononce [œu].

coccinelle (nom fém. : *une coccinelle*). C'est une petite bête rouge à points noirs. On l'appelle aussi « bête à bon Dieu ».
☐ attention, **cc** et **ll**, et regarde insecte.

cocher (nom masc. : *un cocher*). C'était celui qui conduisait les voitures à chevaux, les diligences.

cochon (nom masc. : *un cochon*). **1.** C'est un animal de la ferme. Il est rose avec une queue en tire-bouchon. On l'appelle aussi « porc ». **2.** Le cochon d'Inde est un petit animal à longs poils.

cocotte (nom fém. : *une cocotte*). **1.** Julie fait des cocottes en papier, c'est-à-dire elle plie le papier pour faire à peu près une forme de poule. **2.** Une cocotte, c'est aussi une sorte de casserole avec un couvercle pour faire cuire doucement de la viande, des légumes.
☐ attention, **tt**.

code (nom masc. : *un code*). C'est un ensemble de chiffres ou de lettres qu'on garde secret : Pour entrer chez moi, il faut connaître le code.

cœur (nom masc. : *un cœur*). **1.** C'est un organe très important du corps. Le cœur bat. À chaque battement, il envoie le sang dans le corps. **2.** Arthur a **mal au cœur** en voiture, c'est-à-dire il a envie de vomir. **3.** Julie a **bon cœur**, c'est-à-dire elle est bonne, généreuse.
☐ attention, **œ**.

coffre (nom masc. : *un coffre*). C'est comme une très grande boîte : Marie range ses poupées dans son coffre à jouets. Papa

Les cochons dans la ferme.

met les valises dans le coffre de la voiture.

cogner (verbe). **1.** Pierre **cogne** sur la porte de toutes ses forces, c'est-à-dire il tape, il frappe. **2.** Julie **s'est cogné** la tête contre la fenêtre, elle s'est fait mal, sa tête a touché fort la fenêtre.

coiffe (nom fém. : *une coiffe*). C'est une sorte de chapeau : Mes poupées ont des costumes et des coiffes de toutes les régions.

coiffer (verbe). Marie **coiffe** sa poupée, c'est-à-dire elle la peigne, elle arrange ses cheveux.

coiffeur (nom : *un coiffeur, une coiffeuse*). C'est la personne qui coiffe dans un salon de coiffure.

coiffure (nom fém. : *une coiffure*). **1.** C'est la manière de se coiffer : J'aime bien ta nouvelle coiffure. **2.** Le salon de coiffure, c'est la boutique du coiffeur.

coin (nom masc. : *un coin*). **1.** Il y a quatre coins sur ma feuille de papier, c'est-à-dire quatre angles. **2.** Rester dans son coin, c'est rester seul, à l'écart. **3.** Trouvons un coin tranquille pour parler, c'est-à-dire un endroit.

coincer (verbe). **1.** C'est pincer très fort : Pierre **a coincé** son manteau dans la portière. **2.** La porte **est coincée**, c'est-à-dire elle ne s'ouvre plus.
☐ attention, nous coinçons, avec **ç**.

col (nom masc. : *un col*). **1.** Le col d'un vêtement, c'est la partie autour du cou. **2.** Un col en montagne, c'est un passage, une route en haut de la montagne.

colchique (nom masc. : *un colchique*). C'est une petite fleur des champs blanche, rose ou violette. Les colchiques fleurissent à la fin de l'été, en automne.

colère (nom fém. : *la colère*). Marco n'est pas content du tout. Il crie. Il est en colère.
☐ attention, **è**.

coléreux (adjectif : *il est coléreux, elle est coléreuse*). Marco se met souvent en colère, il est coléreux.
☐ attention, **é**.

en **colimaçon.** Un escalier en colimaçon tourne plusieurs fois.
☐ attention, **ç**.

colin-maillard. Viens jouer à colin-maillard : tu mets un bandeau sur tes yeux, tu dois attraper l'un de nous et deviner qui c'est.

On joue à colin-maillard.

A
B
C
D
E

colis (nom masc. : *un colis*). C'est un paquet qu'on envoie par la poste.

colle (nom fém. : *la colle*). C'est un produit qui fixe, qui tient attaché en séchant.

collecte (nom fém. : *une collecte*). Pour offrir un cadeau à la maîtresse nous faisons une collecte, c'est-à-dire nous demandons de l'argent à tous les parents.

collectif (adjectif : *un travail collectif, une œuvre collective*). Un travail collectif est fait à plusieurs. C'est le contraire de individuel.

collection (nom fém. : *une collection*). Montre-moi ta collection de petites voitures, c'est-à-dire toutes les voitures que tu collectionnes, que tu gardes.

collectionner (verbe). Zoé **collectionne** les autocollants, c'est-à-dire elle essaie d'en avoir le plus possible, elle en fait collection.

collège (nom masc. : *le collège*). C'est le nom de l'école à partir de la sixième et jusqu'à la troisième.

collègue (nom : *un* ou *une collègue*). Maman a invité sa collègue de bureau, c'est-à-dire la dame avec qui elle travaille.

coller (verbe). C'est fixer avec de la colle.

collier (nom masc. : *un collier*). **1.** C'est un bijou qu'on porte autour du cou. **2.** Le collier du chien, c'est la bande de cuir, qu'il porte autour du cou. On attache la laisse au collier.

colline (nom fém. : *une colline*). C'est une petite montagne.

La colombe.

colombe (nom fém. : *une colombe*). C'est un bel oiseau tout blanc. On dit que la colombe est l'image de la paix.
☐ attention, **m** devant **b**.

colonie (nom fém. : *une colonie*). Marie part en colonie de vacances, c'est-à-dire avec un groupe d'enfants et des moniteurs.

colonne (nom fém. : *une colonne*). **1.** C'est un pilier haut et rond : Il y a des colonnes à l'entrée du temple. **2.** Écris les chiffres les uns en dessous des autres, cela fait une colonne de chiffres. **3.** La colonne vertébrale soutient le corps du haut des fesses au cou.

colorer (verbe). Elle a couru et ses joues **sont colorées**, c'est-à-dire, elle a des couleurs, elle est toute rose.

coloriage (nom masc. : *un coloriage*). Marie fait du coloriage, c'est-à-dire elle colorie des dessins.

Marie fait du coloriage.

colorier (verbe). Dans un album à **colorier,** il y a des dessins et il faut les remplir de couleurs.

combat (nom masc. : *un combat*). C'est une lutte, une bataille.

combattre (verbe). C'est se battre : Les soldats **ont combattu** avec courage. Les pompiers **combattent** l'incendie, c'est-à-dire ils se battent, ils luttent contre lui.

combien. Ce mot sert à poser des questions sur le nombre, la quantité : Combien étaient-ils ?

combinaison (nom fém. : *une combinaison*). Une combinaison de ski, c'est un vêtement qui fait pantalon et veste en même temps.

comédie (nom fém. : *une comédie*). **1.** C'est une pièce ou un film drôle. C'est le contraire d'un drame. **2.** Marie joue la comédie, c'est-à-dire elle fait semblant, elle ne dit pas vraiment ce qu'elle sent.

comédien (nom : *un comédien, une comédienne*). C'est un artiste qui fait du théâtre, du cinéma.

comestible (adjectif). Ce qui est comestible, c'est ce qu'on peut manger.

comique (adjectif). Ce qui est comique est drôle, amusant : J'aime les films comiques, où on rit beaucoup.

commande (nom fém. : *une commande*). **1.** Le commerçant a pris ma commande, c'est-à-dire il a noté les choses que je demandais. **2.** Les commandes d'un avion, c'est l'ensemble des appareils pour piloter : Le pilote est aux commandes de l'avion.

commander (verbe). **1.** C'est donner des ordres : Zoé veut toujours **commander** et il faut lui obéir. **2. J'ai commandé** ton livre chez le libraire, c'est-à-dire j'ai demandé qu'il nous le trouve, j'en ai fait la commande.

comme. **1.** Pierre travaille comme moi, c'est-à-dire pareil. **2.** Nous ferons comme cela, c'est-à-dire de cette manière.

commencement (nom masc. : *le commencement*). C'est le début. On commence par le commencement.

A B **C** D E

commencer (verbe). L'année **commence** le 1er janvier, c'est son début, elle débute le 1er janvier.
□ attention, nous commençons, avec **ç**.

comment. Ce mot sert à poser des questions sur la manière, la façon : Comment fait-on un livre ?

commerçant (nom : *un commerçant, une commerçante*). C'est une personne qui tient un commerce, qui achète et qui vend des marchandises.
□ attention, **ç**.

commerce (nom masc. : *un commerce*). Le père de Stéphanie tient un commerce, c'est-à-dire une boutique, un magasin.

commettre (verbe). C'est faire, mais pour quelque chose de mal : Il **a commis** un crime, une erreur, une faute, un vol.

commissaire (nom masc. : *un commissaire*). C'est un chef dans la police. Il dirige les enquêtes, les inspecteurs, les policiers.

commission (nom fém. : *une commission*). Faire les commissions, c'est faire les courses, acheter ce qu'il faut pour manger.

commode (adjectif). **1.** C'est plus commode d'y aller en bus, c'est-à-dire plus facile, plus pratique. **2.** Les parents de Julie ne sont pas commodes, c'est-à-dire ils sont sévères.

commode (nom fém. : *une commode*). C'est un meuble à tiroirs pour ranger ses vêtements.

commun (adjectif : *de l'argent commun, une chambre commune*). **1.** Pierre et Julie ont une chambre commune, c'est-à-dire une seule chambre pour tous les deux. **2.** Nous mettons notre argent **en commun**, c'est-à-dire chacun met ce qu'il a et le total est pour tous.

commune (nom fém. : *une commune*). Le pays est divisé en départements. Le département est divisé en communes. Une commune peut comprendre une ville et des petits villages. Le maire dirige la commune.

communication (nom fém. : *une communication*). Une communication téléphonique, c'est une conversation par téléphone.

compagne (nom fém. : *une compagne*). Marie parle avec sa compagne de table, c'est-à-dire la fille assise à côté d'elle. Pour un garçon, on dit un compagnon.

Judith fouille dans la commode.

compagnie (nom fém. : *une compagnie*). **1.** Ma grand-mère vit seule. Elle aimerait avoir une compagnie, c'est-à-dire quelqu'un qui serait avec elle. **2.** Viens me tenir compagnie, c'est-à-dire viens, reste un peu avec moi.

compagnon (nom masc. : *un compagnon*). Jean est mon compagnon de jeu, c'est-à-dire le garçon avec qui je joue d'habitude. Pour une fille, on dit une compagne.

comparaison (nom fém. : *une comparaison*). Marie fait la comparaison des deux images, c'est-à-dire elle les compare.

comparer (verbe). C'est regarder deux ou plusieurs choses pour voir les ressemblances et les différences : **Compare** ces deux dessins et dis-moi s'ils sont vraiment pareils.

compartiment (nom masc. : *un compartiment*). C'est une partie d'une voiture de train, de métro : Nous étions huit dans le compartiment du train.

compas (nom masc. : *un compas*). C'est un instrument pour tracer des cercles.

compétition (nom fém. : *une compétition*). Judith nage très bien, elle veut faire de la compétition, c'est-à-dire des concours pour essayer d'être la meilleure.

complet (adjectif : *un jeu complet, une phrase complète*). Le jeu est complet, c'est-à-dire il ne manque aucune pièce. Le bus est complet, plus personne ne monte.

complètement. C'est tout à fait, totalement, entièrement : Ce calcul est complètement faux.

compléter (verbe). C'est mettre ce qui manque pour que ce soit complet : **Complète** cette phrase : Marie n'est... gentille.
☐ attention, vous complétez, avec **é**, mais il complète, avec **è**.

complice (nom : *un* ou *une complice*). Le voleur avait un complice, c'est-à-dire une personne qui l'a aidé.

A B **C** D E

Compare les deux dessins et trouve les différences.

M.D. - 5

C

compliment (nom masc. : *un compliment*). Faire des compliments à quelqu'un, c'est lui dire qu'il est bien, qu'il a bien fait. C'est le féliciter. Un compliment, c'est le contraire d'un reproche.

Nous n'y arriverons pas, c'est trop compliqué.

compliqué (adjectif : *un problème compliqué, une dictée compliquée*). Un problème compliqué est difficile, dur.

complot (nom masc. : *un complot*). C'est un groupe de personnes qui préparent en secret un mauvais coup contre quelqu'un.

comportement (nom masc. : *un comportement*). C'est la manière de se tenir, de parler, d'agir avec les autres : Line a un comportement inadmissible en classe, elle parle, elle rit, elle copie, elle se moque du maître.

comporter (verbe). **1.** L'appartement **comporte** trois pièces, c'est-à-dire il a trois pièces. **2.** Line **se comporte** mal en classe, c'est-à-dire elle se tient mal, elle a un mauvais comportement.

composer (verbe). **1.** Mon grand frère **compose** de la musique, c'est-à-dire il l'invente.
2. Composez votre numéro de téléphone, c'est-à-dire faites-le, chiffre par chiffre.

compote (nom fém. : *une compote*). Pour faire une compote de pommes : éplucher les pommes, les couper en morceaux, les mettre à cuire avec un peu d'eau et du sucre.

compréhensible (adjectif). C'est compréhensible, c'est-à-dire je peux le comprendre.
☐ attention, **h.**

compréhensif (adjectif : *il est compréhensif, elle est compréhensive*). Ses parents sont compréhensifs, c'est-à-dire ils l'écoutent, ils essaient de le comprendre.
☐ attention, **h.**

comprendre (verbe). **1.** Mon frère **comprend** l'anglais, c'est-à-dire il sait ce que les mots veulent dire. **2.** Personne ne me **comprend,** c'est-à-dire personne n'essaie de savoir ce que je pense.

compresse (nom fém. : *une compresse*). C'est un tissu qu'on met sur une blessure.

comprimé (nom masc. : *un comprimé*). C'est une forme de médicament qu'on avale.

compte (nom masc. : *un compte*). C'est une opération sur les chiffres : 50 + 220 + 30 = 300. Le compte est bon.
☐ attention, **pt.**

Un concert pour les jeunes.

compter (verbe). **1.** C'est dire la suite des chiffres, des nombres : Mon petit frère **compte** jusqu'à dix. **2.** C'est trouver le nombre, la quantité : Tu **comptes** tes cartes, combien en as-tu ?
☐ attention, **pt.**

concert (nom masc. : *un concert*). C'est un spectacle où on écoute de la musique.

concierge (nom : *le* ou *la concierge*). C'est la personne qui garde une maison, le gardien ou la gardienne.

conclusion (nom fém. : *une conclusion*). C'est ce qu'on dit en résultat, à la fin : Après l'examen, la conclusion du médecin est que Pierre n'est pas malade, il n'a simplement pas envie d'aller à l'école.

concombre (nom masc. : *un concombre*). C'est un légume long avec une peau verte.
☐ attention, **m** devant **b**, et regarde légume.

concours (nom masc. : *un concours*). Dans un concours, il y a plusieurs personnes qui font la même chose et c'est le meilleur qui gagne.

Les concurrents prennent le départ.

concurrent (nom : *un concurrent, une concurrente*). Les concurrents, ce sont les personnes qui font un concours, une compétition.
☐ attention, **rr.**

condamner (verbe). On l'**a condamné** pour vol, c'est-à-dire on a dit qu'il était coupable, qu'il devait être puni.
☐ attention au **m** qui ne se prononce pas.

condition (nom fém. : *une condition*). C'est ce qui doit exister pour que quelque chose se fasse : Je viendrai s'il fait beau. Le beau temps est la condition pour que je vienne.

conducteur (nom : *un conducteur, une conductrice*). C'est la personne qui conduit une voiture, un bus, un train.

conduire (verbe). **1.** Maman **conduit** la voiture, c'est-à-dire c'est elle qui la fait rouler. Elle est au volant. **2.** Je te **conduirai** à l'école, c'est-à-dire je t'y emmènerai. **3.** Pierre **se conduit** mal en classe, il a une mauvaise conduite.

conduite (nom fém. : *la conduite*). C'est la manière de se tenir, de se comporter, si on suit ou non la discipline : Pierre a une mauvaise conduite en classe.

cône (nom masc. : *un cône*). C'est une forme pointue en haut avec un rond en bas comme un chapeau de clown.
☐ attention, **ô**.

confiance (nom fém. : *la confiance*). J'ai confiance en toi, c'est-à-dire je crois ce que tu me dis, je sais que tu ne me feras pas d'ennuis.

confidence (nom fém. : *une confidence*). C'est ce qu'on dit à un ami en secret, ce qu'on lui confie : C'est ma meilleure amie, je lui fais mes confidences.

confier (verbe). **1.** Maman **confie** mon petit frère à une nourrice, c'est-à-dire elle le lui donne à garder. **2.** **Confier** un secret à un ami, c'est le lui dire parce qu'on sait qu'il ne le répétera pas.

On achète des bonbons, des confiseries.

confiserie (nom fém. : *une confiserie*). Les bonbons, les caramels, les sucres d'orge sont des confiseries.

confisquer (verbe). Je jouais avec mon jeu en classe. Le maître me l'**a confisqué**, c'est-à-dire il me l'a pris et il le garde un certain temps.

Il lui fait une confidence.

Mamie fait des confitures.

confiture (nom fém. : *la confiture*). Ce sont des fruits cuits avec beaucoup de sucre.

confondre (verbe). Aline **confond** les b et les d, c'est-à-dire elle les prend l'un pour l'autre, elle ne les reconnaît pas.

confort (nom masc. : *le confort*). C'est tout ce qu'il faut pour être bien installé quelque part.

confortable (adjectif). Un fauteuil est plus confortable qu'une chaise, on y est mieux.

confus (adjectif : *un texte confus, une histoire confuse*). Ton histoire est confuse, c'est-à-dire on ne comprend pas bien, ce n'est pas clair.

congé (nom masc. : *un congé*). Quand on ne travaille pas, pour des vacances ou parce qu'on est malade, on est en congé.

conjugaison (nom fém. : *une conjugaison*). C'est l'ensemble des formes d'un verbe.
☐ attention, **gai**.

conjuguer (verbe). C'est dire, écrire les formes d'un verbe.
☐ attention, nous conjug**u**ons, avec **u**.

connaissance (nom fém. : *la connaissance*). Marie connaît beaucoup de choses sur la danse, Marie a une grande connaissance de la danse.

connaître (verbe). **1.** C'est savoir : Mon frère **connaît** l'anglais, il sait le parler. **2. Connais**-tu Pierre ? C'est-à-dire sais-tu qui il est ? L'as-tu déjà rencontré ?
☐ attention, **î** devant un **t**.

connu (adjectif : *il est connu, elle est connue*). Ce chanteur est très connu, c'est-à-dire tout le monde le connaît, tout le monde sait qui il est. Il est célèbre.

consciencieux (adjectif : *il est consciencieux, elle est consciencieuse*). Un élève consciencieux travaille avec sérieux. Il fait le mieux possible.
☐ attention, **sc**.

conseil (nom masc. : *un conseil*). Je ne sais pas comment faire, donne-moi un conseil, c'est-à-dire dis-moi ce qui sera le mieux.

conseiller (verbe). C'est donner un conseil, dire ce qu'on pense être le mieux.

conséquence (nom fém. : *une conséquence*). C'est ce qui arrive à cause de quelque chose, c'est le résultat : Il a plu, la conséquence, c'est que le chemin est plein de boue.

Marion
et Bruno
au rayon
des conserves.

conserve (nom fém. : *une conserve*). Les haricots en conserve sont dans des boîtes ou des bocaux. Comme cela, on peut les garder, les conserver longtemps.

conserver (verbe). C'est garder longtemps : Marie **a conservé** tous ses dessins de la maternelle.

considérable (adjectif). Une somme considérable, c'est une très grosse somme.

consistance (nom fém. : *la consistance*). La consistance d'une matière, c'est si elle est molle, dure, liquide, solide.

consoler (verbe). José a du chagrin, de la peine. Sa maman le **console**, c'est-à-dire elle essaie de diminuer sa peine, elle lui dit des choses gentilles.

constater (verbe). Je **constate** que tu as fait des progrès, c'est-à-dire je le vois, c'est vrai, c'est sûr.

construction (nom fém. : *une construction*). **1.** Les ouvriers travaillent à la construction de la maison, c'est-à-dire ils sont en train de la construire. Avec un jeu de construction, on peut inventer des maisons, des châteaux. **2.** Un bâtiment, une maison, un monument sont des constructions.

construire (verbe). Le maçon **construit** la maison, c'est-à-dire il la fait, il monte les murs.

consulter (verbe). **1.** Si tu ne sais pas ce que veut dire un mot, **consulte** le dictionnaire, c'est-à-dire regarde dedans. **2. Consulter** le médecin, c'est aller le voir.

José pleure,
sa maman le console.

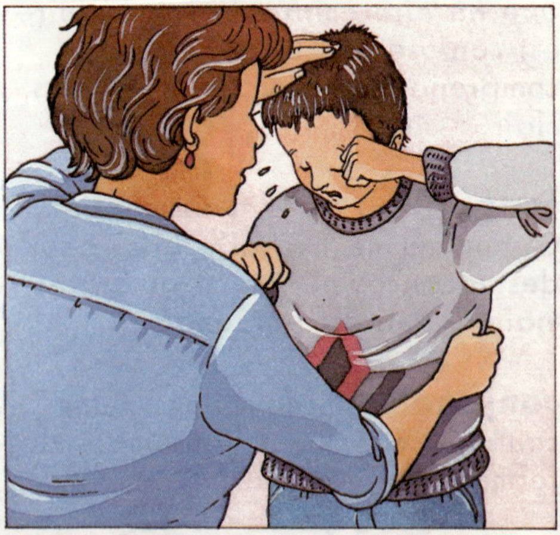

Attention les enfants, Marie est contagieuse, n'entrez pas!

A B C D E

contact (nom masc. : *le contact*). **1.** On se brûle au contact du feu, c'est-à-dire quand on le touche. **2.** Pour démarrer, papa met le contact, c'est-à-dire il tourne la clé qui branche les systèmes électriques.
☐ attention, **ct**.

contagieux (adjectif : *il est contagieux, elle est contagieuse*). Marie est malade et elle est contagieuse, c'est-à-dire on peut attraper sa maladie si on s'approche d'elle.

conte (nom masc. : *un conte*). C'est une histoire avec des aventures merveilleuses. Il y a des contes de tous les pays.
☐ attention, co**n**te, comme dans raconter.

contenir (verbe). Que **contient** cette boîte ? C'est-à-dire qu'est-ce qu'il y a dedans ?

content (adjectif : *il est content, elle est contente*). Arthur va au cinéma, il est content, cela lui fait plaisir, il est heureux.

contenu (nom masc. : *le contenu*). Le contenu d'une boîte, c'est ce qu'elle contient, ce qu'il y a dedans.

continent (nom masc. : *un continent*). C'est une partie du monde, une grande étendue de terre qui regroupe plusieurs pays : l'Europe, l'Asie, l'Afrique, l'Amérique, l'Australie sont des continents.

continuer (verbe). C'est ne pas s'arrêter : Si la pluie **continue**, on ne pourra pas sortir. **Continuez** à travailler jusqu'au goûter, c'est-à-dire travaillez encore.

contour (nom masc. : *le contour*). Les contours d'un dessin, ce sont les lignes qui en font le tour : Fais les contours en noir et colorie l'intérieur en rouge.

contraire (nom masc. : *le contraire*). Grand est le contraire de petit. Faux est le contraire de vrai. Pierre va voir Jean. — Non c'est le contraire, c'est Jean qui va voir Pierre.

contrarier (verbe). N'arrive pas en retard, cela va le **contrarier,** c'est-à-dire, il ne sera pas content. Maman **est contrariée,** elle n'a pas l'air contente, quelque chose ne va pas.

contravention (nom fém. : *une contravention*). C'est une amende, une somme à payer parce qu'on a fait quelque chose d'interdit : Papa s'est garé sur les clous, il a eu une contravention.

contre. 1. Le bureau est contre le mur, c'est-à-dire il touche le mur. **2.** Je te donne cinq billes contre ta balle, c'est-à-dire en échange. **3.** Nous voulons aller au square mais Pierre est contre, c'est-à-dire il n'est pas d'accord.

à **contrecœur.** J'y suis allé à contrecœur, c'est-à-dire malgré moi, je n'en avais pas très envie.

contredire (verbe). C'est dire le contraire : Pierre me **contredit** tout le temps.

contrôle (nom masc. : *un contrôle*). **1.** À la douane, il y a un contrôle des bagages, c'est-à-dire on vérifie, on contrôle ce qu'il y a dans nos bagages. **2.** Demain, nous avons un contrôle de mathématiques, c'est-à-dire des exercices en classe pour voir si on a bien appris.
□ attention, **ô.**

contrôler (verbe). C'est regarder pour voir si tout est bien, correct : Le contrôleur **contrôle** nos billets dans le train.
□ attention, **ô.**

contrôleur (nom : *un contrôleur, une contrôleuse*). C'est la personne qui contrôle les billets dans un métro, un train.
□ attention, **ô.**

convaincre (verbe). C'est persuader : Essaie de **convaincre** tes parents de nous laisser aller à la piscine, c'est-à-dire fais tout pour qu'ils soient d'accord avec nous. Je **suis convaincu** que tu as raison, c'est-à-dire j'en suis sûr, persuadé.

convalescence (nom fém. : *la convalescence*). C'est la période après la maladie, quand il faut encore se reposer, reprendre des forces.
□ attention, **sc.**

convenable (adjectif). **1.** Un travail convenable est correct, assez bien. **2.** Ne te tiens pas comme cela, ce n'est pas convenable, c'est-à-dire cela ne se fait pas.

conversation (nom fém. : *une conversation*). Judith et moi, nous

On <u>contrôle</u> nos billets dans le train.

avons eu une longue conversation, c'est-à-dire nous avons parlé, nous avons discuté longtemps ensemble.

convocation (nom fém. : *une convocation*). C'est une petite lettre qui convoque à une réunion, qui demande de venir quelque part : Mes parents ont reçu une convocation pour une réunion avec les maîtres.

convoi (nom masc. : *un convoi*). C'est un ensemble de voitures, de camions qui voyagent en se suivant.

La police accompagne le convoi exceptionnel.

convoquer (verbe). C'est demander à quelqu'un de venir, c'est lui envoyer une convocation :
La directrice **a convoqué** tous les parents pour leur parler de l'école.

copain (nom : *un copain, une copine*). C'est un autre mot, qu'on dit entre nous, pour ami, camarade.

copier (verbe). C'est écrire quelque chose qui est déjà écrit ailleurs : **Copiez** la phrase écrite au tableau.

copieux (adjectif : *un repas copieux, une alimentation copieuse*). Un repas copieux, c'est un repas où il y a beaucoup à manger.

copine. Regarde copain.

coq (nom masc. : *un coq*). C'est le mâle de la poule. Il a une crête rouge sur la tête. Il chante « cocorico » le matin.

coque (nom fém. : *une coque*). **1.** On mange les œufs à la coque dans leur coquille. **2.** La coque d'un bateau, c'est tout l'extérieur, ce en quoi il est fait.

coquelicot (nom masc. : *un coquelicot*). C'est une fleur rouge et fragile, légère. Le coquelicot pousse dans les champs.
☐ regarde fleur.

coquet (adjectif : *il est coquet, elle est coquette*). Julie est coquette. Elle aime les jolies robes, elle fait attention à sa coiffure, elle veut être jolie.

A B **C** D E

coquetier (nom masc. : *un coquetier*). On met l'œuf à la coque dans un coquetier pour le manger.

Karim et Nadia ramassent des coquillages.

coquillage (nom masc. : *un coquillage*). C'est un petit animal de mer qui vit dans une coquille. C'est aussi la coquille elle-même.

coquille (nom fém. : *une coquille*). C'est l'enveloppe dure d'un œuf, d'un escargot, des coquillages.

coquin (adjectif : *il est coquin, elle est coquine*). Marie est coquine, elle aime rire, faire de petites farces.

cor (nom masc. : *un cor*). C'est un instrument de musique en cuivre. Il est enroulé sur lui-même. On souffle dedans.
☐ regarde instrument.

corbeau (nom masc. : *un corbeau, des corbeaux*). C'est un grand oiseau noir. Il vole au-dessus des champs.
☐ attention, **x** au pluriel.

corbeille (nom fém. : *une corbeille*). C'est un panier tressé. On met le pain dans une corbeille à pain. On met les papiers dans une corbeille à papiers.

corde (nom fém. : *une corde*). C'est une très grosse ficelle.

cordon (nom masc. : *un cordon*). C'est une petite corde fine : On tire sur le cordon pour ouvrir les rideaux.

Chez le cordonnier.

cordonnier (nom masc. : *un cordonnier*). Le cordonnier répare les chaussures.

corne (nom fém. : *une corne*). La chèvre, le taureau, le cerf, la girafe ont des cornes sur la tête.

corneille (nom fém. : *une corneille*). C'est un oiseau noir plus petit que le corbeau.

cornet (nom masc. : *un cornet*). Un cornet de glace, c'est un cône en gaufrette pour mettre des boules de glace.

cornichon (nom masc. : *un cornichon*). C'est un tout petit concombre, dans du vinaigre.

corps (nom masc. : *un corps*). La tête, le cou, le tronc, les bras, les jambes, les mains, les pieds sont des parties de ton corps.
☐ attention, **ps**.

correct (adjectif : *un devoir correct, une forme correcte*). Ce qui est correct est bon, juste, exact, bien.

correctement. Écris correctement, c'est-à-dire bien, sans faute.

correction (nom fém. : *une correction*). **1.** Nous allons faire la correction de la dictée, c'est-à-dire nous allons la corriger. **2.** Pierre a reçu une correction parce qu'il avait menti, c'est-à-dire on lui a donné des coups, une fessée.

correspondance (nom fém. : *la correspondance*). **1.** C'est le courrier, les lettres qu'on s'écrit. **2.** Dans le train, le métro, prendre la correspondance, c'est changer de train, de métro à une gare ou à une station parce que la ligne, le trajet ne sont pas directs.

correspondant (nom : *un correspondant, une correspondante*). Nous habitons Marseille. Chaque élève de la classe a un correspondant à Paris, c'est-à-dire un élève de Paris à qui il écrit régulièrement.

correspondre (verbe). **1.** Notre classe **correspond** avec une classe de Paris, c'est-à-dire nous nous écrivons régulièrement. **2.** La question n° 1 **correspond** au chapitre n° 1, c'est-à-dire ils vont ensemble.

corridor (nom masc. : *un corridor*). C'est un couloir.

corriger (verbe). **1.** C'est noter et enlever les fautes, les erreurs : Le maître **corrige** la dictée.
2. Mes parents me **corrigent** quand je fais une grosse bêtise, ils me donnent la fessée.
☐ attention, nous corrigeons, avec **e**.

corsage (nom masc. : *un corsage*). C'est une petite chemise de fille.

corsaire (nom masc. : *un corsaire*). Autrefois les corsaires, sur leurs bateaux, attaquaient les autres bateaux pour prendre leurs marchandises.

Les corsaires attaquent.

A B **C** D E

cortège (nom masc. : *un cortège*). C'est un ensemble de personnes qui suivent quelqu'un ou quelque chose : Le cortège suit les jeunes mariés.

corvée (nom fém. : *une corvée*). C'est quelque chose qu'on n'aime vraiment pas faire : Je dois faire la vaisselle, quelle corvée !

cosmonaute (nom : *un* ou *une cosmonaute*). Les cosmonautes voyagent dans un vaisseau spatial, dans les fusées. Ils peuvent sortir dans l'espace. On dit cosmonaute pour les Russes, les Soviétiques et astronaute pour les Américains.

cosse (nom fém. : *une cosse*). C'est l'enveloppe des haricots, des petits pois.

costume (nom masc. : *un costume*). **1.** C'est un pantalon et une veste qui vont ensemble. **2.** C'est un ensemble de vêtements : Pierre a eu un costume d'Indien pour son anniversaire.

côte (nom fém. : *une côte*). **1.** C'est chacun des os ronds autour du corps, de la taille au haut de la poitrine. **2.** Une côte, c'est aussi une pente, un chemin qui monte. **3.** Les côtes de la France, ce sont les bords de mer. **4.** Pierre et Marie marchent **côte à côte**, c'est-à-dire l'un à côté de l'autre.
☐ attention, **ô**.

côté (nom masc. : *un côté*). **1.** Les côtés d'un carré, ce sont les quatre lignes qui le forment. **2.** Regarde de ce côté, du côté gauche, c'est-à-dire dans la direction de la gauche. **3.** Viens **à côté** de moi, c'est-à-dire près de moi.
☐ attention, **ô**.

se **cotiser** (verbe). Nous **nous sommes cotisés** pour offrir un cadeau à la maîtresse, c'est-à-dire nous avons donné chacun un peu d'argent.

coton (nom masc. : *le coton*). Le coton pousse sur des plantes dans les pays chauds. On en fait du tissu. On en fait aussi le coton blanc qui sert pour les pansements.

La cueillette du coton.

cou (nom masc. : *un cou*). Le cou permet de tourner, de baisser et de lever la tête.

couche (nom fém. : *une couche*). **1.** Une couche de peinture, c'est la peinture qu'on étale en une fois. **2.** On met des couches aux bébés pour qu'ils ne mouillent pas leurs vêtements et leur lit.

coucher (verbe). **1.** Mon ami **couchera** dans ma chambre, c'est-à-dire il dormira dans ma chambre. **2.** Le soleil **se couche,** c'est-à-dire il commence à disparaître, c'est la fin du jour.

On s'installe dans les couchettes.

couchette (nom fém. : *une couchette*). C'est une sorte de lit dans les trains, les bateaux.

coucou (nom masc. : *un coucou*). **1.** C'est un oiseau qui chante « cou-cou ». **2.** Les coucous, ce sont aussi des petites fleurs jaunes des bois.

coude (nom masc. : *un coude*). Grâce au coude on peut plier le bras.

coudre (verbe). Zoé **coud** une robe à sa poupée, c'est-à-dire elle la fait avec du tissu, du fil et une aiguille. **J'ai cousu** ton bouton.

couler (verbe). **1.** L'eau **coule** du robinet, c'est-à-dire elle vient, elle se répand. **2.** La Seine **coule** à Paris, c'est-à-dire ses eaux passent à Paris.

couleur (nom fém. : *une couleur*). Le rouge, le bleu, le vert, le jaune sont des couleurs.

couleuvre (nom fém. : *une couleuvre*). C'est un serpent. La couleuvre n'est pas très dangereuse pour l'homme.

couloir (nom masc. : *un couloir*). C'est, à l'intérieur d'une maison, le passage où il y a les portes des pièces.

coup (nom masc. : *un coup*). **1.** Quand tu tapes, tu donnes des coups. **2.** Donne-toi un coup de peigne, c'est-à-dire peigne-toi rapidement. **3.** Il y a eu un coup de feu, c'est-à-dire on a tiré une balle. **4.** Tu as un coup de soleil, c'est-à-dire tu as la peau un peu brûlée à cause du soleil.
☐ attention, **p** à la fin.

coupable (adjectif). Il est coupable du vol, c'est-à-dire c'est lui qui a volé. Le contraire est innocent.

coupe (nom fém. : *une coupe*). **1.** Tu as une très jolie coupe de cheveux, c'est-à-dire le coiffeur t'a bien coupé les cheveux. **2.** Une coupe, c'est aussi un très large verre.

couper (verbe). **1.** C'est enlever un morceau avec un couteau, des ciseaux, une lame : **Coupe**-moi une tranche de viande. **2.** Pierre **s'est coupé**, sa peau est ouverte, il saigne.

couple (nom masc. : *un couple*). Zoé a un couple de pigeons, c'est-à-dire un mâle et une femelle.

couplet (nom masc. : *un couplet*). Dans les paroles d'une chanson, il y a les couplets et le refrain. Les couplets sont différents mais le refrain est toujours le même, après chaque couplet.

cour (nom fém. : *une cour*). **1.** C'est un espace, dehors, entouré de murs : À la récréation, nous allons jouer dans la cour de l'école. **2.** La cour, c'est le château où habite un roi. C'est aussi l'ensemble des personnes qui vivent auprès de lui : La cour des rois de France se trouvait à Versailles.

courage (nom masc. : *le courage*). **1.** Quand on a du courage, on fait quelque chose même si on a un peu peur : Il faut du courage pour aller chez le dentiste. **2.** Ne perds pas courage, tu réussiras, c'est-à-dire garde ton espoir, tes forces.

courageux (adjectif : *il est courageux, elle est courageuse*). Zoé n'a pas pleuré chez le dentiste, elle a été très courageuse, c'est-à-dire elle a eu du courage.

courant (adjectif : *un mot courant, une histoire courante*). Un mot courant, c'est un mot qu'on dit très souvent. Une histoire courante arrive très souvent, elle est banale.

courant (nom masc. : *le courant*). **1.** C'est la force qui entraîne l'eau dans un sens : Le bateau pneumatique a été emporté par le courant. **2.** Une prise de courant, c'est une prise électrique. Il n'y a plus de courant, c'est-à-dire l'électricité ne marche plus.

courbe (nom fém. : *une courbe*). C'est une ligne qui tourne comme pour faire un rond : À cet endroit, la route fait une courbe, c'est-à-dire elle tourne, elle n'est pas droite.

Le vent courbe les arbres.

courber (verbe). C'est plier, donner une forme courbe, arrondie : Le vent **courbe** les arbres. Pour saluer, pour faire la révérence, on **se courbe** en avant, on s'incline.

coureur (nom : *un coureur, une coureuse*). C'est une personne qui court : 50 coureurs ont pris le départ de la course.
□ attention, un seul **r** comme dans courir.

On couronne la reine.

A
B
C
D
E

courgette (nom fém. : *une courgette*). C'est un légume long et vert.
☐ regarde légume.

courir (verbe). C'est aller très vite à pied : Dépêche-toi, **cours**, on est en retard.
☐ attention, un seul **r**.

couronne (nom fém. : *une couronne*). Les rois, les reines portaient des couronnes sur la tête, c'est-à-dire des cercles d'or.

couronner (verbe). **Couronner** un roi, c'est lui mettre une couronne le jour où il devient vraiment le roi. La cérémonie s'appelle le couronnement du roi.

courrier (nom masc. : *le courrier*). Ce sont les lettres, les cartes qu'on envoie et qu'on reçoit par la poste.

cours (nom masc. : *un cours*). **1**. Marie prend des cours de piano, c'est-à-dire des leçons. **2**. Un **cours d'eau,** c'est un ruisseau, une rivière, un fleuve.
☐ attention, **s** à la fin.

course (nom fém. : *une course*). **1**. Quand on court le plus vite possible pour arriver le premier, on fait une course. **2**. Faire les courses, c'est aller acheter des choses dans les magasins ou au marché.

court (adjectif : *un mot court, une robe courte*). **1**. Un mot court a peu de lettres. Une robe courte n'a pas beaucoup de longueur. **2**. Par ici c'est plus court, c'est-à-dire cela prend moins de temps, il y a moins de distance.

cousin (nom : *mon cousin, ma cousine*). C'est le fils ou la fille de mon oncle et de ma tante.

cousu. Regarde coudre.

coussin (nom masc. : *un coussin*). C'est une enveloppe de tissu remplie de chiffons, de laine ou de mousse : J'ai des coussins de toutes les couleurs sur mon lit.

couteau (nom masc. : *un couteau, des couteaux*). Le couteau sert à couper. On le tient par le manche et on coupe avec sa lame.
☐ attention, **x** au pluriel.

coûter (verbe). Ce livre **coûte** cent francs, c'est-à-dire son prix est de cent francs.
☐ attention, **û**.

coutume (nom fém. : *une coutume*). Les coutumes, ce sont les habitudes des gens d'une région, d'un pays. Ce sont les traditions : Dans notre ville on fait un grand feu le jour de la Saint-Jean, c'est une vieille coutume.

Judith et Arthur font de la couture.

couture (nom fém. : *la couture*). Marie apprend la couture, c'est-à-dire elle apprend à coudre.

couturier (nom : *un couturier, une couturière*). C'est une personne qui coud des vêtements.

couver (verbe). La poule **couve** ses œufs, c'est-à-dire elle reste sur les œufs jusqu'à ce que les poussins naissent.

couvercle (nom masc. : *un couvercle*). Le couvercle d'une boîte permet d'ouvrir ou de fermer la boîte.

couvert (nom masc. : *le couvert*). Mettre le couvert, c'est placer les assiettes, les couteaux, les fourchettes, les verres sur la table.

couverture (nom fém. : *une couverture*). **1.** C'est un grand tissu de laine. On met la couverture au-dessus des draps. **2.** La couverture de mon livre est abîmée, c'est-à-dire l'extérieur du livre.

couvrir (verbe). **1. Couvre-toi,** c'est-à-dire mets quelque chose sur toi. **2.** Il faut **couvrir** vos cahiers, c'est-à-dire mettre du papier pour les protéger.

cow-boy (nom masc. : *un cow-boy*). Les cow-boys s'occupaient du bétail en Amérique, dans le Far-West.
☐ attention au pluriel : des **cow-boys.**

Arthur met son costume de cow-boy.

crabe (nom masc. : *un crabe*). C'est un petit animal du bord de la mer. Il marche de travers. Il a des pinces et une carapace.

cracher (verbe). C'est rejeter par la bouche : **Crache** ton noyau de cerise.

craie (nom fém. : *une craie*). La craie, c'est une roche blanche qui se casse facilement. On en fait des bâtons pour écrire sur une ardoise, un tableau.

craindre (verbe). C'est avoir un peu peur de quelqu'un ou de quelque chose : Arthur **craint** son père, alors il lui obéit.
☐ attention, nous crai**gn**ons.

craintif (adjectif : *il est craintif, elle est craintive*). Un enfant craintif a toujours un peu peur.

crampe (nom fém. : *une crampe*). Quand on a tout d'un coup mal à l'estomac ou aux jambes, aux mains, c'est une crampe.
☐ attention, **m** devant **p**.

se **cramponner** (verbe). C'est s'accrocher très fort : Zoé **se cramponne** à sa mère, elle ne veut pas entrer chez le médecin.
☐ attention, **m** devant **p**.

crâne (nom masc. : *le crâne*). C'est l'os dur qui forme la tête.
☐ attention, **â**.

crapaud (nom masc. : *un crapaud*). Le crapaud est plus gros que la grenouille. Il a comme des petites verrues sur la peau. Il mange des insectes.

craquer (verbe). **1.** C'est faire un petit bruit sec : Le parquet **craque** quand je marche. **2.** C'est aussi se déchirer avec un petit bruit sec : Mon sac **a craqué**.

cravate (nom fém. : *une cravate*). C'est ce que portent les hommes autour du col de leur chemise et qui retombe devant.

crayon (nom masc. : *un crayon*). Le crayon est fait d'une mine entourée de bois.

crèche (nom fém. : *une crèche*). **1.** C'est un endroit où on garde les bébés : Mon petit frère va à la crèche. **2.** La crèche de Noël, c'est l'étable avec Jésus bébé.

crédit (nom masc. : *un crédit*). Acheter **à crédit**, c'est prendre ce qu'on achète et payer plus tard.

créer (verbe). C'est inventer quelque chose de nouveau : Un peintre **crée** un tableau.

crème (nom fém. : *une crème*). **1.** La crème du lait, c'est sa partie grasse. Avec la crème on fait du beurre. **2.** Une crème au chocolat, c'est un dessert fait avec du lait, des œufs et du chocolat. **3.** Mets un peu de crème sur ta peau, c'est-à-dire un produit doux que tu étales.

Le crapaud près de la mare.

A B **C** D E

Sais-tu faire les crêpes ?

crêpe (nom fém. : *une crêpe*). C'est une sorte de galette ronde et plate, délicieuse à manger.
☐ attention, ê.

crépiter (verbe). C'est faire une série de petits bruits secs : Le feu **crépite** dans la cheminée. La pluie **crépite** sur le toit.

crépuscule (nom masc. : *le crépuscule*). C'est le moment entre le jour et la nuit. C'est le contraire de l'aube.

cresson (nom masc. : *le cresson*). C'est une sorte de salade qui pousse dans l'eau, avec de toutes petites feuilles vertes.

crête (nom fém. : *une crête*). **1.** La crête du coq, c'est la peau rouge au-dessus de sa tête. **2.** La crête des montagnes, c'est la ligne des sommets.
☐ attention, ê.

creuser (verbe). C'est faire un trou : Le chien **creuse** la terre, il va enterrer son os.

creux (adjectif : *un mur creux, une assiette creuse*). **1.** Un mur creux est vide à l'intérieur. **2.** Une assiette creuse est profonde, on peut y verser la soupe.

creux (nom masc. : *un creux*). C'est un trou, un vide.

crever (verbe). C'est éclater, se percer : Le pneu de la voiture **est crevé**, c'est-à-dire il y a un trou et il s'est dégonflé.

crevette (nom fém. : *une crevette*). C'est un petit animal de la mer. Les crevettes deviennent roses ou rouges quand on les fait cuire.

cri (nom masc. : *un cri*). C'est un son, un mot qu'on dit très fort tout d'un coup : Pierre a eu mal, il a poussé un cri : « Aïe ! »

crier (verbe). **1.** C'est pousser un cri, des cris : José a eu très mal et il **a crié** de douleur. **2.** C'est parler très fort : Ne **criez** pas, je ne suis pas sourd !

crime (nom masc. : *un crime*). Il y a eu un crime dans ma rue, c'est-à-dire quelqu'un a été tué.

criminel (nom : *un criminel, une criminelle*). C'est une personne qui a commis un crime.

crinière (nom fém. : *la crinière*). Ce sont les longs poils sur la tête du cheval ou du lion.

crique (nom fém. : *une crique*). C'est une toute petite plage entourée de rochers ou de terres.

criquet (nom masc. : *un criquet*). C'est un insecte, plus petit que la sauterelle. Il saute et il vole.

crise (nom fém. : *une crise*). Une crise de foie, c'est quand on a très mal au foie tout d'un coup.

crisper (verbe). Pierre **crispe** ses doigts sur le volant, c'est-à-dire il les ferme très fort.

cristal (nom masc. : *le cristal*). C'est une sorte de verre très transparent. Quand on donne un petit coup sur un verre en cristal, cela fait un joli bruit léger.

critique (nom fém. : *une critique*). **1**. La critique d'un film, c'est ce qu'on a à dire de bien ou de mal sur le film. **2**. Une critique, c'est aussi un reproche : J'ai une critique à te faire, tu n'aurais pas dû raconter notre secret.

critiquer (verbe). Marie me **critique** tout le temps, c'est-à-dire elle trouve toujours qu'il y a quelque chose qui n'est pas bien. Elle me fait des critiques.

croc (nom masc. : *un croc*). Les crocs d'un chien, ce sont ses grandes dents pointues.
☐ attention, **c** à la fin qui ne se prononce pas.

croche-pied (nom masc. : *un croche-pied*). Pierre m'a fait un croche-pied et je suis tombé, c'est-à-dire il a mis sa jambe en travers, devant moi.
☐ attention au pluriel : des croche-pied**s**.

crochet (nom masc. : *un crochet*). C'est une sorte de clou pour accrocher : Plante un crochet dans le mur et on accrochera ton tableau.

crochu (adjectif : *un bec crochu, une main crochue*). Un bec crochu est très recourbé en avant.

crocodile (nom masc. : *un crocodile*). Les crocodiles vivent dans les fleuves et au bord des fleuves des pays chauds. Ils ont une peau épaisse couverte d'écailles, une très grande mâchoire et des pattes très courtes.

Les crocodiles.

A B **C** D E

croire (verbe). **1.** Maman me **croira**, c'est-à-dire elle sera sûre que je dis la vérité. **2. Croire** en Dieu, c'est être sûr que Dieu existe. **3. J'ai cru** qu'il allait pleuvoir, c'est-à-dire je l'ai pensé.

croisement (nom masc. : *un croisement*). C'est l'endroit où deux routes se croisent.

croiser (verbe). **1.** Cette rue **croise** l'avenue, c'est-à-dire elle la coupe, elle la traverse. **2. Croisez** les bras, c'est-à-dire pliez-les l'un sur l'autre. **3. J'ai croisé** Aline dans la rue, c'est-à-dire je l'ai rencontrée.

croissance (nom fém. : *la croissance*). Cet enfant est en pleine croissance, c'est-à-dire il est en train de grandir.

croissant (nom masc. : *un croissant*). **1.** On ne voit qu'une partie de la Lune avec deux pointes recourbées, c'est un croissant de Lune. **2.** Le matin, nous mangeons des croissants, c'est-à-dire des sortes de gâteaux en forme de croissants de Lune.

croix (nom fém. : *une croix*). Ce sont deux traits, deux bâtons en travers l'un de l'autre. Le signe + est une petite croix.

croquer (verbe). C'est planter ses dents dans un aliment : Aline **croque** une pomme. Zoé fait du bruit en **croquant** ses bonbons.

croquis (nom masc. : *un croquis*). C'est un dessin rapide qui donne les lignes principales.

Un cross à travers la campagne.

cross (nom masc. : *un cross*). C'est une course à travers la campagne avec des chemins qui montent, qui descendent.
☐ attention, **ss** à la fin.

croustillant (adjectif : *un pain croustillant, une pâte croustillante*). Un petit gâteau croustillant craque sous la dent de manière agréable.

croûte (nom fém. : *une croûte*). **1.** Si tu grattes ton bouton, tu auras une croûte, c'est-à-dire une sorte de peau dure, épaisse et brune. **2.** La croûte du pain, c'est la partie dure, autour de la mie.
☐ attention, **û**.

croûton (nom masc. : *un croûton*). C'est le bout du pain, là où il y a surtout de la croûte.
☐ attention, **û**.

cru. Regarde croire.

cru (adjectif : *un légume cru, une viande crue*). Le chat mange de la viande crue, c'est-à-dire pas cuite.

cruche (nom fém. : *une cruche*). Dans une cruche on met l'eau, le jus de fruit, et puis on verse la boisson dans les verres. La cruche a une anse pour la tenir dans la main.

cruel (adjectif : *il est cruel, elle est cruelle*). Ton cousin est cruel avec les animaux, c'est-à-dire il aime les faire souffrir, il leur fait du mal.

cube (nom masc. : *un cube*). Un cube a six carrés tout autour, un dessus, un dessous et quatre sur les côtés.

cueillette (nom fém. : *la cueillette*). Quand on cueille des fruits, des légumes en grande quantité, c'est la cueillette.
☐ attention, **uei,** comme dans cueillir.

cueillir (verbe). C'est prendre le fruit, la fleur, le légume qui est encore sur la plante, sur l'arbre.
☐ attention, **uei.**

cuillère ou **cuiller** (nom fém. : *une cuillère* ou *une cuiller*). Pour manger la soupe, pour boire un sirop, pour remuer le café, on prend une cuillère.
☐ attention, deux façons d'écrire ce mot.

cuir (nom masc. : *le cuir*).
1. C'est la peau dure de certains animaux. On en fait des chaussures, des sacs, des ceintures. **2.** Le **cuir chevelu,** c'est la peau du crâne.

cuire (verbe). **1. Cuire** des aliments, c'est les mettre sur le feu. **2.** La viande n'**est** pas assez **cuite,** c'est-à-dire elle n'est pas restée assez longtemps sur le feu, elle est encore trop crue.

cuisine (nom fém. : *une cuisine*). **1.** Faire la cuisine, c'est préparer le repas. **2.** La cuisine, c'est aussi la pièce où on prépare les repas.

Les cuisiniers dans la cuisine du restaurant.

cuisiner (verbe). C'est faire la cuisine : Maman m'apprend à **cuisiner.** Elle **cuisine** bien.

cuisinier (nom : *un cuisinier, une cuisinière*). C'est la personne qui prépare les repas dans un restaurant, une cantine.

cuisinière (nom fém. : *une cuisinière*). On cuit les aliments sur une cuisinière. Il y a les feux ou les plaques électriques dessus et le four dessous.

cuisse (nom fém. : *la cuisse*). C'est la partie de la jambe au-dessus du genou jusqu'à la hanche.

cuisson (nom fém. : *la cuisson*). Il faut une heure de cuisson, c'est-à-dire cela doit cuire une heure.

cuit. Regarde <u>cuire</u>.

cuivre (nom masc. : *le cuivre*). C'est un métal jaune.

culotte (nom fém. : *une culotte*). C'est un vêtement qui couvre les fesses.

cultiver (verbe). C'est faire pousser des légumes, des fruits sur un terrain : Dans cette région on **cultive** le maïs.

culture (nom fém. : *la culture*). Faire de la culture de maïs, c'est cultiver le maïs, le faire pousser.

curieux (adjectif : *il est curieux, elle est curieuse*). Une personne curieuse veut toujours tout savoir.

curiosité (nom fém. : *la curiosité*). Les enfants sont pleins de curiosité, c'est-à-dire ils sont très curieux.

cuvette (nom fém. : *une cuvette*). C'est une petite bassine.

cycliste (nom : *un* ou *une cycliste*). C'est une personne qui roule à bicyclette.
☐ attention, **cy**.

cyclone (nom masc. : *un cyclone*). C'est une énorme tempête, très violente.

cygne (nom masc. : *un cygne*). C'est un oiseau qui nage, glisse sur l'eau. Il est tout blanc ou tout noir. Il a un long cou.
☐ attention, **y**.

Les cygnes.

d

Les daims et le faon.

daim (nom masc. : *un daim*). C'est un animal de la forêt. Il a des bois sur la tête.
☐ attention, **m** à la fin.

dame (nom fém. : *une dame*). **1.** C'est une femme : Regarde la dame là-bas. **2.** Le jeu de dames se joue avec des pions qu'on déplace sur des cases.

se **dandiner** (verbe). Le canard **se dandine** quand il marche, c'est-à-dire il balance son corps à gauche et à droite.

danger (nom masc. : *un danger*). Cet enfant qui nage tout seul est en danger, c'est-à-dire il peut avoir un accident.

dangereux (adjectif : *il est dangereux, elle est dangereuse*). **1.** Le carrefour est dangereux, c'est-à-dire il peut y avoir des accidents. **2.** Cette femme est dangereuse, c'est-à-dire elle peut faire du mal.

dans. Viens dans ma chambre, c'est-à-dire à l'intérieur.

danse (nom fém. : *la danse*). Marie prend des cours de danse, c'est-à-dire elle apprend à danser.

danser (verbe). C'est faire de jolis mouvements avec son corps en suivant une musique : Mon petit frère **danse** dès qu'il y a de la musique.

José et Maria jouent aux dames.

La danse classique.

La danse populaire, folklorique.

Les danseurs.

Le rock.

La danse espagnole.

danseur (nom : *un danseur, une danseuse*). C'est une personne qui danse : Adeline veut être danseuse plus tard.

dard (nom masc. : *un dard*). C'est une sorte de pointe qu'ont les abeilles, les guêpes. Quand elles nous piquent, elles enfoncent leur dard dans notre peau.
☐ attention, **d** à la fin.

date (nom fém. : *une date*). C'est le jour, le mois et l'année : Écrivez la date en haut à droite : Mardi 17 septembre 1985.

dater (verbe). **1.** C'est écrire la date : N'oublie pas de **dater** ta lettre. **2.** Cette église **date** de 200 ans, c'est-à-dire elle a été construite il y a 200 ans.

datte (nom fém. : *une datte*). C'est un fruit marron avec un noyau allongé. Les dattes poussent dans les pays chauds.
☐ attention, **tt**.

dauphin (nom masc. : *un dauphin*). C'est un gros animal de la mer, très intelligent. On peut l'apprivoiser et le dresser.
☐ attention, **ph**.

davantage. J'en veux davantage, c'est-à-dire plus.

dé (nom masc. : *un dé*). **1.** C'est un petit cube pour jouer, avec six chiffres ou six couleurs différentes. On le lance et on regarde sur quel chiffre ou sur quelle couleur il s'arrête. **2.** Un dé à coudre protège le doigt de l'aiguille.

déballer (verbe). C'est sortir de l'emballage, du papier, du paquet : Annie **déballe** ses cadeaux. Le contraire est emballer.

se **débarbouiller** (verbe). C'est se laver le visage : Tu es pleine de confiture, **débarbouille-toi**.

débarquer (verbe). C'est descendre d'un avion, d'un bateau : Les passagers **débarquent** à Calais. Le contraire est embarquer.

Le dauphin.

Maria et José se débarbouillent.

débarras (nom masc. : *un débarras*). C'est une petite pièce pour ranger plein de choses.
☐ attention, **rr** comme dans débarrasser.

débarrasser (verbe). **1.** Luc et Marie **débarrassent** la table, c'est-à-dire ils enlèvent les assiettes, les plats, les verres après le repas. **2.** Jean veut **se débarrasser** de son vieux vélo, c'est-à-dire il veut le donner, il ne veut plus le garder.
☐ attention, **rr** et **ss**.

débat (nom masc. : *un débat*). C'est une discussion : À la fin du film il y aura un débat.

déborder (verbe). Quand le lait **déborde,** il sort de la casserole. La rivière **a débordé,** c'est-à-dire l'eau s'est répandue sur les rives.

déboucher (verbe). Pierre **débouche** la bouteille, c'est-à-dire il enlève le bouchon.

debout. Ne reste pas assis. Lève-toi. Mets-toi debout.

A B C **D** E

déboutonner (verbe). C'est défaire les boutons : **Déboutonne** ton gilet.
☐ attention, **nn.**

débrancher (verbe). C'est enlever le fil électrique de la prise : La télévision **est débranchée,** c'est normal qu'elle ne marche pas.

débris (nom masc. pluriel). Ramasse les débris du vase cassé, c'est-à-dire les morceaux cassés, brisés.

débrouillard (adjectif : *il est débrouillard, elle est débrouillarde*). Un enfant débrouillard arrive toujours à se débrouiller.

se **débrouiller** (verbe). C'est trouver comment faire, comment s'en sortir : Arthur a perdu son ticket d'autobus, mais il **s'est débrouillé** pour rentrer.

début (nom masc. : *un début*). Le début du film, c'est quand le film commence, c'est la première partie, le commencement. Le contraire, c'est la fin.

débutant (nom : *un débutant, une débutante*). C'est quelqu'un qui commence à apprendre : Aujourd'hui, cours de piano pour les débutants. Je ne sais pas tout, je suis une débutante.

débuter (verbe). C'est commencer : L'année **débute** le 1er janvier. Le film **débute** par des images d'oiseaux au-dessus de la mer.

Marie décalque un dessin.

décalquer (verbe). C'est copier un dessin à travers une feuille spéciale transparente.

décapotable (adjectif). Dans une voiture décapotable, le toit est en tissu fort et on peut le rabattre.

décédé (adjectif : *il est décédé, elle est décédée*). M. Durand est décédé, c'est-à-dire il est mort.

décembre (nom masc.). Le mois de décembre est le 12e et le dernier mois de l'année, après novembre. C'est un mois d'hiver.
☐ attention, **m** devant **b.**

déception (nom fém. : *une déception*). Quand on espère quelque chose et que cela n'arrive pas, on a une déception, on est déçu.
☐ regarde décevoir.

décès (nom masc. : *un décès*). C'est la mort d'une personne.

décevant (adjectif : *il est décevant, elle est décevante*). Un livre décevant déçoit. On pensait qu'il serait bien et il n'est pas bien, alors on est déçu, on a une déception, on est triste.

décevoir (verbe). Alain voulait partir à la campagne. Il ne part pas. Alain **est déçu**. Cela le **déçoit**.
☐ attention, **ç** devant **o** ou **u**.

décharger (verbe). Aide-moi à **décharger** la voiture, c'est-à-dire à enlever les bagages, les paquets.
☐ attention, nous déchargeons, avec **e**.

déchet (nom masc. : *un déchet*). Le boucher nous garde des déchets pour le chat, c'est-à-dire des petits morceaux de viande qui lui restent.

déchiffrer (verbe). Mon petit frère **déchiffre** déjà quelques mots, c'est-à-dire il commence à les lire. **Déchiffrer** un code secret, c'est le comprendre.

déchirer (verbe). J'ai accroché ma robe à un clou, cela l'**a** **déchirée**, c'est-à-dire il y a un trou, une déchirure.

David va <u>déchirer</u> son pull.

déchirure (nom fém. : *une déchirure*). Ma robe est déchirée. Il y a une déchirure, c'est-à-dire un trou.

décider (verbe). **1.** Arthur **a décidé** de venir, c'est-à-dire il y a bien pensé et il va le faire. **2. Se décider**, c'est prendre une décision, choisir ce qu'on va faire.

décision (nom fém. : *une décision*). C'est ce qu'on décide de faire : As-tu pris une décision pour mercredi ? As-tu décidé ce que tu allais faire ?

déclaration (nom fém. : *une déclaration*). Le président a fait une déclaration à la télévision, c'est-à-dire un discours dans lequel il dit des choses importantes.

déclarer (verbe). **1.** C'est dire, annoncer : Jean **a déclaré** qu'il ne viendrait pas à notre fête. **2.** Mon petit frère est né hier. Papa est allé le **déclarer** à la mairie, c'est-à-dire il a fait inscrire son nom, son prénom, sa date de naissance.

déclencher (verbe). Tu appuies sur le bouton. Cela **déclenche** l'ouverture de la porte, c'est-à-dire cela fait marcher le mécanisme.

décoiffer (verbe). C'est mettre les cheveux en désordre : Le vent m'**a** toute **décoiffée**.
☐ attention, **ff** comme dans <u>coiffer</u>.

Le décollage d'une fusée.

décollage (nom masc. : *le décollage*). C'est le moment où l'avion, la fusée décolle.

décoller (verbe). **1.** C'est défaire ce qui est collé, attaché avec de la colle : José **décolle** les timbres des enveloppes pour sa collection. **2.** L'avion **décolle,** c'est-à-dire il quitte le sol.

décor (nom masc. : *un décor*). Les décors d'une pièce de théâtre, ce sont les maisons, les arbres en carton qu'on met sur la scène.

décoratif (adjectif : *un motif décoratif, une boule décorative*). Ces boules de Noël sont très décoratives, c'est-à-dire elles font très joli dans l'arbre. Elles décorent bien.

décoration (nom fém. : *la décoration*). **1.** Nous nous occupons de la décoration de l'arbre de Noël, c'est-à-dire nous le décorons. **2.** Les boules, les guirlandes sont des objets pour décorer, des décorations.

décorer (verbe). C'est embellir, orner : Pour la fête, nous **décorons** le préau de l'école, nous mettons des guirlandes, des dessins, des fleurs pour faire joli.

décortiquer (verbe). Pierre **décortique** ses crevettes, c'est-à-dire il enlève la peau, la carapace.

découdre (verbe). **1.** C'est défaire la couture. **2.** Ma manche **est décousue,** c'est-à-dire le fil est parti, la couture s'est défaite.

découpage (nom masc. : *un découpage*). Zoé fait des découpages, c'est-à-dire elle découpe des formes dans du papier avec des ciseaux.

découper (verbe). C'est couper avec des ciseaux.

David découpe du carton.

décourageant (adjectif). Cela fait deux fois que j'essaie et que je rate, c'est décourageant, c'est-à-dire je suis découragé, je n'ai plus envie de continuer.
☐ attention, **ge**.

décourager (verbe). Ces mauvaises notes le **découragent**, elles lui enlèvent tout courage, toute envie de continuer. **Être découragé,** c'est ne plus avoir envie de faire un effort.

décousu. Regarde <u>découdre</u>.

découverte (nom fém. : *une découverte*). **1.** Faire une découverte, c'est découvrir, trouver quelque chose. **2.** Une découverte, c'est aussi ce qu'on a trouvé : José nous a montré sa découverte, un vieux coffre.

découvrir (verbe). **1.** C'est trouver : José **a découvert** un vieux coffre dans le grenier. **2.** C'est aussi inventer : Les médecins **ont découvert** un nouveau médicament. **3.** Pierre **se découvre** la nuit, c'est-à-dire il repousse ses draps, ses couvertures.

décrire (verbe). **Décris-moi** ta maison, c'est-à-dire dis-moi comment elle est, donne-moi tous les détails.

décrocher (verbe). C'est défaire ce qui était accroché : Pierre et Marie **décrochent** le tableau du mur.

déçu. Regarde <u>décevoir</u>.

dedans. Prends cette boîte, les craies sont dedans, c'est-à-dire dans la boîte, à l'intérieur.

déesse (nom fém. : *une déesse*). C'est un dieu femme.

défaire (verbe). J'avais construit un château, Arthur **a** tout **défait,** c'est-à-dire il a tout démoli. Ma coiffure **s'est défaite,** je ne suis plus coiffée.

Maman <u>défait</u> son tricot.

défaite (nom fém. : *une défaite*). C'est le contraire d'une victoire : Notre armée a gagné. Pour leur armée, c'est une défaite.

défaut (nom masc. : *un défaut*). **1.** C'est quelque chose qui ne va pas : Mon stylo a un défaut, il fuit. **2.** Un défaut, c'est aussi le contraire d'une qualité : Pierre a beaucoup de qualités ; il est gentil, intelligent, mais il a un gros défaut, il ment.

défendre (verbe). **1.** Je te **défends** d'entrer, c'est-à-dire je te l'interdis. Tu n'as pas le droit d'entrer. Il **est défendu** de fumer dans le cinéma, c'est-à-dire c'est interdit.
2. La lionne **défend** ses petits, c'est-à-dire elle les protège. Elle se bat si on attaque ses petits.

A
B
C
D
E

Le défilé du 14 juillet à Paris.

défense (nom fém. : *une défense*). **1.** Défense d'entrer, c'est-à-dire on n'a pas le droit d'entrer, c'est interdit, défendu. **2.** Pierre prend toujours la défense de sa sœur, c'est-à-dire il la défend, il la protège. **3.** Les défenses de l'éléphant, ce sont deux très longues dents qui sortent de sa mâchoire.

défilé (nom masc. : *un défilé*). Au défilé du 14 Juillet, les militaires défilent sur l'avenue.

défiler (verbe). Les soldats **défilent** dans la rue, c'est-à-dire ils marchent en rangs, les uns derrière les autres.

définir (verbe). Le dictionnaire **définit** le sens des mots, c'est-à-dire le dictionnaire explique les mots, il donne les définitions.

définition (nom fém. : *une définition*). C'est une phrase qui explique, qui dit le sens d'un mot, ce qu'il veut dire : Le dictionnaire donne les définitions des mots.

définitivement. C'est pour toujours : Les Durand sont partis définitivement.

défoncer (verbe). **1.** Les pompiers **ont défoncé** la porte, c'est-à-dire ils l'ont ouverte de force, en la cassant. **2.** La route **est** toute **défoncée** ici, c'est-à-dire abîmée, déformée, avec des creux et des bosses.
☐ attention, nous défonçons, avec **ç**.

déformer (verbe). C'est abîmer la forme : Ne mets pas ton pull comme cela, tu le **déformes.**

dégager (verbe). **1. Dégagez** la rue, c'est-à-dire partez, circulez, pour qu'on puisse passer. **2.** Le ciel **se dégage,** c'est-à-dire les nuages s'en vont.
☐ attention, nous dégageons, avec **e**.

dégainer (verbe). Lucky **dégaine** son revolver, c'est-à-dire il le sort de son étui.

dégât (nom masc. : *un dégât*). La tempête a fait des dégâts,

c'est-à-dire elle a abîmé beaucoup de choses.
☐ attention, **ât**.

La neige fond, c'est le dégel.

dégel (nom masc. : *le dégel*). Il fait moins froid. La neige fond. C'est le dégel.
☐ reconnais gel.

dégonfler (verbe). C'est faire partir l'air qui gonflait quelque chose : Après la plage, nous **dégonflons** le matelas pour le ranger dans la voiture. Mon ballon **s'est dégonflé,** c'est-à-dire l'air est parti, il n'est plus gonflé.

dégourdi (adjectif : *il est dégourdi, elle est dégourdie*). Zoé est une enfant dégourdie. Elle n'est pas timide. Elle sait se débrouiller toute seule.

dégoût (nom masc. : *le dégoût*). Arthur regarde son assiette avec dégoût, c'est-à-dire il n'a pas envie de manger, il n'aime pas ce qu'il y a dedans.
☐ attention, **û**.

dégoûter (verbe). Cette viande me **dégoûte,** c'est-à-dire je n'ai pas envie d'en manger. Cela me donne mal au cœur.
☐ attention, **û**.

se **dégrader** (verbe). **1.** Son travail **se dégrade,** c'est-à-dire il travaille de moins en moins bien. **2.** La maison **se dégrade,** c'est-à-dire tout s'abîme.

degré (nom masc. : *un degré*). Les degrés permettent de mesurer la température : Aujourd'hui, il fait vingt degrés, il fait chaud.

déguisement (nom masc. : *un déguisement*). C'est un costume pour se déguiser : Maman m'a fabriqué un déguisement de clown.

C'est amusant de se déguiser.

se **déguiser** (verbe). José a mis la veste et le chapeau de son père. Marion a mis la robe et les chaussures de sa mère. Ils **se déguisent** en acteurs comiques.

dehors. C'est à l'extérieur : Sortez et allez jouer dehors.

A B C **D** E

déjà. Pierre a déjà huit ans, le temps passe vite. J'ai déjà mangé, c'est-à-dire j'ai mangé avant.
□ attention, **à.**

déjeuner (verbe). C'est manger le matin ou à midi.

déjeuner (nom masc. : *un déjeuner*). Le petit déjeuner, c'est le repas du matin. Le déjeuner, c'est le repas de midi.

delà. Regarde au-delà.

délabré (adjectif : *un château délabré, une maison délabrée*). Un château délabré est en très mauvais état.

délai (nom masc. : *un délai*). C'est le temps qu'on nous donne pour faire quelque chose : Tu dois rendre le livre dans un délai de 15 jours.

délayer (verbe). Marie **délaye** son chocolat dans son lait, c'est-à-dire elle tourne pour que cela fasse un mélange.

délicat (adjectif : *il est délicat, elle est délicate*). Un enfant délicat a une santé fragile. Une fleur délicate est fine, fragile.

délice (nom masc. : *un délice*). C'est ce qui est très bon, délicieux : Cette glace est un délice, j'en mangerais bien une autre.

délicieux (adjectif : *un gâteau délicieux, une glace délicieuse*). Ce gâteau est délicieux, c'est-à-dire il est très bon, c'est un délice, c'est un régal.

délirer (verbe). Marie a beaucoup de fièvre et elle **délire,** c'est-à-dire elle parle sans s'en rendre compte, elle dit n'importe quoi.

délivrer (verbe). C'est libérer : Le chat était enfermé dans la cave. Nous l'**avons délivré**. Il est sorti.

déluge (nom masc. : *un déluge*). **1.** Il pleut sans arrêt et très fort, c'est un déluge. **2.** Dans la Bible, le déluge, c'était l'eau qui recouvrait le monde.

demain. C'est le jour qui vient après aujourd'hui : Aujourd'hui, nous sommes lundi. Demain, ce sera mardi.

Julie veut demander quelque chose.

demander (verbe). **1.** C'est poser une question : Jean **demande** si tu viens. **2.** C'est dire ce qu'on veut avoir : Zoé a **demandé** une poupée pour Noël.

démanger (verbe). Ses boutons le **démangent,** c'est-à-dire il a envie de se gratter.
□ attention, ses boutons le démangeaient, avec **e.**

démarche (nom fém. : *une démarche*). C'est la manière de marcher : Alain a une drôle de démarche, il boite un peu.

démarrer (verbe). La voiture **démarre,** c'est-à-dire elle commence à avancer.
☐ attention, **rr.**

démêler (verbe). C'est défaire ce qui est emmêlé : Suzie **démêle** ses cheveux avec une grosse brosse.
☐ attention, **ê.**

Les déménageurs chargent les meubles dans le camion.

déménagement (nom masc. : *un déménagement*). Quand on déménage, c'est un déménagement.

déménager (verbe). C'est changer de maison : Nous **déménageons** aujourd'hui. Les déménageurs transportent toutes les affaires de l'ancienne maison dans la nouvelle.
☐ attention, nous déménageons, avec **e.**

déménageur (nom masc. : *un déménageur*). C'est la personne qui transporte les meubles dans un déménagement. Les déménageurs sont très forts.

demeure (nom fém. : *une demeure*). C'est un autre mot pour une maison, un château. C'est l'endroit où on habite. Ce mot se trouve surtout dans les contes, les histoires écrites : La princesse vivait dans sa riche demeure.

demeurer (verbe). C'est habiter : La princesse **demeurait** dans un beau château.

demi. Ce mot veut dire « la moitié » : Un billet à demi-tarif coûte la moitié du prix.
Un demi-litre, c'est la moitié d'un litre. Une demi-heure, c'est la moitié d'une heure.
Une heure et demie, c'est une heure plus la moitié d'une heure.
☐ attention, une demi-heure, mais une heure et dem**ie**, avec **e.**

démodé (adjectif : *un manteau démodé, une robe démodée*). Un manteau démodé n'est plus à la mode.

demoiselle (nom fém. : *une demoiselle*). C'est une jeune fille.

On démolit la vieille maison.

démolir (verbe). C'est détruire : Maman, Pierre **a démoli** mon château, c'est-à-dire il l'a défait, il a tout fait tomber.

démonstration (nom fém. : *une démonstration*). Je vais te montrer ce que je sais faire avec un ballon, je vais te faire une démonstration.

démonter (verbe). C'est défaire toutes les parties : Arthur **a démonté** son jouet pour voir comment il était fait.

démouler (verbe). C'est sortir du moule : Maman **démoule** la tarte.

dénoncer (verbe). Pierre a fait une bêtise. Son voisin l'**a dénoncé** à la maîtresse, c'est-à-dire il l'a dit à la maîtresse. Le voleur **a dénoncé** son complice à la police.
☐ attention, nous te dénonçons, avec **ç**.

dénouement (nom masc : *un dénouement*). C'est la fin d'une histoire, d'un film : Ce conte a un heureux dénouement, tout le monde est content.
☐ attention au **e**.

dent (nom fém. : *une dent*).
1. Les dents sont plantées dans la mâchoire, sur les gencives. Il y a les incisives devant, les canines pointues sur le côté, les prémolaires et les molaires au fond.
2. Les dents de la fourchette, ce sont ses pointes.

dentelle (nom fém. : *une dentelle*). C'est un tissu léger avec des petits trous.

dentifrice (nom masc. : *un dentifrice*). On met du dentifrice sur la brosse pour se laver les dents : Marion a du dentifrice au goût de fraise.

dentiste (nom : *un* ou *une dentiste*). C'est la personne qui soigne les dents.

dépannage (nom masc. : *un dépannage*). Quand on vient réparer une voiture ou une machine en panne, c'est un dépannage.

dépanner (verbe). C'est venir chercher ou réparer une voiture en panne.

dépanneuse (nom fém. : *une dépanneuse*). C'est un petit camion spécial. Le garagiste vient avec la dépanneuse chercher la voiture en panne. Il la transporte au garage.

La dépanneuse.

départ (nom masc. : *un départ*). Tout est prêt pour le départ, c'est-à-dire pour partir. Les coureurs se placent sur la ligne de départ, c'est-à-dire là où ils vont commencer à courir.

Chez le dentiste.

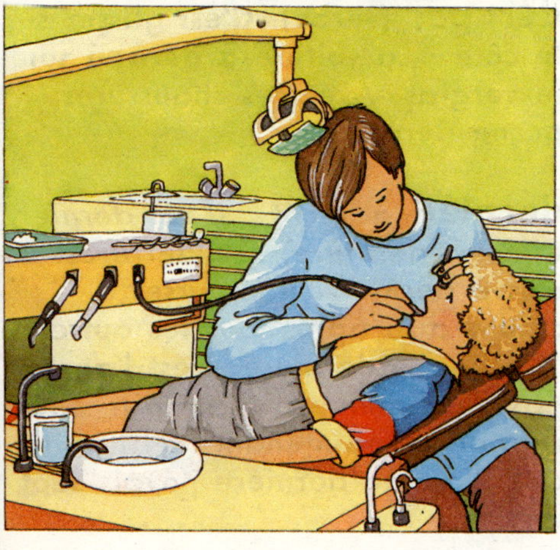

département (nom masc. : *un département*). C'est une partie du pays. Il y a 96 départements en France et 5 départements d'outre-mer (dans les îles très loin).

dépasser (verbe). **1.** Ton frère a grandi, il te **dépasse** maintenant, c'est-à-dire il est plus grand que toi. **2.** Je cours plus vite que toi, je vais te **dépasser,** c'est-à-dire je vais passer devant, aller plus loin que toi.

dépaysé (adjectif : *il est dépaysé, elle est dépaysée*). Églantine est dépaysée dans son nouveau quartier, c'est-à-dire elle se sent comme si elle était dans un autre pays, qu'elle ne connaîtrait pas du tout.

se **dépêcher** (verbe). C'est aller vite, plus vite : **Dépêche-toi,** nous allons être en retard.
☐ attention, ê devant **ch**.

dépeigner (verbe). C'est défaire la coiffure, décoiffer : Le vent m'**a dépeigné**. Marie **est** toute **dépeignée,** ses cheveux sont en désordre.
☐ attention, **ei,** comme dans peigne.

dépendre (verbe). Vas-tu à la campagne ? — Cela **dépend** du temps : s'il fait beau oui, s'il pleut non.

dépense (nom fém. : *une dépense*). Quand on paie pour quelque chose, on utilise de l'argent, c'est une dépense : À la rentrée des classes, les parents ont de grosses dépenses à faire.

A B C **D** E

dépenser (verbe). **1.** C'est utiliser de l'argent pour payer : **J'ai dépensé** mes cinq francs. **2.** Cet enfant ne **se dépense** pas assez, c'est-à-dire il ne fait pas assez de sport, d'exercice.

dépensier (adjectif : *il est dépensier, elle est dépensière*). Marie dépense toujours tout son argent. Marie est dépensière.

déplacer (verbe). **1.** C'est bouger, changer de place : Mon livre était sur la table, il n'y est plus. Qui l'**a déplacé ? 2.** Les trains **se déplacent** en roulant. L'homme **se déplace** en marchant.
☐ attention, nous déplaçons, avec **ç**.

déplaire (verbe). C'est le contraire de plaire : Ce film m'**a déplu**, c'est-à-dire je ne l'ai pas aimé.

déplier (verbe). C'est défaire, étaler ce qui était plié : La maîtresse **déplie** la carte et la fixe au tableau.

déposer (verbe). C'est mettre, poser, apporter : On **a déposé** un paquet pour toi chez le gardien.

depuis. Ce mot indique le temps passé : J'habite ici depuis trois ans, c'est-à-dire cela fait trois ans.

déraillement (nom masc. : *un déraillement*). Le déraillement du train a fait cinq blessés, c'est-à-dire quand le train a déraillé.
☐ reconnais rail.

Oh ! Mon train a déraillé !

dérailler (verbe). C'est sortir des rails : Le train est sorti des rails. Il est couché sur le côté. Le train **a déraillé.**
☐ reconnais rail.

déranger (verbe). **1.** Papa est occupé, ne le **dérange** pas, c'est-à-dire ne va pas le voir, ne l'ennuie pas. **2.** Ta chambre **est** toute **dérangée,** c'est-à-dire en désordre. Les affaires ne sont pas rangées.
☐ attention, nous dérangeons, avec **e.**

déraper (verbe). C'est glisser sur le côté : La voiture **a dérapé** sur le verglas. Avec ces chaussures, on ne dérape pas.

dernier (adjectif : *il est dernier, elle est dernière*). **1.** Pierre est arrivé dernier à la course, c'est-à-dire après tous les autres. **2.** L'année dernière, c'est l'année passée, l'année d'avant par rapport à maintenant : J'ai huit ans, l'année dernière j'avais sept ans.

déroulement (nom masc. : *le déroulement*). Le déroulement d'une histoire, c'est tout ce qui se passe, comment les choses arrivent.

dérouler (verbe). **1.** C'est défaire ce qui est roulé, enroulé : Les ouvriers **déroulent** la moquette. **2.** L'histoire **se déroule** en Amérique, c'est-à-dire elle se passe en Amérique.

derrière. C'est le contraire de devant : Je ne vois pas Pierre, il est derrière l'arbre.

derrière (nom masc. : *le derrière*). Mon petit frère est tombé sur le derrière, c'est-à-dire sur les fesses.

dès. Je viendrai dès que je le pourrai, c'est-à-dire aussitôt, juste à ce moment-là.
□ attention, **è**.

désagréable (adjectif). **1.** Ce qui est désagréable ne plaît pas, ce n'est pas agréable : La piqûre ne fait pas vraiment mal, mais c'est désagréable. **2.** Cet enfant est désagréable en classe, c'est-à-dire il n'est pas gentil.

C'est la dernière maison, elle est rose.

désaltérer (verbe). C'est enlever la soif : L'eau **désaltère**.
□ attention, désaltérer, avec **é**, mais l'eau désaltère, avec **è**.

désastre (nom masc. : *un désastre*). C'est une catastrophe, quelque chose de terrible, de très mauvais : Cette inondation est un désastre.

descendre (verbe). C'est aller de haut en bas : Pierre **a descendu** l'escalier sur les fesses. La route **descend** vers la mer.
□ attention, **sc**.

Quelle descente formidable !

descente (nom fém. : *une descente*). Attention ! Ralentis dans la descente, c'est-à-dire là où la route descend.
□ attention, **sc**.

description (nom fém. : *une description*). Pierre m'a fait une bonne description de la maison, c'est-à-dire il m'a bien dit comment elle était.
□ regarde décrire.

désert (nom masc. : *le désert*). Rien ne pousse dans le désert. Il n'y a que du sable. Le Sahara, en Afrique, est le plus grand désert du monde. Il y a aussi des déserts de glace, d'immenses étendues de glace comme au pôle Nord.

désert (adjectif : *un quartier désert, une rue déserte*). La rue est déserte, c'est-à-dire il n'y a personne dans la rue.

désespérer (verbe). C'est perdre l'espoir, le courage : Tu peux faire des progrès. Il ne faut pas **désespérer.**
□ attention, désespérer, avec **é**, mais il désespère, avec **è**.

désespoir (nom masc. : *le désespoir*). Cet enfant fait le désespoir de ses parents, c'est-à-dire il leur cause beaucoup de peine, de chagrin, de tristesse.

déshabiller (verbe). C'est enlever les habits : Cléa **déshabille** sa poupée.
□ reconnais habiller, avec **h**.

désigner (verbe). **1.** C'est montrer, indiquer : **Désigne**-moi le gâteau que tu veux. **2.** C'est choisir, nommer : Le maître m'**a désigné** pour faire ce travail.

désinfecter (verbe). Tu t'es blessé. Je vais **désinfecter** ta blessure avec de l'alcool, c'est-à-dire je vais passer de l'alcool pour qu'il n'y ait pas de microbes qui entrent, pour qu'il n'y ait pas d'infection.

se **désintéresser** (verbe). C'est ne plus s'intéresser : Aline **se désintéresse** de son travail en ce moment, elle ne travaille plus, cela ne l'intéresse pas.

désir (nom masc. : *un désir*). C'est une envie, un souhait : Mon seul désir, c'est de repartir en vacances, c'est-à-dire c'est la seule chose que je désire, que je veux.

désirer (verbe). C'est vouloir, souhaiter, avoir envie : Que **désires**-tu pour Noël ?

désobéir (verbe). C'est ne pas obéir : Tu n'avais pas le droit de sortir. Tu es sorti. Tu m'**as désobéi.**

désobéissant (adjectif : *un garçon désobéissant, une fille désobéissante*). Un enfant désobéissant est un enfant qui n'obéit pas, qui désobéit toujours.

désoler (verbe). Cette mauvaise note me **désole,** c'est-à-dire cela me fait de la peine. Maman **est désolée,** elle ne pourra pas venir, c'est-à-dire elle regrette beaucoup.

désordonné (adjectif : *il est désordonné, elle est désordonnée*). Une personne désordonnée n'a pas d'ordre : Marie est désordonnée, elle ne retrouve jamais ses affaires. Le contraire est ordonné.

Cette chambre est en désordre.

désordre (nom masc. : *le désordre*). C'est le contraire de l'ordre, quand rien n'est à sa place : Rien n'est rangé dans cette chambre. Quel désordre !

désormais. Désormais, tu te lèveras un quart d'heure plus tôt, c'est-à-dire à partir de maintenant.

desserrer (verbe). C'est le contraire de serrer : La ficelle est trop serrée, **desserre**-la un peu.
☐ attention, **ss** et **rr**.

dessert (nom masc. : *un dessert*). On mange le dessert à la fin du repas. Quel dessert préfères-tu ?

dessin (nom masc. : *un dessin*).
1. Zoé m'a offert son dessin, c'est-à-dire ce qu'elle a dessiné.
2. Les dessins animés, ce sont de petits films où les personnages sont dessinés.

dessinateur (nom : *un dessinateur, une dessinatrice*). C'est une personne qui fait des dessins.

dessiner (verbe). C'est tracer des formes sur un papier avec un crayon : Prends une feuille, un crayon et **dessine**-moi une fleur.

Elle dessine un château.

dessous. Le chien est-il sous la table ? Oui, il est dessous, il est au-dessous.
☐ attention, au-dessous, là-dessous, avec **-**.

dessus. Regarde la pile de livres. Tu mets le tien dessus, sur les autres livres, tu le mets au-dessus.
☐ attention, au-dessus, là-dessus, par-dessus, avec **-**.

Les serviettes bleues dessus, les serviettes roses dessous.

A B C **D** E

destinataire (nom : *le* ou *la destinataire*). Le destinataire d'une lettre, c'est la personne à qui on envoie la lettre, qui va la recevoir. C'est le contraire de l'expéditeur (qui envoie la lettre).

destination (nom fém. : *une destination*). C'est l'endroit où l'on va : L'avion à destination de New York s'envole.

destruction (nom fém. : *la destruction*). Les bombes ont détruit la ville, les bombes ont causé la destruction de la ville, il n'y a plus rien.
□ regarde détruire.

détacher (verbe). **1.** C'est défaire ce qui était attaché : On **a détaché** le chien, c'est-à-dire on a défait sa chaîne. **2.** C'est aussi enlever une tache : Il y a une tache sur ta veste, je vais la **détacher**.

détail (nom masc. : *un détail*). Raconte-moi l'histoire avec tous les détails, c'est-à-dire raconte-moi vraiment tout, même les petites choses.

détaler (verbe). Le lapin **détale,** c'est-à-dire il s'enfuit, il part à toute vitesse.

détective (nom masc. : *un détective*). Il y a eu un vol. Le détective mène l'enquête. Il veut trouver le voleur.

déteindre (verbe). C'est perdre sa couleur : Ma chemise **a déteint** au lavage.

se détendre (verbe). C'est se reposer après un effort : Marie a beaucoup travaillé. Elle **se détend** un peu en regardant la télévision.

détente (nom fém. : *la détente*). **1.** J'ai besoin d'un moment de détente, c'est-à-dire un moment pour me détendre, me reposer. **2.** Il a appuyé sur la détente du revolver, c'est-à-dire la pièce qui fait partir le coup.

déterrer (verbe). C'est sortir, retirer de la terre ce qui était enterré : Le chien **déterre** son os.

détester (verbe). C'est ne pas aimer du tout : Zoé **déteste** le fromage.

détour (nom masc. : *un détour*). C'est un chemin plus long que le chemin direct : Je ne rentre pas directement, je fais un détour par la boulangerie.

détruire (verbe). C'est démolir : Les bombes **ont détruit** la ville. Il n'y a plus de maisons.

Le détective les surveille.

dette (nom fém. : *une dette*). C'est une somme d'argent que l'on doit : Tu m'as prêté cinq francs. Je te paierai ma dette demain, c'est-à-dire les cinq francs que je te dois.

dévaler (verbe). Les skieurs **dévalent** les pentes, c'est-à-dire ils les descendent à toute vitesse. Nous **dévalons** les escaliers.

dévaliser (verbe). C'est prendre tout ce qu'il y a quelque part : Les voleurs **ont dévalisé** la boutique du bijoutier, ils ont tout emporté avec eux.

Le chien déterre son os.

David est devant l'arbre, Marion est derrière.

devant. 1. Le devant du pull, c'est la partie qui couvre la poitrine. **2.** Pour la photo, mets-toi devant et tes frères se mettront derrière. **3.** Pierre va au-devant de sa mère, c'est-à-dire à sa rencontre.
☐ attention, au-devant, avec **-**.

développer (verbe). **1.** Le sport **développe** les muscles, c'est-à-dire il les rend plus forts. Les plantes **se développent** bien au soleil, c'est-à-dire elles grandissent, elles poussent bien. **2. Développe** ton idée, c'est-à-dire dis-la plus longuement, entre dans les détails.
☐ attention, un seul **l** et **pp**.

devenir (verbe). Tu **deviens** grand, c'est-à-dire tu commences à être grand. La chenille **est devenue** un papillon, elle s'est transformée en papillon.

deviner (verbe). C'est essayer de trouver la réponse à une question : **Devine** qui j'ai vu ?

A B C **D** E

devinette (nom fém. : *une devinette*). C'est un petit jeu. On pose une question. Il faut deviner la réponse : Qui marche à quatre pattes quand il est petit, à deux pattes quand il est grand et à trois pattes plus tard ? (C'est l'homme : bébé, adulte et vieux, avec une canne.).

dévisser (verbe). C'est le contraire de visser, c'est tourner la vis dans l'autre sens : Arthur **a dévissé** sa lampe.

devoir (verbe). **1.** Tu **dois** venir, c'est-à-dire il faut que tu viennes. Il **aurait dû** venir, il aurait fallu qu'il vienne. **2.** Vous me **devez** cinq francs, c'est-à-dire il faut me rendre cinq francs. **3.** Il est tard, Pierre **doit** être parti, c'est-à-dire il est certainement parti.
☐ regarde la conjugaison, page 23.

devoir (nom masc. : *un devoir*). C'est un exercice, un travail écrit à faire à la maison.

dévorer (verbe). C'est manger vite, avec beaucoup d'appétit : Le loup **a dévoré** l'agneau.

diable (nom masc. : *un diable*). **1.** Le diable, c'est le mal. On raconte qu'il a des oreilles pointues, des cornes et une queue. **2.** Cet enfant fait des farces, des bêtises, c'est un petit diable.

diadème (nom masc. : *un diadème*). C'est un bijou, une sorte de demi-couronne que les princesses portent sur leurs cheveux : Elle porte un diadème avec des diamants.

dialogue (nom masc. : *un dialogue*). C'est une conversation entre deux personnes.

diamant (nom masc. : *un diamant*). C'est une pierre transparente qui brille beaucoup. On fait des bijoux avec des diamants.

dictée (nom fém. : *une dictée*). C'est un exercice d'orthographe.

dicter (verbe). La maîtresse nous **dicte** un poème. Elle le lit à haute voix. Nous l'écrivons sur nos cahiers.

dictionnaire (nom masc. : *un dictionnaire*). C'est un livre pour trouver ce que veut dire un mot ou comment il s'écrit.
☐ attention, **nn**.

dieu (nom masc. : *un dieu, des dieux*). **1.** Dans la religion, on dit que Dieu a créé le monde. **2.** Les Grecs avaient plusieurs dieux et déesses : Zeus, dieu du Ciel, Athéna, déesse d'Athènes, Apollon, dieu de la Beauté.
☐ attention, **x** au pluriel.

Elle porte un diadème.

Les gens se promènent sur la digue.

différence (nom fém. : *une différence*). **1.** Ces deux images ne sont pas pareilles, cherche les différences, c'est-à-dire ce qu'il y a de différent. **2.** La différence entre 5 et 3, c'est 2.

différent (adjectif : *il est différent, elle est différente*). Ces fleurs sont différentes, c'est-à-dire elles ne sont pas pareilles, elles ne sont pas les mêmes.

difficile (adjectif). Je n'arrive pas à faire l'exercice. Il est trop difficile, c'est-à-dire dur, compliqué. Le contraire est facile.

difficulté (nom fém. : *une difficulté*). **1.** C'est quelque chose de difficile : Il y a quelques difficultés dans la dictée. **2.** Cet enfant a des difficultés en classe, c'est-à-dire il a du mal à suivre.

digérer (verbe). Tu manges. Ton corps **digère** les aliments, c'est-à-dire il les transforme : ce qu'il y a de bon va dans ton sang, ce qu'il y a d'inutile est rejeté. ☐ attention, digérer, avec **é**, mais il digère, avec **è**.

digue (nom fém. : *une digue*). C'est une sorte de mur au bord de la mer qui protège le port.

diligence (nom fém. : *une diligence*). C'était une voiture tirée par des chevaux. On la prenait pour voyager.

dimanche (nom masc. : *le dimanche*). C'est le dernier jour de la semaine, après le samedi : Nous allons tous les dimanches à la campagne.

dimension (nom fém. : *une dimension*). Papa prend les dimensions de l'armoire, c'est-à-dire les mesures, la longueur, la largeur, la hauteur.

diminuer (verbe). Les jours **diminuent**, c'est-à-dire ils deviennent plus courts. La fièvre **a diminué**, c'est-à-dire elle a baissé.

diminutif (nom masc. : *un diminutif*). Elle s'appelle Véronique, mais on l'appelle Véro, c'est son diminutif, c'est-à-dire un petit nom plus court.

diminution (nom fém. : *une diminution*). Il y a une diminution des prix, c'est-à-dire les prix ont diminué, baissé.

dinde (nom fém. : *une dinde*). C'est une grosse volaille, un gros oiseau de la ferme. La dinde est la femelle du dindon. À Noël, on mange de la dinde.

La dinde et le dindon.

dindon (nom masc. : *un dindon*). C'est le mâle de la dinde. Le dindon peut dresser les magnifiques plumes de sa queue.

dîner (nom masc. : *le dîner*). C'est le repas du soir.
☐ attention, **î**.

dîner (verbe). C'est prendre le repas du soir : Nous **dînons** à huit heures.
☐ attention, **î**.

dînette (nom fém. : *une dînette*). **1.** Les enfants font la dînette dans leur chambre, c'est-à-dire un petit repas. **2.** Zoé a eu une dînette pour Noël, c'est-à-dire des assiettes, des verres, des tasses pour jouer.
☐ attention, **î**.

dinosaure (nom masc. : *un dinosaure*). C'était un animal extraordinaire, énorme qui vivait il y a très, très longtemps. Maintenant il a disparu.
☐ attention, **o** d'abord, et **au** ensuite.

dire (verbe). **1.** Mon petit frère **a dit** un mot aujourd'hui, c'est-à-dire il a parlé. **2.** Ton dessin, on **dirait** des nuages,

Les dinosaures.

c'est-à-dire ton dessin ressemble à des nuages.
□ regarde la conjugaison page 29.

direct (adjectif : *un train direct, une ligne directe*). **1.** Un chemin direct ne fait pas de détour, il mène tout droit là où on veut aller. **2.** Il y a un train direct entre Paris et notre ville, c'est-à-dire nous n'avons pas besoin de changer de train.

directement. Après l'école, je rentre directement à la maison, c'est-à-dire sans faire de détour, sans aller ailleurs.

directeur (nom : *un directeur, une directrice*). C'est la personne qui dirige, qui commande : Les maîtres parlent avec le directeur de l'école.

direction (nom fém. : *une direction*). **1.** Le directeur est chargé de la direction de l'école, c'est-à-dire il la dirige, il donne les ordres. **2.** Dans quelle direction est-il parti ? C'est-à-dire par où, vers où, dans quel sens ?

diriger (verbe). **1.** C'est commander, donner les ordres aux employés, au personnel : Son père **dirige** une petite usine. **2.** La voiture **s'est dirigée** vers la Tour Eiffel, c'est-à-dire elle a pris cette direction, elle est allée par là-bas.
□ attention, nous dirigeons, avec **e**.

discipline (nom fém. : *la discipline*). Respecter la discipline, c'est obéir aux ordres, aux règlements, faire ce qui est demandé.
□ attention, **sc**.

discours (nom masc. : *un discours*). À la fête, le maire a fait un discours, c'est-à-dire il a parlé et tout le monde l'a écouté.
□ attention, **s** à la fin.

discret (adjectif : *il est discret, elle est discrète*). Tu peux confier ton secret à Véronique, elle est discrète, c'est-à-dire elle ne le répétera pas.

discussion (nom fém. : *une discussion*). Nous avons parlé de toi dans notre discussion, c'est-à-dire quand nous avons discuté ensemble.

discuter (verbe). C'est parler à plusieurs, c'est échanger des idées.

disparaître (verbe). Le soleil se couche. Et puis il **disparaît**, c'est-à-dire on ne le voit plus. La tache **a disparu**, c'est-à-dire elle est partie. Zoé **a disparu**, on ne sait pas où elle est.
□ attention, **î** devant un **t**.

disparition (nom fém. : *la disparition*). Les parents de Zoé sont très inquiets depuis sa disparition, c'est-à-dire depuis qu'elle a disparu.

dispensaire (nom masc. : *un dispensaire*). Il y a des médecins, des dentistes, des infirmiers dans un dispensaire. On va au dispensaire pour se faire soigner et puis on rentre tout de suite chez soi.

A B C **D** E

Les enfants se <u>dispersent</u> à la sortie.

disperser (verbe). Mes feuilles étaient en tas. Le vent les **a dispersées**, c'est-à-dire il les a éparpillées. Mes feuilles sont un peu partout maintenant.

disponible (adjectif). Maman n'est pas disponible à midi, c'est-à-dire elle n'est pas libre. Il y a encore des places disponibles au fond, c'est-à-dire des places libres.

disposer (verbe). **1.** C'est mettre, placer, arranger dans un certain ordre : Nous **disposons** les chaises dans la salle pour le spectacle. **2.** C'est aussi pouvoir utiliser quelque chose, l'avoir : De combien d'argent **disposes**-tu pour la fête ?

dispute (nom fém. : *une dispute*). Il y a toujours des disputes entre Luc et Marie, c'est-à-dire ils se disputent sans arrêt.

se **disputer** (verbe). Luc et Marie ne sont jamais d'accord. Ils **se disputent** sans arrêt. Ils crient l'un après l'autre.

disque (nom masc. : *un disque*). Sur un disque, il y a de la musique, des chansons ou des histoires enregistrées. On met le disque sur le tourne-disque ou l'électrophone pour l'écouter.

Nous chantons en écoutant le <u>disque</u>.

dissimuler (verbe). C'est un autre mot pour <u>cacher</u>.

dissipé (adjectif : *il est dissipé, elle est dissipée*). Un élève dissipé bouge trop, parle trop en classe. Il n'écoute pas. Il ne respecte pas la discipline.

distance (nom fém. : *une distance*). La distance entre Paris et Lyon est de 450 kilomètres. C'est une mesure de l'espace.

distinguer (verbe). **1.** C'est voir : Avec le brouillard on **distingue** mal les maisons. **2.** C'est reconnaître : Ils sont jumeaux. Je n'arrive pas à les **distinguer** l'un de l'autre.
☐ attention, nous distinguons, avec **u**.

distraction (nom fém. : *une distraction*). C'est ce qu'on fait pour se distraire, pour se détendre : La télévision et les jeux électroniques sont ses distractions préférées.

distraire (verbe). Jean est malade. Il s'ennuie tout seul. Allez le voir pour le **distraire** un peu, c'est-à-dire pour lui faire passer un moment agréable, pour l'amuser.

distrait (adjectif : *il est distrait, elle est distraite*). Une personne distraite est étourdie. Zoé est distraite en classe, elle pense à autre chose, elle oublie tout, elle rêve.

distrayant (adjectif : *un film distrayant, une activité distrayante*). Un film distrayant amuse, distrait, divertit.

distribuer (verbe). C'est donner à chacun : Marc **distribue** les cartes, il en donne cinq à chacun. Je **distribue** les bonbons.

distributeur (nom masc. : *un distributeur*). C'est un appareil automatique. Tu mets les pièces dans le distributeur de tickets et il te donne ton ticket.

distribution (nom fém. : *une distribution*). À la fin de l'anniversaire, il y a une distribution de petits cadeaux pour les invités, c'est-à-dire on donne, on distribue des cadeaux à tout le monde.

dit. Regarde <u>dire</u>.

divan (nom masc. : *un divan*). C'est une sorte de lit pas très large : Ton camarade dormira sur le divan.

divertir (verbe). Tu as beaucoup travaillé, ce film te **divertira** un peu, c'est-à-dire il t'amusera, il te changera les idées, il te distraira.

diviser (verbe). **1.** C'est partager : Nous sommes trois, nous **divisons** le gâteau en trois. **2.** J'ai douze bonbons, nous sommes quatre. Je **divise** douze par quatre, nous aurons trois bonbons chacun.

division (nom fém. : *une division*). C'est l'opération que l'on fait quand on divise.

Marc <u>distribue</u> les cartes.

A
B
C
D
E

divorce (nom masc. : *un divorce*). Annie est triste depuis le divorce de ses parents, c'est-à-dire depuis que ses parents ont divorcé, se sont séparés.

divorcer (verbe). Les parents d'Annie **ont divorcé**, c'est-à-dire ils étaient mariés et ils se sont séparés. Ils ne vivent plus ensemble.
☐ attention, nous divorçons, avec **ç**.

docteur (nom masc. : *le docteur*). On appelle le médecin « docteur ».

document (nom masc. : *un document*). La maîtresse nous a demandé de chercher des documents sur les champignons, c'est-à-dire des textes, des images, des dessins sur les champignons.

documentaire (nom masc. : *un documentaire*). À la télévision, nous avons vu un documentaire sur les oiseaux, c'est-à-dire un petit film qui raconte leur vie, qui les montre.

dodu (adjectif : *il est dodu, elle est dodue*). Un bébé dodu est potelé, grassouillet, tout rond.

doigt (nom masc. : *un doigt*). Tu as cinq doigts sur chaque main. Connais-tu leur nom ?
☐ attention, **gt**.

domaine (nom masc. : *un domaine*). **1.** Ce sont des terres qui appartiennent à quelqu'un : Le prince parcourait son domaine à cheval. **2.** Sa chambre, c'est son domaine, c'est-à-dire un endroit à lui.

domestique (nom : *un* ou *une domestique*). C'est une personne qui travaille dans une maison pour aider au ménage, à la cuisine.

domestique (adjectif). Les animaux domestiques sont habitués à vivre avec les hommes. Ils ne sont pas sauvages. On les nourrit, on les élève.

domicile (nom masc. : *un domicile*). Ton domicile, c'est l'endroit où tu habites.

dominer (verbe). Le château **domine** le village, c'est-à-dire il est en hauteur par rapport au village.

domino (nom masc. : *un domino*). Sais-tu jouer aux dominos ? Chaque domino a deux parties. Sur chaque partie il y a un blanc ou 1, 2, 3, 4, 5, 6 points. Tu poses ton domino à côté d'un autre s'il a une partie pareille à celle du domino déjà posé.

dommage (nom masc.). Tu ne viens pas avec nous ? C'est dommage, c'est-à-dire je le regrette.

Connais-tu le nom des doigts ?

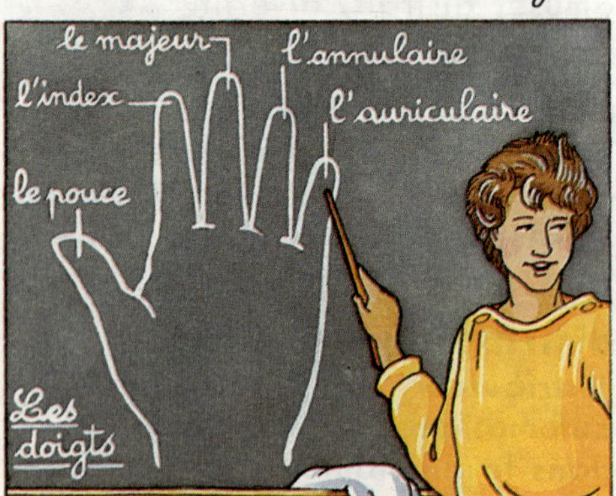

dompteur (nom masc. : *un dompteur*). Le dompteur dresse les animaux dans les cirques. Il leur fait faire des choses extraordinaires.
☐ attention, **m** devant **p**.

don (nom masc. : *un don*). **1.** C'est un cadeau : Je te donne mon ballon, c'est un don. Tu n'as pas à me le rendre. **2.** Cléa a un don pour la musique, c'est-à-dire elle est douée.

Nous jouons aux dominos.

donc. 1. Ce mot marque le résultat, la conséquence : Tu as bien joué, donc tu gagneras. **2.** Ce mot s'emploie dans des questions ou des ordres : Que fais-tu donc ? Viens donc ici !

donjon (nom masc. : *un donjon*). C'était une haute tour dans les châteaux forts.

donner (verbe) **1.** Ce livre est à moi. Je te le **donne**. Maintenant il est à toi. **2.** L'arbre **a donné** beaucoup de fruits, c'est-à-dire il y en a eu beaucoup, l'arbre a produit, fourni beaucoup de

Le dompteur et les panthères.

fruits. **3. Donner** une explication, c'est expliquer. **Donner** un ordre, c'est ordonner.

doré (adjectif : *un cadre doré, une peinture dorée*). Ce qui est doré a la couleur jaune de l'or.

dorénavant. C'est à partir de maintenant, désormais : Dorénavant, j'essaierai d'arriver à l'heure.

dorloter (verbe). Marie **dorlote** son bébé, c'est-à-dire elle s'en occupe avec beaucoup de tendresse. Elle l'embrasse, elle le caresse.
☐ attention, un seul **t**.

dormir (verbe). **1.** Quand on **dort,** le corps se repose : Cette nuit j'**ai** bien **dormi,** j'ai fait de beaux rêves. **2.** Pierre **dort** debout, c'est-à-dire il est très fatigué, il tombe de sommeil.

A B C D E

dortoir (nom masc. : *un dortoir*). Dans un dortoir, il y a plusieurs lits : En colonie, nous dormons dans des dortoirs.

dos (nom masc. : *le dos*). C'est l'arrière du corps : Pierre s'allonge sur le dos.

dose (nom fém. : *une dose*). C'est une quantité de médicament à prendre en une fois : Deux cuillères de sirop le matin, voilà la dose.

dossard (nom masc. : *un dossard*). C'est un tissu qu'on porte dans le dos avec un numéro dessus : Pour notre course, j'avais le dossard numéro 7.
□ attention, **d** à la fin.

dossier (nom masc. : *un dossier*). **1.** C'est la partie de la chaise sur laquelle on appuie son dos. **2.** Nous devons faire un dossier sur les champignons, c'est-à-dire nous devons rassembler des documents, des images.

douane (nom fém. : *la douane*). Quand on part à l'étranger, on s'arrête à la frontière et à la douane, on contrôle nos passeports et nos bagages.

douanier (nom masc. : *un douanier*). C'est un agent de la douane.

double. Ce mot veut dire « deux » : Une double feuille, ce sont deux feuilles ensemble. Un double décimètre, c'est une règle qui fait deux décimètres. 4 est le double de 2, c'est deux fois 2.

doubler (verbe). **1.** Les prix **ont doublé,** c'est-à-dire ils se sont multipliés par 2. **2.** Sa voiture nous **a doublés,** c'est-à-dire elle était derrière nous et elle est passée devant nous. Elle nous a dépassés. **3.** Un manteau **doublé** a une doublure.

doublure (nom fém. : *une doublure*). C'est un tissu à l'intérieur d'un vêtement.

doucement. **1.** Parle-lui doucement, c'est-à-dire d'une manière douce, sans crier. **2.** Nous marcherons doucement, c'est-à-dire lentement, sans nous presser.

douceur (nom fém. : *la douceur*). **1.** Le bébé a la peau douce. J'aime la douceur de la peau du bébé. **2.** Sa maman lui parle avec douceur, c'est-à-dire d'une manière douce.

A la douane.

douche (nom fém. : *une douche*). Après la plage, je prends une douche. J'aime bien l'eau qui coule sur moi. Tout le sable s'en va. Mon petit frère préfère le bain.

se **doucher** (verbe). Tu **te douches** après la plage, c'est-à-dire tu prends une douche.

doué (adjectif : *il est doué, elle est douée*). Cléa est douée pour la musique, c'est-à-dire elle apprend vite, elle aime ça, elle joue mieux que les autres, elle a un don pour la musique.

douillet (adjectif : *il est douillet, elle est douillette*). Une personne douillette dit qu'elle a mal même pour une toute petite chose : David crie avant que le docteur le touche. David a peur d'avoir mal. David est douillet.

douleur (nom fém. : *la douleur*). C'est ce qu'on ressent quand on a mal : On m'a fait une piqûre. La douleur a été très forte.

douloureux (adjectif : *un point douloureux, une dent douloureuse*). Ce qui est douloureux fait mal : la piqûre est douloureuse.

doute (nom masc. : *un doute*). 1. Le devoir est pour mardi ou pour mercredi ? J'ai un doute, c'est-à-dire je ne suis pas sûr. 2. Pierre viendra **sans doute** avec nous, c'est-à-dire sûrement, certainement.

douter (verbe). 1. C'est ne pas être sûr, c'est avoir un doute : Je **doute** qu'il vienne avec nous demain. 2. Papa est en colère. Je **m'en doutais,** c'est-à-dire je le pensais bien, je m'y attendais.

doux (adjectif : *il est doux, elle est douce*). 1. Le bébé a la peau toute douce, c'est-à-dire lisse et agréable à toucher. 2. Mon chien est très doux, c'est-à-dire gentil, pas méchant. 3. La maîtresse a une voix douce, elle ne parle pas fort, elle ne crie pas.

dragée (nom fém. : *une dragée*). C'est un bonbon en sucre. À l'intérieur, il y a une amande.

Nous avons fabriqué un dragon.

dragon (nom masc. : *un dragon*). C'est un animal extraordinaire qui n'existe pas. Il a une grande queue pointue comme un serpent, des griffes et des ailes.

drame (nom masc. : *un drame*). 1. C'est une histoire affreuse, très triste, tragique : Cet accident est un drame affreux. 2. Avoir une mauvaise note une fois, ce n'est pas un drame, c'est-à-dire ce n'est pas très grave.

drap (nom masc. : *un drap*). C'est un grand tissu qu'on met sur le lit. Il y a le drap du dessous et le drap du dessus.
☐ attention, **p** à la fin.

drapeau (nom masc. : *un drapeau, des drapeaux*). C'est un tissu aux couleurs d'un pays. Chaque pays a son drapeau. Le drapeau français est bleu, blanc, rouge.
☐ attention, **x** au pluriel.

dresser (verbe). **1.** Le chien **dresse** les oreilles, c'est-à-dire il les met toutes droites. **2.** Le dompteur **dresse** les animaux, c'est-à-dire il les habitue à obéir, à leur faire faire ce qu'il veut.

droit (nom masc. : *le droit*). Zoé a le droit de regarder la télévision, c'est-à-dire elle peut le faire, c'est permis. Tu n'as pas le droit de passer, c'est interdit.

droit (adjectif : *un mur droit, une ligne droite*). **1.** Un mur droit n'est pas penché. Il est bien vertical. Une ligne droite ne tourne pas. **2.** La main gauche est du côté du cœur, la main droite est de l'autre côté.

droite (nom fém. : *la droite*). À droite, c'est du côté droit.

droitier (adjectif : *il est droitier, elle est droitière*). Pierre est droitier, c'est-à-dire il écrit de la main droite.

drôle (adjectif). Ce qui est drôle fait rire, amuse.
☐ attention, **ô**.

Les chameaux et les dromadaires.

dromadaire (nom masc. : *un dromadaire*). C'est une sorte de chameau. Le dromadaire n'a qu'une bosse sur le dos.

dû. Regarde devoir.

duel (nom masc. : *un duel*). Autrefois, les hommes se battaient en duel. C'était un combat à deux, à l'épée ou au pistolet.

dune (nom fém. : *une dune*). C'est une petite colline de sable. Arthur et Zoé jouent sur les dunes derrière la plage.

dur (adjectif : *il est dur, elle est dure*). **1.** Ton lit est bien dur, on ne s'enfonce pas dedans. Une viande dure n'est pas tendre. **2.** Ce problème est dur, c'est-à-dire difficile. **3.** Papa est dur avec nous, c'est-à-dire sévère

durant. C'est un autre mot pour pendant : J'ai travaillé durant tout l'été.

Deux hommes vont se battre en duel.

durcir (verbe). C'est devenir dur : Le pain **durcit** vite.

durée (nom fém. : *la durée*). C'est le temps : La durée du film est de deux heures.

durer (verbe). **1.** Le film **dure** deux heures, il a une durée de deux heures. **2.** Il fait beau, pourvu que cela **dure**, c'est-à-dire pourvu que cela continue.

duvet (nom masc. : *le duvet*). Ce sont de toutes petites plumes légères : Mon oreiller est fait avec du duvet d'oie.

dynamique (adjectif). Une personne dynamique est vive, rapide, toujours active. C'est le contraire d'une personne molle.
☐ attention, **y**.

dynamite (nom fém. : *la dynamite*). C'est une matière qui explose, qui fait des explosions : Ils ont fait sauter le pont avec de la dynamite.
☐ attention, **y**.

e

eau (nom fém. : *une eau, des eaux*). L'eau est un liquide : Je bois de l'eau. L'eau de la mer est salée. Les eaux du fleuve ont débordé.
☐ attention, **x** au pluriel.

éblouir (verbe). **1.** La lumière m'**éblouit**, c'est-à-dire elle est trop forte, j'ai mal aux yeux. **2.** Les enfants **sont éblouis** par le spectacle, c'est-à-dire ils le trouvent très beau, ils sont émerveillés.

Le soleil nous éblouit.

éblouissant (adjectif : *il est éblouissant, elle est éblouissante*). **1.** Une lumière éblouissante fait mal aux yeux, elle éblouit, elle aveugle. **2.** Tu es éblouissante, c'est-à-dire tu es très belle, je suis ébloui.

ébouriffé (adjectif : *il est ébouriffé, elle est ébouriffée*). Zoé sort du lit tout ébouriffée, c'est-à-dire les cheveux en désordre.
☐ attention, un **r** et **ff**.

écaille (nom fém. : *une écaille*). **1.** La peau des poissons est couverte d'écailles brillantes. Ce sont de petites plaques dures. **2.** L'écaille, c'est aussi la matière de la carapace des tortues.

écarquiller (verbe). Zoé **écarquille** les yeux, c'est-à-dire elle les ouvre très grand.

écart (nom masc. : *un écart*). **1.** Tu as 9 à ta dictée, j'ai 7 : il y a un écart de deux points entre nos deux notes. **2.** Restez à l'écart, c'est-à-dire ne vous approchez pas.

écarter (verbe). Vous êtes trop près l'un de l'autre, **écartez-vous**, c'est-à-dire éloignez-vous, séparez-vous.

échafaud (nom masc. : *un échafaud*). C'est l'estrade où on coupait la tête des condamnés à mort : Le roi Louis XVI est mort sur l'échafaud.
☐ attention, un seul **f**, et **d** à la fin.

Les ouvriers sont sur l'échafaudage.

échafaudage (nom masc. : *un échafaudage*). Ce sont des planches montées sur des tubes pour faire des travaux en hauteur : Les ouvriers sont sur l'échafaudage.
☐ attention, un seul **f**.

échange (nom masc. : *un échange*). On a fait un échange : je lui ai donné ma montre, il m'a donné son jeu.

échanger (verbe). **J'ai échangé** ma montre contre son jeu électronique, c'est-à-dire je lui ai donné ma montre, il m'a donné son jeu.
☐ attention, nous échangeons, avec **e**.

échapper (verbe). Le chat **s'est échappé**, c'est-à-dire il est parti, il s'est enfui.
☐ attention, **pp**.

écharde (nom fém. : *une écharde*). C'est un tout petit morceau de bois qui s'enfonce dans la peau.

écharpe (nom fém. : *une écharpe*). C'est un long tissu de laine pour mettre autour du cou.

échasse (nom fém. : *une échasse*). Bruno a des échasses. Ce sont deux grands bâtons avec un endroit pour placer les pieds en haut. C'est difficile de marcher avec des échasses.

Le berger est sur ses échasses.

échec (nom masc. : *un échec*).
1. Quand on ne réussit pas quelque chose, c'est un échec.
2. Dans un jeu d'échecs, il y a le roi, la dame, les cavaliers, les tours, les fous et les pions.
☐ attention, **c** à la fin.

échelle (nom fém. : *une échelle*). L'échelle est faite de deux grands montants avec des barreaux pour poser les pieds. Les pompiers ont une grande échelle pour atteindre les étages tout en haut.

écho (nom masc. : *un écho*). Tu cries ton nom dans la montagne et tu l'entends répété comme si c'était la montagne qui répondait. C'est un écho.
☐ attention, on écrit **cho** et on prononce [ko].

échouer (verbe). **1.** C'est ne pas réussir, rater : Il a essayé de sauter 1 mètre, il **a échoué**. **2.** Le bateau **s'est échoué** près des rochers, c'est-à-dire il ne peut plus bouger, il a touché le fond.

éclabousser (verbe). C'est projeter de l'eau : La voiture a roulé dans la flaque et elle nous **a éclaboussés**, nous sommes tout mouillés.

éclair (nom masc. : *un éclair*). C'est une très forte lumière dans le ciel qui apparaît et disparaît tout de suite, quand il y a de l'orage.

éclairage (nom masc. : *un éclairage*). L'éclairage de la rue, c'est l'ensemble des lumières qui l'éclairent.

éclaircie (nom fém. : *une éclaircie*). Il pleut, il fait mauvais. Tout d'un coup il fait beau, c'est une éclaircie.
☐ attention, **cie**.

éclaircir (verbe). C'est devenir plus clair : Tes cheveux **ont éclairci** au soleil.

éclairer (verbe). C'est donner de la lumière : Les phares **éclairent** la route.

éclat (nom masc. : *un éclat*). **1.** Attention, la carafe s'est cassée et il y a des éclats de verre par terre, c'est-à-dire des petits morceaux de verre cassés. **2.** J'ai entendu un grand éclat de rire, c'est-à-dire quelqu'un qui a ri très fort brusquement.

éclatant (adjectif : *un rouge éclatant, une couleur éclatante*). Un rouge éclatant est vif, brillant.

éclater (verbe). **1.** C'est se déchirer, se casser d'un seul coup avec un bruit : Le ballon **a éclaté**. **2.** Zoé **a éclaté** de rire, c'est-à-dire elle s'est mise à rire très fort tout d'un coup.

écluse (nom fém. : *une écluse*). C'est une sorte de grande porte sur un canal. Grâce aux écluses, on peut changer la hauteur de l'eau.

Une écluse.

écœurer (verbe). C'est donner mal au cœur : J'ai mangé trop de chocolats à Noël et maintenant, si j'en vois un, cela m'**écœure**.

école (nom fém. : *une école*). Dans une école, on apprend.

écolier (nom : *un écolier, une écolière*). C'est un enfant qui va à l'école.

économe (adjectif). Pierre est économe, c'est-à-dire il ne dépense pas son argent n'importe comment, il fait attention.

économie (nom fém. : *une économie*). Pierre s'est acheté son jeu avec ses économies, c'est-à-dire avec l'argent qu'il a économisé, qu'il a mis de côté.

économiser (verbe). Pierre **économise** son argent, c'est-à-dire il en met de côté, il fait des économies.

Zoé enlève l'écorce.

écorce (nom fém. : *une écorce*). L'écorce de l'arbre, c'est le bois dur tout autour.

écorcher (verbe). Marie **s'est écorché** les genoux sur les cailloux, c'est-à-dire la peau de ses genoux est légèrement coupée, griffée.

écossais (adjectif : *un tissu écossais, une jupe écossaise*). Un tissu écossais a des rayures de couleurs différentes qui se croisent.

écouter (verbe). **1.** C'est faire attention à ce qu'on entend : **Écoute**-bien la musique et essaie de chanter. **2.** Si tu m'**avais écouté**, tu ne serais pas puni, c'est-à-dire si tu avais fait comme je te l'avais dit.

écran (nom masc. : *un écran*). Sur l'écran du cinéma ou de la télévision, on voit les images. Sur l'écran de mon jeu électronique, je vois les personnages bouger.

écraser (verbe). C'est abîmer, détruire en appuyant très fort : Tu **as écrasé** ma fleur en marchant dessus. Le chien **a été écrasé** sur la route, c'est-à-dire une voiture lui a roulé dessus et il est mort.

écrevisse (nom fém. : *une écrevisse*). C'est un petit animal des rivières, des lacs, qui a une carapace et des pinces.

s'**écrier** (verbe). « Aïe ! », **s'écria**-t-il, c'est-à-dire il a crié ce mot. Ce verbe s'emploie dans les histoires écrites.

écrire (verbe). **1.** C'est tracer les lettres des mots : Marie **écrit** très bien. **2.** Demain, tu **écriras** à ta grand-mère, c'est-à-dire tu lui enverras une lettre.

A
B
C
D
E

écrit (nom masc.). Pierre est meilleur à l'écrit qu'à l'oral, c'est-à-dire dans les devoirs, dans les exercices que l'on doit écrire.

écriture (nom fém. : *une écriture*). Marie a une belle écriture, c'est-à-dire elle écrit bien, elle forme bien ses lettres.

écrivain (nom masc. : *un écrivain*). C'est une personne qui écrit des livres.

écrou (nom masc. : *un écrou*). C'est le rond qui sert à tenir la vis.

s'**écrouler** (verbe). C'est tomber en se défaisant : J'avais fait un beau château, tout **s'est écroulé**.

écume (nom fém. : *une écume*). L'écume de la mer, c'est la mousse blanche qui se forme sur la vague.

écureuil (nom masc. : *un écureuil*). C'est un petit animal des bois. Il a une queue rousse magnifique. L'écureuil mange des graines, des noisettes.

Regardez l'écureuil !

Nous soignons nos poneys dans l'écurie.

écurie (nom fém. : *une écurie*). Les chevaux logent dans l'écurie.

edelweiss (nom fém. : *une edelweiss*). C'est une fleur des montagnes. On peut la garder très longtemps en la faisant sécher.

éducation (nom fém. : *une éducation*). Marie a reçu une bonne éducation, c'est-à-dire on l'a bien élevée.

éduquer (verbe). C'est donner une éducation, élever : Marie **est** bien **éduquée**, c'est-à-dire bien élevée.

effacer (verbe). La gomme **efface** les traits de crayon, c'est-à-dire elle les fait disparaître.
☐ attention, nous effaçons, avec **ç**.

effarouchér (verbe). **Être effarouché**, c'est avoir peur, être effrayé : Le lièvre, **effarouché**, s'est enfui dans le bois.

effectif (nom masc. : *un effectif*). L'effectif de la classe, c'est le nombre d'élèves de la classe.

effet (nom masc. : *un effet*). **1.** C'est le résultat, c'est ce que donne quelque chose, une action : Si tu touches le feu, tu te brûles. Ta brûlure, c'est l'effet du feu sur ta peau. **2.** Cela m'a fait un drôle d'effet de revoir mon ancienne maison, c'est-à-dire une drôle d'impression.

efficace (adjectif). Ce qui est efficace agit vite, donne vite des résultats : Ce médicament est efficace, tu n'auras bientôt plus mal.

s'**effondrer** (verbe). C'est tomber, s'écrouler : Mon beau château **s'est effondré**.

s'**efforcer** (verbe). C'est faire des efforts, essayer vraiment, faire de son mieux : Je **m'efforce** de bien travailler.
☐ attention, nous nous effor**ç**ons, avec **ç**.

effort (nom masc. : *un effort*). Si tu fais un effort, tu y arriveras, c'est-à-dire si tu le veux vraiment et que tu utilises toutes tes forces pour le faire.

effrayant (adjectif : *il est effrayant, elle est effrayante*). Un monstre effrayant fait très peur.

effrayer (verbe). C'est faire peur : José a fait du bruit, cela **a effrayé** l'oiseau. Il s'est envolé.
☐ attention, il effraie ou il effraye.

effroyable (adjectif). Un accident effroyable, c'est un accident terrible, très grave.

égal (adjectif : *un nombre égal, une part égale, des nombres égaux*). **1.** Alain coupe le gâteau en parts égales, c'est-à-dire pareilles, identiques, semblables. **2.** Un livre ou un disque, cela m'est égal, c'est-à-dire c'est pareil pour moi, je n'ai pas de préférence.
☐ attention, **aux** au masc. pluriel.

égaliser (verbe). Leur équipe a marqué un but. Nous **avons égalisé**, c'est-à-dire nous avons marqué un but et le résultat est égal.

égarer (verbe). C'est un autre mot pour perdre : Alain **s'est égaré** dans le bois, il s'est perdu.

églantine (nom fém. : *une églantine*). C'est le fruit rouge d'un arbuste, l'églantier, qui donne une jolie fleur.

Ce lion est effrayant !

A B C D **E**

Voilà l'église.

église (nom fém. : *une église*). Les chrétiens vont à l'église, ils se réunissent là pour pratiquer leur religion.

égoïste (adjectif). Une personne égoïste ne pense qu'à elle. Elle ne pense pas aux autres.
☐ attention, **ï**.

égout (nom masc. : *un égout*). L'eau sale des maisons va dans les égouts, sous la terre. Après, les égouts la rejettent dans un fleuve ou dans la mer.

égratigner (verbe). C'est écorcher légèrement : Les ronces m'**ont égratigné** les jambes.

égratignure (nom fém. : *une égratignure*). C'est la marque sur la peau quand on s'est égratigné.

élan (nom masc. : *un élan*).
1. Avant de sauter, cours pour prendre ton élan, c'est-à-dire pour te donner du mouvement.
2. Un élan, c'est aussi un animal des pays froids avec des bois sur la tête comme le cerf.

s'**élancer** (verbe). Le voilà ! Nous **nous élançons** tous à sa rencontre, c'est-à-dire nous nous mettons à courir vers lui.
☐ attention, nous nous élançons, avec **ç**.

élargir (verbe). C'est rendre plus large : Ils font des travaux pour **élargir** la rue.

élastique (nom masc. : *un élastique*). **1.** Quand on tire sur un élastique et qu'on le lâche, il reprend sa forme : Marie attache ses cheveux avec un élastique.
2. Pour jouer à l'élastique, il faut tendre un grand élastique de deux mètres entre deux personnes, et toi, tu sautes sans toucher le fil.

Nous sautons à l'élastique.

élection (nom fém. : *une élection*). Quand on vote pour choisir, pour élire quelqu'un, ce sont des élections.
☐ regarde élire.

électricité (nom fém.). Autrefois, on s'éclairait avec des bougies ou du gaz. Puis on a inventé l'électricité. Chez toi, tu t'éclaires à l'électricité. La télévision, l'aspirateur marchent à l'électricité.

électrique (adjectif). Un jouet électrique marche à l'électricité.

électronique (adjectif). Les calculatrices, les ordinateurs sont des machines électroniques.

électrophone (nom masc. : *un électrophone*). On met le disque sur un électrophone pour l'écouter. C'est un tourne-disque.
□ attention, **ph**.

élégant (adjectif : *il est élégant, elle est élégante*). Comme tu es élégant aujourd'hui ! C'est-à-dire tu es bien habillé, bien coiffé, très chic.

élément (nom masc. : *un élément*). C'est une partie d'un tout : Les pièces de mon jeu sont les éléments de mon jeu.

élémentaire (adjectif). Ce qui est élémentaire est facile, simple. C'est la base.

éléphant (nom masc. : *un éléphant*). C'est un énorme animal d'Afrique ou d'Asie. Il a une trompe, deux défenses et de grandes oreilles.
□ attention, **ph**.

élevage (nom masc. : *un élevage*). Mon oncle fait de l'élevage de moutons, c'est-à-dire il les élève, il les nourrit, il s'en occupe. Il vend leur laine, leur viande.

élève (nom : *un* ou *une élève*). L'élève apprend ce que le maître, le professeur lui enseigne.

élever (verbe). **1.** Mon oncle **élève** des moutons, c'est-à-dire il en fait l'élevage. **2.** C'est ma grand-mère qui m'**élève**, c'est-à-dire qui s'occupe de moi depuis que je suis petit. **3.** Être **bien élevé**, c'est savoir se tenir, être poli. **4.** L'avion **s'élève** dans le ciel, c'est-à-dire, il monte. **5.** Une température **élevée** est haute.
□ attention, il élève, avec è.

elfe (nom masc. : *un elfe*). Dans les contes, l'elfe est un petit génie. Il a un pouvoir magique.

éliminer (verbe). On joue ensemble, le premier qui fait une faute **est éliminé**, c'est-à-dire il ne peut plus jouer.

élire (verbe). C'est choisir quelqu'un par un vote : Demain on **élit** le président, chacun va voter, mettre le nom du président qu'il veut. Celui qui est nommé le plus grand nombre de fois **est élu**.

Les éléphants.

A B C D **E**

s'éloigner (verbe). Les enfants, ne **vous éloignez** pas trop, c'est-à-dire n'allez pas trop loin.

élu. Regarde élire.

émail (nom masc.). L'émail des dents, c'est la matière blanche et dure qui recouvre la dent.

emballage (nom masc. : *un emballage*). C'est le papier, le carton autour d'un objet emballé : Pierre défait l'emballage et découvre son cadeau.

emballer (verbe). C'est mettre dans un papier, un carton, une caisse pour faire un paquet.

embarquer (verbe). Les passagers pour l'Angleterre **embarquent** à Calais, c'est-à-dire ils montent sur le bateau.

embellir (verbe). Les rosiers **embellissent** le jardin, c'est-à-dire ils le rendent plus beau. Le contraire est enlaidir.

s'emboîter (verbe). Ces deux pièces du jeu **s'emboîtent** l'une dans l'autre, c'est-à-dire elles entrent l'une dans l'autre.
☐ attention, **î**.

embouchure (nom fém. : *une embouchure*). L'embouchure d'un fleuve, c'est là où le fleuve se jette dans la mer.

embouteillage (nom masc. : *un embouteillage*). Il y a trop de voitures et elles ne peuvent plus avancer, c'est un embouteillage.

embrasser (verbe). C'est donner un baiser : Maman m'**a embrassé** très fort pour me dire au revoir.

embrouiller (verbe). Tout **s'embrouille** dans ma tête, c'est-à-dire tout se mélange.

émerveiller (verbe). Les enfants **sont émerveillés** par le spectacle, c'est-à-dire ils sont éblouis, ils le trouvent très beau.
☐ reconnais merveille.

Nous n'avançons plus, quel embouteillage !

émigrer (verbe). C'est quitter son pays pour s'installer dans un autre pays : Les parents de José **ont émigré** quand il avait deux ans.

émission (nom fém. : *une émission*). Le mercredi, il y a des émissions pour les enfants à la télévision, c'est-à-dire des programmes.

emmêler (verbe). C'est mêler, mélanger, embrouiller : Tu **as emmêlé** la laine, il y a des nœuds partout.
☐ attention, **ê**.

emmener (verbe). Mon père m'**emmène** à l'école, c'est-à-dire il m'accompagne.
☐ attention, **mm** et un seul **n**.

émotif (adjectif : *il est émotif, elle est émotive*). Un enfant émotif est sensible. Il est facilement inquiet, ému. Il rougit facilement.

émotion (nom fém. : *une émotion*). C'est ce qu'on ressent très fort : La peur, la joie sont des émotions. Si on te fait un reproche, tu deviens tout rouge, tu es ému, c'est une émotion.

s'**emparer** (verbe). Les pirates **se sont emparés** du bateau, c'est-à-dire ils l'ont pris.

empêcher (verbe). Mon petit frère m'**empêche** de faire mes devoirs, c'est-à-dire je ne peux pas travailler à cause de lui.
☐ attention, **ê**.

empereur (nom masc. : *un empereur*). L'empereur règne sur un empire, c'est le chef d'un empire. Napoléon était empereur. S'il s'agit d'une femme, on dit impératrice.

empiler (verbe). C'est mettre l'un au-dessus de l'autre, faire une pile : Nous **empilons** les livres au fond de la classe.

empire (nom masc. : *un empire*). C'est un ensemble de pays dirigé par un empereur.

emploi (nom masc. : *un emploi*). **1.** Papa a perdu son emploi, c'est-à-dire son travail. **2.** Ton emploi du temps, c'est le programme de ce que tu fais dans la journée ou la semaine. **3.** Le mode d'emploi dit comment se servir de la machine.

employé (nom : *un employé, une employée*). L'employé travaille dans une boutique, un bureau. Il a un patron.

employer (verbe). **1.** C'est utiliser : On **emploie** de la farine et du lait pour faire des crêpes. **2.** L'usine **emploie** 500 personnes, c'est-à-dire 500 personnes travaillent pour l'usine.
☐ attention, employer, avec **y**, mais il emploie, avec **i**.

empocher (verbe). C'est mettre dans sa poche : Maman lui a donné cinq francs. Il les **a** vite **empochés**.

empoisonner (verbe). Dans le conte, Blanche-Neige **a été empoisonnée**, c'est-à-dire on a voulu la tuer avec du poison.
☐ attention, **nn**.

A B C D **E**

emporter (verbe). **1.** C'est prendre avec soi : **Emporte** ces livres à l'école, tu les donneras à la bibliothèque. **2.** Mon père **s'emporte** facilement, c'est-à-dire il se met facilement en colère.

Je vois l'empreinte avec ma loupe.

empreinte (nom fém. : *une empreinte*). Le voleur a laissé ses empreintes sur les meubles, c'est-à-dire la marque de ses doigts.
☐ attention, **ein.**

emprunter (verbe). **J'ai emprunté** ce livre à la bibliothèque, c'est-à-dire je l'ai pris mais il faudra que je le rende, on me l'a prêté.
☐ attention, **un.**

ému (adjectif : *il est ému, elle est émue*). À la fin du film, le chien retrouve son petit maître. L'enfant pleure de joie et nous, nous sommes émus, c'est-à-dire nous sommes touchés, attendris, nous avons aussi envie de pleurer. On peut être ému de joie ou de tristesse.

encadrer (verbe). Je vais **encadrer** ton dessin, c'est-à-dire je vais le mettre dans un cadre.

enceinte (adjectif). Madame Legrand est enceinte, c'est-à-dire elle attend un bébé.
☐ attention, **ein.**

encercler (verbe). La police **a encerclé** l'immeuble, c'est-à-dire les policiers sont tout autour.
☐ reconnais cercle.

enchaîner (verbe). Le chien **est enchaîné,** c'est-à-dire attaché avec une chaîne.
☐ attention, **î** comme dans chaîne.

enchanté (adjectif : *il est enchanté, elle est enchantée*). Zoé est enchantée de son voyage, c'est-à-dire elle est ravie, contente.

enclume (nom fém. : *une enclume*). C'est un gros bloc de métal : Le forgeron pose le fer sur son enclume pour le forger.

encombrant (adjectif : *un paquet encombrant, une valise encombrante*). Ce qui est encombrant prend trop de place, cela encombre.
☐ attention, **m** devant **b.**

encombrement (nom masc. : *un encombrement*). C'est un embouteillage : À cette heure-ci, il y a des encombrements dans les rues.
☐ attention, **m** devant **b.**

encombrer (verbe). C'est prendre trop de place : Ce

bureau est trop grand, il m'**encombre,** j'en voudrais un plus petit.
☐ attention, **m** devant **b.**

encore. 1. J'ai fini mon chocolat, j'en voudrais encore, c'est-à-dire plus, davantage. **2.** J'ai encore perdu, c'est-à-dire une fois de plus.
☐ attention, **e** à la fin.

encourager (verbe). Toute l'école va au match pour **encourager** notre équipe, c'est-à-dire pour la soutenir, lui dire des choses qui lui donnent de l'espoir, du courage.
☐ attention, nous encourag**e**ons, avec **e.**

encre (nom fém. : *une encre*). C'est un liquide noir, bleu, rouge, vert pour écrire : Marie a fait une tache d'encre sur son cahier.
☐ attention, **en.**

endive (nom fém. : *une endive*). C'est une sorte de salade que l'on fait pousser dans le noir. Les feuilles des endives sont blanches.
☐ regarde légume.

Quel paquet encombrant !

endormir (verbe). Zoé **s'endort,** c'est-à-dire elle commence à dormir.

endroit (nom masc. : *un endroit*). **1.** À quel endroit pars-tu en vacances ? C'est-à-dire où, dans quel lieu ? **2.** Ton pull est à l'envers, remets-le **à l'endroit,** c'est-à-dire du bon côté.

énergie (nom fém. : *une énergie*). **1.** Le sucre donne de l'énergie, c'est-à-dire de la force.
2. L'électricité, le charbon, le pétrole sont des sources d'énergie, c'est-à-dire ils peuvent faire marcher des machines.

énergique (adjectif). Une personne énergique travaille avec force, courage, elle est décidée, elle agit. C'est le contraire d'une personne molle, paresseuse.

énerver (verbe). À la fin de la journée, les enfants **sont énervés,** c'est-à-dire ils sont agités, excités, ils ne sont plus calmes.

enfance (nom fém. : *une enfance*). C'est le temps où on est un enfant : J'aime bien quand grand-père me parle de son enfance.

enfant (nom : *un* ou *une enfant*). **1.** Pierre, Marie, Zoé sont des enfants, ils ne sont pas des grandes personnes, ni des adolescents. **2.** Monsieur et Madame Durand ont quatre enfants, deux fils et deux filles.

enfer (nom masc. : *un enfer*). Selon certaines religions, les méchants vont en enfer après leur mort, c'est-à-dire quelque part où ils souffrent beaucoup et pour toujours. Le contraire est le paradis.

enfermer (verbe). Quand on **est enfermé**, on ne peut pas sortir : Les policiers **ont enfermé** le voleur en prison.

Le prisonnier est enfermé.

enfiler (verbe). **1.** Marie **enfile** son aiguille, c'est-à-dire elle passe le fil dans le trou de l'aiguille. **2.** Zoé et Alain **enfilent** des perles sur un fil pour faire des colliers.

enfin. Ce mot indique que quelque chose finit heureusement par arriver : Tu es enfin là ! Ce n'est pas trop tôt !

enflammer (verbe). L'allumette **s'enflamme** quand on la frotte sur la boîte, c'est-à-dire elle s'allume, il y a une flamme.
☐ attention, **mm** comme dans flamme.

enfler (verbe). C'est devenir plus gros, gonfler : Je me suis tordu le pied. Ma cheville **enfle.** Regarde comme elle **est enflée.**

enfoncer (verbe). **1.** C'est pousser vers le fond : Papa **a** trop **enfoncé** le bouchon dans la bouteille, on ne peut plus l'ouvrir. **2.** Nous **nous sommes enfoncés** dans la forêt, c'est-à-dire nous sommes allés loin dans la forêt.
☐ attention, nous enfonçons, avec **ç**.

enfouir (verbe). Après l'avalanche, les sauveteurs, avec leurs chiens, recherchent les personnes **enfouies** dans la neige, c'est-à-dire enfoncées dans la neige.

s'enfuir (verbe). C'est partir loin, tout d'un coup : Dès qu'on s'est approché, le lapin **s'est enfui.**

engager (verbe). **1.** Ils **ont engagé** un jardinier, c'est-à-dire ils lui ont demandé de travailler pour eux. **2.** La voiture **s'engage** dans le tunnel, c'est-à-dire elle y va, elle passe dedans.
☐ attention, nous engageons, avec **e**.

engin (nom masc. : *un engin*). Une machine, un appareil, une grue, un canon, un char sont des engins.

engloutir (verbe). **1.** Le chien **a englouti** son repas en deux minutes, c'est-à-dire il l'a mangé très vite. **2.** Le bateau **s'est englouti** dans la mer, c'est-à-dire il a coulé au fond de la mer.

s'engouffrer (verbe). Le vent **s'engouffre** par la fenêtre, c'est-à-dire il entre brutalement.
□ attention, **ff**.

engourdi (adjectif : *un bras engourdi, une main engourdie*). On ne sent plus un bras engourdi. Cela fait comme un poids.

engraisser (verbe). La fermière **engraisse** les oies, c'est-à-dire elle leur donne beaucoup à manger pour qu'elles deviennent grasses.

énigme (nom fém. : *une énigme*). C'est un mystère, un problème : Les détectives doivent trouver la solution de l'énigme.

enlaidir (verbe). C'est rendre laid : Cette coiffure t'**enlaidit**. Le contraire est embellir.

enlèvement (nom masc. : *un enlèvement*). À la télévision, on a parlé de l'enlèvement d'un petit garçon, c'est-à-dire d'un petit garçon qui a été enlevé, emmené loin de ses parents.

enlever (verbe). **1.** C'est ôter, retirer : Il fait chaud, **enlève** ton pull. **2.** Des hommes **ont enlevé** le petit garçon, c'est-à-dire ils l'ont emmené de force avec eux.
□ attention, il enl**è**ve, avec **è**.

enneigé (adjectif : *un sommet enneigé, une route enneigée*). Une route enneigée est couverte de neige.
□ attention, **nn**.

ennemi (nom : *un ennemi, une ennemie*). **1.** Quand il y a une guerre, l'ennemi, c'est le pays contre lequel on se bat. **2.** Un ennemi, c'est aussi une personne qui nous veut du mal.

ennui (nom masc. : *un ennui*). **1.** Le film était très mauvais. Quel ennui ! C'est-à-dire je me suis beaucoup ennuyé. **2.** Nous avons eu des ennuis sur la route avec la voiture, c'est-à-dire des problèmes, des difficultés.

ennuyer (verbe). **1.** Zoé **s'est ennuyée,** seule à la maison, c'est-à-dire elle ne s'est pas amusée, elle a trouvé le temps long. **2.** J'ai oublié mon livre et cela m'**ennuie,** c'est-à-dire cela me gêne, cela me pose un problème, j'ai du souci.
□ attention, s'ennu**y**er, avec **y**, mais il s'ennu**i**e, avec **i**.

ennuyeux (adjectif : *il est ennuyeux, elle est ennuyeuse*). Une journée ennuyeuse, c'est une journée où on s'ennuie.

énoncé (nom masc. : *un énoncé*). L'énoncé du problème, c'est le petit texte qui dit le problème.

énorme (adjectif). Ce qui est énorme est très gros, très grand : Le baobab est un arbre énorme.

enquête (nom fém. : *une enquête*). Les policiers font leur enquête, c'est-à-dire ils cherchent ce qui s'est vraiment passé. Ils interrogent les gens.
□ attention, **ê**.

enrager (verbe). Alain fait **enrager** sa petite sœur, c'est-à-dire il la met en colère, il l'énerve, il l'agace exprès.

A B C D **E**

Luc enregistre Julie.

enregistrer (verbe). Chante dans le micro, je vais t'**enregistrer** sur ma cassette, c'est-à-dire ta chanson sera sur ma cassette et nous pourrons l'écouter ensuite.

s'**enrhumer** (verbe). C'est attraper un rhume : Marie **s'est enrhumée.**
☐ reconnais rhume, avec **rh.**

s'**enrichir** (verbe). C'est devenir riche.

enroué (adjectif : *il est enroué, elle est enrouée*). Zoé a mal à la gorge. Sa voix n'est plus la même que d'habitude. Elle est enrouée.

enrouler (verbe). On **enroule** le fil sur la bobine, c'est-à-dire on le tourne plusieurs fois autour de la bobine.

enseigne (nom fém. : *une enseigne*). C'est un petit panneau qui fait reconnaître un magasin, une boutique : La nuit, les enseignes des magasins sont éclairées.

enseigner (verbe). C'est faire apprendre, donner des leçons : Le professeur de piano **enseigne** le piano.
☐ attention, **ei.**

ensemble. Pierre et Marie vont à l'école ensemble, c'est-à-dire tous les deux, l'un avec l'autre.

ensoleillé (adjectif : *un temps ensoleillé, une journée ensoleillée*). Une journée ensoleillée, c'est une journée où il y a du soleil.

ensuite. C'est après : Nous allons au jardin, ensuite nous irons au cinéma.

Les enseignes lumineuses.

entaille (nom fém. : *une entaille*). C'est une coupure : Avec son canif, Marc fait des entailles sur son bâton.

entamer (verbe). Qui **a entamé** le saucisson ? C'est-à-dire qui a commencé à le couper, à en manger un bout ?

entasser (verbe). C'est mettre des choses les unes sur les autres, en tas : Nous **avons entassé** les vieilles affaires dans le grenier.

entendre (verbe). **1.** On **entend** les sons, les bruits grâce aux oreilles. Les sourds n'**entendent** pas. **2.** Marie et moi, nous **nous entendons** bien, c'est-à-dire nous sommes assez amis, nous sommes souvent d'accord.

entente (nom fém. : *une entente*). Il y a une bonne entente entre nous, c'est-à-dire nous nous entendons bien.

enterrement (nom masc. : *un enterrement*). Ma grand-mère est morte, l'enterrement se fera mardi, c'est-à-dire on l'enterre mardi.
☐ reconnais terre, avec **rr**.

enterrer (verbe). **1.** C'est mettre dans la terre : Le chien **a enterré** son os. **2.** Mardi, on **enterre** ma grand-mère, c'est-à-dire on la met dans sa tombe, c'est son enterrement.
☐ reconnais terre, avec **rr**.

s'entêter (verbe). C'est continuer à penser ou à vouloir la même chose malgré tout : On te dit que ce n'est pas possible, pourquoi **t'entêtes-tu** ? Un garçon **entêté** est têtu, il garde son idée malgré tout ce qu'on lui dit.
☐ attention, **ê** comme dans tête, têtu.

enthousiasme (nom masc.). L'enthousiasme, c'est ce qu'on ressent quand on est très content de voir ou de faire quelque chose : Les enfants sont partis au cinéma avec enthousiasme.
☐ attention, **th**.

entier (adjectif : *il est entier, elle est entière*). Il ne manque rien à ce qui est entier : Regarde, personne n'a touché au gâteau, il est entier.

entièrement. C'est totalement, complètement : Ton problème est entièrement faux.

entourer (verbe). C'est mettre autour ou être autour : Un mur **entoure** le jardin.

entracte (nom masc. : *un entracte*). Entre deux parties d'un spectacle, il y a un entracte : Au cinéma, à l'entracte, nous mangeons des glaces.

C'est l'entracte.

A B C D **E**

entraînement (nom masc. : *un entraînement*). Tu ne vas pas vite parce que tu manques d'entraînement, c'est-à-dire tu ne t'es pas assez entraîné, préparé.
□ attention, **î**.

entraîner (verbe). **1.** La rivière **entraîne** les troncs d'arbre, c'est-à-dire elle les emporte dans son courant. **2.** C'est toi qui m'**as entraîné** au cinéma, c'est-à-dire tu m'as décidé à y aller avec toi.
3. Les sportifs **s'entraînent** avant le match, c'est-à-dire ils font de la gymnastique, des exercices.
□ attention, **î**.

entre. 3 est entre 2 et 4. Sur la photo, je suis entre mon frère et ma sœur : mon frère est à droite, ma sœur à gauche, je suis au milieu.

entrée (nom fém. : *une entrée*). **1.** La porte d'entrée, c'est la porte par où on entre. **2.** Les enfants jouent dans l'entrée, c'est-à-dire à l'intérieur de l'appartement, de la maison, là où il y a la porte d'entrée.

entrer (verbe). **Entrez** dans la classe, c'est-à-dire venez dedans.

entretenir (verbe). M. Duval **entretient** bien sa voiture, c'est-à-dire il la garde propre, en bon état, il s'en occupe.

entretien (nom : *un entretien*). **1.** Les produits d'entretien, ce sont les produits pour le ménage, pour la vaisselle, pour entretenir la maison. **2.** Maman a demandé un entretien à la maîtresse, c'est-à-dire elle a demandé à lui parler.

énumérer (verbe). C'est dire l'un après l'autre : **Énumérez** les nombres de 10 à 20.
□ attention, énumérer, avec **é**, mais il énumère, avec **è**.

envahir (verbe). Les mauvaises herbes **ont envahi** le jardin, c'est-à-dire il y en a partout.
□ attention, **h**.

enveloppe (nom fém. : *une enveloppe*). **1.** Avant d'envoyer une lettre, on la met dans une enveloppe. On écrit l'adresse sur l'enveloppe. **2.** L'enveloppe des petits pois s'appelle la cosse, c'est-à-dire ce qu'il y a autour.
□ attention, un seul **l** et **pp**.

envelopper (verbe). **1.** L'écorce **enveloppe** le bois de l'arbre, c'est-à-dire elle est tout autour.
2. Le marchand **a enveloppé** le cadeau dans un beau papier, c'est-à-dire il l'a mis dans du papier, il a fait un paquet.
□ attention, un seul **l** et **pp**.

envers (nom masc.). Ta chemise est **à l'envers**, c'est-à-dire du mauvais côté. Remets-la à l'endroit.

envie (nom fém. : *une envie*). J'ai envie de chocolat, c'est-à-dire j'aimerais bien en manger, je le désire, j'en veux.

envier (verbe). Tu pars à la campagne. Tu as de la chance. Je t'**envie**, c'est-à-dire j'aimerais être à ta place.

environ. Cela coûte environ 30 francs, c'est-à-dire à peu près, peut-être un peu plus, peut-être un peu moins.

environs (nom masc. pluriel : *les environs*). Les environs de Lyon, c'est la région autour de Lyon.

Les oiseaux s'envolent.

s'**envoler** (verbe). C'est partir en volant : L'oiseau s'**est envolé**.

envoyer (verbe). **1.** C'est lancer : Tu m'**envoies** le ballon et j'essaie de l'attraper. **2.** C'est aussi mettre à la poste, expédier : Demain, nous **enverrons** une carte à ta grand-mère.
☐ attention, il envoie, avec **i**.

épais (adjectif : *un livre épais, une planche épaisse*). **1.** Ton livre est plus épais que le mien, c'est-à-dire plus gros. **2.** La sauce est épaisse, c'est-à-dire pas très liquide.

épaisseur (nom fém. : *une épaisseur*). L'épaisseur d'une planche, c'est la dimension qui n'est ni la longueur, ni la largeur. C'est sa grosseur.

épaissir (verbe). C'est devenir plus épais : Avec de la farine, la sauce **épaissit**.

s'**épanouir** (verbe). **1.** Les fleurs **s'épanouissent**, c'est-à-dire elles s'ouvrent. **2.** Les enfants **sont épanouis** en classe, c'est-à-dire ils sont heureux, contents.

éparpiller (verbe). C'est mettre un peu partout et n'importe comment : Tu **as éparpillé** toutes tes affaires dans ta chambre, il faut tout ramasser.

épaule (nom fém. : *une épaule*). Le bras s'attache au corps à l'épaule.

épave (nom fém. : *une épave*). Les enfants jouent aux corsaires sur une vieille épave de bateau, c'est-à-dire les restes d'un bateau échoué sur la plage.

Ma planche est plus épaisse.

A B C D **E**

Ils se battent à l'épée.

épée (nom fém. : *une épée*). C'est une arme faite d'une longue lame.

épeler (verbe). C'est dire l'une après l'autre toutes les lettres d'un mot : **Épèle**-moi ton nom.
☐ attention, ép**e**ler, avec **e**, mais il ép**è**le, avec **è**.

éperon (nom masc. : *un éperon*). C'est un morceau de métal que les cavaliers portent au talon. Ils donnent de petits coups au cheval avec, pour qu'il avance plus vite.

épi (nom masc. : *un épi*). C'est le haut de la tige du blé, du maïs, qui porte les grains.

épicerie (nom fém. : *une épicerie*). C'est la boutique de l'épicier. On y trouve du sucre, du sel, des conserves, du chocolat, des boissons.

épicier (nom : *un épicier, une épicière*). C'est la personne qui tient une épicerie.

épidémie (nom fém. : *une épidémie*). Cet hiver, il y a une épidémie de grippe, c'est-à-dire beaucoup de gens ont la grippe, et on peut tous l'attraper.

épinard (nom masc.). Les épinards sont un légume vert à larges feuilles.
☐ attention, **d** à la fin.

épine (nom fém. : *une épine*). C'est un piquant sur un arbuste, sur une tige : La tige de la rose a des épines.

épingle (nom fém. : *une épingle*). C'est une petite tige de fer pointue pour attacher : Maman met des épingles pour marquer l'ourlet.

épisode (nom masc. : *un épisode*). C'est une partie d'une histoire, d'un feuilleton : Chaque soir, il y a un épisode de notre feuilleton à la télévision.

éplucher (verbe). C'est enlever la peau des fruits, des légumes.

épluchure (nom fém. : *une épluchure*). C'est la peau qu'on enlève des fruits et des légumes qu'on épluche.

éponge (nom fém. : *une éponge*). **1.** L'éponge absorbe, retient l'eau. Avec l'éponge, on essuie ce qui est mouillé. **2.** L'éponge de mer est vivante. Elle vit sur les fonds des mers chaudes.

éponger (verbe). C'est enlever l'eau avec une éponge ou un tissu.
☐ attention, nous épong**e**ons, avec **e**.

époque (nom fém. : *une époque*). C'est un temps, une longue période : Notre époque, c'est le vingtième siècle.

épouse. Regarde <u>époux</u>.

épouser (verbe). Ma sœur Liliane **épouse** son fiancé François demain, c'est-à-dire elle se marie avec lui demain.

épouvantable (adjectif). Ce qui est épouvantable est terrible, mauvais : Il fait un temps épouvantable.

Un épouvantail.

épouvantail (nom masc. : *un épouvantail*). Dans les champs, les épouvantails servent à éloigner les oiseaux, à leur faire peur.

époux (nom : *un époux, une épouse*). L'époux, c'est le mari. L'épouse, c'est la femme.

épreuve (nom fém. : *une épreuve*). Il y a deux épreuves de natation, c'est-à-dire deux exercices à faire.

éprouver (verbe). C'est ressentir, avoir un sentiment, une sensation : On **éprouve** de la joie, de la peine, de l'amitié, de la tendresse, de la peur.

épuiser (verbe). Cette marche m'**a épuisé,** c'est-à-dire je suis très fatigué, je n'ai plus de force.

Qu'as-tu dans ton <u>épuisette</u> ?

épuisette (nom fém. : *une épuisette*). C'est un petit filet au bout d'un manche : Les enfants pêchent les crevettes avec leurs épuisettes.

équateur (nom masc.). L'équateur, c'est le cercle autour de la Terre, au milieu, à égale distance du pôle nord et du pôle sud.

☐ attention, on écrit **qua** et on prononce [koua].

A B C D **E**

Quel équilibre !

équilibre (nom masc. : *un équilibre*). À bicyclette, il faut garder l'équilibre, c'est-à-dire rester droit, ne pas tomber, ni à gauche ni à droite.

équipage (nom masc. : *un équipage*). L'équipage d'un bateau ce sont tous les marins. L'équipage d'un avion, ce sont les pilotes et les personnes qui s'occupent des passagers.

équipe (nom fém. : *une équipe*). **1.** C'est un groupe de personnes qui travaillent ensemble. **2.** Une équipe de football, ce sont les joueurs qui jouent ensemble contre une autre équipe.

équipement (nom masc. : *un équipement*). Pour les sports d'hiver, il faut acheter un équipement de ski, c'est-à-dire tout ce qu'il faut : pantalon, anorak, chaussures, gants.

équiper (verbe). Il faut **équiper** les enfants pour le ski, c'est-à-dire leur acheter tout ce qu'il faut, leur équipement.

équitation (nom fém.). Faire de l'équitation, c'est monter à cheval.

erreur (nom fém. : *une erreur*). Tu as fait une erreur dans ton calcul, c'est-à-dire tu t'es trompé.

escabeau (nom masc. : *un escabeau, des escabeaux*). C'est une sorte de petite échelle, un haut tabouret avec des marches : Pour changer la lampe du plafond, il faut monter sur l'escabeau.
☐ attention, **x** au pluriel.

escalade (nom fém. : *une escalade*). Nous faisons de l'escalade sur les rochers c'est-à-dire nous escaladons les rochers, nous grimpons.

escalader (verbe). C'est grimper, monter tout en haut : Les enfants **ont escaladé** le mur du jardin et ils sont passés de l'autre côté.

escale (nom fém. : *une escale*). C'est un arrêt au cours d'un voyage : Le bateau fera escale à Gênes en Italie, nous pourrons descendre, voir un peu la ville et nous repartirons.

escalier (nom masc. : *un escalier*). L'escalier permet de monter ou de descendre à pied dans les étages.

escalope (nom fém. : *une escalope*). C'est une tranche de viande blanche plate : Nous avons mangé des escalopes de veau.

escargot (nom masc. : *un escargot*). C'est un petit animal enroulé dans sa coquille. Les escargots sortent après la pluie.

Ils ont deux petites cornes qu'ils peuvent sortir ou rentrer.
☐ attention, **t** à la fin.

esclave (nom : *un* ou *une esclave*). C'était une personne qui appartenait à une autre personne. Elle travaillait très dur. Autrefois, les Noirs américains étaient des esclaves.

escrime (nom fém.). L'escrime est un sport. On se sert d'une épée, d'un sabre ou d'un fleuret.

espace (nom masc. : *un espace*). **1.** Laissez un espace entre les mots, c'est-à-dire un endroit vide. **2.** La cour est trop petite, on manque d'espace, c'est-à-dire de place. **3.** L'espace, c'est aussi le lieu, loin dans le ciel, au-delà de l'atmosphère de la Terre : Les astronautes sont sortis dans l'espace.

espèce (nom fém. : *une espèce*). C'est un genre, un type, une sorte : Il y a plusieurs espèces de champignons.

espérer (verbe). J'**espère** que mon anniversaire se passera bien, c'est-à-dire je le souhaite, je le désire, je le voudrais bien.
☐ attention, espérer, avec **é**, mais il espère, avec **è**.

Les escargots.

espiègle (adjectif). Un enfant espiègle aime faire de petites farces, mais ce n'est pas méchant.

espion (nom : *un espion, une espionne*). C'est une personne qui cherche à savoir en secret ce qui se passe dans un autre pays.

espionnage (nom masc.). L'espionnage, c'est ce que font les espions.

espionner (verbe). **1.** L'espion **espionne** l'ennemi, c'est-à-dire il cherche à savoir ce qu'il veut faire, ce qu'il prépare. **2.** Ma sœur m'**espionne**, c'est-à-dire elle regarde tout ce que je fais.

espoir (nom masc. : *un espoir*). Le chien est très malade mais on garde l'espoir de le sauver, c'est-à-dire on l'espère, on pense que c'est encore possible.

esprit (nom masc. : *un esprit*). Jean a l'esprit clair, c'est-à-dire des pensées claires. Qu'as-tu donc dans l'esprit ? C'est-à-dire dans la tête.

essai (nom masc. : *un essai*). Tu as droit à trois essais pour sauter, c'est-à-dire tu peux essayer trois fois.

essaim (nom masc. : *un essaim*). Un essaim d'abeilles, c'est un très grand nombre d'abeilles qui sont ensemble.
☐ attention, **aim**.

A B C D **E**

essayer (verbe). **1.** Julie **essaye** sa nouvelle jupe, c'est-à-dire elle la met pour voir si elle lui va.
2. Essayez encore une fois de sauter, c'est-à-dire faites-le encore une fois pour voir, faites un autre essai.
☐ attention, il essa**y**e ou il essaie.

essence (nom fém.). Les moteurs des voitures marchent avec de l'essence. L'essence est un carburant, un produit qui brûle.

essentiel (adjectif : *un mot essentiel, une chose essentielle*). L'eau est essentielle à la vie, c'est-à-dire on ne peut pas s'en passer.

essoufflé (adjectif : *il est essoufflé, elle est essoufflée*). Quand on a beaucoup couru, on est essoufflé, c'est-à-dire on a du mal à respirer, on n'a plus de souffle.
☐ attention, **ss** et **ff**.

essuyer (verbe). **1.** C'est passer un tissu pour sécher ce qui est mouillé : Je lave la vaisselle et toi, tu l'**essuies.** Donne-moi la serviette pour que je **m'essuie.**
2. C'est aussi passer un tissu pour enlever la poussière : David **essuie** son bureau avec un chiffon.
☐ attention, nous essu**y**ons, mais il essuie, avec **i.**

Nous essuyons la vaisselle.

est. Sur la carte de France, il y a le nord en haut, le sud en bas, l'ouest à gauche et l'est à droite. Le soleil se lève à l'est.

estomac (nom masc. : *un estomac*). Les aliments qu'on avale vont dans l'estomac et la digestion commence. L'estomac est dans le ventre.
☐ attention, **c** à la fin qui ne se prononce pas.

estomper (verbe). Tu passes ton crayon de couleur et puis tu l'**estompes** avec un papier spécial, alors la couleur devient moins forte et plus unie.
☐ attention, **m** devant **p.**

estrade (nom fém. : *une estrade*). C'est une sorte de plancher en hauteur par rapport au reste de la pièce : Le bureau du maître est sur une estrade.

étable (nom fém. : *une étable*). C'est le bâtiment, la construction où les animaux, les vaches logent, à la ferme : Le soir, les vaches rentrent à l'étable. On trait les vaches dans l'étable.

établi (nom masc. : *un établi*). C'est une sorte de table pour ranger les outils et pour scier, couper : Pierre a eu un établi de menuisier pour Noël.

établissement (nom masc. : *un établissement*). C'est le nom de certaines maisons : L'école est un établissement scolaire. Une usine est un établissement industriel.

étage (nom masc. : *un étage*). C'est chaque niveau d'une maison : Notre maison a six étages.

étagère (nom fém. : *une étagère*). C'est une planche dans un placard ou sur un mur pour ranger des affaires, des livres.

étalage (nom masc. : *un étalage*). L'étalage du marchand de fruits, ce sont tous les fruits disposés, placés pour qu'on puisse choisir.

étaler (verbe). **1.** C'est mettre à plat, placer à côté les uns des autres : Marie **étale** ses cartes sur la table. **2.** C'est étendre en couche : Pierre **étale** le beurre sur sa tartine.

étanche (adjectif). Ce qui est étanche ne laisse passer ni l'air, ni l'eau : Bruno peut plonger avec sa montre étanche.

A l'étable.

étang (nom masc. : *un étang*). C'est une étendue d'eau. L'étang est plus grand qu'une mare et plus petit qu'un lac.
☐ attention, **g** à la fin qui ne se prononce pas.

Au bord de l'étang.

étape (nom fém. : *une étape*). C'est une partie d'un voyage : Nous avons fait le voyage Paris-Nice en deux étapes.

état (nom masc. : *un état*). **1.** L'état, c'est la manière dont une personne ou une chose est, se présente : Te voilà dans un triste état, tes vêtements sont tout déchirés. **2.** Ta voiture est en bon état, c'est-à-dire elle marche bien. Ton vélo est en mauvais état, c'est-à-dire il est abîmé. **3.** L'État (avec un grand É), c'est un pays, une nation : La France, l'Allemagne, la Suisse, la Belgique sont des États de l'Europe.

Le ciel est bleu, le soleil brille,

nous cueillons des mûres, ils mangent sur l'herbe,

étau (nom masc. : *un étau, des étaux*). Sur son établi, Arthur a un étau, il place la planche dedans, il resserre l'étau. Comme cela la planche ne bouge plus et il peut la scier.
☐ attention, **x** au pluriel.

été (nom masc. : *un été*). L'été est une saison. L'été est après le printemps et avant l'automne. L'été commence le 21 ou le 22 juin et se termine le 22 ou le 23 septembre.

été. Regarde <u>être</u>.

éteindre (verbe). **Éteins** la lumière, c'est-à-dire ferme la lumière. Le contraire est <u>allumer</u>. Le feu **s'est éteint,** c'est-à-dire il n'y a plus de feu.

étendre (verbe). **1.** C'est tendre, mettre à plat : On **a étendu** une couverture par terre. **2.** Les champs **s'étendent** sur des kilomètres, c'est-à-dire il y a des kilomètres de champs. **3. Étendez-vous** par terre, c'est-à-dire allongez-vous.

étendue (nom fém. : *une étendue*). C'est un espace, un lieu couvert de quelque chose : Un lac, une mer sont des étendues d'eau. Une forêt est une étendue d'arbres.

éternel (adjectif : *un amour éternel, une neige éternelle*). Ce qui est éternel dure toujours, ne disparaît jamais.

éternuer (verbe). S'il y a beaucoup de poussière ou si on a un rhume, on **éternue.** Quand on **éternue,** on fait « atchoum ! ».

étinceler (verbe). Les étoiles **étincellent,** c'est-à-dire elles brillent, elles jettent des milliers de petites lumières.
☐ attention, étinceler, mais elle étincelle, avec **ll**.

étincelle (nom fém. : *une étincelle*). C'est une toute petite

il fait chaud,

L'été.

ils se baignent, c'est l'été.

flamme, une petite lumière qui s'éteint tout de suite : Quand on remue le bois dans le feu, il y a des étincelles.

étiquette (nom fém. : *une étiquette*). C'est un petit papier pour écrire un renseignement : Écris ton nom sur l'étiquette.

étirer (verbe). **1.** C'est tirer, allonger fort : Quand le métal est très chaud, on peut l'**étirer**. **2.** Le chat **s'étire,** c'est-à-dire il tend son dos, ses pattes.

étoffe (nom fém. : *une étoffe*). C'est un tissu.

étoile (nom fém. : *une étoile*). C'est un astre qui brille la nuit dans le ciel.

étonnant (adjectif : *un film étonnant, une histoire étonnante*). Ce qui est étonnant cause une surprise, surprend, étonne.

étonner (verbe). Arthur n'est pas encore là, cela m'**étonne,** c'est-à-dire je suis surpris, je me pose des questions.

étouffer (verbe). C'est ne plus pouvoir respirer, manquer d'air : Il y a trop de fumée, on **étouffe**.
☐ attention, **ff**.

étourderie (nom fém. : *une étourderie*). Une faute d'étourderie, c'est une faute qu'on fait parce qu'on est étourdi.

étourdi (adjectif : *il est étourdi, elle est étourdie*). Un enfant étourdi oublie ses affaires. Il fait des fautes parce qu'il ne fait pas attention. Il ne pense pas assez à ce qu'il fait.

étourdir (verbe). Le choc sur la tête l'**a étourdi,** c'est-à-dire il ne sait plus très bien où il est, ce qu'il fait.

étrange (adjectif). Ce qui est étrange est bizarre, étonnant, pas normal : Il y a un bruit étrange, j'ai peur.

étranger (nom : *un étranger, une étrangère*). **1.** C'est une personne qui est d'un autre pays : En été, il y a beaucoup d'étrangers en France, ils viennent passer les vacances ici. **2.** C'est une personne qu'on ne connaît pas : Maman m'a dit de ne pas parler aux étrangers dans la rue. **3.** Partir à l'étranger, c'est partir dans un autre pays.

étrangler (verbe). C'est serrer très fort le cou.

être (nom masc. : *un être*). Les animaux et les hommes sont des êtres vivants. L'homme, la femme, l'enfant sont des êtres humains.
☐ attention, **ê**.

être (verbe). Ce verbe indique ce qu'on est, qui on est, où on est : Qui **es**-tu ? — Je **suis** Pierre. Cette fille **est** gentille. Elle **a été** aimable avec moi. Nous **sommes** à la maison.
☐ regarde la conjugaison, page 15.

étrennes (nom fém. pluriel). Les étrennes, ce sont les cadeaux qu'on offre pour le 1er janvier.

étrier (nom masc. : *un étrier*). C'est chacun des anneaux de métal dans lesquels le cavalier met ses pieds quand il monte à cheval.

étroit (adjectif : *un couloir étroit, une route étroite*). Un couloir étroit n'est pas large.

étude (nom fém. : *une étude*). Nous allons faire une étude sur les champignons, c'est-à-dire nous allons chercher à savoir des choses sur les champignons.

étudier (verbe). C'est apprendre : Zoé **étudie** sa leçon.

étui (nom masc. : *un étui*). Un étui à lunettes sert à ranger les lunettes.

eu. Regarde la conjugaison du verbe avoir, page 15.

s'**évader** (verbe). Le prisonnier **s'est évadé,** c'est-à-dire il est parti, il s'est enfui et personne ne l'a vu faire.

Le prisonnier s'évade.

s'**évanouir** (verbe). C'est perdre connaissance et tomber comme si on s'endormait tout d'un coup, sans s'en rendre compte : Marie a reçu une pierre sur la tête et elle **s'est évanouie.**

s'**évaporer** (verbe). Mets de l'eau dans une soucoupe sur un radiateur et regarde : Quelque temps après, il n'y a plus d'eau. Elle **s'est évaporée,** c'est-à-dire elle s'est transformée en vapeur, elle s'est mélangée à l'air.

évasion (nom fém. : *une évasion*). Le prisonnier avait tout préparé pour son évasion, c'est-à-dire pour s'évader, s'enfuir, partir.

éveillé (adjectif : *il est éveillé, elle est éveillée*). Un enfant éveillé a l'esprit vif, il est curieux, en avance pour son âge.

s'**éveiller** (verbe). C'est un autre mot pour se réveiller, qu'on rencontre surtout dans les histoires écrites. On dit qu'au printemps la nature **s'éveille**, c'est-à-dire les fleurs, l'herbe poussent, comme si la nature sortait du sommeil de l'hiver.

événement (nom masc. : *un événement*). Chaque chose qui se passe est un événement. Les informations à la télévision donnent les événements importants de la journée.
☐ attention aux deux é.

éventail (nom masc. : *un éventail*). Autrefois, quand il faisait chaud, les dames agitaient un éventail devant leur visage pour faire de l'air.

Un éventail.

évidemment. C'est un autre mot pour bien sûr : Pierre est évidemment encore en retard.
☐ attention, **emm.**

évier (nom masc. : *un évier*). C'est là où il y a les robinets d'eau dans la cuisine : On lave la vaisselle dans l'évier.

La voiture a évité la cycliste.

éviter (verbe). C'est essayer de ne pas faire : **Évite** d'être en retard s'il te plaît, c'est-à-dire essaye de ne pas être en retard. La voiture **a évité** le cycliste, c'est-à-dire elle ne l'a pas touché.

exact (adjectif : *un calcul exact, une addition exacte*). Un calcul exact est juste. Il n'y a pas d'erreur, pas de faute. La pendule donne l'heure exacte, c'est-à-dire l'heure juste.

exactement. Il est exactement huit heures, c'est-à-dire pas une minute de plus, pas une minute de moins.

ex aequo. Pierre et Zoé sont ex aequo, c'est-à-dire ils ont la même note, la même place. Ils sont à égalité.
□ on prononce [ekzeko].

exagérer (verbe). Cinq bonbons ! Tu **exagères,** c'est-à-dire tu en prends trop, tu abuses.
□ attention, exagérer, avec **é**, mais il exagère, avec **è**.

examen (nom masc. : *un examen*). **1.** Quand le docteur examine un malade, il fait un examen du malade. Quand on examine un champignon, on fait un examen du champignon. **2.** Ma grande sœur passe un examen pour entrer dans une école spéciale, c'est-à-dire elle va avoir des exercices à faire pour montrer ce qu'elle sait.

examiner (verbe). **1.** C'est regarder avec beaucoup d'attention : **Examinons** les champignons, regardons comment ils sont faits. **2.** Le docteur **examine** Luc, c'est-à-dire il regarde ses yeux, ses oreilles, sa gorge, il écoute son cœur.

exaucer (verbe). La princesse a fait un vœu et la fée l'**a exaucé,** c'est-à-dire son vœu s'est réalisé.
□ attention, nous exauçons, avec **ç**.

excellent (adjectif : *il est excellent, elle est excellente*). Ce qui est excellent est très, très bien ou très, très bon.
□ attention, **xc.**

excepté. C'est un autre mot pour sauf : J'aime tous les gâteaux, excepté les gâteaux au citron, c'est-à-dire que ceux-là je ne les aime pas.
□ attention, **xc.**

exception (nom fém. : *une exception*). Quand on fait toujours la même chose et que pour une fois on ne le fait pas, c'est une exception : Arthur est toujours à l'heure, s'il est en retard, c'est une exception.
□ attention, **xc.**

exceptionnel (adjectif : *il est exceptionnel, elle est exceptionnelle*). Ce qui est exceptionnel ne se rencontre pas souvent, c'est rare : Il est toujours à l'heure, c'est exceptionnel qu'il soit en retard. Ce timbre est exceptionnel, garde-le bien.
□ attention, **xc.**

excès (nom masc. : *un excès*). Faire un excès de vitesse, c'est rouler trop vite, plus vite que la vitesse autorisée.
□ attention, **xc.**

excité (adjectif : *il est excité, elle est excitée*). Être excité, c'est être énervé, ne plus tenir en place : C'est le dernier jour de classe, les enfants sont très excités.
□ attention, **xc.**

s'**exclamer** (verbe). Ce mot s'emploie dans les histoires qu'on lit. Il veut dire que quelqu'un parle avec force : « Que c'est beau ! », **s'exclama**-t-il.

exclure (verbe). Pierre était insupportable, on l'**a exclu** de la cantine, c'est-à-dire il n'a plus le droit d'aller à la cantine.

Nous partons en excursion.

excursion (nom fém. : *une excursion*). C'est une promenade, une sortie qu'on fait en groupe : Jeudi, nous allons avec la classe en excursion à la campagne.

excuse (nom fém. : *une excuse*). Si tu es absent, il faut un mot d'excuse de tes parents, c'est-à-dire une petite lettre pour dire pourquoi tu es absent et pour demander de t'excuser.

excuser (verbe). C'est pardonner : Je suis en retard, **excusez**-moi.

exemple (nom masc. : *un exemple*). **1.** C'est ce qu'on dit ou ce qu'on montre pour faire comprendre quelque chose : Voilà des exemples de choses qui coupent : le ciseau, le couteau. **2.** Suis l'exemple de ton frère, c'est-à-dire fais comme lui.
☐ attention, **m** devant **p.**

s'**exercer** (verbe). C'est faire plusieurs fois pour apprendre, pour faire mieux : Pour faire des progrès au piano, tu **t'exerceras** tous les jours un petit peu.
☐ attention, nous nous exerçons, avec **ç.**

exercice (nom masc. : *un exercice*). **1.** C'est un petit travail pour apprendre, pour vérifier qu'on a bien appris. **2.** Cet enfant a besoin d'exercice, c'est-à-dire de faire du sport, de la gymnastique.

exigeant (adjectif : *il est exigeant, elle est exigeante*). Le maître est très exigeant, c'est-à-dire il nous demande beaucoup d'efforts, de soin, de discipline. Il exige beaucoup.
☐ attention, **ea.**

exiger (verbe). C'est vouloir absolument, ordonner : Le maître **exige** le silence en classe.
☐ attention, nous exigeons, avec **e.**

exil (nom masc.). Le prince vivait en exil, loin de son pays, c'est-à-dire il avait été obligé de quitter son pays, de s'exiler.

s'**exiler** (verbe). C'est partir loin de son pays parce qu'on y est obligé : Le malheureux prince **s'était exilé.**

existence (nom fém. : *une existence*). Cette pauvre femme a une existence difficile, c'est-à-dire une vie difficile.

A B C D **E**

exister (verbe). **1.** Il y a cent ans, nous n'**existions** pas, c'est-à-dire nous ne vivions pas, nous n'étions pas là. **2.** Est-ce que les fantômes **existent**? C'est-à-dire est-ce qu'il y en a pour de vrai?

exotique (adjectif). Les fruits, les plantes, les produits exotiques sont des fruits, des plantes, des produits qui viennent de pays lointains : Les bananes, les ananas sont des fruits exotiques.

expédier (verbe). C'est envoyer : Nous allons à la poste **expédier** le colis à grand-mère.

expéditeur (nom : *un expéditeur, une expéditrice*). C'est la personne qui envoie, qui expédie la lettre, le colis. Celui qui les reçoit est le destinataire.

expédition (nom fém. : *une expédition*). **1.** Qui s'occupe de l'expédition du colis? C'est-à-dire qui s'occupe de l'expédier, de l'envoyer? **2.** Une expédition, c'est aussi un voyage un peu compliqué, assez loin, pour découvrir, explorer : L'explorateur est parti en expédition dans la jungle.

expérience (nom fém. : *une expérience*). **1.** C'est un essai pour voir, observer ce qui se passe : Mets sur une balance, d'un côté le litre d'eau, de l'autre côté le kilo de sucre. Regarde si les plateaux sont en équilibre. Cet exercice est une expérience. **2.** Avoir de l'expérience, c'est savoir parce qu'on a l'habitude.

explication (nom fém. : *une explication*). Donner une explication, c'est expliquer, dire pourquoi, dire comment, pour faire comprendre.
☐ attention, **c.**

expliquer (verbe). Le maître **explique** le problème, c'est-à-dire il nous dit tout pour qu'on comprenne.

exploit (nom masc. : *un exploit*). C'est une chose que l'on fait qui est extraordinaire, formidable : Il a réussi à sauter 1 mètre. Pour son âge, c'est un exploit.

explorateur (nom : *un explorateur, une exploratrice*). C'est une personne qui part découvrir des régions inconnues : Christophe Colomb est l'explorateur qui a découvert l'Amérique.

explorer (verbe). Les enfants **explorent** le grenier, c'est-à-dire ils regardent partout pour découvrir.

Regardez notre exposition,

nos poupées, nos modelages,

Les explorateurs sont dans le Grand Nord, ils regardent la carte.

exploser (verbe). C'est éclater avec force, avec du bruit : La bombe **a explosé**.

explosif (nom masc. : *un explosif*). Dans le film, ils mettent des explosifs sur les rails du train, c'est-à-dire des produits qui explosent pour faire sauter le train.

explosion (nom fém. : *une explosion*). On a entendu le bruit d'une explosion, c'est-à-dire le bruit de quelque chose qui a explosé.

exposer (verbe). C'est mettre, placer quelque chose pour qu'on le regarde : À la fête de fin d'année, nous **exposons** nos dessins sur les murs du préau.

exposition (nom fém. : *une exposition*). À la fête de fin d'année, nous faisons une exposition de tous nos dessins, c'est-à-dire nous les exposons.

nos collages, nos tissages, nos mobiles,

nos jolis bougeoirs, nos masques.

A B C D **E**

exprès. Maman ! Buno m'a fait tomber exprès, c'est-à-dire il l'a voulu.
☐ attention, **ès.**

expression (nom fém. : *une expression*). **1.** Il avait une expression de joie, c'est-à-dire son visage exprimait la joie, il avait l'air joyeux. **2.** Attention aux expressions que tu emploies, c'est-à-dire aux mots, aux groupes de mots.

exprimer (verbe). **1.** Son visage **exprime** la joie, c'est-à-dire il a l'air joyeux, heureux. **2.** Tu **t'exprimes** mal, c'est-à-dire tu parles mal.

Ce sont des extraterrestres.

extérieur (nom masc.). **1.** Les enfants, allez jouer à l'extérieur, c'est-à-dire dehors. **2.** L'intérieur de la maison est joli mais l'extérieur est tout abîmé, c'est-à-dire les murs dehors.

extincteur (nom masc. : *un extincteur*). C'est un appareil pour éteindre le feu quand il y a un début d'incendie.

extraire (verbe). C'est tirer, sortir, arracher, enlever : On **extrait** du charbon de cette mine.
☐ attention, il extrait, mais nous extra**y**ons.

extrait (nom masc. : *un extrait*). C'est une petite partie d'un film, d'un livre : Cette émission montre des extraits de films.

extraordinaire (adjectif). **1.** C'est une histoire extraordinaire, c'est-à-dire pas ordinaire, pas courante. **2.** J'ai vu un film extraordinaire, c'est-à-dire formidable, très bien.

extraterrestre (nom : *un* ou *une extraterrestre*). C'est un être, une personne d'une autre planète : Si les extraterrestres existent, comment sont-ils ?

extrémité (nom fém. : *une extrémité*). Le couteau est pointu à son extrémité, c'est-à-dire au bout.

f

fable (nom fém. : *une fable*). C'est une petite histoire en poésie qui donne une leçon, une morale : « Le loup et l'agneau » est une fable de La Fontaine.

fabrication (nom fém. : *la fabrication*). Explique-moi la fabrication d'une voiture, c'est-à-dire explique-moi comment on la fabrique.
☐ attention, **c.**

Nous fabriquons une maison.

fabriquer (verbe). C'est faire un objet, construire un appareil : Cette usine **fabrique** des voitures.

façade (nom fém. : *une façade*). La façade d'une maison, c'est le mur de devant, où il y a la porte d'entrée.
☐ attention, **ç.**

face (nom fém. : *une face*). **1.** Un dé a six faces, c'est-à-dire six côtés. **2.** Mets-toi **de face** pour la photo, c'est-à-dire ton visage devant moi. **3.** Le côté face d'une pièce de monnaie, c'est le côté où il y a la figure. L'autre côté, où il y a les chiffres, c'est le côté pile.

se **fâcher** (verbe). **1.** C'est être contrarié, se mettre en colère : Si vous n'obéissez pas, je **me fâche.** **2.** Marie et Zoé **se sont fâchées,** c'est-à-dire elles ne se parlent plus, elles ne sont plus amies.
☐ attention, **â.**

facile (adjectif). L'exercice était facile, c'est-à-dire simple, nous l'avons fait sans difficulté.

facilement. Pierre a facilement trouvé notre maison, c'est-à-dire c'était facile, il n'a pas eu de difficulté.

facilité (nom fém. : *la facilité*). Pierre a trouvé la maison avec facilité, c'est-à-dire facilement. Cela lui a été facile.

façon (nom fém. : *une façon*). C'est une manière : Tu as une drôle de façon de t'habiller. Fais de cette façon, c'est-à-dire de cette manière, comme cela, ainsi.
☐ attention, **ç.**

F G H I J K L M N O

facteur (nom masc. : *le facteur*). C'est la personne qui apporte les lettres, le courrier, de la poste à la maison.

facture (nom fém. : *une facture*). Sur la facture, le nom de l'objet qu'on a acheté et son prix sont indiqués.

facultatif (adjectif : *un devoir facultatif, une leçon facultative*). Ce qui est facultatif n'est pas obligatoire. On peut le faire ou ne pas le faire.

fade (adjectif). Ce qui est fade n'a pas assez de goût : La sauce est fade, ajoute du sel.

faible (adjectif). **1.** Une personne faible n'a pas beaucoup de force, elle n'est pas forte. **2.** Un élève faible n'a pas de bonnes notes, il a du mal à suivre. **3.** Tu es trop faible avec lui, c'est-à-dire tu lui cèdes tout.

faiblement. Le petit chien crie faiblement, c'est-à-dire sans force.

failli. Pierre **a failli** tomber, c'est-à-dire il est presque tombé.

faim (nom fém. : *la faim*). C'est ce qu'on ressent quand on a envie de manger : Le matin j'ai faim.

faire (verbe). Je **fais** un mur, c'est-à-dire je le construis. Nous **faisons** notre travail, c'est-à-dire nous travaillons. Que **faites**-vous cet après-midi ? À quoi vous occupez-vous ? Il **a fait** froid, le temps a été froid.
☐ regarde la conjugaison, page 31.

Quel beau faisan !

faisan (nom masc. : *un faisan*). C'est un bel oiseau avec des plumes très colorées : Les chasseurs chassent les faisans.
☐ attention, on écrit **fai,** mais on prononce [feu].

fait. Regarde faire.

fait (nom masc. : *un fait*).
1. C'est ce qui arrive, ce qui se passe : De la neige en septembre, c'est un fait rare.
2. Le voleur a été pris **sur le fait,** c'est-à-dire pendant qu'il volait.

fakir (nom masc. : *un fakir*). Au cirque, les fakirs avalent des épées, crachent du feu, se couchent sur des planches à clous. Ils font des tours de magie.
☐ attention, **k.**

falaise (nom fém. : *une falaise*). Quand la terre est très haute, directement au-dessus de la mer, cela s'appelle une falaise : Connais-tu les falaises d'Étretat ?

falloir (verbe). Il pleut, il va **falloir** rentrer, c'est-à-dire on va devoir rentrer.
☐ attention aux formes : présent : **il faut** ; imparfait : **il fallait** ; futur : **il faudra**.

familial (adjectif : *un milieu familial, une vie familiale*). La vie familiale, c'est la vie en famille.
☐ attention, un seul **l**.

famille (nom fém. : *une famille*). **1.** Le père, la mère, les frères, les sœurs, les oncles, les tantes, les cousins, les grands-parents forment la famille. **2.** Une famille de mots, ce sont des mots proches les uns des autres : compagnon, compagnie, accompagner sont de la même famille.

famine (nom fém. : *la famine*). Quand, dans une région, il n'y a plus assez à manger, c'est la famine.

Le fakir.

se **faner** (verbe). Les fleurs **se fanent**, c'est-à-dire leurs pétales s'abîment et tombent.

fanfare (nom fém. : *une fanfare*). C'est un petit orchestre, un groupe de personnes qui jouent surtout avec des instruments en cuivre dans lesquels on souffle.

La fanfare.

fanion (nom masc. : *un fanion*). C'est un petit drapeau.

fantaisie (nom fém. : *la fantaisie*). C'est ce qui sort un peu des habitudes, des choses ordinaires, ce qui est un peu amusant.

fantastique (adjectif). Une histoire fantastique est une histoire extraordinaire, formidable.

Oh! Un fantôme!

fantôme (nom masc. : *un fantôme*). Ce serait un mort qui reviendrait sur terre : On dit qu'il y a un fantôme dans le vieux château.
☐ attention, **ô**.

faon (nom masc. : *un faon*). C'est le petit de la biche et du cerf.
☐ attention, on écrit **aon** mais on prononce [an].

farandole (nom fém. : *une farandole*). C'est une danse dans laquelle on se tient tous par la main.

farce (nom fém. : *une farce*). C'est une blague, quelque chose qu'on fait juste pour rire, pour s'amuser : Pierre a mis un faux sucre qui ne fond pas dans mon café pour me faire une farce.

fardeau (nom masc. : *un fardeau, des fardeaux*). C'est un poids très lourd à porter : L'âne avait du mal à avancer avec son fardeau sur le dos.
☐ attention, **x** au pluriel.

farine (nom fém. : *la farine*). C'est de la poudre faite avec des grains de céréales écrasés : Le meunier fabriquait la farine dans son moulin. On fait le pain avec de la farine de blé.

farouche (adjectif). Un animal farouche a peur. Il s'enfuit, il part dès qu'on s'approche.

fatigant (adjectif : *il est fatigant, elle est fatigante*). Un travail fatigant fatigue, use les forces.
☐ attention, **gant**. Regarde fatiguer.

fatigue (nom fém. : *la fatigue*). C'est ce qu'on ressent quand on a fait beaucoup d'efforts, quand on n'a plus de forces, qu'on a envie de se reposer.

fatiguer (verbe). **1.** Ce travail me **fatigue**, je n'ai plus de forces. Je **suis fatigué**. **2.** En **te fatiguant** un peu plus, tu y arriveras, c'est-à-dire en faisant un peu plus d'efforts.
☐ attention, le verbe garde le **u** partout : nous nous fatig**u**ons, en se fatig**u**ant.

faucher (verbe). C'est couper l'herbe avec la faux ou avec la faucheuse : Le paysan **fauche** l'herbe du pré.

faucheuse (nom fém. : *une faucheuse*). C'est une machine pour couper les hautes herbes, pour faucher.

faucille (nom fém. : *une faucille*). C'est une petite faux pour couper les petites herbes.

faucon (nom masc. : *un faucon*). C'est un oiseau de proie. Il pique droit sur l'animal qu'il veut attraper. Il y a des gens qui dressent des faucons pour chasser.

se **faufiler** (verbe). C'est se glisser au milieu des autres : Il **s'est faufilé** dans la queue sans se faire remarquer.

faut. Regarde falloir.

faute (nom fém. : *une faute*). **1.** C'est une erreur, quelque chose qu'il ne fallait pas faire ou qui est mal fait : Il y a trop de fautes dans ta dictée. **2.** C'est ta faute si je suis en retard, c'est-à-dire c'est à cause de toi.

fauteuil (nom masc. : *un fauteuil*). Le fauteuil est plus grand et plus large que la chaise. Il a des bras de chaque côté.

fauve (nom masc. : *un fauve*). Le lion, le tigre, la panthère sont des fauves.

faux (nom fém. : *une faux*). C'est un grand outil pour couper, faucher les hautes herbes.

faux (adjectif : *un calcul faux, une addition fausse*). Un calcul faux n'est pas juste. Il y a une erreur. Ce que tu dis est faux, c'est-à-dire ce n'est pas vrai, tu te trompes ou tu mens.

favori (adjectif : *mon dessert favori, ma chanson favorite*). Ma chanson favorite, c'est celle que je préfère, celle que j'aime le mieux, le plus.
☐ attention, **ite** au féminin.

La fée.

fée (nom fém. : *une fée*). Dans les contes, les fées ont des pouvoirs magiques : D'un coup de baguette, la fée transforme la citrouille en carrosse.

se **fêler** (verbe). Le vase en tombant **s'est fêlé,** c'est-à-dire il ne s'est pas complètement cassé, mais il y a une ligne, un trait dessus qui montre qu'il est fendu.
☐ attention, **ê**.

félicitations (nom fém. pluriel). Toutes mes félicitations, c'est-à-dire bravo, je vous félicite. Je vous fais tous mes compliments.

féliciter (verbe). On **félicite** quelqu'un qui a très bien réussi, c'est-à-dire on lui fait des compliments, on lui dit des choses très agréables.

femelle (nom fém. : *une femelle*). Chez les animaux, c'est la femelle qui fait les petits ou qui pond les œufs. Par exemple, la chatte est la femelle, le chat est le mâle.

féminin (adjectif : *un prénom féminin, une voix féminine*).
1. Nathalie est un prénom féminin, c'est-à-dire un prénom de fille. **2.** On dit « une » ou « la » devant un nom féminin : une feuille, la faim. Le contraire est masculin.

femme (nom fém. : *une femme*).
1. Une petite fille devient une jeune fille puis une femme.
2. Madame Legrand est la femme de monsieur Legrand, c'est-à-dire son épouse, ils sont mariés.

fendre (verbe). **1.** Le bûcheron **fend** la bûche avec sa hache, c'est-à-dire il la coupe en deux.
2. La porte **est fendue,** il y a un endroit cassé, troué tout en longueur, c'est une fente.

fenêtre (nom fém. : *une fenêtre*).
C'est une ouverture dans le mur. Les fenêtres sont garnies de vitres.
☐ attention, ê devant t.

fente (nom fém. : *une fente*).
C'est une ouverture, un trou long et mince : Il y a une fente dans la porte, on voit à travers.

fer (nom masc. : *le fer*). **1.** C'est un métal : Les gâteaux sont dans une boîte en fer. **2.** On repasse le linge avec un fer à repasser.

férié (adjectif). Un jour férié, c'est un jour où personne ne travaille : Le 1er mai est férié.

ferme (nom fém. : *une ferme*).
Dans une ferme, il y a des poules, des canards, des cochons, des vaches. On va chercher les œufs et le lait à la ferme.

ferme (adjectif). La pâte est un peu trop ferme, c'est-à-dire un peu trop dure.

fermer (verbe). Il fait froid, **fermez** la fenêtre. La porte **est fermée,** on ne peut pas entrer.

A la ferme,
nous nous occupons des animaux.

Les manèges, la loterie, les autos tamponneuses à la fête.

fermeture (nom fém. : *une fermeture*). C'est un système pour fermer : Dans le métro, la fermeture des portes est automatique.

fermier (nom : *un fermier, une fermière*). C'est la personne qui s'occupe de la ferme.

féroce (adjectif). Un animal féroce est sauvage, cruel, méchant.

fertile (adjectif). Un terrain fertile est un terrain où tout pousse facilement.

fesse (nom fém. : *une fesse*). Les fesses, c'est le derrière : Jérôme est assis, les fesses sur les talons.

fessée (nom fém. : *une fessée*). C'est un coup, une tape sur les fesses pour punir.

festin (nom masc. : *un festin*). C'est un repas de fête extraordinaire : Dans les contes, les princes font des festins.

fête (nom fém. : *une fête*). **1.** C'est une réunion où on s'amuse beaucoup : Marc fait une fête pour son anniversaire. **2.** À la fête du village, il y a plein de choses amusantes à faire.
☐ attention, ê.

fêter (verbe). Le 15 novembre, nous **fêterons** ton anniversaire, c'est-à-dire nous ferons une fête pour ton anniversaire.
☐ attention, ê.

feu (nom masc. : *un feu, des feux*). **1.** C'est quelque chose qui brûle, qui fait des flammes : Avec ce bois, nous allons faire un feu dans la cheminée. **2.** Au carrefour, il y a des feux, c'est-à-dire trois lumières : vert, les voitures passent ; orange, elles doivent ralentir pour s'arrêter ; rouge, elles s'arrêtent.
☐ attention, **x** au pluriel.

feuillage (nom masc. : *le feuillage*). C'est l'ensemble des feuilles d'un arbre.

feuille (nom fém. : *une feuille*). **1.** Au printemps, les feuilles des arbres apparaissent. En automne, elles jaunissent et elles tombent. **2.** Une feuille de papier, c'est du papier coupé à certaines dimensions.

feuilleton (nom masc. : *un feuilleton*). C'est une histoire, un film en plusieurs épisodes qui se suivent : Marion et David regardent tous les jours leur feuilleton à la télévision.

février (nom masc.). Le mois de février est le deuxième mois de l'année. Il vient après janvier et avant mars. C'est un mois d'hiver. Février a 28 ou 29 jours.

fiancé (nom : *un fiancé, une fiancée*). C'est la personne avec qui on va bientôt se marier.

ficeler (verbe). C'est attacher avec de la ficelle.
□ attention, ficeler, avec **l**, mais il ficelle, avec **ll**.

ficelle (nom fém. : *une ficelle*). Ce sont des fils tordus ensemble. La ficelle est plus mince que la corde.

fidèle (adjectif). Un ami fidèle ne trompe pas. Il reste un ami. Il est là quand tu as besoin de lui.

fier (adjectif : *il est fier, elle est fière*). **1.** Arthur a eu une belle montre. Il est fier, c'est-à-dire il est très content et il le montre. **2.** Julie ne joue pas avec tout le monde, elle est trop fière, c'est-à-dire elle pense qu'elle est mieux que tous les autres.

fièvre (nom fém. : *la fièvre*). Bruno est malade et il a de la fièvre, c'est-à-dire sa température est au-dessus de 37 degrés.

figue (nom fém. : *une figue*). C'est le fruit d'un arbre, le figuier, qui pousse dans les pays chauds. Fraîche, elle est violette avec beaucoup de petits grains dedans. On la mange aussi sèche, elle est alors marron et plate.

figure (nom fém. : *la figure*). **1.** C'est le visage : Ma poupée a une jolie figure. **2.** Une figure, c'est aussi une forme dessinée : Le carré, le rectangle sont des figures.

fil (nom masc. : *un fil*). On coud avec une aiguille et du fil.

filet (nom masc. : *un filet*). **1.** Un filet est fait de grosses mailles de fil, de ficelle, de corde : Le pêcheur a un filet de pêche. **2.** Un filet d'eau, c'est un peu d'eau qui coule.

fille (nom fém. : *une fille*). C'est une enfant de sexe féminin. La petite fille deviendra une femme.

fillette (nom fém. : *une fillette*). C'est un autre mot pour dire une petite fille.

filleul (nom : *un filleul, une filleule*). Monsieur Laval est le parrain de David, donc David est le filleul de Monsieur Laval.

film (nom masc. : *un film*). C'est une histoire racontée en images qui bougent : Au cinéma ou à la télévision on voit des films.

filmer (verbe). C'est faire un film, photographier avec une caméra : La maîtresse nous **a filmés** pendant la récréation.

fils (nom masc. : *un fils*). C'est l'enfant garçon : Les Laval ont un fils et deux filles.
☐ attention au l qui ne se prononce pas.

filtre (nom masc. : *un filtre*). Le filtre sert à retenir certaines choses et à en laisser passer d'autres : Le café reste dans le filtre. L'eau passe à travers.

fin (nom fém. : *la fin*). C'est le contraire du début, du commencement, quand quelque chose se termine, finit : À la fin du film tout s'arrange.

fin (adjectif : *un trait fin, une plume fine*). Ce qui est fin est mince, léger. C'est le contraire de gros, épais.

finale (nom fém. : *la finale*). C'est le dernier match d'une compétition.

finesse (nom fém. : *la finesse*). C'est la qualité de ce qui est fin : Admire la finesse de ce tissu.

finir (verbe). C'est terminer ou se terminer : Luc **a fini** ses devoirs, il peut jouer. L'histoire **finit** bien.

fixe (adjectif). Ce qui est fixe ne bouge pas : Sur le bateau, les meubles sont vissés au sol. Ils sont fixes.

fixer (verbe). **1.** C'est attacher, faire tenir : Maintenant, nous **fixons** le tableau au mur. **2.** Le chien **fixait** son maître, c'est-à-dire il le regardait sans bouger son regard.

flacon (nom masc. : *un flacon*). C'est une petite bouteille : Zoé collectionne les petits flacons de parfum.

flair (nom masc. : *le flair*). Le chien a du flair, c'est-à-dire il sent et il reconnaît les odeurs. Grâce à son flair, il peut retrouver quelqu'un.

flairer (verbe). Le chien **flaire** la piste, c'est-à-dire il sent un peu partout pour reconnaître les odeurs.

flamant (nom masc. : *un flamant*). C'est un grand oiseau. Il a de très longues pattes et un très long cou souple. Il vit au bord des lacs ou des marais.

Les flamants roses.

F G H I J K L M N O

Une descente aux flambeaux.

flambeau (nom masc. : *un flambeau, des flambeaux*). C'est une sorte de torche, un bâton enflammé au bout, pour faire de la lumière.
☐ attention, **m** devant **b**, et **x** au pluriel.

flamber (verbe). C'est brûler avec des flammes : Le bois **flambe** dans la cheminée.
☐ attention, **m** devant **b**.

flamme (nom fém. : *une flamme*). Il y a des flammes quand il y a du feu, quand on allume une allumette. C'est une lumière rouge, orange qui chauffe, brûle.

flanc (nom masc. : *un flanc*). Les flancs d'un animal, ce sont ses côtés : Luc caresse le flanc du cheval.
☐ attention, **c** à la fin qui ne se prononce pas.

flaque (nom fém. : *une flaque*). C'est de l'eau par terre : Il a plu, il y a des flaques d'eau. C'est amusant de marcher dedans !

flèche (nom fém. : *une flèche*). **1.** C'est une arme : Les Indiens tiraient des flèches avec leurs arcs. **2.** C'est un dessin en forme de flèche pour indiquer une direction.
☐ attention, **è**.

fléchette (nom fém. : *une fléchette*). C'est une petite flèche : Bruno a une cible et des fléchettes.
☐ attention, **é**.

fleur (nom fém. : *une fleur*). La rose, la tulipe, la marguerite sont des fleurs. On en fait des bouquets.

Les fleurs des bois.

Les fleurs des champs.

fleurir (verbe). Les arbres **fleurissent**, c'est-à-dire des fleurs apparaissent sur les branches.

fleuriste (nom : *un* ou *une fleuriste*). C'est la personne qui vend des fleurs.

fleuve (nom masc. : *un fleuve*). C'est un cours d'eau qui va jusqu'à la mer. Le fleuve est plus grand que la rivière. La Seine et la Loire sont des fleuves.

flocon (nom masc. : *un flocon*). C'est une petite masse de neige : La neige tombe en gros flocons.

flot (nom masc. : *un flot*). **1.** Le bateau se balance sur les flots, c'est-à-dire sur l'eau. **2.** Quel flot de paroles ! C'est-à-dire quelle grande quantité de paroles !

flotte (nom fém. : *une flotte*). C'est un ensemble de bateaux, surtout militaires.

flotter (verbe). C'est rester à la surface de l'eau, sans s'enfoncer : Le bois **flotte** sur l'eau.

flou (adjectif : *un dessin flou, une photo floue*). Ce qui est flou n'est pas net. On voit mal les contours, les formes exactes.

fluet (adjectif : *il est fluet, elle est fluette*). Un enfant fluet est très mince. Il a l'air d'être fragile.

fluide (adjectif). Ce qui est fluide peut couler : L'eau, les liquides sont fluides.

flûte (nom fém. : *une flûte*). C'est un instrument de musique. On souffle dans la flûte en posant les doigts sur certains trous.
☐ attention, **û**, et regarde instrument.

foie (nom masc. : *le foie*). Le foie est dans le ventre, c'est un organe : Marie a mangé trop de chocolat, elle a mal au foie.
☐ attention, **e** à la fin.

foin (nom masc. : *le foin*). Ce sont les hautes herbes fauchées, coupées qu'on laisse sécher. L'hiver, les animaux mangent le foin.

Chez le fleuriste.

Une fleur.

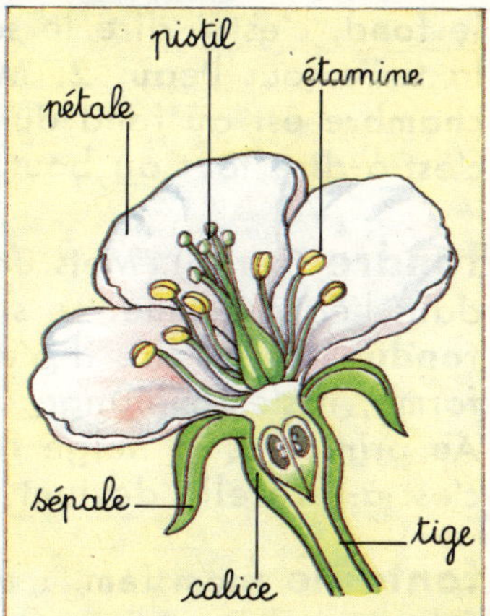

foire (nom fém. : *une foire*). C'est comme un grand marché : Les paysans vendent leurs produits, leurs animaux à la foire.

fois (nom fém. : *une fois*).
1. C'est la première fois que je viens, c'est-à-dire je ne suis jamais venu. Il a mangé trois fois un bonbon, c'est-à-dire il a mangé trois bonbons. **2.** Aline est jolie et gentille **à la fois,** c'est-à-dire en même temps.

folie (nom fém. : *une folie*). C'est quelque chose que l'on fait qui n'est pas raisonnable : C'est une folie de skier dans ce brouillard.

folle. Regarde fou.

foncé (adjectif : *un rouge foncé, une couleur foncée*). Les couleurs foncées sont plus proches du noir que du blanc. C'est le contraire des couleurs claires.

fonctionner (verbe). La télévision ne **fonctionne** plus, c'est-à-dire elle ne marche plus.

fond (nom masc. : *le fond*).
1. L'eau est transparente, on voit le fond, c'est-à-dire le sol, la terre sous l'eau. **2.** Ma chambre est au fond du couloir, c'est-à-dire tout au bout.

fondre (verbe). Mets un sucre dans l'eau. Remue. Le sucre **a fondu,** c'est-à-dire il n'a plus sa forme, il s'est mélangé à l'eau. Au printemps la neige **fond,** c'est-à-dire elle devient de l'eau.

La fontaine.

fontaine (nom fém. : *une fontaine*). Autrefois, on allait chercher l'eau à la fontaine. Aujourd'hui, il y a encore de jolies fontaines dans les villages.

football (nom masc. : *le football*). C'est un sport. On joue à deux équipes. Il faut envoyer le ballon rond dans les buts de l'adversaire, avec le pied ou avec la tête, jamais avec les mains.
☐ attention, on écrit **oo** et **all,** et on prononce [ou] et [ol].

force (nom fém. : *une force*).
1. La force, c'est ce qui rend capable de faire des efforts : Pierre a de la force, il va m'aider à porter les paquets.
2. Aline et toi, vous êtes de la même force en calcul, c'est-à-dire vous êtes au même niveau, vous savez les mêmes choses.

forcément. C'est un autre mot pour évidemment, naturellement, obligatoirement : Si tu te lèves trop tard, tu seras forcément en retard.

forcer (verbe). **1.** C'est obliger : Ses parents l'**ont forcée** à venir, elle ne pouvait pas faire

Nous regardons le match de football.

autrement. **2.** Les voleurs **ont forcé** la porte, c'est-à-dire ils l'ont ouverte sans la clé. **3.** Tu n'as plus faim mais **force-toi,** c'est-à-dire mange quand même.
☐ attention, nous forçons, avec **ç**.

forêt (nom fém. : *une forêt*). C'est un lieu, un terrain où il y a beaucoup d'arbres.
☐ attention, **ê**.

forger (verbe). Le forgeron **forge** le fer, c'est-à-dire il lui donne une forme avec du feu et des coups de marteau.
☐ attention, nous forgeons, avec **e**.

forgeron (nom masc. : *un forgeron*). C'est celui qui forge le fer, qui fabrique les grilles, les objets en fer forgé.

format (nom masc. : *le format*). Ce sont les dimensions d'une feuille, d'un livre.

forme (nom fém. : *une forme*). **1.** Le carré, le rond sont des formes. J'aime bien la forme de cette robe, c'est-à-dire ses lignes, son allure générale. **2.** Ce matin je suis **en forme,** c'est-à-dire je me sens bien.

former (verbe). **1.** C'est faire, dessiner une forme : Zoé **forme** bien ses lettres. **2.** Nous allons **former** deux équipes, c'est-à-dire les faire, dire qui en fait partie. **3.** La crème **se forme** à la surface du lait, c'est-à-dire elle se fait, elle apparaît.

formidable (adjectif). Le film était formidable, c'est-à-dire très bien, extraordinaire.

Le forgeron.

F G H I J K L M N O

formule (nom fém. : *une formule*). On dit que « abracadabra » est une formule magique, c'est-à-dire un mot ou un ensemble de mots que l'on prononce.

fort (adjectif : *il est fort, elle est forte*). **1.** Une personne forte a de la force : Tu es plus fort que moi, porte ce paquet. **2.** Je suis fort en calcul, c'est-à-dire j'ai de bonnes notes. **3.** La musique est trop forte, cela me fait mal aux oreilles, c'est-à-dire trop haute. **4.** Maman boit son thé très fort, c'est-à-dire avec beaucoup de thé et pas beaucoup d'eau.

fortune (nom fém. : *une fortune*). C'est beaucoup d'argent, beaucoup de richesses.

fosse (nom fém. : *une fosse*). C'est un grand trou creusé dans la terre.

fossé (nom masc. : *un fossé*). C'est le creux de chaque côté de la route : La voiture est allée dans le fossé.

fossette (nom fém. : *une fossette*). C'est un petit creux dans la joue : Zoé a des fossettes quand elle rit.

fou (adjectif : *il est fou, elle est folle*). Quelqu'un qui est fou ne sait pas ce qu'il dit ni ce qu'il fait. Il n'a plus sa tête.

foudre (nom fém. : *la foudre*). C'est une sorte de force électrique de l'orage. La foudre produit l'éclair et le tonnerre.

fouet (nom masc. : *un fouet*). C'est une bande, une lanière de cuir attachée à un manche pour frapper, donner des coups, fouetter.

fouetter (verbe). Le malheureux **a été fouetté**, c'est-à-dire on lui a donné des coups de fouet.

fougère (nom fém. : *la fougère*). C'est une plante des bois avec des feuilles très découpées et très grandes.

Dans les fougères.

fouiller (verbe). C'est chercher partout en remuant les choses : Qui **a fouillé** dans mon armoire ?

foulard (nom masc. : *un foulard*). C'est un tissu léger qu'on met autour du cou ou sur la tête.
☐ attention, **d** à la fin.

foule (nom fém. : *la foule*). C'est beaucoup de gens en même temps au même endroit : Il s'est perdu dans la foule.

fouler (verbe). Jean **s'est foulé** la cheville, c'est-à-dire il s'est tordu très fort la cheville et cela lui fait très mal.

four (nom masc. : *un four*). La chaleur à l'intérieur d'un four peut être très forte. Nous mettons les gâteaux à cuire dans le four.

fourche (nom fém. : *une fourche*). On ramasse le foin avec une fourche. Elle a un long manche et de longues pointes en fer au bout.

fourchette (nom fém. : *une fourchette*). La fourchette sert pour manger. On pique sa viande avec la fourchette.

fourmi (nom fém. : *une fourmi*). Les fourmis sont de tout petits animaux, des insectes. Elles vivent en groupe, construisent des fourmilières, creusent des galeries à l'intérieur. Ce sont les femelles qui travaillent. On les appelle les ouvrières.
☐ attention, **i** à la fin.

Les fourmis.

fourmilière (nom fém. : *une fourmilière*). C'est un petit tas de terre construit par les fourmis et où elles vivent.

fournir (verbe). C'est donner, procurer : L'école nous **fournit** nos livres.

fourrage (nom masc. : *le fourrage*). Ce sont les plantes, les herbes qui servent de nourriture au bétail.

fourré (nom masc. : *un fourré*). C'est un groupe d'herbes hautes, d'arbustes très serrés les uns contre les autres : Le lièvre s'est caché dans un fourré.

fourré (adjectif : *un bonbon fourré, une datte fourrée*). Dans un bonbon fourré, il y a de la crème ou de la pâte à l'intérieur.

fourrière (nom fém. : *la fourrière*). C'est là où on emmène les animaux abandonnés.

fourrure (nom fém. : *la fourrure*). C'est l'ensemble des poils de certains animaux.

foyer (nom masc. : *un foyer*). C'est la maison, l'endroit où on vit en famille : Ils vivaient dans un foyer heureux.

fracture (nom fém. : *une fracture*). Pierre a une fracture de la jambe, c'est-à-dire il s'est cassé la jambe.

fragile (adjectif). **1.** Ce qui est fragile se casse facilement, s'abîme facilement. **2.** Un enfant fragile tombe souvent malade.

F G H I J K L M N O

fragment (nom masc. : *un fragment*). C'est un morceau : Pierre ramasse les fragments du vase cassé.

fraîcheur (nom fém. : *la fraîcheur*). **1.** Chercher la fraîcheur, c'est chercher un endroit où il fait frais. **2.** Maman vérifie la fraîcheur des œufs, c'est-à-dire elle vérifie qu'ils sont bien frais.
☐ attention, **î**.

frais (adjectif : *un endroit frais, une eau fraîche*). **1.** Ce qui est frais est presque froid : Quand on a chaud, c'est bon de boire de l'eau fraîche. **2.** Des œufs frais sont des œufs pondus depuis peu de temps.
☐ attention, **î** au féminin.

fraise (nom fém. : *une fraise*). C'est un petit fruit rouge qui pousse sur une plante, le fraisier.
☐ regarde fruit.

framboise (nom fém. : *une framboise*). C'est un tout petit fruit rose foncé qui pousse sur une plante, le framboisier.
☐ attention, **m** devant **b**, et regarde fruit.

franc (nom masc. : *un franc*). En France, on compte l'argent avec des francs. C'est le nom de la monnaie française.

franc (adjectif : *il est franc, elle est franche*). Une personne franche dit ce qu'elle pense vraiment. Elle ne ment pas.

franchement. C'est vraiment, honnêtement, sincèrement : Dis-moi franchement ce que tu penses, c'est-à-dire n'hésite pas, sois franc, ne me mens pas.

franchir (verbe). C'est passer au-dessus, au-delà : Le cheval **a franchi** la haie. On ne doit pas **franchir** cette ligne, c'est-à-dire on ne doit pas la dépasser.

frange (nom fém. : *une frange*). Ce sont des cheveux coupés pour retomber sur le front.

frapper (verbe). C'est donner des coups : Maman, quelqu'un **frappe** à la porte. Pierre m'**a frappé**.

frein (nom masc. : *un frein*). Le frein sert à freiner, à ralentir, à s'arrêter : Au secours ! Mon vélo n'a plus de freins !

freiner (verbe). C'est aller moins vite, ralentir : Appuie sur le frein pour **freiner**.

frémir (verbe). C'est un autre mot pour trembler : Nous **frémissions** de peur pendant le film.

fréquent (adjectif : *un cas fréquent, une histoire fréquente*). Ce qui est fréquent arrive souvent. Le contraire est rare.

frère (nom masc. : *un frère*). Ton frère a les mêmes parents que toi. C'est un garçon. Le frère aîné est plus vieux, le frère cadet est plus jeune.

frétiller (verbe). C'est remuer avec des petits mouvements très rapides : Les poissons **frétillent**. Le chien a la queue qui **frétille**.

friandise (nom fém. : *une friandise*). Les bonbons, les chocolats, les caramels sont des friandises.

frileux (adjectif : *il est frileux, elle est frileuse*). Une personne frileuse a facilement froid.

frimousse (nom fém. : *une frimousse*). C'est un mot gentil pour un visage qu'on aime bien, qu'on trouve mignon.

friper (verbe). C'est froisser, chiffonner.

Julie est frisée, Cléa a les cheveux raides.

friser (verbe). C'est faire de petites boucles : Mes cheveux **frisent**. Quand il pleut, ils **sont** tout **frisés**.

frisson (nom masc. : *un frisson*). Quand on a très froid ou quand on a de la fièvre, on a des frissons, c'est-à-dire le corps bouge tout d'un coup sans qu'on puisse l'empêcher.

frissonner (verbe). C'est avoir des frissons : Pierre a froid, il **frissonne**.

froid (adjectif : *un lait froid, une eau froide*). La neige est froide. La glace est froide. Leurs températures sont basses.

froisser (verbe). C'est chiffonner, faire de mauvais plis, friper : Tu **as froissé** ta robe, il faut la repasser.

frôler (verbe). C'est toucher presque : La voiture nous **a frôlés**.
☐ attention, **ô**.

fromage (nom masc. : *un fromage*). C'est un aliment. On le fait à partir du lait de la vache, de la chèvre ou de la brebis.

froncer (verbe). **Froncer** les sourcils, c'est les rapprocher en plissant le front : Papa n'est pas content, il **fronce** les sourcils.
☐ attention, nous fronçons, avec **ç**.

front (nom masc. : *le front*). C'est la partie du visage entre les yeux et les cheveux : Marie a un grand front.

frontière (nom fém. : *la frontière*). C'est la limite d'un pays. De l'autre côté de la frontière, c'est un autre pays.

frotter (verbe). **1.** C'est passer la main plusieurs fois avec force : **Frotte** la tache avec du savon. **2.** Le chat **se frotte** contre ma jambe, c'est-à-dire il bouge son corps contre ma jambe.

Chez le marchand de fruits.

fruit (nom masc. : *un fruit*). D'abord le pommier est en fleurs, ensuite il donne ses fruits, les pommes.

fuir (verbe). **1.** C'est partir très vite pour ne pas être rattrapé : Ne fais pas de bruit, tu vas faire **fuir** les oiseaux. **2.** Le robinet **fuit**, c'est-à-dire il y a toujours de l'eau qui coule, il y a une fuite.

fuite (nom fém. : *une fuite*). **1.** Le voleur a pris la fuite, c'est-à-dire, il a fui, il s'est enfui. **2.** Papa répare la fuite du robinet, c'est-à-dire là où le robinet fuit, laisse passer l'eau.

fumée (nom fém. : *la fumée*). Ce sont les poussières grises et les gaz qui montent au-dessus d'un feu ou d'une cigarette allumée.

fumer (verbe). **1.** C'est faire de la fumée : Quand le bois est humide, le feu **fume** beaucoup. **2.** C'est aspirer la fumée des cigarettes, de la pipe.

funambule (nom : *un* ou *une funambule*). C'est un acrobate qui marche sur une corde.
□ attention, **m** devant **b.**

Une funambule.

furieux (adjectif : *il est furieux, elle est furieuse*). Une personne furieuse est une personne très en colère.

fusée (nom fém. : *une fusée*). La fusée monte dans le ciel. Elle traverse l'espace. Elle peut aller sur la Lune.

fusil (nom masc. : *un fusil*). C'est une arme à feu qui envoie des balles ou des plombs : Les chasseurs ont des fusils.
☐ attention, l à la fin qui ne se prononce pas.

fusiller (verbe). C'est tuer avec un fusil : Dans le film, le prisonnier **est fusillé**.

futur (nom masc. : *le futur*). Le futur, c'est ce qui se passera après maintenant, plus tard, dans l'avenir : Demain, c'est le futur. Comment sera la ville du futur ?

futur (adjectif : *mon futur métier, ma vie future*). Mon futur métier, c'est le métier que j'aurai après, plus tard.

Voilà comment j'imagine une ville dans le futur.

F G H I J K L M N O

g

gâcher (verbe). C'est utiliser, dépenser, abîmer pour rien, c'est gaspiller : Pour écrire une petite lettre, Marie **a gâché** au moins cinq feuilles de papier.
☐ attention, **â**.

gâchette (nom fém. : *une gâchette*). C'est là où on appuie pour faire partir un coup de revolver, de fusil.
☐ attention, **â**.

gâchis (nom masc. : *le gâchis*). Ce sont toutes les choses qu'on a gâchées, utilisées, abîmées pour rien : Regarde tous ces tubes de peinture écrasés, quel gâchis !
☐ attention, **â**, et **s** à la fin.

gag (nom masc. : *un gag*). C'est une petite scène très drôle : Il veut arroser le jardin. Il tient le tuyau à l'envers. Il est tout éclaboussé. C'est un gag.

gage (nom masc. : *un gage*). C'est ce qu'on est obligé de faire quand on perd à certains jeux : Tu as perdu, ton gage, ce sera d'imiter un chat.

gagnant (nom : *le gagnant, la gagnante*). C'est la personne qui a gagné à un jeu, à une loterie, à un concours. C'est le contraire du perdant.

gagner (verbe). **1.** Pierre **a gagné** au jeu, c'est-à-dire c'est lui qui a le mieux réussi. **2.** Les grandes personnes travaillent pour **gagner** de l'argent, c'est-à-dire pour l'avoir.

gai (adjectif : *il est gai, elle est gaie*). Un enfant gai est content, joyeux, heureux. Une histoire gaie est une histoire qui amuse.

gaiement. C'est d'une manière gaie, avec joie, gaieté : Les enfants chantent gaiement.
☐ attention, **e** comme dans gaieté.

gaieté (nom fém. : *la gaieté*). J'aime bien la gaieté dans les films, c'est-à-dire quand les films sont gais, amusants.
☐ attention, **e** comme dans gaiement.

gain (nom masc. : *un gain*). C'est ce que l'on gagne : Il a réalisé un gain de 200 francs.

galaxie (nom fém. : *une galaxie*). C'est un immense groupe d'étoiles qui a la forme d'un disque, avec un soleil.

galerie (nom fém. : *une galerie*). C'est comme un long couloir : Les fourmis creusent des galeries dans leur fourmilière.

Karim et Nadia peignent sur des galets.

galet (nom masc. : *un galet*). C'est une belle pierre bien lisse, douce et ronde qu'on trouve au bord de la mer ou au fond des rivières. C'est l'eau qui donne cette forme aux galets à force de rouler les pierres.

galette (nom fém. : *une galette*). C'est une sorte de gâteau plat et rond : Le premier dimanche de janvier, on mange la galette des rois.

galipette (nom fém. : *une galipette*). Tu te penches, tu mets les mains et la tête par terre et tu roules, c'est une galipette, une roulade.

galop (nom masc. : *le galop*). Le cheval avance au galop, c'est-à-dire vite, à l'allure la plus rapide.
☐ attention, **p** à la fin qui ne se prononce pas.

galoper (verbe). Les chevaux **galopent**, c'est-à-dire ils courent au galop.
☐ attention, un seul **p**.

gambader (verbe). Les chèvres **gambadent** dans le pré, c'est-à-dire elles courent un peu partout comme si elles s'amusaient.
☐ attention, **m** devant **b**.

gamelle (nom fém. : *une gamelle*). C'est une sorte de boîte pour emporter son repas au travail.

gamin (nom : *un gamin, une gamine*). C'est un petit mot gentil pour dire un enfant : Julie n'est qu'une gamine.

gang (nom masc. : *un gang*). C'est une bande de personnes malhonnêtes, de bandits, de gangsters.

gangster (nom masc. : *un gangster*). C'est un bandit qui fait partie d'un gang.
☐ attention, on prononce le **r**.

Un concours de galipettes.

Dans l'atelier du garage.

gant (nom masc. : *un gant*). Les gants protègent les mains : L'hiver nous mettons des gants de laine pour ne pas avoir froid aux mains.

garage (nom masc. : *un garage*). **1.** C'est un lieu couvert où on range sa voiture. **2.** C'est aussi un endroit où on répare et où on vend les voitures.

garagiste (nom masc. : *le garagiste*). C'est l'homme qui travaille dans un garage. Il répare et il vend des voitures.

garantie (nom fém. : *une garantie*). C'est le papier qui prouve que la machine, le jeu, l'appareil qu'on a achetés sont garantis.
□ regarde garantir.

garantir (verbe). Mon jeu **est garanti** six mois, c'est-à-dire que s'il ne marche pas, on me le répare gratuitement pendant six mois.

garçon (nom masc. : *un garçon*). C'est un enfant de sexe masculin. Le petit garçon deviendra un homme.
□ attention, **ç**.

garde (nom : *un* ou *une garde*). **1.** C'est une personne qui surveille : Le prisonnier a échappé à ses gardes, c'est-à-dire ses gardiens. **2.** La garde-malade surveille le malade, elle s'en occupe.

A la gare,

garde (nom fém. : *la garde*). **1.** Les voisins ont la garde de notre chien pendant les vacances, c'est-à-dire ce sont eux qui le gardent, nous le leur avons confié. **2.** Monter la garde, c'est surveiller, guetter pour voir si quelqu'un vient.

garder (verbe). **1.** Ce soir je **garde** ma petite sœur, c'est-à-dire je reste avec elle, je la surveille. **2.** Je te donne ce livre, tu peux le **garder**, c'est-à-dire l'avoir longtemps ou pour toujours. **3.** Il fait froid, **garde** ton manteau, c'est-à-dire ne l'enlève pas.

garderie (nom fém. : *une garderie*). Dans une garderie, on garde les enfants dont les parents travaillent.

gardien (nom : *un gardien, une gardienne*). **1.** C'est une personne qui garde, surveille : Le gardien de l'immeuble est très gentil. **2.** Au football, le gardien de but doit arrêter le ballon devant les buts.

gare (nom fém. : *la gare*). C'est l'endroit où on prend le train, où les trains arrivent et partent.

garer (verbe). C'est ranger sa voiture quand on ne roule plus : Maman **a garé** sa voiture juste devant la maison.

garnement (nom masc. : *un garnement*). C'est un garçon qui joue de vilains tours, qui n'obéit pas beaucoup.

garnir (verbe). Son col **est garni** de dentelle, c'est-à-dire il y a de la dentelle sur son col.

gaspillage (nom masc. : *le gaspillage*). Il achète n'importe quoi, c'est du gaspillage, c'est-à-dire il gaspille son argent.

gaspiller (verbe). C'est dépenser, user, utiliser pour rien ou pour des bêtises : Ne **gaspille** pas ton argent de poche.

les trains partent et arrivent.

gâteau (nom masc. : *un gâteau, des gâteaux*). On fait les gâteaux avec de la pâte et on ajoute des fruits, de la crème ou du chocolat. Les gâteaux sont des pâtisseries.
☐ attention, **â**, et **x** au pluriel.

gâter (verbe). **1.** C'est abîmer : Pierre a une dent **gâtée. 2.** Le temps **se gâte**, il va pleuvoir. **3.** Mes oncles m'**ont gâté** pour mon anniversaire, j'ai eu plein de cadeaux. **4.** Un enfant **gâté** est un enfant à qui ses parents donnent tout ce qu'il veut.
☐ attention, **â**.

gauche (adjectif). Ton côté gauche, c'est le côté où il y a ton cœur. La main gauche, c'est la main de ce côté, l'autre, c'est la main droite.

gauche (nom fém. : *la gauche*). C'est le côté gauche : On écrit de la gauche vers la droite. Regarde à gauche, sur ta gauche.

gaucher (adjectif : *il est gaucher, elle est gauchère*). Marion est gauchère, c'est-à-dire elle écrit de la main gauche.

gaufre (nom fém. : *une gaufre*). C'est une sorte de gâteau qui se mange chaud. On fait les gaufres dans un appareil spécial.

gaufrette (nom fém. : *une gaufrette*). C'est un genre de petite gaufre sèche.

gaule (nom fém. : *une gaule*). C'est un long bâton pour faire tomber les noix, les châtaignes des arbres.

gaver (verbe). C'est donner beaucoup à manger : La fermière **gave** les oies pour qu'elles soient bien grasses.

gaz (nom masc. : *un gaz*). C'est une matière qui n'est ni solide, ni liquide : L'air est un gaz. Le gaz de la cuisinière s'enflamme.
☐ attention, le mot ne change pas au pluriel : des gaz.

gazelle (nom fém. : *une gazelle*). C'est un bel animal. La gazelle est fine, légère. Elle a de longues cornes. Elle vit en Afrique et en Asie. Elle court très vite.

Les gazelles courent.

gazeux (adjectif : *un liquide gazeux, une eau gazeuse*). Dans l'eau gazeuse, il y a du gaz qui fait des petites bulles. C'est de l'eau pétillante.

gazon (nom masc. : *le gazon*). C'est une sorte d'herbe bien verte et bien entretenue.

gazouiller (verbe). C'est faire de jolis petits bruits avec sa voix : Les bébés **gazouillent**.

geai (nom masc. : *un geai*). C'est un petit oiseau des bois, aux plumes grises et à la queue noire.
☐ regarde <u>oiseau</u>.

géant (adjectif : *un arbre géant, une ville géante*). Une ville géante, c'est une très grande ville, une ville immense.

géant (nom : *un géant, une géante*). C'est une personne beaucoup plus grande que toutes les autres : Pour les bébés, les grandes personnes ont l'air de géants.

Le géant.

gel (nom masc. : *le gel*). Les légumes ont été abîmés par le gel, c'est-à-dire par le très grand froid qui a durci la terre, gelé les herbes.

gelée (nom fém. : *la gelée*). **1.** On annonce de la gelée, c'est-à-dire il va geler. **2.** Une gelée de fruits est une sorte de confiture. Mais elle n'est faite qu'avec le jus des fruits et du sucre.

geler (verbe). **1.** C'est se transformer en glace : Il a fait tellement froid que l'eau **a gelé**. **2.** Cette nuit, il **gèle**, c'est-à-dire il fait très froid, l'herbe durcit.
☐ attention, geler, mais il gèle, avec **è**.

gémir (verbe). C'est pousser de petits cris parce qu'on a mal : Le malade **gémit** dans son lit.

gémissement (nom masc. : *un gémissement*). C'est le petit cri, le bruit de la plainte d'une personne qui gémit.

gênant (adjectif : *il est gênant, elle est gênante*). Cette lampe est gênante, c'est-à-dire sa lumière me gêne, m'ennuie.
☐ attention, **ê** comme dans <u>gêner</u>.

gencive (nom fém. : *la gencive*). C'est la chair rose à la base des dents : Quand la dent pousse, elle sort de la gencive.

gendarme (nom masc. : *un gendarme*). C'est un militaire qui fait un peu le même travail dans les villages et les campagnes que les agents de police dans les villes.

gendarmerie (nom fém. : *la gendarmerie*). C'est l'ensemble des gendarmes. C'est aussi la maison où sont les gendarmes.

gêne (nom fém. : *la gêne*). **1.** J'ai de la gêne à respirer, c'est-à-dire j'ai du mal à respirer. **2.** Être sans gêne, c'est ne pas s'occuper des autres, faire comme si on était tout seul.
☐ attention, **ê**.

gêner (verbe). **1.** Pousse-toi, tu me **gênes** pour regarder la télévision, c'est-à-dire tu m'empêches de bien voir. **2.** Pierre **était gêné**, c'est-à-dire mal à l'aise, embarrassé, ennuyé.
☐ attention, **ê**.

général (nom masc. : *un général, des généraux*). C'est un grand chef de l'armée.
☐ attention, **aux** au pluriel et regarde grade.

général (adjectif : *un ordre général, une punition générale*). **1.** Une punition générale, c'est une punition pour tout le monde. **2.** Marie se lève à 7 heures **en général**, c'est-à-dire d'habitude.
☐ attention, **aux** au masc. pluriel : des cas généraux.

généralement. C'est un autre mot pour en général, d'habitude : En décembre, il fait généralement froid.

généreux (adjectif : *il est généreux, elle est généreuse*). Une personne généreuse aime bien donner aux autres. C'est le contraire d'une personne avare.

générosité (nom fém. : *la générosité*). C'est la qualité d'une personne généreuse, bonne.

genêt (nom masc. : *le genêt*). C'est un petit arbuste qui donne de jolies fleurs jaunes. Il y a beaucoup de genêts dans les landes.
☐ attention, **ê**.

Les genêts.

génial (adjectif : *il est génial, elle est géniale, ils sont géniaux*). **1.** Un homme génial est très intelligent. **2.** Un film génial, c'est un film qu'on trouve formidable, très bien.
☐ attention, **aux** au masc. pluriel.

génie (nom masc. : *un génie*). **1.** Dans les contes de fées, les génies sont de petits êtres extraordinaires, ils ont des pouvoirs magiques. **2.** Un génie, c'est aussi une personne très douée, qui fait quelque chose mille fois mieux que toutes les autres.
☐ attention, **e** à la fin.

génisse (nom fém. : *une génisse*). C'est une jeune vache.

genou (nom masc. : *un genou, des genoux*). Le genou est entre la jambe et la cuisse. Il permet de plier la jambe.
☐ attention, **x** au pluriel.

genre (nom masc. : *un genre*). **1.** C'est une sorte, un type, une catégorie, une espèce : J'aime bien ce genre de films. **2.** Aline a un genre que je n'aime pas, c'est-à-dire une allure, des manières.

gens (nom masc. pluriel). Les gens, ce sont les personnes : Il y a des gens dans la rue.

gentil (adjectif : *il est gentil, elle est gentille*). **1.** Madame Duval est gentille avec nous, c'est-à-dire elle n'est pas sévère, elle n'est pas méchante. **2.** Les enfants sont gentils ce soir, c'est-à-dire ils sont sages.

gentillesse (nom fém. : *la gentillesse*). C'est la qualité d'une personne gentille : Madame Duval est d'une grande gentillesse.

gentiment. C'est avec gentillesse, en étant gentil : Il est gentiment venu me voir.

géographie (nom fém. : *la géographie*). C'est l'étude de la Terre, des pays, des régions.
☐ attention, **ph**.

géranium (nom masc. : *un géranium*). C'est une plante à fleurs rouges ou roses. On la fait souvent pousser dans des pots.
☐ attention, on écrit **um** mais on prononce [om], et regarde fleur.

gerbe (nom fém. : *une gerbe*). Une gerbe de blés, ce sont les tiges et les épis coupés et réunis ensemble. Une gerbe de fleurs, c'est un bouquet de longues fleurs.

gercer (verbe). Le froid m'**a gercé** les mains et les lèvres, c'est-à-dire la peau est dure et elle se fend, elle craque.
☐ attention, mes lèvres gerçaient, avec **ç**.

germe (nom masc. : *un germe*). Le germe est dans la graine. Peu à peu il pousse, il sort de la graine pour donner une nouvelle plante : Si tu laisses un haricot dans du coton mouillé, tu vas voir un germe pousser.

germer (verbe). Les haricots **germent**, c'est-à-dire leurs germes poussent.

Les haricots vont germer.

geste (nom masc. : *un geste*).
1. C'est un mouvement du corps : Ne bougez plus. Pas un geste !
2. Tu l'as aidé, c'est un beau geste, c'est-à-dire une bonne action.

gesticuler (verbe). C'est faire beaucoup de gestes, bouger sans arrêt : David **gesticule** sur sa chaise, il ne tient pas en place.

gibier (nom masc. : *le gibier*). C'est l'ensemble des animaux que l'on chasse.

giboulée (nom fém. : *une giboulée*). Tout à coup, il se met à pleuvoir très fort, quelquefois avec de la grêle, et puis cela s'arrête très vite, c'est une giboulée. C'est surtout en mars qu'il y a des giboulées.

gicler (verbe). La voiture a roulé dans la flaque. L'eau **a giclé**, c'est-à-dire elle a éclaboussé partout.

gifle (nom fém. : *une gifle*). C'est une claque sur la figure.
☐ attention, un seul **f**.

gifler (verbe). C'est donner une gifle : Son père l'**a giflé**, il a la marque de ses doigts sur la joue.
☐ attention, un seul **f**.

gigantesque (adjectif). Ce qui est gigantesque est très grand, immense, énorme.

gigoter (verbe). C'est remuer, bouger beaucoup, agiter les bras, les jambes : Le bébé **gigote** dans son bain.

gilet (nom masc. : *un gilet*). C'est un tricot boutonné sur le devant.

girafe (nom fém. : *une girafe*). C'est un grand animal d'Afrique. La girafe a un cou immense. Elle peut manger les feuilles des arbres.

Mange, belle girafe !

giroflée (nom fém. : *une giroflée*). C'est une plante à jolies fleurs, en général jaunes ou violettes.

girouette (nom fém. : *une girouette*). C'est une petite plaque de métal qui tourne pour indiquer la direction du vent : En haut du clocher de l'église, il y a une girouette en forme de coq.

givre (nom masc. : *le givre*). C'est une sorte de glace très fine qui se dépose sur les vitres, les herbes, les toits quand il fait très froid, quand il a gelé.

glace (nom fém. : *la glace*). **1.** C'est de l'eau qui a gelé : L'hiver, l'eau de la mare se transforme en glace. **2.** C'est aussi une crème très froide, délicieuse à manger. **3.** Une glace, c'est aussi une vitre ou un miroir : Lève les glaces de la voiture. Regarde-toi dans la glace.

glacé (adjectif : *un lac glacé, une eau glacée*). **1.** Il fait si froid que le lac est glacé, c'est-à-dire il est recouvert de glace. **2.** Tu as les mains glacées, c'est-à-dire très froides.

glacier (nom masc. : *un glacier*). C'est, dans les montagnes, une grande étendue de glace, comme un fleuve transformé en glace.

glaçon (nom masc. : *un glaçon*). C'est un morceau, un cube de glace : Zoé met des glaçons dans sa limonade pour qu'elle soit bien froide.
☐ attention, **ç**.

glaïeul (nom masc. : *un glaïeul*). C'est une grande fleur. On en fait de grands bouquets.
☐ attention, **ï**, et regarde fleur.

glaise (nom fém. : *la glaise*). C'est de la terre grasse, imperméable. On fait des poteries, des briques avec de la glaise ou « terre glaise ».

gland (nom masc. : *un gland*). C'est le fruit du chêne : Les cochons mangent des glands. Nous fabriquons des bonshommes avec des glands et des allumettes.

glaner (verbe). C'est ramasser dans les champs, après la moisson, les épis oubliés, qui restent par terre.

glissade (nom fém. : *une glissade*). C'est amusant de faire des glissades, c'est-à-dire de courir et de glisser tout d'un coup.

glissant (adjectif : *un parquet glissant, une route glissante*). Un parquet glissant, c'est un parquet sur lequel on glisse facilement.

glisser (verbe). **1.** Nous **avons glissé** sur une plaque de glace, c'est-à-dire nous avons dérapé, nous avons perdu l'équilibre. **2.** La souris **s'est glissée** dans un trou du mur, c'est-à-dire elle y est passée, entrée.

globe (nom masc. : *un globe*). **1.** C'est une sorte de boule. **2.** Le globe terrestre, c'est la Terre.

Avec des glands.

F G H I J K L M N O

glousser (verbe). La poule **glousse** pour appeler ses petits, c'est-à-dire elle pousse un cri spécial.

gobelet (nom masc. : *un gobelet*). C'est un verre en métal, en plastique, en carton.

godet (nom masc. : *un godet*). Quand on peint, on met l'eau dans un godet et on trempe son pinceau dedans.

goéland (nom masc. : *un goéland*). C'est un gros oiseau blanc et gris qui vole au-dessus de la mer.
☐ attention, **d** à la fin.

golf (nom masc. : *le golf*). C'est un sport : Tu dois envoyer la balle dans plusieurs trous, en te servant d'une canne spéciale qu'on appelle un club.
☐ attention, **f** à la fin.

golfe (nom masc. : *un golfe*). Quand la mer avance largement dans les terres, elle forme un golfe.
☐ attention, **e** à la fin.

gomme (nom fém. : *une gomme*). La gomme sert à gommer, à effacer le crayon ou l'encre.

gommer (verbe). C'est effacer avec une gomme.

gonfler (verbe). **1.** On **gonfle** les pneus avec une pompe, c'est-à-dire on met de l'air dedans et les pneus deviennent ronds et durs. **2.** Ma cheville **a gonflé**, c'est-à-dire elle a enflé, elle est devenue plus grosse.

gorge (nom fém. : *la gorge*). C'est le fond de la bouche.

gorgée (nom fém. : *une gorgée*). C'est la quantité de liquide que tu bois d'un seul coup : Pierre boit son jus de fruits à petites gorgées.

Les gorilles.

gorille (nom masc. : *un gorille*). C'est le plus grand et le plus fort de tous les singes. Il peut mesurer 2 mètres et peser 250 kilos. Le gorille vit en Afrique. Il mange des fruits.

gosier (nom masc. : *le gosier*). C'est le fond de la gorge.

goudron (nom masc. : *le goudron*). C'est une sorte de pâte noire qui devient dure. On recouvre les routes avec du goudron.

Il descend dans le gouffre.

gouffre (nom masc. : *un gouffre*). C'est un grand trou, très profond et naturel, dans la terre.
☐ attention, **ff**.

goulot (nom masc. : *le goulot*). C'est la partie en haut d'une bouteille, où on met le bouchon.

gourde (nom fém. : *une gourde*). C'est une bouteille spéciale, en plastique ou en métal, pour emporter à boire en promenade.

gourmand (adjectif : *il est gourmand, elle est gourmande*). Une personne gourmande aime manger les bonnes choses.

gourmandise (nom fém. : *la gourmandise*). Marion mange par gourmandise, c'est-à-dire parce qu'elle est gourmande.

gourmette (nom fém. : *une gourmette*). C'est un bracelet en forme de chaîne.

gousse (nom fém. : *une gousse*). C'est l'enveloppe longue des pois qui s'ouvre en deux. Une gousse d'ail, c'est chaque partie de l'ail qui se détache facilement.

goût (nom masc. : *le goût*). **1.** C'est ce qu'on sent avec la langue, la bouche : La sauce a un goût sucré. **2.** Avoir du goût, c'est savoir choisir de jolies choses, de jolies couleurs. **3.** Nous avons les mêmes goûts, c'est-à-dire nous aimons les mêmes choses.
☐ attention, **û**.

goûter (verbe). **1. Goûtez** mon gâteau, c'est-à-dire prenez-en un peu pour voir s'il est bon. **2.** Les enfants **goûtent** à 4 heures, c'est-à-dire ils mangent leur goûter.
☐ attention, **û**.

goûter (nom masc. : *le goûter*). C'est le repas de quatre heures.
☐ attention, **û**.

goutte (nom fém. : *une goutte*). C'est une toute petite quantité de liquide, d'eau qui tombe d'un coup : On a reçu quelques gouttes de pluie.

gouttelette (nom fém. : *une gouttelette*). C'est une toute petite goutte.

gouttière (nom fém. : *une gouttière*). Les gouttières sont au bord des toits. Elles reçoivent l'eau de pluie.
☐ attention, **tt** comme dans goutte.

F **G** H I J K L M N O

On dirige le bateau avec le gouvernail.

gouvernail (nom masc. : *un gouvernail*). Le gouvernail est à l'arrière du bateau. On l'oriente à gauche ou à droite pour pouvoir diriger, conduire le bateau.

gouvernement (nom masc. : *le gouvernement*). C'est l'ensemble des personnes, qu'on appelle des ministres, qui gouvernent, dirigent le pays.

gouverner (verbe). C'est commander, diriger un pays.

grâce (nom fém. : *la grâce*). Marion danse avec beaucoup de grâce, c'est-à-dire ses mouvements sont souples, jolis, agréables à voir.
☐ attention, **â**.

grâce à. J'ai réussi grâce à toi, c'est-à-dire parce que tu m'as aidé.
☐ attention, **â**.

gracieux (adjectif : *il est gracieux, elle est gracieuse*). Une petite fille gracieuse a de la grâce ; ses gestes, ses mouvements sont agréables à voir.
☐ attention, gr**a**cieux, avec **a**, mais gr**â**ce, avec **â**.

grade (nom masc. : *un grade*). C'est un niveau, un rang dans l'armée, dans la police : Dans l'armée, le grade le plus élevé est celui de général ; après viennent le colonel, le commandant, le capitaine, le lieutenant, l'adjudant, le sergent.

gradin (nom masc. : *un gradin*). Au cirque, les spectateurs sont assis sur des gradins. Ce sont des sortes de bancs les uns au-dessus des autres, comme des marches d'escaliers.

grain (nom masc. : *un grain*). **1.** Un grain de sable, c'est un tout petit morceau du sable. **2.** Les grains de raisin sont attachés à la grappe. **3.** Les céréales donnent des grains : grains de blé, de maïs.

graine (nom fém. : *une graine*). Dans les fruits ou les fleurs il y a des graines. Si on sème les graines, elles germent, et puis une nouvelle plante pousse.

graisse (nom fém. : *la graisse*). **1.** La graisse est entre la chair et la peau, c'est le gras. **2.** La graisse, c'est aussi une pâte ou un liquide qui sert à mieux faire glisser, tourner, marcher des moteurs, des mécanismes.

graisser (verbe). C'est mettre de la graisse : La serrure marche mal, il faut la **graisser**.

gramme (nom masc. : *un gramme*). Il y a mille grammes dans un kilo. Les grammes mesurent le poids.

grand (adjectif : *il est grand, elle est grande*). **1.** Je t'arrive à l'épaule, tu es plus grand que moi, tu mesures plus de centimètres. **2.** J'ai un grand frère, c'est-à-dire un frère plus vieux.

grand-chose. Il n'y a pas grand-chose à manger, c'est-à-dire presque rien, pas beaucoup de choses.

grandeur (nom fém. : *la grandeur*). Ces deux arbres ont la même grandeur, c'est-à-dire la même taille, ils sont aussi grands l'un et l'autre.

grandir (verbe). C'est devenir plus grand : Pierre **a grandi** pendant les vacances.

grand-mère (nom fém. : *une grand-mère*). La mère de mon père est ma grand-mère paternelle. La mère de ma mère est ma grand-mère maternelle.
□ attention au pluriel : des grand-mères ou des grands-mères.

grand-père (nom masc. : *un grand-père*). Mon grand-père paternel est le père de mon père. Mon grand-père maternel est le père de ma mère.
□ attention au pluriel : des grands-pères.

grands-parents (nom masc. pluriel). Mon grand-père et ma grand-mère sont mes grands-parents.

grange (nom fém. : *une grange*). C'est dans la grange qu'on range le foin pour l'hiver.

Dans la grange.

grappe (nom fém. : *une grappe*). Ce sont plusieurs grains, plusieurs petits fruits accrochés sur une seule tige : Le raisin est en grappes.

gras (nom masc. : *le gras*). Le gras du jambon, de la viande, c'est là où il y a de la graisse entre la viande et la peau.

gras (adjectif : *il est gras, elle est grasse*). **1.** L'huile, le beurre sont des matières grasses. Ce qui est gras a de la graisse. **2.** Un homme gras est trop gros, il a trop de graisse sur le corps.

grassouillet (adjectif : *il est grassouillet, elle est grassouillette*). Un enfant grassouillet est un petit peu gros, il est dodu, potelé.

F G H I J K L M N O

gratter (verbe). **1.** C'est frotter avec quelque chose de dur : Le chat **gratte** le sol avec ses griffes. **Se gratter,** c'est frotter sa peau avec ses ongles. **2.** Mon pull me **gratte,** c'est-à-dire j'ai envie de me gratter.

gratuit (adjectif : *un billet gratuit, une entrée gratuite*). L'entrée de la piscine est gratuite, c'est-à-dire on n'a pas besoin de payer.

grave (adjectif). **1.** Les hommes ont une voix plus grave, plus basse que les femmes. Le contraire est aigu. **2.** Un accident grave fait beaucoup de mal.

graver (verbe). C'est dessiner en creusant avec une pointe : Nous **avons gravé** nos noms sur l'arbre de la cour.

gravier (nom masc. : *le gravier*). Ce sont de tout petits cailloux sur les chemins ou au fond des rivières.

gravure (nom fém. : *la gravure*). Avec ce jeu, tu fais de la gravure sur bois, c'est-à-dire tu graves le bois.

grêle (nom fém. : *la grêle*). C'est une forte pluie faite d'eau gelée, de petits morceaux de glace.
☐ attention, ê.

grêler (verbe). Il **grêle,** c'est-à-dire il tombe de la grêle.
☐ attention, ê.

grêlon (nom masc. : *un grêlon*). C'est un morceau de grêle, de glace qui tombe en pluie.
☐ attention, ê.

grelot (nom masc. : *un grelot*). C'est une petite boule de métal qui fait du bruit quand elle bouge : Les chèvres ont des grelots autour du cou.

grelotter (verbe). C'est trembler très fort parce qu'on a froid : Le malade **grelotte** malgré ses couvertures.

grenadine (nom fém. : *la grenadine*). C'est un sirop rouge qu'on mélange avec de l'eau pour le boire.

grenier (nom masc. : *le grenier*). C'est la partie de la maison qui est sous les toits : Il y a de vieilles affaires au grenier.

grenouille (nom fém. : *une grenouille*). C'est un petit animal qui saute et qui nage. Avant d'être une grenouille, c'est un têtard.

Le têtard deviendra grenouille.

grève (nom fém. : *une grève*). Faire la grève, c'est s'arrêter de travailler pour montrer qu'on n'est pas content, que quelque chose ne va pas.

gribouiller (verbe). C'est dessiner n'importe quoi : Les enfants **ont gribouillé** sur les murs.

griffe (nom fém. : *une griffe*). C'est comme un ongle très pointu : Le chat s'accroche aux arbres avec ses griffes pour grimper.

griffer (verbe). Le chat m'**a griffé**, c'est-à-dire il m'a donné un coup de griffe.

grignoter (verbe). C'est manger petit bout par petit bout : La souris **grignote** son fromage.

grillage (nom masc. : *un grillage*). Ce sont des fils de fer qui se croisent et qui forment une sorte de barrière : La cage du lapin est fermée par un grillage.

grille (nom fém. : *une grille*). La grille est faite de barres de métal : Le jardin est fermé par une grille.

griller (verbe). C'est cuire sur la flamme, sur un feu très fort : Les poissons **grillent** sur le feu.

grillon (nom masc. : *un grillon*). C'est un insecte qui saute et qui fait du bruit en frottant ses ailes l'une contre l'autre. On l'appelle aussi « cricri ».

grimace (nom fém. : *une grimace*). C'est un mouvement drôle ou pas joli du visage : Zoé fait des grimaces pour faire rire ses camarades.

grimper (verbe). C'est monter en haut de quelque chose, c'est escalader : Arthur et Marion **grimpent** dans l'arbre.
☐ attention, **m** devant **p.**

grincer (verbe). La porte **grince,** c'est-à-dire elle fait un bruit désagréable quand on l'ouvre, quand on la ferme.
☐ attention, la porte grin**ç**ait, avec **ç.**

grippe (nom fém. : *une grippe*). C'est une maladie. On a de la fièvre, on tousse, on a mal un peu partout.

gris (adjectif : *un ciel gris, une couleur grise*). En mélangeant du noir et du blanc, on obtient une couleur grise.

gris (nom masc. : *le gris*). C'est la couleur grise.

grive (nom fém. : *une grive*). C'est un petit oiseau qui aime manger le raisin dans les vignes.
☐ regarde <u>oiseau</u>.

grogner (verbe). Le cochon, l'ours **grognent**. C'est leur cri à eux.

gronder (verbe). **1.** Le tonnerre **gronde,** on entend son bruit comme un roulement de tambour. **2.** La maîtresse m'**a grondée,** c'est-à-dire elle m'a fait des reproches.

F **G** H I J K L M N O

Que de merveilles dans les grottes !

gros (adjectif : *il est gros, elle est grosse*). **1.** Un gros crayon est épais, il fait des traits épais, larges. Le contraire est fin. **2.** Je suis trop grosse, c'est-à-dire trop lourde. Le contraire est mince.

groseille (nom fém. : *une groseille*). C'est un petit fruit rond, rouge ou blanc, qui pousse en grappes sur un arbuste qu'on appelle le groseillier.

grosseur (nom fém. : *la grosseur*). C'est la dimension en largeur, en épaisseur : Tu veux un crayon de quelle grosseur ? Ces œufs ont la même grosseur.

grossir (verbe). **1.** C'est devenir plus gros : Papa **a grossi,** il mange trop. **2.** La loupe **grossit** ce qu'on regarde, c'est-à-dire on a l'impression que c'est plus gros, plus grand.

grotte (nom fém. : *une grotte*). C'est comme une pièce, une salle dans un rocher, dans une montagne ou sous la terre.

groupe (nom masc. : *un groupe*). **1.** Ce sont plusieurs personnes ensemble. **2.** Un groupe de maisons, ce sont plusieurs maisons les unes à côté des autres.

grouper (verbe). **1. Groupez** les allumettes par deux, c'est-à-dire faites des tas, des groupes de deux allumettes. **2.** Les élèves **se groupent** devant la classe, c'est-à-dire ils se mettent ensemble.

grue (nom fém. : *une grue*). **1.** Avec une grue, on lève très haut des blocs de pierre, des matériaux. **2.** Une grue, c'est aussi un grand oiseau avec de longues pattes très fines.

gruyère (nom masc. : *le gruyère*). C'est un fromage avec des trous. Il est fait avec du lait de vache.

guenon (nom fém. : *la guenon*). C'est la femelle du singe.

guêpe (nom fém. : *une guêpe*). Le corps de la guêpe est jaune et

noir. La guêpe vit en groupe comme l'abeille. Elle pique.
☐ attention, ê, et regarde insecte.

guérir (verbe). C'est ne plus être malade : Zoé prend ses médicaments. Elle **guérira** vite.

guérison (nom fém. : *la guérison*). C'est bientôt la guérison, c'est-à-dire tu seras bientôt guéri.

guerre (nom fém. : *une guerre*). C'est une bataille entre deux ou plusieurs pays.

guet (nom masc. : *le guet*). Faire le guet, c'est guetter, surveiller si quelqu'un vient.

guetter (verbe). C'est regarder avec attention pour voir si quelqu'un vient : Quand je reviens seul de l'école, maman me **guette** par la fenêtre.

gueule (nom fém. : *la gueule*). C'est le nom de la bouche de certains animaux.

gui (nom masc. : *le gui*). C'est une plante avec des petites boules blanches.

guide (nom : *le* ou *la guide*). C'est la personne qui accompagne des touristes, des visiteurs. Le guide explique ce qu'il y a à voir.

guider (verbe). C'est montrer le chemin : Je ne connais pas cette maison, **guide**-moi.

guidon (nom masc. : *le guidon*). C'est la partie du vélo où tu poses tes mains. Le guidon te permet de diriger ton vélo.

guignol (nom masc. : *un guignol*). C'est un théâtre de marionnettes dont un des personnages s'appelle « Guignol ».

F G H I J K L M N O

Une grue.

C'est Guignol !

guirlande (nom fém. : *une guirlande*). Ce sont des fleurs ou des jolis papiers, accrochés les uns aux autres, pour décorer, pour faire joli.

guitare (nom fém. : *une guitare*). C'est un instrument de musique avec des cordes.
☐ regarde instrument.

gymnase (nom masc. : *un gymnase*). C'est une grande salle pour faire de la gymnastique.
☐ attention, **y**.

gymnastique (nom fém. : *la gymnastique*). Au cours de gymnastique, il y a du saut, de la course, du grimper, des mouvements au sol : Nous faisons de la gymnastique deux fois par semaine à l'école.
☐ attention, **y**.

La gymnastique.

h

habile (adjectif). Une personne habile sait faire beaucoup de choses avec ses mains, elle est adroite.

habileté (nom fém.). L'habileté, c'est la qualité d'une personne habile.

habiller (verbe). C'est mettre des habits, des vêtements : Marie **habille** sa poupée.

habit (nom masc. : *un habit*). C'est un vêtement.

habitant (nom : *un habitant, une habitante*). C'est une personne qui habite quelque part : Il y a 300 habitants dans notre village.

habiter (verbe). Nous **habitons** dans cette maison, c'est-à-dire nous vivons là, nous logeons là.

habitude (nom fém. : *une habitude*). **1.** J'ai l'habitude de me lever à sept heures, c'est-à-dire je me lève tout le temps à sept heures.
2. D'habitude, il est de bonne humeur, c'est-à-dire presque toujours.

s'**habituer** (verbe). C'est prendre l'habitude : C'est difficile au début, mais tu **t'habitueras** vite.

***hache** (nom fém. : *une hache*). On fend le bois avec une hache. C'est une grosse lame plate au bout d'un manche.

***hacher** (verbe). C'est couper en tout petits morceaux : Le boucher **hache** la viande.

***hachures** (nom fém. pluriel). Des hachures, ce sont des traits en travers d'un dessin.

***haie** (nom fém. : *une haie*). Ce sont des arbustes les uns à côté des autres, bien en ligne, qui forment comme une barrière : M. Duval taille les haies de son jardin.

Les chevaux sautent la haie.

F G **H** I J K L M N O

***haillons** (nom masc. pluriel). Les haillons, ce sont de vieux vêtements tout abîmés.

***haine** (nom fém. : *la haine*). C'est ce qu'on ressent pour quelqu'un ou pour quelque chose qu'on hait, qu'on déteste très fort.

***haïr** (verbe). C'est détester : Je **hais** la guerre, j'aimerais que cela n'existe jamais.
☐ attention, je hais, mais nous haïssons, avec ï.

haleine (nom fém. : *une haleine*). C'est le souffle qui sort de la bouche quand on respire.

***hall** (nom masc. : *le hall*). C'est une grande pièce, une grande salle, à l'entrée : Les parents attendent dans le hall.
☐ attention, on écrit **a** mais on prononce [o].

haltère (nom masc. : *un haltère*). Les haltères, ce sont des poids qu'il faut soulever dans certains exercices de gymnastique.

***hameau** (nom masc. : *un hameau, des hameaux*). C'est un tout petit village.
☐ attention, **x** au pluriel.

hameçon (nom masc. : *un hameçon*). C'est un petit crochet, au bout de la ligne du pêcheur, pour accrocher le poisson.
☐ attention, **ç**.

***hamster** (nom masc. : *un hamster*). C'est un petit animal qui ronge les légumes et les graines.

***hanche** (nom fém. : *la hanche*). C'est là où la cuisse s'attache au corps.

***hangar** (nom masc. : *un hangar*). C'est un grand local avec juste un toit et des murs.

***hanté** (adjectif : *un château hanté, une maison hantée*). Dans un château hanté, il y a des fantômes.

***hareng** (nom masc. : *un hareng*). C'est un poisson très courant dans la Manche et la mer du Nord.
☐ attention, **g** à la fin.

***haricot** (nom masc. : *un haricot*). C'est un légume : À midi nous mangeons des haricots verts.

harmonica (nom masc. : *un harmonica*). C'est un petit instrument de musique. On souffle

Le hamster mange les graines.

Il joue de l'harmonica.

et on aspire dans les trous en allant de gauche à droite et de droite à gauche.

***harpe** (nom fém. : *une harpe*). C'est un grand instrument de musique avec des cordes tendues.
☐ regarde instrument.

***harpon** (nom masc. : *un harpon*). C'est une grosse pointe au bout d'un long bâton. On se sert du harpon pour pêcher les baleines.

***hasard** (nom masc. : *le hasard*). 1. Nous allons tirer un nom **au hasard**, c'est-à-dire sans regarder, sans savoir lequel. **2.** J'ai rencontré Annie **par hasard**, c'est-à-dire sans l'avoir voulu.
☐ attention, **s**, et **d** à la fin.

***hâte** (nom fém.). J'ai hâte d'être en vacances, c'est-à-dire je suis pressé d'y être.
☐ attention, **â**.

***hausse** (nom fém. : *la hausse*). Ses notes sont en hausse, c'est-à-dire elles montent, elles sont de plus en plus hautes.

***hausser** (verbe). 1. Marie **hausse** les épaules, c'est-à-dire elle les lève d'un mouvement rapide. **2.** Le maître **hausse** le ton, c'est-à-dire il parle plus haut, plus fort.

***haut** (adjectif : *un arbre haut, une tour haute*). 1. La tour est très haute, c'est-à-dire elle a beaucoup d'étages. Elle monte loin dans le ciel. **2.** Parle à voix haute, c'est-à-dire fort, pour qu'on t'entende.

***haut** (nom masc. : *le haut*). Le haut de l'armoire, c'est la partie au-dessus, le plus près du plafond.

***hauteur** (nom fém. : *la hauteur*). C'est la mesure du sol vers le ciel : L'arbre a cinq mètres de hauteur.

hebdomadaire (adjectif). Un journal hebdomadaire paraît chaque semaine. Le travail hebdomadaire, c'est le travail de la semaine.

héberger (verbe). Nous **hébergeons** monsieur Durand pour quelques jours, c'est-à-dire nous le logeons chez nous.
☐ attention, nous hébergeons, avec **e**.

***hélas !** C'est ce qu'on dit quand on regrette quelque chose : Hélas ! Nous sommes arrivés beaucoup trop tard.

hélice (nom fém. : *une hélice*). Les hélices tournent. En tournant, elles permettent au bateau à moteur d'avancer.

hélicoptère (nom masc. : *un hélicoptère*). C'est une sorte de petit avion qui décolle à la verticale, tout droit en hauteur.

L'hélicoptère.

***hennir** (verbe). Le cheval **hennit**, c'est son cri à lui.

herbage (nom masc. : *un herbage*). C'est un pré, une prairie où on mène le bétail pour qu'il mange.

herbe (nom fém. : *une herbe*). **1.** L'herbe est verte. Elle couvre le sol à la campagne. **2.** Une herbe, c'est aussi un brin d'herbe.

herbier (nom masc. : *un herbier*). C'est une sorte de gros livre où on garde les herbes et les fleurs séchées.

***hérisson** (nom masc. : *un hérisson*). C'est un petit animal au dos couvert de piquants. Il se met en boule quand il a peur.

Les hérissons.

héritage (nom masc. : *un héritage*). C'est ce que l'héritier reçoit à la mort de quelqu'un.

hériter (verbe). C'est recevoir quelque chose à la mort d'un parent : Le roi est mort, le prince **hérite** du titre de roi et de tous les châteaux.

héritier (nom : *un héritier, une héritière*). C'est la personne qui hérite ou qui doit hériter.

héroïne. Regarde <u>héros</u>.

***héron** (nom masc. : *un héron*). C'est un grand oiseau. Le héron a de longues pattes très fines, un long cou mince et un immense bec pointu. Avec son bec, il attrape les poissons pour les manger.
☐ regarde <u>oiseau</u>.

***héros** (nom : *un héros, une héroïne*). **1.** C'est le personnage principal d'une histoire : Astérix est un héros de bande dessinée. **2.** C'est aussi une personne qui montre un courage formidable : Il a plongé pour sauver l'enfant. On applaudit le héros.
☐ attention, **s** au masculin, **ï** au féminin.

hésitation (nom fém.). Pierre a répondu sans hésitation, c'est-à-dire sans hésiter, en se décidant tout de suite.

hésiter (verbe). C'est ne pas se décider, ne pas savoir quoi choisir, quoi faire : Tu prends la balle bleue ou la balle rouge ? — Je ne sais pas, j'**hésite**.

***hêtre** (nom masc. : *un hêtre*). C'est un arbre. Son écorce est lisse. Son bois est blanc.
☐ attention, **ê**.

heure (nom fém. : *une heure*). L'heure mesure le temps : Il y a 24 heures dans un jour. Il y a soixante minutes dans une heure.

heureusement. Ce mot veut dire qu'on est content, qu'on a de la chance, que tout est bien : Nous partons à la campagne, heureusement, il fait beau !

heureux (adjectif : *il est heureux, elle est heureuse*). Les enfants sont heureux à la campagne, c'est-à-dire ils sont contents, gais, c'est le bonheur.

***heurter** (verbe). C'est frapper, cogner : La voiture **a heurté** le mur.

***hibou** (nom masc. : *un hibou, des hiboux*). Le hibou ressemble à la chouette mais il a des petites plumes dressées sur la tête.
☐ attention, **x** au pluriel, et regarde chouette.

hier. C'est le jour avant aujourd'hui : Aujourd'hui, nous sommes mardi, hier, c'était lundi. Hier, c'est le passé.

hippocampe (nom masc. : *un hippocampe*). C'est une sorte de petit poisson. L'hippocampe mesure 15 centimètres. Sa tête ressemble à celle d'un cheval. Il peut saisir des objets avec sa queue. L'hippocampe vit caché dans les algues.
☐ attention, **m** devant **p**.

hippopotame (nom masc. : *un hippopotame*). C'est un très gros animal qui vit dans les fleuves d'Afrique. Il a des défenses en ivoire. L'hippopotame se nourrit d'herbes fraîches.

Les hippopotames.

M.D. - 9

C

Il fait froid, *les arbres n'ont plus de feuilles,*

il y a de la neige, *on fait de la luge,*

hirondelle (nom fém. : *une hirondelle*). C'est un oiseau avec de grandes ailes et une queue divisée en deux pointes. Elle a le dos noir et le ventre blanc.
☐ regarde oiseau.

histoire (nom fém. : *une histoire*). **1.** Raconter une histoire, c'est raconter quelque chose qui s'est passé pour de vrai ou quelque chose d'inventé. **2.** Nous apprenons l'histoire de la France, c'est-à-dire tout ce qui s'est passé pendant des siècles, des années.

hiver (nom masc. : *un hiver*). L'hiver est une saison. L'hiver vient après l'automne et avant le printemps. Il fait froid en hiver. La neige tombe. L'hiver commence le 21 ou le 22 décembre et se termine le 20 ou le 21 mars.

***hocher** (verbe). **Hocher** la tête, c'est la remuer de haut en bas : Il me dit oui en **hochant** la tête.

***hold-up** (nom masc. : *un hold-up*). C'est une attaque avec des armes à feu pour voler de l'argent, des bijoux.
☐ attention, ce mot ne change pas au pluriel.

***homard** (nom masc. : *un homard*). C'est un animal de la mer. Il a une grosse carapace bleue et de grosses pinces. Quand on le fait cuire, il devient rouge.
☐ attention, **d** à la fin.

homme (nom masc. : *un homme*). **1.** Les hommes, ce sont les personnes, les êtres humains. **2.** Un garçon devient un homme, c'est-à-dire un adulte de sexe masculin, le contraire d'une femme.

honnête (adjectif). Une personne honnête ne vole pas. Elle ne trompe pas. Elle ne triche pas. Le contraire est malhonnête.
☐ attention, **ê**.

les cheminées fument,

L'hiver.

on fait du patin, c'est l'hiver.

honnêtement. C'est d'une manière honnête : Il gagnait honnêtement son argent.
☐ attention, ê.

honnêteté (nom fém.). L'honnêteté, c'est la qualité d'une personne honnête.
☐ attention, ê.

honneur (nom masc.). **1.** Le héros veut défendre son honneur, c'est-à-dire il veut qu'on continue à penser du bien de lui, il faut qu'il reste parfait. **2.** Nous ferons une fête en ton honneur, c'est-à-dire spécialement pour toi.

***honte** (nom fém. : *la honte*). C'est ce qu'on ressent quand on a fait quelque chose de mal et qu'on voudrait se cacher dans un trou de souris pour que personne ne le sache.

L'homme, il y a

2 000 000 d'années, 500 000 ans, 60 000 ans, 20 000 ans, aujourd'hui.

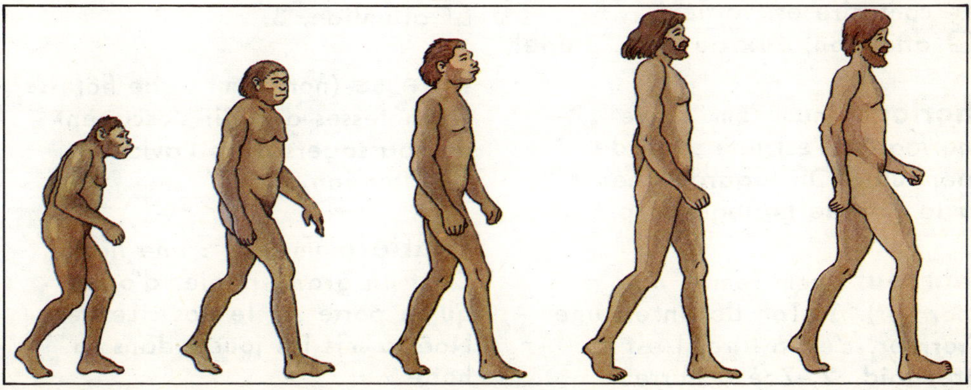

***honteux** (adjectif : *il est honteux, elle est honteuse*).
1. Marie est partie tout honteuse, c'est-à-dire elle avait honte.
2. C'est honteux de battre un pauvre animal, c'est-à-dire c'est une très mauvaise action.

hôpital (nom masc. : *un hôpital, des hôpitaux*). Dans un hôpital, il y a des médecins, des infirmières. Quand on se fait opérer, on va à l'hôpital.
☐ attention, **ô**, et **aux** au pluriel.

horaire (nom masc. : *un horaire*). Les horaires des trains sont affichés dans le hall de la gare, c'est-à-dire les heures de départ et d'arrivée.

horizon (nom masc.). Quand on regarde loin devant soi à la campagne, l'horizon, c'est la ligne où la terre et le ciel semblent se rejoindre.

horizontal (adjectif : *un trait horizontal, une ligne horizontale, des traits horizontaux*). Quand tu es couché par terre, tu es dans une position horizontale. Les lignes de ton cahier pour écrire sont horizontales.
Le contraire est vertical.
☐ attention, **aux** au masc. pluriel.

horloge (nom fém. : *une horloge*). C'est une sorte de pendule : On regarde l'heure à la grande horloge du préau.

horreur (nom fém. : *une horreur*). **1.** Ton dessin est une horreur, c'est-à-dire il est très laid. **2.** Zoé a horreur des épinards, c'est-à-dire elle les déteste.

horrible (adjectif). Ce qui est horrible est très laid.

***hors de.** C'est en dehors, à l'extérieur : Quand tu nages, tiens la tête hors de l'eau.

***hors-d'œuvre** (nom masc. : *un hors-d'œuvre*). C'est ce qu'on sert au début du repas, avant la viande ou le poisson : Nous avons eu des radis en hors-d'œuvre.
☐ attention, ce mot ne change pas au pluriel.

***hors-la-loi** (nom masc. : *un hors-la-loi*). C'est un bandit, un malfaiteur, un voleur : La police recherche un dangereux hors-la-loi.
☐ attention, ce mot ne change pas au pluriel.

hortensia (nom masc. : *un hortensia*). C'est une plante à grosses fleurs blanches, roses ou bleues.
☐ regarde fleur.

hôtel (nom masc. : *un hôtel*). Dans un hôtel, on paye pour avoir une chambre pour dormir.
☐ attention, **ô**.

hôtesse (nom fém. : *une hôtesse*). Les hôtesses de l'air s'occupent des passagers dans l'avion.
☐ attention, **ô**.

***hotte** (nom fém. : *une hotte*). C'est un grand panier d'osier qu'on porte sur le dos : Le Père Noël a mis les jouets dans sa hotte.

Il y a de la houle.

***houle** (nom fém. : *la houle*). Quand il y a de la houle, les bateaux se balancent beaucoup, la mer est agitée.

***housse** (nom fém. : *une housse*). C'est un tissu pour protéger ou pour faire joli : Les coussins sont dans des housses.

***houx** (nom masc. : *le houx*). C'est un arbuste. Ses feuilles vertes sont assez dures et elles ont des piquants. Le houx porte des petites boules rouges.
☐ attention, **x** à la fin.

***hublot** (nom masc. : *un hublot*). C'est une petite fenêtre ronde sur un bateau, un avion.

huile (nom fém. : *une huile*). C'est une matière grasse : On met de l'huile et du vinaigre dans la salade.

huître (nom fém. : *une huître*). C'est un coquillage de la mer. On en mange l'intérieur.
☐ attention, **î**, et regarde coquillage.

humain (adjectif : *un être humain, une vie humaine*). L'homme est un être humain, c'est-à-dire un être vivant qui n'est pas un animal.

humanité (nom fém.). L'humanité, c'est l'ensemble de tous les hommes, de tous les êtres humains.

humeur (nom fém.). Pierre est de bonne humeur aujourd'hui, c'est-à-dire il est content, gai. Marie est de mauvaise humeur, c'est-à-dire rien ne lui plaît, elle n'est pas contente.

humide (adjectif). **1.** Ce qui est humide est un peu mouillé : Le linge n'est pas complètement sec, il est encore humide. **2.** Dans une région humide, il pleut souvent.

Nous décorons la maison avec du houx.

F G **H** I J K L M N O

humilier (verbe). C'est un autre mot pour vexer.

humour (nom masc.). Arthur a de l'humour, c'est-à-dire il comprend les plaisanteries, il ne se fâche pas et il aime bien en faire.

***hurlement** (nom masc. : *un hurlement*). C'est un cri long et fort : On a entendu un hurlement dans la nuit.

***hurler** (verbe). C'est crier fort et longtemps : Les loups **hurlent**.

***hutte** (nom fém. : *une hutte*). C'est une petite maison, une cabane très simple faite de branches, de terre.

hygiène (nom fém.). L'hygiène, c'est l'ensemble des actions pour être propre et pour ne pas attraper de maladie.

hymne (nom masc. : *un hymne*). C'est une chanson pour un pays. Chaque pays a son hymne : « La Marseillaise » est l'hymne français.

hypocrite (adjectif). Une personne hypocrite ne dit pas ce qu'elle pense vraiment. Elle te dit « tu es beau » et elle pense « qu'il est laid ». C'est le contraire d'une personne franche.

i

iceberg (nom masc. : *un iceberg*). C'est une énorme masse de glace qui flotte. Il y a des icebergs dans les régions des pôles.

ici. **1.** C'est là où je suis : Viens ici. **2.** Jusqu'ici, tout s'est bien passé, c'est-à-dire jusqu'à maintenant.

idéal (nom masc.). L'idéal, c'est ce qu'il y a de mieux.

idée (nom fém. : *une idée*). C'est ce qu'on trouve dans sa tête, en pensant : Qui a une idée pour la fête de fin d'année? Une loterie, c'est une bonne idée.

identique (adjectif). Ces deux photos sont identiques, c'est-à-dire pareilles, semblables.

identité (nom fém.). Sur ta carte d'identité, il y a ton nom, ta date de naissance et ta photo.

idiot (adjectif : *il est idiot, elle est idiote*). C'est un autre mot pour bête, imbécile, stupide.

idiotie (nom fém. : *une idiotie*). C'est une chose ou une parole idiote, stupide.
☐ attention, le **t** se prononce [s].

idole (nom fém. : *une idole*). **1.** C'était une petite statue d'un dieu qu'on adorait. **2.** Ce chanteur est son idole, c'est-à-dire il l'adore, il le préfère à tous les autres.

if (nom masc. : *un if*). C'est un arbre aux feuilles toujours vertes.

F G H **I** J K L M N O

Les icebergs.

Les Esquimaux construisent un igloo.

igloo (nom masc. : *un igloo*). C'est une sorte de petite maison ronde faite avec des blocs de glace. Les Esquimaux y habitent.
☐ attention, on écrit **oo** et on prononce [ou].

ignorant (nom : *un ignorant, une ignorante*). Un ignorant est une personne qui ne sait rien, qui ignore tout.

ignorer (verbe). C'est ne pas savoir, ne pas connaître : J'**ignore** quand il est parti. J'**ignore** qui il est.

île (nom fém. : *une île*). C'est une terre entourée d'eau. La Corse est une île, il faut prendre le bateau ou l'avion pour y aller.
☐ attention, **î**.

Nous allons sur l'île en bateau.

illisible (adjectif). Ce qui est illisible, c'est ce qu'on ne peut pas lire : Ton devoir est illisible, recopie-le en écrivant mieux.

illuminer (verbe). **1.** Le feu d'artifice **illumine** le ciel, c'est-à-dire il l'éclaire beaucoup, de mille lumières. **2.** À Noël, les rues **sont illuminées,** c'est-à-dire il y a des lumières partout.

illusion (nom fém. : *une illusion*). **1.** Dans le train, tu regardes par la fenêtre. Tu as l'impression que ce sont les arbres qui bougent et pourtant, c'est le train qui avance. C'est une illusion.
2. Se faire des illusions, c'est penser que des choses vont arriver alors que ce n'est pas vrai.

L'illusionniste.

illusionniste (nom : *un* ou *une illusionniste*). L'illusionniste fait des tours. Il nous fait croire qu'un lapin peut sortir d'un chapeau vide.
☐ reconnais illusion.

illustration (nom fém. : *une illustration*). Dans un livre, les dessins, les photos sont des illustrations.

illustrer (verbe). **1. Illustrer** une histoire, c'est faire des dessins pour l'accompagner. **2.** Un livre **illustré** a des illustrations.

image (nom fém. : *une image*). **1.** C'est un dessin, une photo sur du papier. **2.** C'est aussi ce qu'on voit sur l'écran de la télévision.

imagination (nom fém.). Cet enfant a beaucoup d'imagination, c'est-à-dire il est capable d'inventer, de trouver dans sa tête des choses nouvelles.

imaginer (verbe). C'est inventer dans sa tête : Voilà le dessin d'une fusée que j'**ai imaginée.**

imbécile (nom : *un* ou *une imbécile*). C'est une personne idiote, stupide, bête, qui n'est pas intelligente.
☐ attention, **m** devant **b,** et un seul **l.**

imitation (nom fém. : *une imitation*). Bruno a fait une bonne imitation du chien, c'est-à-dire il l'a bien imité.

imiter (verbe). C'est copier, faire exactement pareil : Bruno **imite** très bien le chien.

Bruno imite le chien.

immédiatement. C'est tout de suite, à l'instant même : Venez immédiatement ici.

immense (adjectif). Ce qui est immense est très grand : Le ciel est immense.

immeuble (nom masc. : *un immeuble*). C'est une grande maison, un grand bâtiment où il y a plusieurs appartements, plusieurs logements.

immigré (nom : *un immigré, une immigrée*). Les immigrés, ce sont les personnes qui sont venues d'un autre pays pour vivre, travailler dans notre pays.

immobile (adjectif). Ce qui est immobile ne bouge pas : Il n'y a pas de vent. Les feuilles des arbres sont immobiles.

impair (adjectif : *un nombre impair, une page impaire*). **1.** Un nombre impair, comme 1, 3, 5, 7, 9..., ne peut pas se diviser par deux. **2.** Une page impaire porte un numéro impair. Le contraire est <u>pair</u>.

impasse (nom fém. : *une impasse*). C'est une petite rue fermée au fond : Nous pouvons jouer dans l'impasse.

impatience (nom fém.). Nous attendons les vacances avec impatience, c'est-à-dire nous sommes très pressés d'être en vacances, nous sommes impatients.

impatient (adjectif : *il est impatient, elle est impatiente*). Je suis impatient qu'il arrive, c'est-à-dire j'ai hâte, je suis pressé, j'en ai assez d'attendre, je voudrais qu'il soit là.
☐ reconnais <u>patient</u>.

s'impatienter (verbe). C'est s'énerver parce qu'on attend trop longtemps, c'est perdre patience, être impatient : Le car est en retard, les élèves **s'impatientent.**

impeccable (adjectif). Un vêtement impeccable est parfaitement propre.
☐ attention, **cc.**

impératrice. Regarde <u>empereur</u>.

imperméable (adjectif). Ce qui est imperméable ne laisse pas passer l'eau.

importance (nom fém.). Ce que tu dis a de l'importance pour moi, c'est-à-dire cela compte, j'y fais attention, c'est important.

Nous jouons dans l'<u>impasse</u>.

important (adjectif : *un rôle important, une somme importante*). **1.** Pierre a un rôle important dans la pièce, c'est-à-dire il a un grand rôle, qui compte beaucoup. **2.** Une somme importante, c'est une grosse somme.

n'**importe.** Ce mot veut dire qu'il n'y a pas de préférence, que c'est égal. **N'importe où,** c'est à un endroit ou à un autre. **N'importe quoi,** c'est une chose ou une autre. **N'importe qui,** c'est une personne ou une autre, sans préférence.

impossible (adjectif). Je n'y arriverai pas, c'est impossible à faire, c'est-à-dire ce n'est pas possible, je ne peux pas le faire.

Arthur n'y arrivera pas, c'est impossible!

impôt (nom masc. : *un impôt*). Chaque personne qui travaille paye des impôts, c'est-à-dire elle doit donner une partie de l'argent qu'elle gagne à l'État. Cet argent sert à construire les écoles, les routes, les jardins et tout ce qui est utile pour tout le monde.

☐ attention, **ô**.

impression (nom fém. : *une impression*). C'est ce que tu ressens en toi, c'est l'effet que quelque chose, quelqu'un te fait : Ton ami m'a fait une bonne impression, c'est-à-dire je l'ai trouvé bien. J'ai l'impression qu'il va pleuvoir, c'est-à-dire je le pense.

impressionnant (adjectif : *un animal impressionnant, une hauteur impressionnante*). Un animal impressionnant fait un gros effet, une grosse impression, il fait un peu peur.

impressionner (verbe). Le film m'**a** beaucoup **impressionné,** c'est-à-dire il m'a beaucoup touché, il m'a fait un gros effet.

imprimer (verbe). C'est reproduire des lettres sur du papier grâce à l'imprimerie : J'ai visité l'endroit où on **imprime** le journal.

Nous imprimons nos menus.

imprimerie (nom fém. : *une imprimerie*). C'est à l'imprimerie qu'on imprime les journaux, les livres, les cartes de visite.

F G H **I** J K L M N O

improviser (verbe). C'est inventer, sur le moment, ce qu'il faut faire ou ce qu'il faut dire : Nous allons jouer une petite pièce. Tu es le roi, je suis le chevalier. — Et qu'est-ce que je dis ? — Tu **improvises,** c'est-à-dire tu trouves tout seul.

imprudence (nom fém. : *une imprudence*). C'est ce que fait une personne imprudente : Partir en bateau malgré la tempête, c'est une imprudence. On risque l'accident.

imprudent (adjectif : *il est imprudent, elle est imprudente*). Ce chauffeur roule trop vite, il est imprudent, c'est-à-dire il n'est pas prudent, il ne prend pas de précautions, il risque l'accident.

inadmissible (adjectif). Ce qui est inadmissible, on ne peut pas l'admettre, le supporter : Ce désordre est inadmissible.

inattention (nom fém.). Une faute d'inattention, c'est une faute qu'on fait parce qu'on n'a pas fait attention. On aurait pu ne pas la faire.

incapable (adjectif). Zoé est incapable de se lever tôt, c'est-à-dire elle ne peut pas, elle n'en est pas capable.

incendie (nom masc. : *un incendie*). C'est un feu qui prend par accident. Les pompiers viennent l'éteindre.
☐ attention, **e** à la fin.

incliner (verbe). C'est pencher, courber : Le vent **incline** les arbres.

incompréhensible (adjectif). Ce qui est incompréhensible, on ne peut pas le comprendre, on ne le comprend pas : Ta phrase est incompréhensible.
☐ attention, **m** devant **p,** et **h.**

inconnu (adjectif : *un chanteur inconnu, une chanteuse inconnue*). Un chanteur inconnu, c'est un chanteur qu'on ne connaît pas, qui n'est pas connu.

inconvénient (nom masc. : *un inconvénient*). C'est un petit problème, un petit défaut : Cette voiture a un inconvénient, elle n'est pas assez grande pour toute la famille.

Un incendie.

Noir

incorrect (adjectif : *un mot incorrect, une phrase incorrecte*). Un mot incorrect, c'est un mot qui n'est pas correct, qui ne va pas.

incorrigible (adjectif). Tu fais toujours les mêmes bêtises, tu es incorrigible ! C'est-à-dire tu ne peux pas te corriger, changer.

incroyable (adjectif). Une histoire incroyable, c'est une histoire à laquelle on ne peut pas croire.
☐ attention, **y**.

indélébile (adjectif). Une encre indélébile ne s'efface pas, elle ne part pas.

indemne (adjectif). Il est sorti indemne de l'accident, c'est-à-dire sans blessure, sain et sauf.
☐ attention, **mn**.

indépendance (nom fém.). Le chat aime son indépendance, c'est-à-dire sa liberté, il aime faire ce qu'il veut.
☐ attention, **en, an**.

indépendant (adjectif : *il est indépendant, elle est indépendante*). Pierre est très indépendant, c'est-à-dire il aime se débrouiller seul, être libre.
☐ attention, **en, an**.

indication (nom fém. : *une indication*). C'est ce qu'on indique, ce qui est indiqué : Si tu suis mes indications, tu ne te tromperas pas de chemin.

indice (nom masc. : *un indice*). C'est une marque, un objet, un signe qui prouve quelque chose : Le voleur a laissé plusieurs indices : son gant par terre, ses empreintes.

indien (adjectif : *il est indien, elle est indienne*). Les Indiens étaient en Amérique bien avant que les Espagnols et les Européens viennent. Il y avait des tribus différentes avec chacune un chef. Maintenant, les Indiens qui restent vivent dans des territoires réservés, des réserves.
On appelle aussi les Indiens des Peaux-Rouges.

Dans un village indien.

indifférence (nom fém.). L'indifférence, c'est ne rien sentir de précis : Les gens dans la rue regardaient la scène avec indifférence, c'est-à-dire d'une manière froide, sans s'intéresser vraiment.

indifférent (adjectif : *il m'est indifférent, elle m'est indifférente*). Cette fille m'est indifférente, c'est-à-dire je ne peux pas dire que je l'aime bien et je ne peux pas dire que je ne l'aime pas, elle ne m'intéresse pas.

indigène (nom : *un* ou *une indigène*). Les indigènes, ce sont les personnes qui vivent depuis l'origine dans un pays, par rapport aux personnes, aux peuples qui arrivent après : Les Indiens étaient des indigènes de l'Amérique.

indigestion (nom fém. : *une indigestion*). Marie n'a pas digéré son repas. Elle est un peu malade. Elle a une indigestion.
☐ reconnais digestion.

indiquer (verbe). C'est montrer : L'aiguille de la boussole **indique** le nord.

indiscipliné (adjectif : *il est indiscipliné, elle est indisciplinée*). Un élève indiscipliné ne respecte pas la discipline, il ne suit pas les ordres. Il n'a pas de discipline.
☐ attention, **sc.**

indiscret (adjectif : *il est indiscret, elle est indiscrète*). Être indiscret, c'est chercher à savoir ce qui ne te regarde pas : Écouter aux portes, c'est indiscret.

indiscrétion (nom fém.). L'indiscrétion, c'est le défaut d'une personne indiscrète.

indispensable (adjectif). Ce qui est indispensable, c'est ce dont on ne peut pas se passer.

individu (nom masc. : *un individu*). C'est une personne : Un groupe est formé de plusieurs individus.

Elle est indiscrète.

individuel (adjectif : *un travail individuel, une chambre individuelle*). Un travail individuel est fait par une seule personne.
☐ reconnais individu.

indulgence (nom fém.). L'indulgence, c'est la qualité d'une personne indulgente, qui n'est pas trop sévère.

indulgent (adjectif : *il est indulgent, elle est indulgente*). Une personne indulgente n'est pas trop sévère, elle comprend les erreurs, elle pardonne.

industrie (nom fém.). L'industrie, c'est l'ensemble des usines.

industriel (adjectif : *un établissement industriel, une région industrielle*). Une usine est un établissement industriel. Dans une région industrielle, il y a beaucoup d'usines.

inégal (adjectif : *un travail inégal, une conduite inégale, des résultats inégaux*). Un travail inégal est quelquefois bien, quelquefois mal. Il n'est pas égal, pas régulier.
☐ attention, **aux** au masc. pluriel.

inévitable (adjectif). L'accident était inévitable, c'est-à-dire on ne pouvait pas l'éviter.

infantile (adjectif). Les maladies infantiles, ce sont les maladies des enfants.

infect (adjectif : *un repas infect, une nourriture infecte*). Un repas infect est très mauvais.

s'infecter (verbe). La blessure **s'est infectée,** c'est-à-dire elle n'est plus propre, il y a des microbes.

infection (nom fém. : *une infection*). Il faut bien nettoyer la blessure pour qu'il n'y ait pas d'infection, c'est-à-dire pour qu'elle ne s'infecte pas.

inférieur (adjectif : *un nombre inférieur, une somme inférieure*). **1.** Le nombre 3 est inférieur au nombre 4, c'est-à-dire plus petit. **2.** L'étage inférieur, c'est l'étage en dessous, plus bas. Le contraire est supérieur.

infini (adjectif : *un espace infini, une suite infinie*). La suite des nombres est infinie, c'est-à-dire elle n'est jamais finie, on peut toujours ajouter 1. Un espace infini n'a pas de limites, pas de fin.

infinité (nom fém. : *une infinité*). Il y a une infinité d'étoiles dans le ciel, c'est-à-dire un nombre infini, qu'on ne peut pas compter.

infirme (adjectif). Après son accident, elle est restée infirme des jambes, c'est-à-dire elle ne peut plus se servir de ses jambes.

infirmerie (nom fém. : *une infirmerie*). C'est une pièce où il y a des médicaments, des pansements et une infirmière pour soigner.

infirmier (nom : *un infirmier, une infirmière*). Les infirmiers font les pansements, les piqûres.

influence (nom fém. : *une influence*). Le soleil a une influence sur les plantes, c'est-à-dire il joue un rôle, il produit un effet sur elles.

information (nom fém. : *une information*). **1.** C'est un renseignement. **2.** Les informations à la télévision, à la radio, ce sont les nouvelles du jour, le journal.

informer (verbe). C'est donner des renseignements, faire savoir quelque chose : À la réunion, le directeur **informera** les parents sur l'école.

informatique (nom fém.). Les personnes qui étudient les ordinateurs ou qui se servent des ordinateurs font de l'informatique.

ingénieur (nom masc. : *un ingénieur*). C'est une personne qui dirige des travaux dans des usines, des laboratoires.

initiale (nom fém. : *une initiale*). C'est la première lettre d'un mot : Les initiales de Julie Duval sont J. D.
☐ attention, on écrit **t** et on prononce [s].

initiation (nom fém. : *une initiation*). Ce sont les premières leçons pour apprendre quelque chose : Papa prend des cours d'initiation à l'informatique.
☐ attention, les **t** se prononcent [s].

initiative (nom fém. : *une initiative*). C'est ce qu'on décide tout seul de faire, sans que personne ne l'ait dit : Tu as pensé à lui faire un cadeau, c'est une bonne initiative.
☐ attention, on écrit **tia** et on prononce [sia].

injure (nom fém. : *une injure*). Quand on appelle quelqu'un « idiot, imbécile », on lui dit des injures et cela ne lui fait pas plaisir, cela le vexe.

Nous faisons de l'informatique.

injuste (adjectif). Pourquoi m'as-tu grondé moi et pas lui? C'est injuste, c'est-à-dire tu n'as pas été juste, tu as fait une différence là où il ne fallait pas en faire.

injustice (nom fém. : *une injustice*). C'est quelque chose d'injuste : Pierre a le droit de regarder la télévision et pas moi, c'est une injustice.

innocence (nom fém.). L'innocence, c'est quand on est innocent.
☐ regarde <u>innocent</u>.

innocent (adjectif : *il est innocent, elle est innocente*). **1.** Une personne innocente n'a pas fait ce dont on l'accuse : On l'a accusé du vol mais il était innocent. **2.** Les enfants sont encore innocents, c'est-à-dire ils ne savent pas tout de la vie, ils parlent avec leur cœur d'enfant.

inoffensif (adjectif : *un animal inoffensif, une arme inoffensive*). Un animal inoffensif ne peut pas faire de mal. Ce revolver est un jouet, il est inoffensif.
☐ attention, un seul **n** au début et **ff**.

inondation (nom fém. : *une inondation*). Il a beaucoup plu. Le fleuve déborde. L'eau recouvre les champs, c'est une inondation.
☐ attention, un seul **n** au début.

inonder (verbe). Le fleuve a débordé. Les champs autour **sont inondés,** c'est-à-dire recouverts d'eau. Il y a une inondation.
☐ attention, un seul **n** au début.

inquiet (adjectif : *il est inquiet, elle est inquiète*). Pierre n'est pas encore rentré, sa maman est inquiète, c'est-à-dire elle se fait du souci, elle se demande s'il n'est rien arrivé.

s'**inquiéter** (verbe). C'est être inquiet, se faire du souci : Si tu ne rentres pas directement de l'école chez toi, tes parents vont **s'inquiéter.**
☐ attention, inquiéter, avec **é**, mais il s'inquiète, avec **è**.

inquiétude (nom fém.). L'inquiétude, c'est ce que l'on ressent quand on est inquiet.

Les rues sont <u>inondées</u>, il y a de l'eau partout.

inscription (nom fém. : *une inscription*). **1.** Ce sont des mots inscrits : Il y a une inscription gravée sur l'arbre. **2.** On doit payer pour l'inscription au cours de danse, c'est-à-dire pour être inscrit.
☐ regarde <u>inscrire</u>.

inscrire (verbe). **1.** C'est écrire : **Inscrivez** vos noms sur la feuille. **2.** Cléa **s'est inscrite** au cours de danse, c'est-à-dire elle a donné son nom pour pouvoir participer au cours.

insecte (nom masc. : *un insecte*). Les mouches, les fourmis sont de tout petits animaux qu'on appelle des insectes.

inséparable (adjectif). Marie et Julie sont inséparables, c'est-à-dire elles ne se quittent jamais, elles sont toujours ensemble.

insigne (nom masc. : *un insigne*). C'est une marque, un signe ou un dessin qui représente quelque chose : Julien porte l'insigne de son club sur sa veste.

insister (verbe). Le maître **insiste** pour vous voir, c'est-à-dire il l'a demandé plusieurs fois, avec force.

insolation (nom fém. : *une insolation*). C'est un coup de soleil très grave : Si on reste trop longtemps au soleil, on peut attraper une insolation.

insolent (adjectif : *il est insolent, elle est insolente*). Arthur répond à la maîtresse en se moquant, Arthur est insolent.

inspecteur (nom : *un inspecteur, une inspectrice*). **1.** C'est une personne qui regarde si tout va bien, s'il y a des remarques à faire : L'inspectrice vient dans notre classe la semaine prochaine. **2.** C'est une personne qui mène des enquêtes : Un inspecteur de police est venu après l'accident.

Connais-tu ces <u>insectes</u> ?

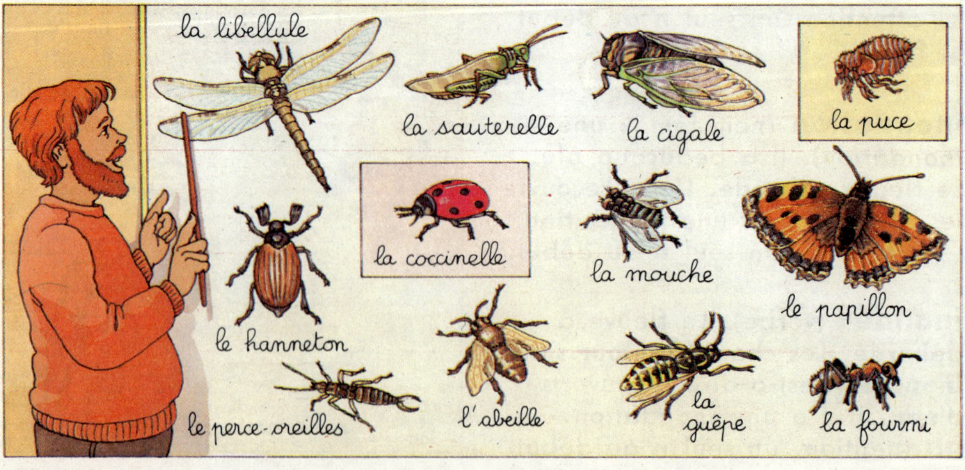

instable (adjectif). Le vase est en équilibre instable, c'est-à-dire il risque de tomber.

installer (verbe). **1.** On **installe** une salle de bains dans la maison, c'est-à-dire on la fait mettre. **2.** Viens **t'installer** près de moi pour regarder la télévision, c'est-à-dire viens t'asseoir près de moi.

instant (nom masc. : *un instant*). C'est un moment, un petit espace de temps : Attends-moi, je reviens dans un instant.

instinct (nom masc.). C'est une sorte de force, de savoir qu'on a à l'intérieur de soi et qui ne passe pas par la pensée : Grâce à l'instinct, les animaux savent s'occuper de leurs petits.
□ attention, **ct** à la fin qui ne se prononce pas.

instructif (adjectif : *un livre instructif, une émission instructive*). Un livre instructif apprend des choses.

instruction (nom fém.). Avoir de l'instruction, c'est être instruit, savoir beaucoup de choses.

s'**instruire** (verbe). C'est apprendre, étudier pour savoir : À l'école on **s'instruit**. M. Duval **est** très **instruit**, il sait beaucoup de choses.

instrument (nom masc. : *un instrument*). **1.** C'est un objet, un outil pour faire quelque chose : Le dentiste a des instruments pour soigner les dents. **2.** La guitare est un instrument de musique.

insuffisant (adjectif : *un travail insuffisant, une quantité insuffisante*). Ce qui est insuffisant ne suffit pas. Il manque quelque chose.

insulter (verbe). C'est dire quelque chose de méchant, quelque chose qui vexe : Il m'a traité de menteur, il m'**a insulté**.

insupportable (adjectif). Ce qui est insupportable, on ne peut pas le supporter : Il fait une chaleur insupportable au soleil, je vais à l'ombre.
□ attention, **pp** comme dans supporter.

Quelques instruments de musique.

F G H I J K L M N O

intact (adjectif : *un vase intact, une montre intacte*). Le vase est tombé sur la moquette. Heureusement, il est intact, c'est-à-dire il n'est pas abîmé, pas cassé.

intelligence (nom fém.).
1. L'intelligence, c'est la qualité d'une personne intelligente.
2. Sers-toi de ton intelligence, c'est-à-dire sers-toi de ta tête, réfléchis.

intelligent (adjectif : *il est intelligent, elle est intelligente*). Une personne intelligente comprend vite. Elle trouve vite ce qu'il faut faire.

intention (nom fém. : *une intention*). J'ai l'intention d'aller le voir, c'est-à-dire j'y pense et je veux le faire.

interdiction (nom fém. : *une interdiction*). C'est ce qu'on interdit de faire. Sur le panneau est écrit : « Interdiction de marcher sur la pelouse », c'est-à-dire c'est interdit, on n'a pas le droit.

interdire (verbe). C'est défendre : On m'**interdit** de regarder la télévision le soir, c'est-à-dire je n'ai pas le droit.

intéressant (adjectif : *un film intéressant, une histoire intéressante*). **1.** J'ai trouvé ce film intéressant, c'est-à-dire il m'a intéressé, j'ai appris des choses, je ne me suis pas ennuyé.
2. Pierre vend son jeu à un prix intéressant, c'est-à-dire pas très cher.

intéresser (verbe). **1.** Ce livre m'**intéresse**, c'est-à-dire je le trouve bien, j'ai envie de le continuer, je ne m'ennuie pas.
2. Bruno **s'intéresse** à tout, c'est-à-dire il cherche à en savoir plus sur tout.

intérêt (nom masc. : *un intérêt*). Quel est l'intérêt de ce livre ? C'est-à-dire en quoi est-il intéressant ?
☐ attention, **êt**.

intérieur (nom masc.). Les bonbons sont à l'intérieur de la boîte, c'est-à-dire dedans.

international (adjectif : *un concours international, une épreuve internationale, des concours internationaux*). Un concours international, c'est un concours auquel participent plusieurs pays, plusieurs nations.
☐ attention, **aux** au masc. pluriel.

On ne peut pas prendre cette rue, c'est interdit.

interrogation (nom fém. : *une interrogation*). **1.** Une interrogation écrite, ce sont des questions auxquelles il faut répondre par écrit en classe.
2. Le point d'interrogation « ? » se met à la fin d'une question.

interroger (verbe). C'est poser une question : Le maître m'**a interrogé** en calcul.
☐ attention, nous interrogeons, avec **e**.

interrompre (verbe). **1.** Ne m'**interrompez** pas quand je parle, c'est-à-dire ne me coupez pas la parole, laissez-moi parler.
2. Nous avons dû **interrompre** nos vacances, c'est-à-dire les arrêter, rentrer plus tôt.
☐ attention, **m** devant **p**.

interrupteur (nom masc. : *un interrupteur*). L'interrupteur permet d'allumer ou d'éteindre la lumière.

interruption (nom fém. : *une interruption*). C'est un arrêt : Il a plu sans interruption, c'est-à-dire sans arrêt.

intervalle (nom masc. : *un intervalle*). C'est la distance entre deux choses : Les salades sont plantées à cinquante centimètres d'intervalle, c'est-à-dire il y a une salade tous les cinquante centimètres.
☐ attention, **ll**.

intervenir (verbe). Il y a eu un début d'incendie. Les pompiers **sont intervenus** très vite, c'est-à-dire ils sont venus pour agir.

intestin (nom masc. : *un intestin*). L'intestin est dans le ventre, après l'estomac. C'est une sorte de gros tuyau où la digestion se termine.

intime (adjectif). **1.** Dans mon journal intime, j'écris des choses que personne n'a le droit de lire.
2. Marie est une amie intime, c'est-à-dire très proche de moi, je lui dis tout.

intimider (verbe). Le maître m'**intimide**, c'est-à-dire je deviens timide devant lui, j'ai un peu peur.

s'**intituler** (verbe). Comment **s'intitule** le film ? C'est-à-dire quel est son titre ?

intonation (nom fém. : *une intonation*). C'est le ton de la voix : Quand on pose une question, l'intonation est particulière, la voix monte à la fin.

Il y a 4 salades
et 3 intervalles.

F G H I J K L M N O

s'**intoxiquer** (verbe). C'est être malade à cause de quelque chose de mauvais qu'on a mangé.

intrépide (adjectif). Une fille intrépide n'a pas peur du danger, elle est courageuse, elle aime les aventures.

intrigue (nom fém. : *une intrigue*). C'est l'histoire d'un livre, d'un film : Raconte-moi rapidement l'intrigue du film.

introduction (nom fém. : *une introduction*). C'est ce qu'il y a au début d'une histoire, d'une rédaction, ce qui fait comprendre ce que sera l'histoire, le sujet.

introduire (verbe). **1.** C'est mettre à l'intérieur : On **introduit** la clé dans la serrure pour ouvrir. **2.** Le voleur **s'est introduit** dans la maison par la fenêtre, c'est-à-dire il est entré.

introuvable (adjectif). J'ai cherché partout, mon livre est introuvable, c'est-à-dire je ne peux pas le trouver.

intuition (nom fém. : *une intuition*). J'ai l'intuition que tu vas réussir, c'est-à-dire je sens au fond de moi que cela va arriver.

inusable (adjectif). Ce qui est inusable dure très longtemps, ne s'use pas vite.

inutile (adjectif). Ce qui est inutile ne sert à rien, n'est pas utile : Ce n'est pas la peine de venir, c'est inutile.

invasion (nom fém. : *une invasion*). Il y a une invasion de fourmis dans la maison, c'est-à-dire les fourmis ont envahi la maison, il y en a partout.

inventer (verbe). Pierre **a inventé** une chanson, c'est-à-dire c'est lui qui l'a faite, qui l'a imaginée, qui l'a créée.

inventeur (nom masc. : *un inventeur*). C'est une personne qui invente des choses : Les frères Lumière sont les inventeurs du cinéma.

invention (nom fém. : *une invention*). C'est ce qu'on a inventé, créé, trouvé : Le cinéma est une invention formidable.

inverse (adjectif). Nous roulions vers le bois, la voiture bleue venait en sens inverse, c'est-à-dire du bois vers nous, dans le sens contraire, opposé.

inverser (verbe). C'est mettre dans le sens inverse, opposé, contraire : C'était 354, et tu as écrit 345, tu **as inversé** les deux derniers chiffres.

invincible (adjectif). Son armée était invincible, c'est-à-dire on ne pouvait pas la vaincre, la battre.

invisible (adjectif). Ce qui est invisible, on ne peut pas le voir : Les microbes sont invisibles sans un appareil spécial.

invitation (nom fém. : *une invitation*). Je te remercie de ton invitation, c'est-à-dire de m'avoir invité.

invité (nom : *un invité, une invitée*). C'est la personne qu'on a invitée : Nadia ouvre la porte à ses invités.

Chic ! Nadia nous invite, nous allons nous amuser.

inviter (verbe). C'est dire à quelqu'un de venir : Je t'**invite** à mon anniversaire.

involontaire (adjectif). Un geste involontaire, c'est un geste qu'on fait sans le vouloir, sans le faire exprès.

invraisemblable (adjectif). Une histoire invraisemblable, c'est une histoire qui ne peut pas être vraie. On ne peut pas y croire.
☐ attention, un seul **s**, et **m** devant **b**.

iris (nom masc. : *un iris*). C'est une jolie fleur bleue ou mauve.
☐ regarde fleur.

ironie (nom fém.). Arrête de faire de l'ironie, c'est-à-dire de te moquer.

ironique (adjectif). Il m'a regardé d'un air ironique, c'est-à-dire avec ironie, en se moquant un peu.

irrégulier (adjectif : *un travail irrégulier, une écriture irrégulière*). Ce qui est irrégulier n'est pas régulier : Un travail irrégulier est quelquefois bien, quelquefois mal.

irréparable (adjectif). Ton jeu est irréparable, c'est-à-dire on ne peut pas le réparer.

irréprochable (adjectif). Ce travail est irréprochable, c'est-à-dire on n'a rien à lui reprocher, il est parfait.

irriter (verbe). **1.** C'est mettre un peu en colère : Ta remarque l'**a irrité. 2.** La fumée **irrite** la gorge, c'est-à-dire elle pique, elle fait mal.

irruption (nom fém.). Il a fait irruption dans la salle, c'est-à-dire il est entré sans prévenir, brusquement.

isoler (verbe). **1.** Jean **s'isole** pour travailler, c'est-à-dire il va dans un endroit où il est seul.
2. Leur maison **est isolée,** c'est-à-dire loin des autres maisons, toute seule, à l'écart.

issue (nom fém.). L'issue de secours c'est la sortie, la porte de secours.

F G H **I** J K L M N O

L'itinéraire suit les flèches.

itinéraire (nom masc. : *un itinéraire*). C'est un chemin pour aller d'un endroit à un autre : Avant de partir, papa regarde l'itinéraire sur la carte.

ivoire (nom masc.). L'ivoire, c'est la matière dure et blanche des défenses de l'éléphant, des dents. ☐ attention, **e** à la fin.

ivre (adjectif). À la fin de la fête, Monsieur Duval était un peu ivre, c'est-à-dire il avait trop bu, il ne savait plus très bien ce qu'il faisait.

ivrogne (nom : *un* ou *une ivrogne*). C'est une personne qui est souvent ivre.

j

jabot (nom masc. : *un jabot*). C'est la poche que les oiseaux ont dans le cou. Ils gardent la nourriture dans le jabot. Elle passe après dans l'estomac.

jacinthe (nom fém. : *une jacinthe*). C'est une jolie fleur qu'on fait pousser dans des pots. À sa base, il y a une sorte de gros oignon.
☐ attention, **th**, et regarde fleur.

jadis. C'est un autre mot pour autrefois, c'est il y a très longtemps. On rencontre surtout ce mot dans les contes, les récits.

jaguar (nom masc. : *un jaguar*). C'est un fauve qui ressemble à la panthère ou au léopard.
☐ attention, on écrit **guar** et on prononce [goir].

jaillir (verbe). L'eau **jaillit** du tuyau, c'est-à-dire elle sort avec force, elle gicle.

jalousie (nom fém. : *la jalousie*). C'est ce qu'on ressent quand on est jaloux.

jaloux (adjectif : *il est jaloux, elle est jalouse*). Dès que j'ai un nouveau jeu, Pierre veut le même, il m'envie, il est jaloux.

jamais. Je n'ai jamais vu la mer, c'est-à-dire pas une seule fois, à aucun moment.

jambe (nom fém. : *une jambe*). Les bras et les jambes sont les membres du corps de l'homme : Pierre s'est cassé une jambe, il ne peut plus marcher.
☐ attention, **m** devant **b.**

jambon (nom masc. : *le jambon*). C'est de la viande de porc prise dans la cuisse de l'animal. On mange le jambon en tranches fines, froides.
☐ attention, **m** devant **b.**

janvier (nom masc.). Le mois de janvier est le premier mois de l'année. C'est un mois d'hiver.

japper (verbe). C'est aboyer, en parlant d'un tout jeune chien.

jardin (nom masc. : *un jardin*). **1.** Dans un jardin, on fait pousser des fleurs ou des légumes. **2.** Dans les jardins publics, il y a des arbres, des pelouses, des bancs pour s'asseoir, des jeux pour les enfants.

jardinage (nom masc. : *le jardinage*). Le dimanche, papa et maman font du jardinage, c'est-à-dire ils jardinent, ils s'occupent du jardin.

J'aime jardiner.

jardiner (verbe). C'est s'occuper du jardin, des fleurs, des légumes qui poussent : J'aime beaucoup **jardiner** avec mes grands-parents.

jardinier (nom masc. : *un jardinier*). C'est la personne dont le métier est de jardiner, de s'occuper du jardin, des fleurs, des légumes qui poussent.

jars (nom masc. : *le jars*). C'est le mâle de l'oie.
☐ attention, **s** à la fin qui ne se prononce pas.

jasmin (nom masc. : *le jasmin*). C'est un petit arbre qui donne des fleurs très parfumées.

jatte (nom fém. : *une jatte*). C'est un récipient creux et large : On a mis la salade de fruits dans une jatte.

jaune (adjectif). La couleur jaune, c'est la couleur du citron, du soleil.

jaune (nom masc. : *le jaune*). **1.** C'est la couleur jaune. **2.** Le jaune de l'œuf, c'est la boule jaune au milieu de l'œuf.

jaunir (verbe). C'est devenir jaune : Avec le temps, le papier **a jauni**.

javelot (nom masc. : *un javelot*). C'est une sorte de lance. Les athlètes lancent le javelot très loin.

Il lance le javelot.

jet (nom masc. : *un jet*). Un jet d'eau, c'est de l'eau qui jaillit avec force : Il fait chaud, nous nous arrosons avec le jet d'eau.

jetée (nom fém. : *une jetée*). C'est un grand mur, une digue qui avance droit dans la mer : On se promène sur la jetée pour voir les bateaux arriver.

jeter (verbe). **1.** C'est lancer : Julie **jette** des cailloux dans la rivière. **2.** C'est aussi mettre à la poubelle : Tu peux **jeter** les fleurs, elles sont fanées. **3.** Le chien **s'est jeté** sur moi, c'est-à-dire il a sauté sur moi.
☐ attention, jeter avec **t**, mais il jette avec **tt**.

jeu (nom masc. : *un jeu, des jeux*). **1.** C'est un objet pour jouer : Chez moi, j'ai des jeux de cartes, un jeu de l'Oie, des jeux électroniques. **2.** Venez, on va faire un jeu, c'est-à-dire on va jouer à quelque chose ensemble.
☐ attention, **x** au pluriel.

jeudi (nom masc. : *le jeudi*). C'est le quatrième jour de la semaine, après mercredi et avant vendredi : Je vais à la piscine tous les jeudis.

à **jeun.** Être à jeun, c'est n'avoir rien mangé depuis le réveil : Il ne faut pas partir à l'école à jeun, il faut prendre un bon petit déjeuner.

jeune (adjectif). Marie a huit ans, elle est plus jeune que sa sœur qui a douze ans, c'est-à-dire elle est moins âgée. Le contraire est vieux.

jeune (nom : *un* ou *une jeune*). Les jeunes, ce sont les enfants, les adolescents, les jeunes gens, les jeunes filles.

jeunesse (nom fém. : *la jeunesse*). **1.** Grand-père raconte des histoires de sa jeunesse, c'est-à-dire du temps où il était jeune. **2.** La jeunesse, c'est aussi l'ensemble des jeunes : J'aime les émissions pour la jeunesse.

jockey (nom masc. : *un jockey*). C'est la personne qui monte un cheval de course.
☐ attention, **ck,** et **y** à la fin.

joie (nom fém. : *la joie*). C'est ce qu'on ressent quand on est très content, heureux, gai, quand on s'amuse bien : Nous partons en voyage, les enfants poussent des cris de joie.

joindre (verbe). **1.** Lève les bras au-dessus de ta tête et **joins** tes mains, c'est-à-dire, fais-les se toucher. **2.** Je n'arrive pas à **joindre** Marie au téléphone, c'est-à-dire à l'avoir au téléphone.
☐ attention, il j**oi**nt, nous jo**ign**ons.

joli (adjectif : *il est joli, elle est jolie*). Ton dessin est joli, c'est-à-dire beau, agréable à regarder.

jonc (nom masc. : *un jonc*). C'est une plante à très haute tige, souvent au bord de l'eau, des rivières.
☐ attention, **c** à la fin qui ne se prononce pas.

F G H I **J** K L M N O

jongler (verbe). C'est lancer des balles ou des objets en l'air, les rattraper, les relancer et les rattraper à nouveau.

jongleur (nom : *un jongleur, une jongleuse*). C'est une personne qui sait jongler : Au cirque, j'ai vu un jongleur jongler avec des assiettes.

Il jongle avec des balles.

jonquille (nom fém. : *une jonquille*). C'est une jolie fleur jaune. Les jonquilles poussent dans les bois, les prés, dès le début du printemps.
☐ regarde fleur.

joue (nom fém. : *une joue*). C'est chacun des deux côtés du visage : Julie a couru, elle a les joues toutes roses.

jouer (verbe). C'est s'amuser, faire un jeu : Nous **jouons** au ballon, tu viens avec nous ?

jouet (nom masc. : *un jouet*). C'est un objet pour jouer : La poupée, la dînette, le garage, les cubes sont des jouets.

joueur (nom : *un joueur, une joueuse*). C'est une personne qui joue dans un jeu ou dans un sport : Dans l'équipe de football, il y a onze joueurs.

joufflu (adjectif : *il est joufflu, elle est joufflue*). Un bébé joufflu a de belles joues bien rondes.
☐ attention, **ff**.

jour (nom masc. : *un jour*).
1. Un jour dure 24 heures, de minuit à minuit. Il y a sept jours dans la semaine. **2.** Il fait jour, c'est-à-dire il fait clair, il y a de la lumière dehors.

journal (nom masc. : *un journal, des journaux*). Dans un journal, on dit, on écrit tout ce qui se passe d'important chaque jour.
☐ attention, **aux** au pluriel.

journaliste (nom : *un* ou *une journaliste*). C'est une personne qui écrit dans un journal ou qui s'occupe des informations à la télévision, à la radio.

journée (nom fém. : *une journée*). C'est la partie du jour entre le matin et le soir : Nous passerons la journée à la campagne et nous reviendrons le soir.

joyeux (adjectif : *il est joyeux, elle est joyeuse*). Le chien remue la queue, il saute, il est tout joyeux, c'est-à-dire il est content, heureux.

se **jucher** (verbe). C'est s'installer très haut : David **s'est juché** sur le haut tabouret. L'oiseau **est juché** sur l'arbre.

Une prise de judo.

judo (nom masc. : *le judo*). C'est un sport de combat qui nous vient du Japon. Le judo apprend à se défendre.

juge (nom masc. : *le juge*). Le juge dit ce qu'il pense être bien ou mal par rapport à la loi.

juger (verbe). **1.** C'est dire si quelque chose est bien ou mal : Le maître **a jugé** mon devoir très bien. **2.** C'est aussi dire si quelqu'un est coupable ou innocent, s'il a respecté la loi ou non.
☐ attention, nous jugeons, avec **e**.

juif (adjectif : *il est juif, elle est juive*). La religion juive existait avant Jésus-Christ. Les personnes juives croient en un Dieu unique. Leur livre est l'Ancien Testament. Les juifs ne croient pas en Jésus-Christ.

juillet (nom masc.). Le mois de juillet est après le mois de juin et avant le mois d'août. C'est un mois d'été.

juin (nom masc.). Le mois de juin est après le mois de mai et avant le mois de juillet. L'été commence le 21 ou le 22 juin.

jumeau (nom : *un jumeau, une jumelle, des jumeaux*). Les jumeaux sont deux frères ou un frère et une sœur nés en même temps. Les jumelles sont deux sœurs nées en même temps.
☐ attention, **x** au masc. pluriel.

jumelles (nom fém. pluriel). **1.** Regarde jumeau. **2.** En regardant avec des jumelles on peut voir ce qui est très loin. On peut observer les oiseaux dans les arbres sans leur faire peur.

jument (nom fém. : *une jument*). C'est la femelle du cheval, la mère du poulain.

jungle (nom fém. : *la jungle*). C'est une forêt sauvage dans les pays chauds, avec des lions, des tigres, des singes, toutes sortes d'animaux.

jupe (nom fém. : *une jupe*). C'est un vêtement de fille qui s'attache à la taille.

jurer (verbe). Je **jure** que je ne recommencerai pas, c'est-à-dire je le promets très fort.

F G H I **J** K L M N O

jus (nom masc. : *le jus*). C'est le liquide d'un fruit : Veux-tu un verre de jus d'orange ?

jusque. Ce mot indique la limite : Cours jusqu'à la ligne blanche.

juste (adjectif). **1.** Ton addition est juste, c'est-à-dire il n'y a pas d'erreur ; c'est bon, vrai, exact. **2.** La maîtresse est juste, c'est-à-dire elle gronde quand il faut, elle félicite quand il faut. Un partage juste donne des parts égales à chacun. **3.** Mes chaussures sont trop justes, c'est-à-dire trop petites.

justice (nom fém. : *la justice*). **1.** C'est traiter chacun de la même manière, sans avoir de préférences. C'est récompenser ou punir quand il le faut. **2.** La justice, c'est aussi l'ensemble des personnes, des juges qui décident si quelqu'un est coupable ou innocent, s'il a tort ou s'il a raison.

k

kangourou (nom masc. : *un kangourou*). C'est un animal d'Australie. Il se déplace en sautant sur ses longues pattes arrière. La femelle a une grande poche sur son ventre. Elle y met son petit pendant six mois.

Le kangourou et son petit.

karaté (nom masc. : *le karaté*). C'est un sport de combat sans armes. Le karaté vient du Japon.

képi (nom masc. : *un képi*). C'est une sorte de casquette. Les agents de police portent un képi.

kermesse (nom fém. : *une kermesse*). C'est une fête avec des jeux, des ventes d'objets.

kilo (nom masc. : *un kilo*). Le kilo mesure le poids : il y a 1 000 grammes dans un kilo. Ce mot est l'abréviation de « kilogramme ».

kilomètre (nom masc. : *un kilomètre*). Le kilomètre mesure la distance : il y a 1 000 mètres dans un kilomètre.

kiosque (nom masc. : *un kiosque*). **1.** C'est une petite place ronde, couverte, dans un jardin, où des musiciens viennent quelquefois jouer. **2.** C'est aussi une sorte de petite cabane dans la rue où on vend des journaux.

koala (nom masc. : *un koala*). C'est un petit animal d'Australie. Le koala grimpe aux arbres. Il porte son petit sur le dos.

Le koala et son petit.

l

là. C'est l'endroit que je te montre : Assieds-toi là.
☐ attention, **à**.

là-bas. C'est un endroit au loin : Regarde l'oiseau, là-bas.
☐ attention, **à**.

laboratoire (nom masc. : *un laboratoire*). C'est une pièce où on travaille, où on fait des expériences, des examens, des recherches : Le pharmacien prépare les pommades dans son laboratoire.

labourer (verbe). C'est retourner la terre pour qu'elle soit bonne pour les plantes.

Quel chemin prendre dans ce labyrinthe ?

labyrinthe (nom masc. : *un labyrinthe*). Ce sont des chemins, des rues, des couloirs très compliqués, où on se perd.
☐ attention, **y, i, th**.

lac (nom masc. : *un lac*). C'est une grande étendue d'eau avec des terres tout autour. Le lac est plus grand que l'étang.

lacer (verbe). C'est attacher avec des lacets : Judith **lace** ses chaussures toute seule depuis longtemps.
☐ attention, nous laçons, avec **ç**.

lacet (nom masc. : *un lacet*). **1.** C'est un cordon pour attacher : Mes lacets de chaussures sont cassés. **2.** Une route en lacets, c'est une route qui tourne beaucoup.

lâche (adjectif). Une personne lâche n'a pas de courage du tout : Tu t'attaques aux petits, tu es lâche, c'est-à-dire c'est facile et cela ne demande aucun courage.
☐ attention, **â**.

lâcher (verbe). Judith **a lâché** le ballon et il s'est envolé, c'est-à-dire elle a arrêté de le tenir, elle a ouvert la main.
☐ attention, **â**.

là-haut. Pierre est là-haut, c'est-à-dire en haut.
☐ attention, **à**.

laid (adjectif : *il est laid, elle est laide*). Ce qui est laid n'est pas beau du tout, c'est vilain.

laine (nom fém. : *la laine*). C'est la fourrure, les poils du mouton. Avec ces poils, on fait des fils, on les teint de toutes les couleurs. Et avec ces fils, on tricote.

Regarde, dans la vitrine, toutes ces pelotes de laine !

laisse (nom fém. : *une laisse*). La laisse est attachée au collier du chien, elle sert à le tenir.

laisser (verbe). **1.** C'est ne pas emmener, c'est quitter : Je te **laisse** là, à tout à l'heure. **2.** C'est ne pas toucher, ne pas prendre : Il **a laissé** tout son gâteau. **3.** C'est aussi permettre : **Laisse**-moi regarder la télévision, s'il te plaît.

lait (nom masc. : *le lait*). Le veau tète le lait de la vache. Le bébé tète le lait de sa maman ou du biberon. Le lait est un aliment.

laitue (nom fém. : *une laitue*). C'est une salade verte.
☐ attention, **e** à la fin.

lambeau (nom masc. : *un lambeau, des lambeaux*). C'est un morceau déchiré de papier, de tissu, de peau : Que t'est-il arrivé ? Ta robe est en lambeaux !
☐ attention, **m** devant **b**, et **x** au pluriel.

lame (nom fém. : *une lame*). C'est du métal plat, mince qui coupe : Le couteau a une lame.

lamentable (adjectif). Ce qui est lamentable est très mauvais : C'est un travail lamentable.

se **lamenter** (verbe). C'est se plaindre beaucoup, dire qu'on est malheureux.

lampadaire (nom masc. : *un lampadaire*). C'est une lampe montée sur une haute tige.
☐ attention, **m** devant **p**.

lampe (nom fém. : *une lampe*). La lampe sert à éclairer. Il y a une ampoule dedans qui fait la lumière.
☐ attention, **m** devant **p**.

lampion (nom masc. : *un lampion*). C'est une lampe dans du papier coloré : Pour la fête on a allumé des lampions.
☐ attention, **m** devant **p**.

lance (nom fém. : *une lance*). C'est une arme, un long morceau de bois avec une pointe en fer au bout : Autrefois, les chevaliers se battaient à cheval avec des lances.

F G H I J K **L** M N O

lancer (verbe). **1.** C'est envoyer en jetant : **Lance**-moi le ballon. **2.** Les policiers **se lancent** à la poursuite du voleur, c'est-à-dire ils vont vite pour le rattraper.
☐ attention, nous lançons, avec **ç**.

landau (nom masc. : *un landau*). On promène les bébés couchés dans des landaus.

lande (nom fém. : *la lande*). C'est un terrain un peu sauvage. La bruyère, les ajoncs, les genêts poussent sur la lande.

Dans la lande.

langage (nom masc. : *le langage*). **1.** C'est l'ensemble des mots, des phrases. Grâce au langage, tu peux dire ce que tu penses, tu peux parler avec les autres. **2.** Les animaux ont aussi leur langage, c'est-à-dire leur manière de se faire comprendre.

langouste (nom fém. : *une langouste*). C'est un animal de la mer avec une carapace. La langouste ressemble au homard, mais elle n'a pas de grosses pinces.

langue (nom fém. : *une langue*). **1.** La langue est dans la bouche. Grâce à la langue, tu peux parler, tu peux goûter les aliments. **2.** Le français, l'anglais, l'espagnol sont des langues, c'est-à-dire un ensemble de mots pour parler.

lanière (nom fém. : *une lanière*). C'est un bande de cuir, de tissu.

lanterne (nom fém. : *une lanterne*). C'est un cube en verre avec une lumière dedans.

laper (verbe). Le chat **lape** son lait, c'est-à-dire il le boit à petits coups de langue.

lapin (nom masc. : *un lapin*). C'est un petit animal qui ronge avec ses dents ce qu'il mange. La femelle est la lapine. Le petit est le lapereau.

Le lapin et ses petits sortent de leur terrier.

large (adjectif). La rivière est très large, c'est-à-dire il y a loin d'un bord à l'autre. Le contraire est étroit.

large (nom masc. : *le large*). Le bateau s'en va vers le large, c'est-à-dire loin de la côte, vers le milieu de la mer.

largement. **1.** Ouvre largement la fenêtre, c'est-à-dire ouvre grand la fenêtre. **2.** Tu as largement le temps d'aller et de revenir, c'est-à-dire tu as tout à fait le temps.

largeur (nom fém. : *la largeur*). **1.** Dans un rectangle, la largeur c'est le petit côté, la longueur, c'est le grand côté. **2.** Ici, la largeur de la rivière n'est pas grande, c'est-à-dire la distance d'un côté à l'autre.

larme (nom fém. : *une larme*). Quand tu pleures, des larmes coulent de tes yeux sur tes joues.

larve (nom fém. : *une larve*). C'est une première forme d'un insecte, avant qu'il se transforme : La chenille est la larve du papillon.

se **lasser** (verbe). J'aimais beaucoup ce genre d'histoires, mais je **m'**en **suis lassé,** c'est-à-dire c'est fini, je n'aime plus cela.

lasso (nom masc. : *un lasso*). C'est une grande corde avec une grande boucle au bout : Les cow-boys capturent les chevaux sauvages avec un lasso.

lavabo (nom masc. : *un lavabo*). On se lave les mains, le visage, au-dessus du lavabo.

lavage (nom masc. : *le lavage*). La tache partira au lavage, c'est-à-dire quand on lavera le tissu.

lavande (nom fém. : *la lavande*). C'est une petite plante à fleurs bleues qui sent très bon. On en fait du parfum.

lave (nom fém. : *la lave*). C'est la matière qui jaillit du volcan. Elle est presque liquide et brûlante, puis elle se refroidit en coulant hors du volcan.

laver (verbe). C'est nettoyer avec de l'eau et du savon ou de la lessive.

lécher (verbe). Le chat **lèche** son assiette, c'est-à-dire il passe la langue dessus.
□ attention, **lé**cher, avec **é**, mais il **lè**che, avec **è**.

leçon (nom fém. : *une leçon*). C'est ce qu'on doit apprendre.
□ attention, **ç**.

lecteur (nom : *un lecteur, une lectrice*). C'est la personne qui lit un livre, un journal : Les lecteurs peuvent écrire au journal pour dire ce qu'ils pensent.

lecture (nom fém. : *la lecture*). **1.** Zoé est très bonne en lecture, c'est-à-dire elle lit très bien. **2.** J'emporte un peu de lecture pour le train, c'est-à-dire des livres, des journaux à lire.

Chez le marchand de légumes.

légende (nom fém. : *une légende*). **1.** C'est une histoire que l'on raconte depuis très longtemps. Chaque pays, chaque région a ses légendes. **2.** Une légende, c'est aussi le texte écrit sous un dessin pour le faire comprendre.

léger (adjectif : *il est léger, elle est légère*). **1.** Ce qui est léger ne pèse pas beaucoup : La plume est légère. Le contraire est lourd. **2.** Un thé léger a beaucoup d'eau et pas beaucoup de thé. Un vent léger ne souffle pas fort. Le contraire est fort.

légèrement. Ton dessin est légèrement abîmé, c'est-à-dire un petit peu. Le vent souffle légèrement, c'est-à-dire pas fort.

légèreté (nom fém. : *la légèreté*). La patineuse saute avec légèreté, c'est-à-dire comme si elle était très légère.

légume (nom masc. : *un légume*). C'est une plante qui se mange : Grand-père fait pousser des légumes dans son jardin.

lendemain (nom masc. : *le lendemain*). C'est le jour d'après : Nous prenons le train lundi et nous arrivons le lendemain, mardi.

lent (adjectif : *il est lent, elle est lente*). Une personne lente n'avance pas vite, elle n'est pas rapide.

lentement. La voiture roule lentement dans la côte, c'est-à-dire elle ne va pas vite.

lenteur (nom fém.). L'escargot avance avec lenteur, c'est-à-dire lentement.

léopard (nom masc. : *un léopard*). C'est une sorte de panthère d'Afrique.
☐ attention, **d** à la fin.

lessive (nom fém. : *une lessive*). **1.** C'est une poudre, un liquide pour laver le linge. **2.** Faire la lessive, c'est laver le linge.

lettre (nom fém. : *une lettre*). **1.** A, B, C, sont des lettres. Il y a 26 lettres dans l'alphabet français. **2.** Julien écrit une lettre à ses grands-parents. Il la met dans l'enveloppe et il colle le timbre pour la poste.

lever (verbe). **1. Lève** les bras, c'est-à-dire mets-les en l'air.
2. Jean **se lève** à 7 heures le matin, c'est-à-dire il est debout, il sort de son lit à 7 heures.
3. Le soleil **se lève,** c'est-à-dire il apparaît, c'est le début du jour.
☐ attention, l**e**ver, mais il l**è**ve, avec **è**.

levier (nom masc. : *un levier*). C'est une barre pour soulever des choses lourdes : Tu places un bout du levier sous un objet lourd et tu appuies très fort à l'autre bout.

Le léopard bondit.

lèvre (nom fém. : *la lèvre*). Les lèvres bordent la bouche : Marie s'est mis du rouge à lèvres pour se maquiller.

lézard (nom masc. : *un lézard*). C'est un petit animal avec des pattes très courtes et une très longue queue. Il aime se chauffer sur les pierres au soleil. Si sa queue est coincée, il la casse et elle repousse après.
☐ attention, **z,** et **d** à la fin.

Oh ! Un lézard, attrapons-le !

liaison (nom fém. : *la liaison*). Un autocar fait la liaison entre la gare et notre village, c'est-à-dire il fait le trajet entre les deux.

liane (nom fém. : *une liane*). C'est une sorte de plante qui s'accroche aux branches des arbres : Dans la jungle, les singes se balancent au bout des lianes.

F G H I J K **L** M N O

Nous regardons les livres dans la librairie.

libellule (nom fém. : *une libellule*). La libellule a quatre ailes. Elle vit près des étangs, des rivières. Elle mange des petits insectes qu'elle attrape en plein vol.
☐ attention, **ll** et **l**, et regarde insecte.

libérer (verbe). C'est rendre libre : On **a libéré** le prisonnier, il est sorti de prison.
☐ attention, libérer, avec **é**, mais il libère, avec **è**.

liberté (nom fém. : *la liberté*). C'est être libre : Le prisonnier a retrouvé sa liberté, il est sorti de prison. Les animaux vivent en liberté ici, c'est-à-dire ils ne sont pas dans des cages.

libraire (nom : *un* ou *une libraire*). C'est la personne qui vend des livres.

librairie (nom fém. : *une librairie*). C'est la boutique du libraire.

libre (adjectif). **1.** Le prisonnier sort de prison, il est libre, il n'est plus en prison. **2.** Tu fais ce que tu veux, tu es libre, c'est-à-dire tu peux choisir, rien ne te force, rien ne t'oblige. **3.** Ce samedi, je suis libre, c'est-à-dire je n'ai rien d'obligatoire à faire.

licorne (nom fém. : *une licorne*). C'est un animal des contes et légendes qui n'existe pas. On dit que la licorne a un corps de cheval et une grande corne sur le front.

liège (nom masc. : *le liège*). C'est l'écorce d'un arbre, le chêne-liège. On en fait des bouchons de bouteilles. Le liège est très léger et il flotte sur l'eau.

lien (nom masc. : *un lien*). C'est une ficelle, une corde, un fil pour attacher, pour lier.

lier (verbe). **1.** C'est attacher avec un lien : On lui **a lié** les mains dans le dos. **2.** Julie et Zoé **sont** très **liées,** c'est-à-dire elles sont amies.

lierre (nom masc. : *le lierre*). C'est une plante qui pousse en grimpant, en s'accrochant aux pierres, aux murs, aux arbres. Ses feuilles sont bien vertes.

lieu (nom masc. : *un lieu, des lieux*). **1.** C'est un endroit : Quel est ton lieu de naissance ? C'est-à-dire où es-tu né ? **2.** Le spectacle **aura lieu** ici, c'est-à-dire il se fera ici. **3.** C'est Zoé qui est venue **au lieu de** Julie, c'est-à-dire elle est venue à sa place.
☐ attention, **x** au pluriel.

lièvre (nom masc. : *un lièvre*). C'est une sorte de lapin sauvage. Le lièvre court très vite. Ses pattes arrière sont beaucoup plus longues que ses pattes avant.

L'histoire de la licorne.

ligne (nom fém. : *une ligne*). **1.** C'est un trait : Je trace une ligne droite. J'écris sur les lignes. **2.** Une ligne, ce sont aussi les mots écrits les uns à côté des autres : Lisez les cinq premières lignes.

lilas (nom masc. : *le lilas*). C'est un arbuste avec de belles fleurs blanches ou violettes.
☐ regarde fleur.

limace (nom fém. : *une limace*). C'est un petit animal marron et tout mou qui rampe. Les limaces mangent les feuilles de salade.
☐ attention, **c**.

lime (nom fém. : *une lime*). En frottant avec une lime, on arrondit le bout des ongles. Avec une grosse lime en métal, on peut couper du fer.

limer (verbe). C'est frotter avec une lime.

limitation (nom fém. : *une limitation*). Sur la route il y a une limitation de vitesse c'est-à-dire la vitesse est limitée.
☐ regarde limiter.

limite (nom fém. : *une limite*). **1.** La barrière marque la limite du jardin, c'est-à-dire là où le jardin se termine. Les frontières sont les limites d'un pays. **2.** Le 15 septembre, c'est la limite pour s'inscrire, c'est-à-dire on ne peut plus s'inscrire après cette date.

limiter (verbe). La vitesse **est limitée** à 90 kilomètres à l'heure sur la route, c'est-à-dire on n'a pas le droit d'aller plus vite.

F G H I J K **L** M N O

limonade (nom fém. : *la limonade*). C'est une boisson sucrée gazeuse, avec des bulles.

limpide (adjectif). L'eau de la rivière est limpide, c'est-à-dire transparente, très claire.
□ attention, **m** devant **p**.

linge (nom masc. : *le linge*). Ce sont toutes les choses en tissu de la maison : les draps, les serviettes, les vêtements.

Le lion, la lionne et les lionceaux.

lion (nom : *le lion, la lionne*). On dit que le lion est le roi des animaux. C'est un fauve d'Afrique. Le lion a une crinière. La lionne, la femelle, n'en a pas. Le petit s'appelle le lionceau.

lionceau (nom masc. : *un lionceau, des lionceaux*). C'est le petit du lion.
□ attention, **x** au pluriel.

liqueur (nom fém. : *une liqueur*). C'est une boisson sucrée avec de l'alcool.

liquide (nom masc. : *un liquide*). L'eau, le lait sont des liquides. Les liquides coulent.

lire (verbe). C'est reconnaître et comprendre les mots écrits : Julie **lit** beaucoup de contes. **J'ai lu** un beau livre.

lisible (adjectif). Ce qui est lisible, on peut facilement le lire.

lisiblement. Écris lisiblement, c'est-à-dire pour que ce soit lisible, facile à lire.

lisière (nom fém. : *une lisière*). La lisière de la forêt, c'est là où elle commence. La lisière d'un tissu, c'est son bord.

lisse (adjectif). Le papier est bien lisse, c'est-à-dire il est tout doux, rien n'accroche.

liste (nom fém. : *une liste*). C'est une série, une suite de mots, de noms : Nadia fait la liste de ses invités, pour sa fête.

lit (nom masc. : *un lit*). **1.** Dans un lit on dort. En bas il y a le sommier et sur le sommier, le matelas. **2.** Le lit d'une rivière, c'est le creux du terrain où elle coule : Il a plu, la rivière est sortie de son lit, elle déborde.

litière (nom fém. : *une litière*). La litière des vaches, c'est la paille sur laquelle elles se couchent.

litre (nom masc. : *un litre*). C'est une mesure pour les liquides : Dans cette bouteille, il y a un litre d'eau.

littérature (nom fém. : *la littérature*). C'est l'ensemble des histoires écrites, des romans.
☐ attention, **tt**.

livraison (nom fém. : *une livraison*). La livraison du vélo se fera demain, c'est-à-dire on va nous livrer le vélo demain.

livre (nom fém. : *une livre*). C'est la moitié d'un kilo : 500 grammes.

livre (nom masc. : *un livre*). Dans un livre, il y a des histoires écrites, des images, des dessins. Il y a des livres pour apprendre, il y a des livres pour rêver.

livrer (verbe). Le marchand nous **livrera** ton vélo demain, c'est-à-dire il l'apportera à la maison.

livret (nom masc. : *un livret*). Sur ton livret, tes notes et les appréciations du maître sont écrites.

livreur (nom masc. : *un livreur*). C'est la personne qui livre, qui apporte les marchandises commandées.

local (nom masc. : *un local, des locaux*). C'est une partie d'un bâtiment, une pièce, une salle : Nous voudrions un local spécial pour les cours de gymnastique.
☐ attention, **aux** au pluriel.

Les locomotives.

locomotive (nom fém. : *une locomotive*). La locomotive tire les wagons du train.

logement (nom masc. : *un logement*). C'est la maison, l'appartement où on habite : Les Duval cherchent un nouveau logement.

loger (verbe). **1.** C'est habiter : Nous **logeons** chez notre cousin. **2.** C'est aussi garder quelqu'un à dormir chez soi : Nous **logerons** ton ami.
☐ attention, nous logeons, avec **e**.

logique (adjectif). Zoé est partie de chez elle il y a cinq minutes. Elle ne peut pas être encore là, c'est logique, c'est-à-dire c'est normal.

loi (nom fém. : *une loi*). Les lois disent ce qu'il faut faire et ce qu'il est absolument interdit de faire.

loin. J'habite loin de l'école, c'est-à-dire à une grande distance, je mets du temps pour venir. Le contraire est près.

lointain (adjectif : *un pays lointain, une région lointaine*). Un pays lointain est très loin.

loir (nom masc. : *un loir*). C'est une petit animal qui dort tout l'hiver. Il reste dans les branches des arbres et il grignote les fruits et les graines.

loisirs (nom masc. pluriel). Tes loisirs, c'est le temps que tu as de libre et ce que tu fais pour t'occuper, te distraire pendant ce temps : La lecture, le sport et la télévision sont mes loisirs favoris.

long (adjectif : *un long chemin, une longue route*). **1.** Zoé a des cheveux longs, ils descendent bas dans son dos. **2.** La route est longue pour aller chez toi, c'est-à-dire il y a beaucoup de distance. **3.** Le film est très long, c'est-à-dire il dure longtemps. Le contraire est court.

long. Nous marcherons **le long de** la rivière, c'est-à-dire en la suivant sur le bord.

longer (verbe). Nous **longeons** la rivière, c'est-à-dire nous marchons le long de la rivière.
☐ attention, nous longeons, avec **e**.

longtemps. J'ai attendu longtemps, c'est-à-dire pendant un long moment.
☐ reconnais long et temps.

longueur (nom fém. : *la longueur*). **1.** C'est une dimension : On mesure les longueurs avec le mètre. **2.** La longueur du lit, c'est la dimension de la tête aux pieds. Le contraire est largeur. **3.** La longueur, c'est aussi le temps : La longueur des jours diminue en automne.

lorsque. C'est un autre mot pour quand : Lorsqu'il était enfant, c'est-à-dire quand il était enfant.

losange (nom masc. : *un losange*). Les quatre côtés d'un losange ont la même dimension.

lot (nom masc. : *un lot*). C'est ce qu'on gagne dans un jeu, dans une loterie.

loterie (nom fém. : *une loterie*). C'est un jeu. Tu choisis un numéro au hasard. Si ton numéro sort, tu gagnes un lot.

loucher (verbe). Quand on **louche,** les deux yeux ne regardent pas dans la même direction.

louer (verbe). Pour me faire mes étagères, papa **a loué** une scie électrique, c'est-à-dire il ne l'a pas achetée, mais il a payé pour pouvoir s'en servir un certain temps. Après, il la rendra.

loup (nom masc. : *un loup*). C'est un animal sauvage. Il ressemble au chien. Le loup vit dans les forêts. La femelle s'appelle la louve, et le petit le louveteau.
☐ attention, **p** à la fin qui ne se prononce pas.

loupe (nom fém. : *une loupe*). C'est un verre spécial qui grossit ce qu'on regarde : Les lettres sont trop petites, je prends une loupe pour pouvoir les lire.

lourd (adjectif : *il est lourd, elle est lourde*). Ce qui est lourd pèse beaucoup. Le contraire est léger.

louve (nom fém. : *la louve*). C'est la femelle du loup.

loyer (nom masc. : *le loyer*). C'est l'argent qu'on donne au propriétaire du logement qu'on loue.

lu. Regarde lire.

lucarne (nom fém. : *une lucarne*). C'est une toute petite fenêtre.

lueur (nom fém. : *une lueur*). C'est une petite lumière, une faible lumière : Autrefois, on lisait à la lueur des bougies.

luge (nom fém. : *une luge*). Assis sur une luge, tu peux glisser sur la neige et descendre les pistes à toute vitesse.

J'adore la luge.

Judith a gagné à la loterie.

F G H I J K **L** M N O

Le premier croissant, le premier quartier, la pleine lune.

lumière (nom fém. : *la lumière*). **1.** C'est la clarté, le contraire de l'obscurité : Il fait jour, il y a de la lumière, on voit ce qui est autour de nous. **2.** La nuit, il faut allumer la lumière, c'est-à-dire les lampes.

lumineux (adjectif : *un point lumineux, une enseigne lumineuse*). Ce qui est lumineux brille, se voit même dans le noir : Les enseignes lumineuses des magasins se voient bien la nuit.

lundi (nom masc. : *le lundi*). C'est le premier jour de la semaine : Mon journal paraît tous les lundis.

lune (nom fém. : *la lune*). C'est l'astre qui tourne autour de la Terre. On voit la lune la nuit dans le ciel. Le 21 juillet 1969, pour la première fois, deux astronautes américains ont marché sur la Lune.

lunettes (nom fém. pluriel). On porte des lunettes pour mieux voir ou pour se protéger de la lumière du soleil.

lutin (nom masc. : *un lutin*). Dans les contes de fées, les lutins sont des petits bonshommes qui ont un pouvoir magique.

lutte (nom fém. : *une lutte*). C'est une bataille, une bagarre, un combat.

lutter (verbe). **1.** C'est se battre : Les deux hommes **luttent** l'un contre l'autre. **2.** Il faut **lutter** contre ce défaut, c'est-à-dire tout faire pour se débarrasser de ce défaut.

luxe (nom masc. : *le luxe*). Les rois, les princes, les gens riches vivent dans le luxe, c'est-à-dire ils ont chez eux des choses très belles et très chères.

luzerne (nom fém. : *la luzerne*). C'est une sorte d'herbe. Les vaches mangent de la luzerne.
☐ attention, **z**.

lycée (nom masc. : *le lycée*). C'est le nom de l'école après le collège.
☐ attention, **y** et **ée**.

m

mâcher (verbe). C'est écraser entre les dents : On **mâche** les aliments avant de les avaler.
☐ attention, **â**.

machine (nom fém. : *une machine*). Les machines font un travail à la place de l'homme. Par exemple, la machine à laver lave le linge.

mâchoire (nom fém. : *une mâchoire*). Nous avons deux mâchoires où sont plantées les dents : la mâchoire du haut, supérieure, et la mâchoire du bas, inférieure.
☐ attention **â**.

maçon (nom masc. : *un maçon*). Le métier du maçon est de contruire les maisons, les murs.
☐ attention, **ç**.

Le maçon termine le mur.

madame. C'est comme cela qu'on appelle une dame, une femme mariée : Bonjour, madame Duval.
☐ attention au pluriel : **mesdames**.

mademoiselle. C'est comme cela qu'on appelle une jeune fille ou une femme qui n'est pas mariée : Bonjour, mademoiselle Legrand.
☐ attention au pluriel : **mesdemoiselles**.

magasin (nom masc. : *un magasin*). C'est une boutique ou un grand bâtiment où on achète des choses : Nous allons regarder les vitrines des grands magasins.
☐ attention, **s**.

magazine (nom masc. : *un magazine*). C'est un journal qui paraît chaque semaine ou chaque mois.
☐ attention, **z**.

magicien (nom : *un magicien, une magicienne*). C'est une personne qui fait de la magie : Le magicien la transforma en statue.

magie (nom fém. : *la magie*). Faire de la magie, c'est faire des choses extraordinaires grâce à un pouvoir mystérieux, secret.

magique (adjectif). Ce qui est magique a le pouvoir de la magie : La fée touche la citrouille de sa baguette magique et la citrouille se transforme en carrosse.

magnifique (adjectif). Ce qui est magnifique est très beau, splendide, superbe.

mai (nom masc.). Le mois de mai vient après avril et avant juin. C'est un mois du printemps.

maigre (adjectif). **1.** Un enfant maigre n'est pas assez gros. **2.** Du jambon maigre n'a pas beaucoup de gras.

maigrir (verbe). C'est perdre du poids, devenir moins gros, plus maigre. Le contraire est grossir.

maillot (nom masc. : *un maillot*). Un maillot de bain, c'est un vêtement pour se baigner, à la piscine, à la mer.

main (nom fém. : *une main*). Avec ta main, tu peux prendre, toucher, serrer : On a cinq doigts sur chaque main.

maintenant. Ce mot indique le moment où on est, tout de suite : Dépêche-toi, nous partons maintenant.

maire (nom masc. : *le maire*). C'est la personne qui s'occupe de la commune. Le maire travaille à la mairie.

mairie (nom fém. : *la mairie*). C'est la maison où se trouve le bureau du maire.

mais. Ce mot fait remarquer quelque chose : Ton devoir est bon, mais il y a des fautes d'orthographe. J'ai sommeil mais je ne veux pas me coucher.

maïs (nom masc. : *le maïs*). C'est une céréale, une plante à gros grains jaunes.
☐ attention, ï.

maison (nom fém. : *une maison*). **1.** C'est une construction, un bâtiment : Avec son jeu, David

La récolte du maïs.

Un épi.

construit une maison. Il monte les murs. Il place les fenêtres, les portes et le toit. **2.** Dimanche, je reste à la maison, c'est-à-dire chez moi.

maître (nom : *le maître, la maîtresse*). C'est la personne qui enseigne toutes les choses à savoir aux élèves de sa classe.
☐ attention, **î**.

majuscule (nom fém. : *une majuscule*). C'est une grande lettre. On met une majuscule au début d'une phrase et au début d'un nom propre. Les autres lettres sont des minuscules.

mal. C'est le contraire de bien : Marie compte mal, elle fait des erreurs.

mal (nom masc. : *un mal, des maux*). **1.** J'ai mal à la tête, ma tête me fait mal, c'est-à-dire j'ai une douleur dans la tête, j'ai des maux de tête. **2.** Marie a du mal en calcul, c'est-à-dire des difficultés **3.** Faire du mal aux animaux, c'est les faire souffrir, être méchant, mauvais avec eux.
☐ attention, **maux** au pluriel.

malade (adjectif). Julie est malade, c'est-à-dire elle a une maladie.

maladie (nom fém. : *une maladie*). Quand on a une maladie, on n'est plus en bonne santé, il y a quelque chose qui ne va pas dans notre corps. L'angine est une maladie.

maladroit (adjectif : *il est maladroit, elle est maladroite*). Une personne maladroite n'a pas des gestes précis, elle n'est pas habile, pas adroite : Bruno a encore renversé son bol, il est maladroit.

mâle (nom masc. : *le mâle*). Pour les êtres humains, il y a l'homme et la femme et pour les animaux, il y a le mâle et la femelle : Le chat, le canard, le cheval sont des mâles. La chatte, la cane, la jument sont des femelles.
☐ attention, **â**.

malgré. Nous sommes sortis malgré la pluie, c'est-à-dire nous sommes sortis quand même.

malheur (nom masc. : *un malheur*). C'est quelque chose de triste, de grave : Pierre a perdu sa petite chienne, c'est un malheur pour lui.
☐ attention, **h** comme dans bonheur.

malheureusement. C'est ce qu'on dit quand on regrette beaucoup quelque chose : Je voulais venir à ton anniversaire, malheureusement je ne peux pas.
☐ attention, **h**.

Bruno est maladroit.

malheureux (adjectif : *il est malheureux, elle est malheureuse*). Pierre a perdu sa petite chienne. Il est malheureux, c'est-à-dire il est triste, il n'est plus heureux.
☐ attention, **h.**

malhonnête (adjectif). Une personne malhonnête vole, trompe, triche. Elle n'est pas honnête.
☐ attention, **h,** et **ê,** comme dans honnête.

malice (nom fém. : *la malice*). Judith est une enfant pleine de malice, c'est-à-dire elle est malicieuse.

malicieux (adjectif : *il est malicieux, elle est malicieuse*). Un enfant malicieux est malin, astucieux et il aime bien se moquer gentiment.

malin (adjectif : *il est malin, elle est maligne*). Bruno est malin comme un singe, c'est-à-dire intelligent, débrouillard, astucieux.
☐ attention au féminin : mali**gne**.

malle (nom fém. : *une malle*). C'est une sorte de coffre pour emporter beaucoup d'affaires en voyage : Autrefois, on voyageait avec des malles.

malpoli (adjectif : *il est malpoli, elle est malpolie*). Une personne malpolie se conduit mal, elle fait, elle dit des choses qu'il ne faut pas dire. Elle n'est pas polie.

maltraiter (verbe). Je n'aime pas qu'on **maltraite** les animaux, c'est-à-dire qu'on les traite mal, qu'on leur donne des coups.

maman (nom fém. : *la maman*). C'est un autre mot pour mère. J'appelle ma mère « maman ».

mamelle (nom fém. : *une mamelle*). C'est la partie du corps de la femelle où il y a le lait pour les petits. Pour la femme, on dit le sein.
☐ attention, un seul **m** au milieu du mot.

mammifère (nom masc. : *un mammifère*). La femelle des mammifères nourrit ses petits avec le lait de ses mamelles : Le chat, le chien, la vache, la baleine sont des mammifères.
☐ attention, **mm** au milieu du mot.

mammouth (nom masc. : *un mammouth*). C'était une sorte d'éléphant qui vivait au temps des premiers hommes.
☐ attention, **mm** au milieu et **th** à la fin.

manche (nom masc. : *un manche*). Le manche d'un balai d'un couteau, d'un marteau, c'est la partie qu'on tient dans la main.

manche (nom fém. : *une manche*). C'est la partie du vêtement où on passe le bras.

manchot (nom masc. : *un manchot*). C'est un oiseau qui vit dans les régions très froides. Ses ailes sont très courtes. Elles ne lui servent pas à voler, mais elles lui servent de nageoires.

mandarine (nom fém. : *une mandarine*). C'est un fruit à peau orange, plus petit qu'une orange.

manège (nom masc. : *un manège*). **1.** Sur un manège, on s'installe sur des chevaux de bois, dans des petites voitures, des avions et on tourne. **2.** Un manège, c'est aussi un terrain où on monte à cheval.

manger (verbe). C'est prendre sa nourriture pour se nourrir : David n'**a** pas **mangé** sa viande.
☐ attention, nous mangeons, avec **e**.

manie (nom fém. : *une manie*). C'est une mauvaise habitude : Julie a la manie de tout laisser traîner, cela m'énerve.

manière (nom fém. : *une manière*). **1.** De quelle manière vas-tu faire ? C'est-à-dire comment, de quelle façon ?
2. Je n'aime pas les manières de Léa, c'est-à-dire sa façon de se tenir, de se comporter, son attitude.

Les manchots sur la glace.

Ces poupées sont des mannequins.

mannequin (nom masc. : *un mannequin*). C'est une personne qui porte des nouveaux modèles de vêtements pour les présenter au public.

manquer (verbe). **1.** Il y avait dix bonbons, il en **manque** un, c'est-à-dire il y en a un en moins. **2.** Pierre **a manqué** l'école ce matin, c'est-à-dire il n'y est pas allé.

manteau (nom masc. : *un manteau, des manteaux*). C'est un grand vêtement que l'on met par-dessus tous les autres quand on sort : Il fait froid, mets ton manteau.
☐ attention, **x** au pluriel.

manuel (adjectif : *un travail manuel, une activité manuelle*). La couture, la menuiserie, la peinture sont des travaux manuels, c'est-à-dire que l'on fait avec ses mains.

F G H I J K L **M** N O

maquette (nom fém. : *une maquette*). C'est un modèle d'avion, de camion, de maison en petit.

La maquette est presque finie.

maquillage (nom masc. : *un maquillage*). Cléa s'est fait un maquillage de clown, c'est-à-dire elle s'est maquillée en clown.

Zoé se maquille comme maman.

maquiller (verbe). C'est mettre des couleurs sur le visage pour faire plus joli ou pour se déguiser : Maria **maquille** sa poupée. Zoé **s'est maquillée** comme sa maman.

marais (nom masc. : *un marais*). C'est une étendue d'eau à la campagne. Des plantes poussent dans les marais.

marâtre (nom fém. : *une marâtre*). Dans les contes, la marâtre est la femme du père, elle n'est pas la vraie mère des enfants.
□ attention, **â**.

marbre (nom masc. : *le marbre*). C'est une sorte de pierre très dure.

marchand (nom : *un marchand, une marchande*). C'est une personne qui vend des choses : Le marchand de journaux vend des journaux. La marchande de légumes vend des légumes.

marchandise (nom fém. : *la marchandise*). C'est l'ensemble des choses qu'on vend, qu'on achète : Un train de marchandises transporte des choses à acheter, à vendre.

marche (nom fém. : *une marche*). **1.** C'est chacun des endroits plats pour poser les pieds dans un escalier. **2.** L'école est à un quart d'heure de marche, c'est-à-dire il faut marcher à pied un quart d'heure pour y arriver. **3.** Mets la radio **en marche,** c'est-à-dire ouvre-la, fais-la marcher, fonctionner.

C'est le jour du marché.

marché (nom masc. : *un marché*).
1. C'est là où les marchands vendent leurs marchandises : Il y a un marché une fois par semaine sur la place.
2. Faire le marché, c'est aller acheter les provisions, les légumes, les fruits.

marcher (verbe). **1.** C'est aller à pied : **Marche** plus vite, on va être en retard. **2.** C'est aussi fonctionner, être en marche : J'entends la télévision qui **marche** chez les voisins.

mardi (nom masc. : *le mardi*). C'est le deuxième jour de la semaine : Julie fait de la danse tous les mardis.

mare (nom fém. : *une mare*). C'est une petite étendue d'eau : La mare est plus petite que l'étang. Les canards barbotent dans la mare.

marécage (nom masc. : *un marécage*). C'est un terrain toujours mouillé et dangereux parce qu'on peut s'y enfoncer.

marée (nom fém. : *la marée*). C'est le mouvement de la mer qui monte et qui descend chaque jour. À marée basse, on ramasse des coquillages. À marée haute, il n'y a presque plus de place sur la plage.

marelle (nom fém. : *la marelle*). C'est un jeu. On dessine des cases par terre et il faut pousser une petite boîte du bout du pied, à cloche-pied, ou bien il faut sauter sans marcher sur les traits.

Nous jouons à la marelle.

marge (nom fém. : *une marge*). C'est la partie vide sur le côté de la feuille, là où on n'écrit pas.

marguerite (nom fém. : *une marguerite*). C'est une fleur à pétales blancs qui pousse dans les prés, les champs.
☐ attention, un seul **t**, et regarde <u>fleur</u>.

mari (nom masc. : *un mari*). Ma grande sœur se marie avec Bob. Bob devient son mari. Elle devient sa femme.

mariage (nom masc. : *un mariage*). Le jour du mariage, c'est le jour où on se marie.

se **marier** (verbe). Ma grande sœur **se marie** avec Bob. Ils vont former une nouvelle famille.

marin (nom masc. : *un marin*). Les marins travaillent sur les bateaux.

Les <u>marins</u> embarquent sur le bateau.

marin (adjectif : *un poisson marin, une carte marine*). Les poissons marins sont les poissons de la mer.

marine (nom fém. : *la marine*). La marine d'un pays, c'est l'ensemble des bateaux et des marins de ce pays.

marionnette (nom fém. : *une marionnette*). C'est une sorte de poupée, de pantin qu'on fait bouger et qu'on fait parler : Guignol est une marionnette.
☐ attention, un seul **r**, **nn** et **tt**.

Quelles belles <u>marionnettes</u> !

marmite (nom fém. : *une marmite*). La marmite est ronde avec un couvercle. On y fait cuire de grandes quantités d'aliments.

marmotte (nom fém. : *une marmotte*). C'est un petit animal des montagnes. La marmotte dort tout l'hiver. Elle a une belle fourrure.

marque (nom fém. : *une marque*). **1.** C'est la trace de quelque chose : Regarde, j'ai une marque de brûlure sur le bras. **2.** C'est le nom de l'usine qui fabrique un objet, un appareil : Ton père a une voiture de quelle marque ?

marquer (verbe). **1.** C'est noter, écrire : Je **marque** mon nom et mon adresse sur mon cartable. **2.** C'est aussi montrer, indiquer : La grande aiguille de l'horloge **marque** les heures. **3.** Nous **avons marqué** un but, c'est-à-dire nous l'avons réussi.

marraine (nom fém. : *la marraine*). La marraine présente l'enfant au baptême. L'enfant devient son filleul. Pour un homme, on dit le parrain.
☐ attention, **rr** et un seul **n**.

marron (nom masc. : *un marron*). On dit souvent un marron pour une châtaigne. Le vrai marron, le fruit du marronnier, ne se mange pas.

marron (adjectif). David a les yeux marron, c'est-à-dire brun foncé.
☐ attention, ce mot ne change pas au pluriel.

marronnier (nom masc. : *un marronnier*). C'est un grand arbre qui donne des marrons.
☐ attention, **rr** et **nn**.

mars (nom masc.). Le mois de mars vient après février et avant avril. C'est la fin de l'hiver et le début du printemps, le 20 ou le 21 mars.

marteau (nom masc. : *un marteau, des marteaux*). C'est un outil pour taper, pour enfoncer les clous.
☐ attention, **x** au pluriel.

masculin (adjectif : *un prénom masculin, une voix masculine*). **1.** Pierre est un prénom masculin, c'est-à-dire un prénom de garçon. **2.** On dit « un » ou « le » devant un nom masculin : un cahier, le chant.

masque (nom masc. : *un masque*). On se cache le visage avec un masque. Au carnaval, on porte de jolis masques, ou bien des masques drôles, de personnes ou d'animaux.

Quel <u>masque</u> voudrais-tu ?

masse (nom fém. : *une masse*). **1.** C'est un bloc, une grande quantité de matière : Une masse de neige se détache de la montagne. **2.** Les gens sont venus en masse, c'est-à-dire en très grand nombre.

F G H I J K L **M** N O

massif (nom masc. : *un massif*). **1.** Le massif du mont Blanc, c'est le bloc des montagnes du mont Blanc. **2.** Un massif de fleurs, ce sont des fleurs qu'on fait pousser tout près les unes des autres au milieu d'une pelouse, de l'herbe.

mastiquer (verbe). C'est un autre mot pour mâcher.

mât (nom masc. : *un mât*). C'est un très haut poteau. Sur un voilier, le mât porte les voiles.
☐ attention, **â**.

match (nom masc. : *un match*). C'est une rencontre sportive entre deux équipes ou deux joueurs : Ce soir, il y a un match de tennis à la télévision.

matelas (nom masc. : *un matelas*). Dans un lit, le matelas est sur le sommier. On dort sur le matelas.
☐ attention, **s** à la fin.

matériaux (nom masc. pluriel). Le bois, la pierre, le métal, les briques sont des matériaux, c'est-à-dire des matières pour construire, fabriquer.

matériel (nom masc. : *le matériel*). C'est l'ensemble des objets dont on a besoin pour faire quelque chose : Ton matériel de peinture, ce sont tes pinceaux, tes godets, tes tubes de couleur.

maternel (adjectif : *l'amour maternel, la langue maternelle*). **1.** L'amour maternel, c'est l'amour de la mère pour ses enfants. **2.** La langue maternelle, c'est la première langue que l'enfant apprend avec ses parents.

mathématique (nom fém. : *la mathématique*). C'est l'étude des nombres, des opérations, des grandeurs.

matière (nom fém. : *une matière*). **1.** Le métal, le bois, le verre, le plastique sont des matières. **2.** Dans un livre, la **table des matières** dit de quoi parle chaque partie du livre.

matin (nom masc. : *le matin*). C'est le début du jour, de la journée. La nuit se termine, c'est le matin qui arrive : Zoé se lève tôt tous les matins.

matinée (nom fém. : *la matinée*). C'est la première partie de la journée, avant midi, c'est le matin : Julie a passé la matinée au lit.

mauvais (adjectif : *il est mauvais, elle est mauvaise*). **1.** Ce qui est mauvais n'est pas bien, pas bon : Ce gâteau est mauvais. **2.** Pierre m'a lancé un regard mauvais, c'est-à-dire méchant.

mauve (adjectif). La couleur mauve est une couleur violet pâle.

maximum (nom masc. : *le maximum*). C'est le plus possible : Judith fait le maximum d'efforts pour réussir. Ce livre vaut au maximum 100 francs, c'est-à-dire pas plus.

Les mécaniciens changent la roue.

mécanicien (nom masc. : *un mécanicien*). C'est l'homme qui s'occupe des machines, des moteurs, il les entretient, il les répare.

mécanique (adjectif). Un jouet mécanique marche grâce à un mécanisme.

mécanisme (nom masc. : *un mécanisme*). C'est ce qui fait marcher, fonctionner une machine, un appareil : Le mécanisme de ma poupée qui parle est cassé. Elle ne parle plus.

méchanceté (nom fém. : *la méchanceté*). **1.** C'est le défaut d'une personne méchante : Il a fait cela par méchanceté. **2.** Il m'a dit des méchancetés, c'est-à-dire des paroles méchantes.

méchant (adjectif : *il est méchant, elle est méchante*). Une personne méchante peut faire du mal. Fais attention, le chien est méchant, il mord. Le contraire est gentil.

mèche (nom fém. : *une mèche*). **1.** Une mèche de cheveux, c'est un groupe de cheveux. **2.** La mèche d'une bougie, c'est le petit cordon qui dépasse et qu'on allume.

médaille (nom fém. : *une médaille*). C'est un bijou rond en or, en argent qu'on porte accroché à un collier.

médecin (nom masc. : *le médecin*). C'est la personne qui soigne les malades, c'est le docteur : Arthur a de la fièvre, maman l'emmène chez le médecin.

médecine (nom fém. : *la médecine*). Ce sont toutes les choses qu'on apprend pour devenir médecin : Mon grand frère fait des études de médecine.

médical (adjectif : *un examen médical, une visite médicale, des examens médicaux*). À la visite médicale, le médecin regarde si tu vas bien.
□ attention, **aux** au masc. pluriel.

médicament (nom masc. : *un médicament*). C'est ce qu'on prend quand on est malade, quand on a mal. Le médicament aide à guérir.

médiocre (adjectif). Un devoir médiocre est un peu faible, insuffisant, trop moyen.

se **méfier** (verbe). C'est faire attention, c'est ne pas faire trop confiance : Je **me méfie** de lui, il n'est pas honnête.

meilleur (adjectif : *il est meilleur, elle est meilleure*). Je suis bonne à la course mais Julie est meilleure que moi, elle court plus vite, elle réussit mieux.

mélange (nom masc. : *un mélange*). C'est plusieurs choses mises ensemble : Verse la farine, le lait, les œufs et remue bien le mélange.

mélanger (verbe). C'est mettre ensemble des choses différentes : Pour avoir du vert, tu mélanges du jaune et du bleu.
□ attention, nous mélangeons, avec **e**.

se **mêler** (verbe). Je parlais avec Jeanne, et Julie **s'est mêlée** à la conversation, c'est-à-dire elle est venue parler aussi.
□ attention, **ê**.

mélodie (nom fém. : *une mélodie*). C'est une musique, un air : La mélodie de cette chanson est très jolie.

mélodieux (adjectif : *un chant mélodieux, une voix mélodieuse*). Un chant mélodieux est joli, agréable à entendre.

melon (nom masc. : *un melon*). C'est un gros fruit rond. À l'intérieur, il est orange avec beaucoup de pépins au milieu.
□ regarde fruit.

membre (nom masc. : *un membre*). **1.** Les bras et les jambes sont les quatre membres du corps de l'homme. **2.** Les membres du club, ce sont les personnes qui font partie de ce club.
□ attention, **m** devant **b**.

Des mélanges de couleurs.

même. **1.** Julie et Zoé ont la même robe, c'est-à-dire leurs robes sont pareilles, identiques, semblables. Le contraire est <u>différent</u>. **2.** Pierre a fait ce château lui-même, c'est-à-dire lui tout seul, lui en personne.
☐ attention, lui-même, nous-mêmes, eux-mêmes, avec **-**.

mémoire (nom fém. : *la mémoire*). C'est ce qui te permet de te souvenir des choses, de les garder dans ta tête : Maria oublie tout, elle n'a pas de mémoire.

menace (nom fém. : *une menace*). Tes menaces ne me font pas peur, c'est-à-dire ce que tu me dis pour me menacer.

menacer (verbe). **1.** **Menacer** quelqu'un, c'est lui faire peur, lui promettre une chose désagréable, une punition, pour l'obliger à faire ce qu'on veut qu'il fasse. **2.** L'orage **menace**, c'est-à-dire il risque d'y avoir de l'orage.
☐ attention, nous mena**ç**ons, avec **ç**.

ménage (nom masc. : *le ménage*). Faire le ménage, c'est nettoyer la maison, enlever la poussière, ranger les objets.

ménagerie (nom fém. : *la ménagerie*). C'est l'ensemble des animaux d'un cirque.

mendiant (nom : *un mendiant, une mendiante*). C'est une personne très pauvre, qui demande de l'argent ou du pain dans les rues.

mendier (verbe). C'est demander de l'argent, du pain aux passants parce qu'on est très pauvre, très malheureux.

mener (verbe). **1.** Cette route **mène** à la mer, c'est-à-dire elle conduit à la mer, elle y va. **2.** La police **mène** l'enquête, c'est-à-dire elle la fait, elle la dirige, elle s'en occupe. **3.** Notre équipe **mène**, c'est-à-dire nous avons plus de points, nous sommes plus forts.
☐ attention, m**e**ner, mais il m**è**ne, avec **è**.

menotte (nom fém. : *une menotte*). **1.** C'est une petit mot gentil pour parler de la main d'un petit enfant. **2.** Les menottes, ce sont les bracelets de métal que la police met aux mains des personnes qu'elle arrête.

La petite <u>mendiante</u>.

F G H I J K L **M** N O

mensonge (nom masc. : *un mensonge*). C'est ce qu'on dit quand on ment.
☐ regarde <u>mentir</u>.

mensuel (adjectif : *un journal mensuel, une émission mensuelle*). Ce qui est mensuel a lieu une fois par mois.

menteur (nom : *un menteur, une menteuse*). C'est une personne qui ment.

menthe (nom fém. : *la menthe*). C'est une plante qui a un goût rafraîchissant. On en fait des sirops, des bonbons.
☐ attention, **th**.

mentir (verbe). C'est dire quelque chose qui n'est pas vrai : Aline **a menti**, elle n'a pas dit la vérité.

menton (nom masc. : *le menton*). C'est le bas du visage, sous la bouche : José a le menton pointu.

menu (nom masc. : *le menu*). C'est la liste des plats du repas.

menuiserie (nom fém. : *une menuiserie*). **1.** C'est l'atelier du menuisier. **2.** La menuiserie, c'est aussi le travail du menuisier.

menuisier (nom masc. : *un menuisier*). Le menuisier travaille le bois, il fait des meubles, des étagères, des parquets.

mer (nom fém. : *la mer*). C'est une grande étendue d'eau salée. La mer recouvre une très grande partie de la surface de la Terre.

mercerie (nom fém. : *une mercerie*). C'est une boutique où on achète du fil, des boutons, des rubans.

merci. C'est ce qu'on dit à quelqu'un qui vous donne quelque chose ou à quelqu'un qui a fait ou dit une chose gentille.

mercredi (nom masc. : *le mercredi*). C'est le troisième jour de la semaine : Tous les mercredis, je fais du sport.

mère (nom fém. : *une mère*). Quand une femme a un enfant, elle est la mère de cet enfant.

mériter (verbe). Tu as été sage, tu **mérites** une récompense, c'est-à-dire c'est normal que tu l'aies, tu l'auras.

merlan (nom masc. : *un merlan*). C'est un poisson de mer.

La <u>mer</u> est en bleu.

merle (nom masc. : *un merle*). C'est un petit oiseau noir qui siffle.
☐ regarde oiseau.

merveille (nom fém. : *une merveille*). **1.** Ce dessin est une merveille, c'est-à-dire une chose très belle. **2.** Pierre et moi, nous nous entendons **à merveille**, c'est-à-dire très bien.

merveilleux (adjectif : *un temps merveilleux, une journée merveilleuse*). Ce qui est merveilleux est très beau, magnifique, splendide.

mésange (nom fém. : *une mésange*). C'est un petit oiseau qui mange les insectes.
☐ regarde oiseau.

message (nom masc. : *un message*). **1.** C'est une chose qu'on dit à quelqu'un de la part de quelqu'un d'autre : Arthur m'a laissé un message pour toi : rendez-vous mercredi à midi, sur la place. **2.** J'ai laissé un message pour toi à la maison, c'est-à-dire une petite lettre, pour te dire quelque chose.

mesdames. Regarde madame.

mesdemoiselles. Regarde mademoiselle.

messieurs. Regarde monsieur.

mesure (nom fém. : *une mesure*). C'est une dimension. Prendre les mesures d'une pièce, c'est voir quelle est sa longueur, sa largeur, sa hauteur.

Papa mesure la moquette.

mesurer (verbe). **1.** Pierre **mesure** 1 mètre 20, c'est sa taille, la longueur de son corps.
2. Nous **mesurons** la pièce, c'est-à-dire nous prenons les mesures, les dimensions. Nous regardons combien elle fait en longueur, en largeur.

métal (nom masc. : *un métal, des métaux*). Le métal est une matière. Le fer, l'or, l'argent, le cuivre sont des métaux.
☐ attention, **aux** au pluriel.

métallique (adjectif). Une boîte métallique est en métal.
☐ attention, **ll**.

météo (nom fém. : *la météo*). La météo dit le temps qu'il fait, ou qu'il va faire dans les heures, les jours qui viennent. Ce mot est l'abréviation d'un nom plus compliqué : « météorologie ».

méthode (nom fém. : *une méthode*). C'est une manière, un moyen pour faire ou pour apprendre quelque chose : J'ai une bonne méthode pour apprendre mes récitations.
☐ attention, **th**.

métier (nom masc. : *un métier*). 1. C'est le travail que l'on fait pour gagner sa vie, c'est une profession : Boulanger, menuisier, mécanicien, pompier, professeur sont des noms de métier. **2.** Un métier à tisser sert à faire du tissage. C'est un cadre en bois avec des fils tendus en travers.

mètre (nom masc. : *un mètre*). On mesure la longueur avec le mètre. Il y a cent centimètres dans un mètre. Il y a mille mètres dans un kilomètre.

métro (nom masc. : *le métro*). C'est une sorte de train qui roule dans les villes, sous terre. C'est un moyen de transport. Ce mot est l'abréviation d'un nom plus compliqué : « métropolitain ».

mettre (verbe). **1. Mettez** vos livres là, c'est-à-dire posez-les. Zoé **met** son manteau, c'est-à-dire elle l'enfile. **J'ai mis** une heure pour venir, c'est-à-dire il m'a fallu une heure. **2. Se mettre** à faire quelque chose, c'est commencer à le faire : La pluie s'est mise à tomber.
☐ regarde la conjugaison, page 27.

meuble (nom masc. : *un meuble*). La table, la chaise, le bureau, le lit, l'armoire sont des meubles.

meubler (verbe). C'est mettre des meubles : Ce salon est trop vide, il faut le **meubler**.

meule (nom fém. : *une meule*). C'est chacun des gros tas de foin, d'épis de blé, que l'on fait après la moisson, dans les champs.

Une station de métro.

Les meules de foin.

meunier (nom masc. : *le meunier*). C'est la personne qui fait la farine avec le blé dans les moulins.

meurtre (nom masc. : *un meurtre*). On a retrouvé le vieil homme mort dans son jardin, c'est un meurtre, c'est-à-dire il a été tué par quelqu'un.

meurtrier (nom : *le meurtrier, la meurtrière*). C'est la personne qui a commis un meurtre, c'est un assassin.

miauler (verbe). Le chat **miaule**, c'est son cri à lui.

miche (nom fém. : *une miche*). C'est un gros pain rond.

micro (nom masc. : *un micro*). On parle dans un micro pour se faire entendre de beaucoup de gens ou pour se faire enregistrer. C'est l'abréviation d'un mot plus compliqué : « microphone ».

microbe (nom masc. : *un microbe*). Les microbes sont tout petits, minuscules. Ils causent des maladies, des infections.

microscope (nom masc. : *un microscope*). C'est un appareil pour voir ce qui est minuscule, très petit.

midi (nom masc.). **1.** Il est midi, c'est-à-dire 12 heures. C'est la fin de la matinée. L'après-midi commence. **2.** Le Midi de la France, c'est le sud de la France.

mie (nom fém. : *la mie*). C'est la partie tendre du pain, sous la croûte.

miel (nom masc. : *le miel*). C'est une sorte de sucre naturel très parfumé. Ce sont les abeilles qui fabriquent le miel à partir des fleurs qu'elles butinent.

miette (nom fém. : *une miette*). C'est un tout petit bout de pain, de gâteau qui tombe quand on le coupe.

mieux. Tu fais bien les gâteaux mais ma mère les fait mieux, c'est-à-dire les gâteaux de ma mère sont meilleurs.

mignon (adjectif : *il est mignon, elle est mignonne*). Ta poupée est très mignonne, c'est-à-dire jolie, agréable à regarder.

milieu (nom masc. : *un milieu, des milieux*). On fait un cercle et tu te mets au milieu, c'est-à-dire au centre.
□ attention, **x** au pluriel.

militaire (adjectif). Un camion militaire sert pour l'armée.

militaire (nom masc. : *un militaire*). C'est une personne qui appartient à l'armée, c'est un soldat.

mime (nom masc. : *le mime*). Faire du mime, c'est faire reconnaître un personnage, un animal seulement par des gestes.

mimer (verbe). C'est faire du mime : Pierre **mime** un animal, il faut le reconnaître.

mimosa (nom masc. : *le mimosa*). C'est un arbre. Ses fleurs sont des petites boules jaunes très parfumées.

mince (adjectif). Un fil mince n'est pas gros, pas épais.

mine (nom fém. : *une mine*). **1.** Julie a bonne mine, c'est-à-dire son visage montre qu'elle est en bonne santé, bien reposée. **2.** La mine du crayon, c'est la partie qui écrit. **3.** Dans le nord de la France, il y a des mines de charbon, c'est-à-dire on trouve du charbon sous la terre, en creusant.

mineur (nom masc. : *un mineur*). C'est une personne qui descend travailler au fond de la mine.

miniature (nom fém. : *une miniature*). Cléa a un palais en miniature sur sa cheminée, c'est-à-dire un palais en tout petit, en réduction.

minimum (nom masc. : *le minimum*). C'est le moins possible : Pour que ta valise ne soit pas trop lourde, emporte le minimum d'affaires. Ce livre coûte au minimum 50 francs, c'est-à-dire au moins 50 francs.

ministre (nom masc. : *un ministre*). Les ministres forment le gouvernement d'un pays.

Les mineurs travaillent dans la mine.

minuit. Il est minuit, c'est-à-dire 24 heures ou 0 heure. À minuit, on change de jour.

minuscule (adjectif). Ce qui est minuscule est tout petit.

minuscule (nom fém. : *une minuscule*). C'est chaque lettre qui n'est pas une majuscule. Elle a une forme plus petite.

minute (nom fém. : *une minute*). C'est une mesure du temps. Il y a 60 minutes dans une heure et il y a 60 secondes dans une minute.

miracle (nom masc. : *un miracle*). C'est une chose merveilleuse qui arrive sans qu'on s'y attende et sans qu'on puisse l'expliquer : Le vieil homme ne pouvait plus marcher. Il a bu l'eau de la source, et il s'est mis debout, c'est un miracle.

mirage (nom masc. : *un mirage*). C'est une chose qu'on croit voir, mais qui n'existe pas pour de vrai : Dans le désert, on croit voir une oasis, on avance et puis il n'y a rien, c'est un mirage.

miroir (nom masc. : *un miroir*). C'est une glace dans laquelle on se regarde, on se voit.

mis. Regarde mettre.

misère (nom fém. : *la misère*). Quand on est très, très pauvre, c'est la misère.

mission (nom fém. : *une mission*). Le détective a rempli sa mission, c'est-à-dire il a fait ce qu'on lui avait demandé de faire.

mixte (adjectif). Dans une école mixte, il y a des garçons et des filles ensemble dans les classes.

mobile (adjectif). Ce qui est mobile, bouge, peut bouger. Dans le vieux château, il y a un mur mobile : on appuie sur un bouton caché et il s'ouvre.

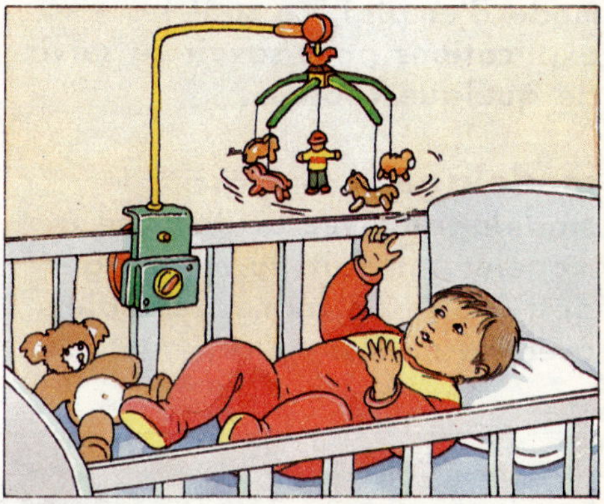

Jérémie regarde son mobile.

mobile (nom masc. : *un mobile*). C'est un objet qu'on accroche en hauteur et qui bouge dès qu'il y a de l'air.

Le chat se regarde dans le miroir.

F G H I J K L **M** N O

mobilier (nom masc. : *le mobilier*). C'est l'ensemble des meubles.

mode (nom fém. : *la mode*). Ce jeu est à la mode, c'est-à-dire tout le monde aime y jouer en ce moment.

mode (nom masc. : *le mode*). Le mode d'emploi, ce sont les explications pour savoir se servir de quelque chose.

modelage (nom masc. : *le modelage*). Avec de la pâte à modeler, on fait du modelage, c'est-à-dire on forme des objets avec les mains.

Avec de la pâte à modeler.

modèle (nom masc. : *un modèle*). **1.** Regarde bien le modèle avant de dessiner, c'est-à-dire le dessin, l'objet que tu dois imiter. **2.** Un nouveau modèle de voiture, c'est une nouvelle forme, un nouveau type de voiture.

modeler (verbe). La pâte à **modeler** est molle, on peut former toutes sortes d'objets en la travaillant avec les mains.

moderne (adjectif). Ce qui est moderne est tout nouveau. La vie moderne, c'est la vie d'aujourd'hui.

modeste (adjectif). **1.** Une personne modeste ne se vante pas : Marie est modeste, elle n'a pas dit à tout le monde qu'elle avait réussi. **2.** Une famille modeste n'a pas beaucoup d'argent, mais elle n'est pas vraiment pauvre.

modifier (verbe). C'est changer un peu : Aline **a modifié** un détail de son dessin, c'est mieux.

moindre. Si tu fais le moindre bruit, l'oiseau s'envole, c'est-à-dire si tu fais le plus petit bruit.

moineau (nom masc. : *un moineau, des moineaux*). C'est un petit oiseau : Maria donne du pain aux moineaux.
☐ attention, **x** au pluriel et regarde oiseau.

moins. 1. Ce mot indique une quantité plus petite : Tu as 3 bonbons, j'en ai 2. Donc, j'en ai moins que toi. **2.** Ce mot indique qu'on enlève quelque chose : Trois moins deux égale un (3 − 2 = 1).

mois (nom masc. : *un mois*). C'est une partie de l'année : il y a douze mois dans une année.

moisir (verbe). La crème **a moisi**, c'est-à-dire elle s'est abîmée, il y a comme une mousse dessus. Il ne faut pas la manger.

moisson (nom fém. : *la moisson*). En été, les paysans coupent les blés, les céréales, c'est la moisson.

moissonner (verbe). C'est faire la moisson.

moite (adjectif). Tes mains et ton front sont moites, c'est-à-dire un peu humides.

moitié (nom fém. : *la moitié*). **1.** Quand on coupe un gâteau en deux parts égales, chaque part est une moitié. **2.** Zoé est **à moitié** endormie, c'est-à-dire elle dort presque.

molle. Regarde mou.

mollet (nom masc. : *le mollet*). C'est le muscle un peu rond sous le genou.

moment (nom masc. : *un moment*). C'est un temps court, un instant : Attends-moi, j'arrive dans un moment.

momie (nom fém. : *une momie*). Autrefois, les Égyptiens conservaient les cadavres, les corps des morts, avec des méthodes spéciales. Ces corps conservés sont des momies.

monceau (nom masc. : *un monceau, des monceaux*). C'est un gros tas : Il y a un monceau de papiers par terre.
☐ attention, **x** au pluriel.

monde (nom masc. : *le monde*). **1.** C'est la Terre, le Soleil, les étoiles, c'est l'univers. **2.** C'est aussi la terre entière. **3.** Il y a beaucoup de monde, c'est-à-dire beaucoup de personnes.

mondial (adjectif : *un record mondial, une guerre mondiale*). La population mondiale, c'est la population du monde.
☐ attention, mondi**aux** au masc. pluriel.

moniteur (nom : *un moniteur, une monitrice*). C'est une personne qui enseigne un sport ou qui fait faire des activités.

monnaie (nom fém. : *la monnaie*). **1.** Ce sont les pièces, les billets d'un pays : Le franc est la monnaie française. **2.** J'ai donné 10 francs pour le pain. La boulangère m'a rendu la monnaie, c'est-à-dire la différence avec le prix du pain.

monotone (adjectif). Ce qui est monotone est toujours un peu pareil et on s'ennuie un peu.

monsieur. C'est comme cela qu'on appelle un homme : Bonjour, monsieur Duval.
☐ attention au pluriel : **messieurs.**

monstre (nom masc. : *un monstre*). C'est un animal ou un homme pas comme les autres, qui fait un peu peur : Un animal à deux têtes est un monstre.

mont (nom masc.). Ce mot s'emploie dans des noms de montagnes ou de collines : le mont Blanc, le mont Saint-Michel.

F G H I J K L M N O

C'est la <u>montagne</u> la plus haute.

montagne (nom fém. : *une montagne*). Dans les montagnes, on est très haut par rapport à la mer. Les sommets des montagnes sont souvent couverts de neige.

montée (nom fém. : *une montée*). Quand on monte la côte, la pente, c'est la montée : Il faut pédaler avec force dans la montée.

monter (verbe). **1.** C'est aller, du bas vers le haut : Pierre **monte** au grenier. Tes notes **montent**, c'est-à-dire elles sont plus élevées. **2.** On n'entend rien, **monte** le son, c'est-à-dire mets-le plus fort. **3. Monter** un appareil, c'est mettre ensemble, à l'endroit où il faut, toutes les pièces. **4.** Julie **monte** à cheval, c'est-à-dire elle fait du cheval.

montre (nom fém. : *une montre*). La montre indique l'heure. On la porte autour du poignet.

montrer (verbe). C'est faire voir : Julie m'**a montré** ses dessins, ils sont beaux.

monument (nom masc. : *un monument*). C'est une grande construction qu'on vient voir, visiter : La Tour Eiffel, l'Opéra, l'Arc de triomphe, Notre-Dame sont des monuments de Paris.

Les <u>monuments</u> de Paris.

se **moquer** (verbe). Maman, Arthur **se moque** de moi ! C'est-à-dire il rit de moi.

moquette (nom fém. : *une moquette*). C'est une sorte de tapis qui couvre tout le sol.

moral (nom masc. : *le moral*). Avoir bon moral, c'est être en forme, être sûr de soi, avoir confiance, avoir du courage.

morale (nom fém. : *la morale*). **1**. Faire la morale à un enfant, c'est lui expliquer pourquoi ce qu'il a fait est mal, c'est lui dire qu'il devrait mieux se conduire. **2**. La morale d'une fable, c'est la petite leçon qu'il y a à la fin, le conseil pour bien se conduire.

morceau (nom masc. : *un morceau, des morceaux*). **1**. Un morceau de pain, c'est un bout de pain, une partie du pain. **2**. Le vase s'est cassé, on ramasse les morceaux, c'est-à-dire les bouts, les fragments.
☐ attention, **x** au pluriel.

mordiller (verbe). C'est mordre légèrement.

mordre (verbe). C'est serrer très fort entre ses dents : Le chien **a mordu** le passant.

Le chien mord le passant.

morsure (nom fém. : *la morsure*). C'est la blessure faite en mordant.

mort. Regarde mourir.

mort (nom fém. : *la mort*). C'est la fin de la vie, quand on a cessé de vivre : Pierre est triste depuis la mort de sa chatte.

mortel (adjectif : *un accident mortel, une blessure mortelle*). Un accident mortel cause la mort de quelqu'un.

morue (nom fém. : *une morue*). C'est un poisson de mer qu'on peut conserver longtemps, séché et salé.

mosaïque (nom fém. : *une mosaïque*). C'est un assemblage de petits carrés de toutes les couleurs en céramique, en verre, en papier spécial.
☐ attention, **ï**.

mot (nom masc. : *un mot*). **1**. Quand on parle, on emploie des mots. Il y a quatre mots dans la phrase : « Elle mange un bonbon ». **2**. Laisse-moi un mot pour me dire où tu vas, c'est-à-dire une petite lettre, un message.

moteur (nom masc. : *le moteur*). C'est la partie d'un appareil électrique, d'une voiture, d'un avion, qui leur permet de fonctionner, de marcher.

motif (nom masc. : *un motif*). **1**. C'est un dessin sur du papier, du tissu : Le papier de la chambre de Cléa est jaune avec des motifs orange. **2**. Un motif, c'est aussi une raison : Pour quel motif es-tu en retard ?

F G H I J K L M N O

Une course de motos.

moto (nom fém. : *une moto*). La moto a deux roues et un moteur puissant. Ce mot est l'abréviation d'un nom plus compliqué : « motocyclette ».

motte (nom fém. : *une motte*). Une motte de terre, c'est une petite masse de terre.

mou (adjectif : *il est mou, elle est molle*). **1.** Ce qui est mou n'est pas dur. Le doigt s'enfonce dedans : La pâte à modeler est molle. **2.** Une personne molle n'a pas d'énergie, elle n'est pas vive, pas rapide, elle est lente.

mouche (nom fém. : *une mouche*). C'est un petit insecte noir qui vole : La vache chasse les mouches avec sa queue.
☐ regarde insecte.

se **moucher** (verbe). C'est souffler par le nez dans son mouchoir : Quand on est enrhumé, on **se mouche** souvent.

moucheron (nom masc. : *un moucheron*). C'est une sorte de toute petite mouche.

mouchoir (nom masc. : *un mouchoir*). C'est un tissu ou un papier spécial pour se moucher.

moudre (verbe). C'est écraser des grains dans un moulin jusqu'à ce que cela fasse de la poudre : Le meunier **moud** le blé pour faire de la farine. Maman achète du café déjà **moulu**.

mouette (nom fém. : *une mouette*). C'est un oiseau blanc ou gris clair qui vole au-dessus de la mer.
☐ regarde oiseau.

moufle (nom fém. : *une moufle*). C'est une sorte de gant avec juste un doigt pour le pouce.
☐ attention, un seul **f**.

mouiller (verbe). Tu as marché dans la flaque et tu **as mouillé** tes chaussures, c'est-à-dire tes chaussures sont pleines d'eau.

moule (nom fém. : *une moule*). C'est un coquillage de la mer. On en mange l'intérieur.
☐ regarde coquillage.

moule (nom masc. : *un moule*). Les moules à gâteaux servent à donner leur forme aux gâteaux.

Le moulin à vent et le moulin à eau.

mouler (verbe). Marie **moule** une petite statue, c'est-à-dire elle verse la pâte dans le moule qui a la forme de la statue.

moulin (nom masc. : *un moulin*). **1.** Le moulin à café sert à moudre le café. **2.** Le meunier faisait la farine dans son moulin.

moulu. Regarde moudre.

mourir (verbe). **1.** C'est arrêter de vivre : Notre chien était très vieux et très malade, il **est mort** hier. **2.** Je **meurs** de peur, c'est-à-dire j'ai très peur.

mousse (nom fém. : *la mousse*). **1.** C'est une sorte d'herbe verte qui se fixe sur les arbres, sur les murs : Il y a de la mousse autour du pied de l'arbre. **2.** La mousse, ce sont aussi les toutes petites bulles du savon ou les petites bulles blanches de la bière.

mousser (verbe). C'est faire de la mousse : Ce savon **mousse** beaucoup.

Elle met la pâte dans le moule.

Arthur joue avec la mousse.

F G H I J K L **M** N O

moustache (nom fém. : *une moustache*). Ce sont les poils au-dessus de la bouche des hommes.

moustique (nom masc. : *un moustique*). C'est un petit insecte qui vole et qui pique.

moutarde (nom fém. : *la moutarde*). C'est une plante. Avec les graines de cette plante, on fabrique la moutarde que tu manges peut-être avec ta viande. La moutarde a un goût piquant.

mouton (nom masc. : *un mouton*). C'est un animal dont le corps est couvert de poils épais, doux et chauds. C'est de la laine. Le mâle s'appelle le bélier. La femelle est la brebis et le petit est l'agneau.

mouvement (nom masc. : *un mouvement*). Dès que tu bouges, tu fais ce qu'on appelle un mouvement. La marée, les vagues, ce sont les mouvements de la mer.

moyen (nom masc. : *un moyen*). **1.** On enfonce les clous au moyen d'un marteau, c'est-à-dire avec un marteau, en se servant d'un marteau. **2.** Le train, l'avion, le bateau sont des moyens de transport, on les utilise pour voyager ou transporter des objets.

moyen (adjectif : *il est moyen, elle est moyenne*). Un élève moyen n'est ni bon, ni mauvais.

moyenne (nom fém. : *une moyenne*). Si tes notes sont comptées sur 20, la moyenne est 10.

muet (adjectif : *il est muet, elle est muette*). Une personne muette ne peut pas parler.

muguet (nom masc. : *le muguet*). On trouve le muguet au mois de mai dans les bois. Ses fleurs sont comme des petites clochettes blanches.
□ regarde fleur.

mule (nom fém. : *une mule*). C'est un animal plus grand que l'âne et plus petit que le cheval. Le mâle s'appelle le mulet. Les mules et les mulets grimpent très bien dans les montagnes.

multiplication (nom fém. : *une multiplication*). C'est l'opération que tu fais quand tu multiplies un nombre par un autre.

La multiplication.

multiplier (verbe). Un bonbon coûte 2 francs. Pour savoir combien coûtent 7 bonbons, je **multiplie** 2 par 7. Cela fait 14 francs.

munitions (nom fém. pluriel). Les munitions, ce sont les balles, les cartouches pour mettre dans les armes.

mur (nom masc. : *un mur*). Un mur est fait de briques, de pierres montées les unes sur les autres ou de plaques de béton.

mûr (adjectif : *un abricot mûr, une poire mûre*). **1.** Quand un fruit est mûr, il est bon à manger, il est resté assez longtemps sur l'arbre pour avoir toutes ses qualités. **2.** Judith est mûre pour son âge, c'est-à-dire elle a l'esprit bien développé.
☐ attention, **û**.

mûre (nom fém. : *une mûre*). C'est un petit fruit noir qui pousse dans les ronces, sur les bords des chemins.
☐ attention, **û**.

mûrir (verbe). C'est devenir mûr : Les tomates sont encore vertes. Il faut les laisser **mûrir** avant de les cueillir.
☐ attention, **û**.

murmure (nom masc. : *un murmure*). J'entends un murmure au fond de la classe, c'est-à-dire j'entends des enfants murmurer.

murmurer (verbe). C'est parler tout bas, c'est chuchoter : Qui **murmure** au fond de la classe?

muscle (nom masc. : *un muscle*). Les muscles te servent à faire des mouvements, à plier, à tendre les bras, les jambes. Ils te donnent aussi ta force pour soulever, tirer, pousser.

Je suis musclé aussi.

musclé (adjectif : *il est musclé, elle est musclée*). Papa est très musclé, c'est-à-dire il a des muscles bien développés, bien forts.

museau (nom masc. : *un museau, des museaux*). C'est la partie de la tête d'un animal qui pointe en avant, où il y a le nez et la bouche : Le renard a un museau pointu.
☐ attention, **x** au pluriel.

musée (nom masc. : *un musée*). Dans un musée, on garde des tableaux, des sculptures, des beaux objets pour que les gens puissent venir les voir.
☐ attention, **ée** à la fin.

muselière (nom fém. : *une muselière*). C'est ce qu'on met au museau d'un chien pour l'empêcher de mordre.

musicien (nom : *un musicien, une musicienne*). C'est une personne qui fait de la musique.

F G H I J K L **M** N O

musique (nom fém. : *la musique*). C'est l'art des sons, des notes : Une jolie musique est agréable à entendre. Au cours de musique, on apprend à jouer de la flûte.

musulman (adjectif : *il est musulman, elle est musulmane*). La religion musulmane date du 7e siècle après Jésus-Christ. Dans cette religion, il y a un Dieu unique qui s'appelle Allah. Le livre des musulmans s'appelle le Coran.

myrtille (nom fém. : *une myrtille*). C'est un petit fruit rond et noir. Les myrtilles poussent dans la montagne l'été.
☐ attention, **y**.

mystère (nom masc. : *un mystère*). C'est quelque chose qu'on ne comprend pas du tout : Comment a-t-il pu disparaître? C'est un mystère.
☐ attention, **y** et **è**.

mystérieux (adjectif : *un château mystérieux, une histoire mystérieuse*). Il y a du mystère dans ce qui est mystérieux, il y a des choses qu'on ne comprend pas.
☐ attention, **y** et **é**.

n

nacre (nom fém. : *la nacre*). C'est la matière blanche un peu rose et très brillante qu'il y a à l'intérieur de la coquille des huîtres. On en fait des boutons, des bijoux.

nage (nom fém. : *la nage*). **1.** Nous faisons la course à la nage, c'est-à-dire en nageant. La brasse, le crawl sont deux sortes de nages. **2.** J'ai trop couru, je suis **en nage**, c'est-à-dire j'ai transpiré et j'ai de la sueur sur le corps.

nageoire (nom fém. : *une nageoire*). Le poisson nage grâce à ses nageoires.
☐ attention, **ge**.

nager (verbe). C'est se déplacer dans l'eau, avec des mouvements du corps.
☐ attention, nous nageons, avec **e**.

nageur (nom : *un nageur, une nageuse*). Marie est une bonne nageuse, c'est-à-dire elle nage très bien.

naïf (adjectif : *il est naïf, elle est naïve*). Une personne naïve croit tout ce qu'on lui dit, même si c'est faux. Elle fait confiance à n'importe qui.
☐ attention, **ï**.

nain (nom : *un nain, une naine*). C'est une personne trop petite.

F G H I J K L M **N** O

Nous apprenons à nager.

naissance (nom fém. : *la naissance*). Écrivez votre date et votre lieu de naissance, c'est-à-dire le jour et l'endroit où vous êtes né.

naître (verbe). C'est venir au monde : Le poulain **naîtra** cette nuit. Je **suis né** le 15 mars, c'est ma date de naissance.
☐ attention, **î** devant un **t**.

nappe (nom fém. : *une nappe*). On met une nappe sur la table pour la protéger.
☐ attention, **pp**.

narine (nom fém. : *une narine*). C'est chacun des deux petits trous du nez.

natal (adjectif : *le pays natal, la ville natale*). Le pays natal, c'est le pays où on est né.

natation (nom fém. : *la natation*). Au cours de natation, nous apprenons à nager.

nation (nom fém. : *la nation*). C'est le peuple d'un pays, le pays lui-même et son gouvernement.

national (adjectif : *un concours national, une équipe nationale, des concours nationaux*). Un concours national se fait au niveau du pays, de la nation.
☐ attention, un seul **n** au milieu, et **aux** au masc. pluriel.

nationalité (nom fém. : *la nationalité*). Pierre est de nationalité française, il est français. José est de nationalité espagnole, il est espagnol.

Je te fais des nattes comme les miennes.

natte (nom fém. : *une natte*). Pour faire une natte, on partage la mèche de cheveux en trois et on passe chacune des mèches l'une sur l'autre. On dit aussi une tresse.

nature (nom fém. : *la nature*). **1.** C'est tout ce qui existe dans le monde et qui n'est pas fabriqué par l'homme : la mer, la campagne, les montagnes, les rivières, les fleurs. **2.** Cet enfant a une bonne nature, c'est-à-dire un bon caractère.

naturel (adjectif : *il est naturel, elle est naturelle*). Ce qui est naturel n'est pas fabriqué : Je préfère les fleurs naturelles aux fleurs artificielles.

naufrage (nom masc. : *un naufrage*). C'est un accident en mer : À cause de la tempête, le bateau a fait naufrage, c'est-à-dire il a coulé.

nautique (adjectif). Le ski nautique, c'est le ski sur l'eau.

navet (nom masc. : *un navet*). C'est une plante dont on mange la grosse racine. Le navet est tout blanc à l'intérieur.
☐ regarde légume.

navigateur (nom masc. : *un navigateur*). C'est un marin : Christophe Colomb, qui a découvert l'Amérique, était un grand navigateur.

navigation (nom fém. : *la navigation*). La navigation maritime, c'est le transport par bateau sur la mer. La navigation aérienne, c'est le transport par avion.

naviguer (verbe). C'est voyager sur l'eau : Ce bateau **a** beaucoup **navigué**.
☐ attention, ce verbe garde le **u** partout : nous navig**u**ons.

navire (nom masc. : *un navire*). C'est un bateau, en général assez gros.

né. Regarde naître.

nécessaire (adjectif). Ce qui est nécessaire, on ne peut pas s'en passer : Je n'emporte que ce qui est nécessaire.

négliger (verbe). Maria **néglige** un peu son travail en ce moment, c'est-à-dire elle ne s'en occupe pas assez.
☐ attention, nous négligeons, avec **e**.

neige (nom fém. : *la neige*). C'est de l'eau gelée qui tombe en flocons blancs : L'hiver, nous faisons des boules de neige.

neiger (verbe). L'hiver, il **neige**, la neige tombe.
☐ attention, il neig**e**ait, avec **e**.

F G H I J K L M **N** O

La neige tombe en gros flocons.

Les nénuphars ont une longue tige.

nénuphar (nom masc. : *un nénuphar*). C'est une plante à grosse fleur qui pousse dans l'eau.
☐ attention, **ph**.

néon (nom masc. : *le néon*). C'est un gaz spécial qui éclaire.

nerf (nom masc. : *un nerf*). C'est comme un fil qui rapporte au cerveau ce que tu sens. Dans l'autre sens, les nerfs conduisent, du cerveau à toutes les parties de ton corps, les ordres que tu donnes pour bouger, regarder, parler.
☐ attention, **f** à la fin qui ne se prononce pas.

nerveux (adjectif : *il est nerveux, elle est nerveuse*). **1.** Le système nerveux, c'est l'ensemble des nerfs. **2.** À la fin de la journée, les enfants sont nerveux, c'est-à-dire énervés, excités.

nervure (nom fém. : *une nervure*). C'est chacune des lignes qui ressortent à la surface d'une feuille d'arbre, de plante.

La feuille a des nervures.

net (adjectif : *un trait net, une photo nette*). **1.** La photo est bien nette, c'est-à-dire tous les détails se voient bien, ils sont précis, rien n'est flou. **2.** Il y a un net progrès, c'est-à-dire un progrès visible, que l'on voit nettement.

Les nids du tisserin,

nettement. **1.** D'ici, on voit nettement ta maison, c'est-à-dire on la voit bien. **2.** Tu as fait des progrès, c'est nettement mieux, c'est-à-dire c'est bien mieux.

nettoyage (nom masc. : *le nettoyage*). Quand on nettoie la maison, on fait le nettoyage de la maison.

nettoyer (verbe). C'est enlever la poussière, la saleté, les taches. C'est rendre propre : Marie **nettoie** son cartable.
☐ attention, nettoyer, avec **y**, mais il nettoie, avec **i**.

neuf (adjectif : *un cahier neuf, une jupe neuve*). Ce qui est neuf est tout nouveau.

neveu (nom masc. : *un neveu, des neveux*). Mon neveu, c'est le fils de ma sœur ou de mon frère.
☐ attention, **x** au pluriel.

nez (nom masc. : *un nez*). Grâce au nez, tu respires et tu sens les odeurs. Les côtés du nez s'appellent les ailes du nez. Les deux trous sont les narines.
☐ attention, **z** à la fin.

niche (nom fém. : *une niche*). C'est un petit abri pour les chiens : Le chien dort dans sa niche, dans le jardin.

nichée (nom fém. : *une nichée*). C'est l'ensemble des bébés oiseaux qui sont dans le même nid.

nid (nom masc. : *un nid*). L'oiseau construit un nid pour y déposer et y couver ses œufs. Quand les petits naissent, ils sont dans le nid. L'oiseau les élève là.

nièce (nom fém. : *une nièce*). Ma nièce, c'est la fille de mon frère ou de ma sœur.

nier (verbe). C'est dire que ce n'est pas vrai, que c'est faux : On l'accuse du vol, mais il **nie**.

du pivert,

de l'hirondelle sont différents.

niveau (nom masc. : *un niveau, des niveaux*). **1.** L'eau m'arrive au niveau des genoux, c'est-à-dire à la hauteur des genoux. **2.** Le niveau de la classe est bon, c'est-à-dire l'ensemble des élèves suivent bien.
☐ attention, **x** au pluriel.

noble (nom : *un* ou *une noble*). Au temps des rois, les nobles avaient des châteaux, des richesses, des titres comme « comte, duc, prince ».

noblesse (nom fém. : *la noblesse*). C'est l'ensemble des nobles.

noce (nom fém. : *la noce*). C'est la fête du mariage.

nœud (nom masc. : *un nœud*). Pour attacher deux fils ensemble, on fait un nœud.

noir (adjectif : *un ciel noir, une couleur noire*). La couleur noire est la couleur la plus foncée, la plus sombre.

noir (nom masc. : *le noir*). **1.** Pour ma peinture, il me faut un tube de noir, c'est-à-dire de couleur noire. **2.** Jérémie a peur dans le noir, c'est-à-dire dans l'obscurité, quand il n'y a pas de lumière du tout.

noircir (verbe). La fumée **a noirci** le plafond, c'est-à-dire elle l'a rendu noir.

noisetier (nom masc. : *un noisetier*). C'est l'arbre qui donne les noisettes.
☐ attention, un seul **t**.

Nous cueillons des noisettes.

noisette (nom fém. : *une noisette*). La noisette est dans sa coquille. Elle pousse sur le noisetier. On cueille les noisettes à la fin de l'été et en automne.

noix (nom fém. : *une noix*). La noix est dans sa coquille. Chaque partie de la noix s'appelle un cerneau. La noix pousse sur un arbre, le noyer.

nom (nom masc. : *un nom*). C'est un mot qui désigne une chose, un animal, une personne : Muguet, rose, marguerite sont des noms de fleurs. Il s'appelle Jean Laval, Laval est son nom de famille.

nombre (nom masc. : *un nombre*). C'est une quantité d'objets, de personnes : Quel est le nombre d'élèves dans la classes, c'est-à-dire combien y en a-t-il ?
☐ attention, **m** devant **b**.

nombreux (adjectif : *un groupe nombreux, une foule nombreuse*). Nous sommes nombreux dans la classe, c'est-à-dire il y a un grand nombre d'élèves.
☐ attention, **m** devant **b**.

nombril (nom masc. : *le nombril*). C'est le petit creux que l'on a sur le ventre. C'est la marque du cordon qui rattachait le bébé à sa mère quand il était dans son ventre.
☐ attention, **m** devant **b**.

nommer (verbe). Il **se nomme** Jean Durand, Jean Durand est son nom.

nord (nom masc. : *le nord*). C'est la direction indiquée par l'aiguille de la boussole. Sur la carte de France, le nord est en haut.

normal (adjectif : *il est normal, elle est normale, ils sont normaux*). C'est un temps normal pour la saison, c'est-à-dire c'est comme d'habitude. Pierre n'est pas encore rentré, ce n'est pas normal, il y a quelque chose qui ne va pas.
☐ attention, **aux** au masc. pluriel.

normalement. Pierre rentre normalement à cinq heures, c'est-à-dire d'habitude.

note (nom fém. : *une note*). **1**. C'est le chiffre ou la lettre qui indique la valeur de ton travail à l'école : 8 sur 10, c'est une bonne note. **2**. C'est le nom des sons en musique. Il y a sept notes : do, ré, mi, fa, sol, la, si.

noter (verbe). **1**. C'est donner une note : La maîtresse **note** les devoirs. **2**. C'est écrire un renseignement : **J'ai noté** son nom et son adresse sur mon carnet.

nouer (verbe). C'est faire un nœud : Julie **noue** ses lacets.

nourrir (verbe). C'est donner à manger : David **nourrit** sa chatte.
☐ attention, **rr**.

nourrisson (nom masc. : *un nourrisson*). C'est un petit bébé qui ne boit encore que du lait.
☐ attention, **rr**.

nourriture (nom fém. : *la nourriture*). C'est l'ensemble des aliments que l'on mange : Pour le pique-nique, chacun apporte sa nourriture.
☐ attention, **rr** comme dans nourrir.

Judith joue les notes sur sa flûte.

nouveau (adjectif : *il est nouveau, elle est nouvelle, ils sont nouveaux*). **1.** Papa a une nouvelle voiture, c'est-à-dire il a changé de voiture, il en a une autre. **2.** Jim est nouveau dans la classe, il vient d'arriver. **3. À nouveau,** c'est encore une fois : J'ai fait à nouveau la même erreur.
☐ attention, **x** au masc. pluriel.

nouveau-né (nom masc. : *un nouveau-né*). C'est un bébé qui vient de naître.
☐ attention au pluriel : des nouveau-nés.

nouvelle (nom fém. : *une nouvelle*). C'est quelque chose qu'on ne savait pas et qu'on nous dit : J'ai une bonne nouvelle, nous partons faire du ski.

novembre (nom masc.). Le mois de novembre vient après octobre et avant décembre. C'est un mois d'automne.
☐ attention, **m** devant **b**.

noyau (nom masc. : *un noyau, des noyaux*). À l'intérieur de certains fruits, il y a quelque chose de dur, c'est un noyau. Dans ce noyau il y a une graine. Les cerises ont des noyaux.
☐ attention, **x** au pluriel.

se **noyer** (verbe). C'est mourir sous l'eau : Ne va pas trop loin dans la mer, tu peux **te noyer.**
☐ attention, se noyer, avec **y,** mais il se noie, avec **i**.

nu (adjectif : *il est nu, elle est nue*). Quand on n'a aucun vêtement sur soi, on est nu.

À quoi te font penser ces nuages ?

nuage (nom masc. : *un nuage*). Il y a des nuages dans le ciel. Le nuage est fait de toutes petites gouttes d'eau. Certains nuages annoncent la pluie ou l'orage.

nuageux (adjectif). Un ciel nuageux est plein de nuages.

nuance (nom fém. : *une nuance*). Le bleu clair, le bleu marine sont des nuances de bleu. La nuance indique une petite différence.

nuire (verbe). C'est faire du tort, faire du mal : Ce n'est pas un ami, il cherche à te **nuire,** à te faire des ennuis.

nuisible (adjectif). Les animaux nuisibles font des dégâts dans les jardins.

nuit (nom fém. : *la nuit*). C'est la période entre le soir et le matin. Le soleil se couche, la nuit tombe. Il fait nuit.

nul (adjectif : *il est nul, elle est nulle*). **1.** Chloé est nulle en mathématiques, elle ne sait rien, elle n'a que des zéros. **2.** Nous avons fait match nul, c'est-à-dire les deux équipes ont le même nombre de points. Il n'y a ni gagnant, ni perdant.

numéro (nom masc. : *un numéro*). C'est un chiffre, un nombre pour reconnaître quelque chose ou quelqu'un : Dans la course, Jean a le dossard numéro 10. Numéro s'écrit souvent n°.

La nuit, on voit les étoiles.

nuque (nom fém. : *la nuque*). C'est l'arrière du cou.

O

oasis (nom fém. : *une oasis*). C'est un endroit isolé, au milieu du désert, où il y a de l'eau, des arbres et où des personnes peuvent vivre, habiter.
□ attention, on prononce le **s** à la fin.

obéir (verbe). C'est faire ce qu'on te demande de faire : David **obéit** à ses parents.

obéissant (adjectif : *il est obéissant, elle est obéissante*). Un enfant obéissant obéit à ses parents, à ses maîtres.

objet (nom masc. : *un objet*). Un crayon, un cahier, une table sont des objets, c'est-à-dire des choses qu'on peut toucher.

obligation (nom fém. : *une obligation*). C'est ce qu'on est obligé de faire : L'école est une obligation, on est obligé d'y aller.

obligatoire (adjectif). Ce qui est obligatoire, on est obligé de le faire.

obliger (verbe). **1.** C'est forcer : Le mauvais temps nous **oblige** à rester à la maison. **2.** Aline **est obligée** de partir, c'est-à-dire elle doit partir, c'est obligatoire.
□ attention, nous t'oblig**e**ons, avec **e**.

Une oasis au milieu du désert.

obscur (adjectif : *un couloir obscur, une nuit obscure*). Dans un couloir obscur, il n'y a pas de lumière, il fait sombre, noir.

obscurité (non fém.). Pierre a peur dans l'obscurité, c'est-à-dire dans le noir.

observation (nom fém. : *une observation*). **1.** L'observation des fourmis nous apprend beaucoup de choses, c'est-à-dire quand on les observe avec attention. **2.** J'ai une observation à te faire, c'est-à-dire une remarque, une critique.

observer (verbe). **1.** C'est regarder avec beaucoup d'attention : **Observons** les fourmis, que font-elles ? **2.** Je te fais **observer** que tu t'es trompé, c'est-à-dire je te le dis, je te le fais remarquer.

obstacle (nom masc. : *un obstacle*). Tu marches et tu rencontres une barrière, c'est un obstacle. Tu lis et tu rencontres une difficulté, c'est un obstacle. Un obstacle, c'est tout ce qui empêche, qui gêne quelque chose.

obtenir (verbe). C'est réussir à avoir : Ses parents lui offrent son jeu, il **a obtenu** ce qu'il voulait.

occasion (nom fém. : *une occasion*). **1.** C'est un bon moment pour faire quelque chose, qui arrive sans qu'on s'y attende : Il est là, profite de l'occasion pour lui parler. **2.** Un livre d'occasion n'est pas neuf, c'est quelqu'un qui l'a revendu.

occupation (nom fém. : *une occupation*). C'est ce que l'on fait pour s'occuper : Quelles sont tes occupations préférées ? Qu'est-ce que tu aimes faire ?
☐ attention, **cc** et un seul **p.**

occuper (verbe). **1.** La place **est occupée**, c'est-à-dire elle n'est pas libre, quelqu'un y est. **2.** À quoi **t'occupes**-tu pendant les vacances ? C'est-à-dire à quoi passes-tu ton temps, que fais-tu ?
☐ attention, **cc** et un seul **p.**

océan (nom masc. : *un océan*). C'est une très grande mer : Entre la France et l'Amérique, il y a l'océan Atlantique.

octobre (nom masc.). Le mois d'octobre vient après septembre et avant novembre. C'est un mois d'automne.

odeur (nom fém. : *une odeur*). C'est ce que sent quelque chose, quelqu'un. On sent les odeurs avec son nez. Le chien reconnaît bien les odeurs.

odieux (adjectif : *il est odieux, elle est odieuse*). Un enfant odieux est insupportable.

odorat (nom masc.). L'odorat, c'est le sens qui permet de sentir les odeurs. Les chiens ont l'odorat très développé.
☐ attention, **t** à la fin.

œil (nom masc. : *un œil, des yeux*). L'œil te permet de regarder, de voir.
☐ attention au pluriel : des **yeux**.

œillet (nom masc. : *un œillet*). C'est une fleur très parfumée.
☐ regarde fleur.

œuf (nom masc. : *un œuf*). La poule, les oiseaux, certains poissons pondent des œufs. Au bout de quelque temps, le petit sort de l'œuf.
☐ attention, on ne prononce pas le **f** au pluriel.

œuvre (nom fém. : *une œuvre*). Un tableau, un dessin, une sculpture, un livre, un film sont des œuvres, c'est-à-dire des choses que des artistes, des auteurs ont créées.

offert. Regarde offrir.

officier (nom masc. : *un officier*). C'est une personne qui a un grade élevé dans l'armée. Les officiers commandent.

offrir (verbe). C'est donner en cadeau : Pour mon anniversaire, Marie m'**a offert** un disque.

ogre (nom : *un ogre, une ogresse*). Dans les contes de fées, l'ogre a un énorme appétit, il mange les petits enfants.

oie (nom fém. : *une oie*). C'est un gros oiseau blanc, élevé à la ferme ou sauvage.

oignon (nom masc. : *un oignon*).
1. C'est une plante au goût fort.
2. C'est aussi le nom de la racine de certaines fleurs, comme la tulipe ou la jacinthe.
☐ attention au **i** qui ne se prononce pas, et regarde légume.

oiseau (nom masc. : *un oiseau, des oiseaux*). C'est un animal qui peut voler grâce à ses ailes. Le petit s'appelle l'oisillon.
☐ attention, **x** au pluriel.

Les oies sauvages volent.

Connais-tu tous ces oiseaux ?

olive (nom fém. : *une olive*). C'est un petit fruit à noyau ovale qui pousse dans les régions chaudes sur les oliviers. On fait de l'huile avec les olives.

olivier (nom masc. : *un olivier*). C'est l'arbre qui donne les olives.

ombre (nom fém. : *une ombre*). **1.** C'est la forme sombre qui se dessine sur le mur ou par terre quand un objet, une personne est entre la lumière et le mur ou le sol. **2.** Ne reste pas au soleil, viens à l'ombre, c'est-à-dire là où le soleil est caché.
☐ attention, **m** devant **b**.

ombrelle (nom fém. : *une ombrelle*). Autrefois, les femmes se protégeaient du soleil avec une ombrelle. L'ombrelle ressemble un peu au parapluie.
☐ attention, **m** devant **b**.

omelette (nom fém. : *une omelette*). Pour faire une omelette, tu casses les œufs, tu les mélanges bien avec une fourchette et tu les fais cuire dans la poêle chaude.

Les ombres sur le mur.

oncle (nom masc. : *un oncle*). Mon oncle, c'est le frère de ma mère ou le frère de mon père. Je suis son neveu.

ongle (nom masc. : *un ongle*). C'est la matière dure et transparente au bout des doigts : Tu griffes, il faut te couper les ongles.

opaque (adjectif). Ce qui est opaque ne laisse pas passer la lumière. Le contraire est transparent.

opéra (nom masc. : *un opéra*). **1.** C'est un spectacle entièrement chanté. **2.** C'est aussi le bâtiment où on joue ce spectacle.

A l'opéra.

opération (nom fém. : *une opération*). **1.** L'addition, la soustraction, la multiplication et la division sont des opérations. **2.** Judith est entrée à l'hôpital pour une opération, c'est-à-dire pour se faire opérer. Après une opération, on a une cicatrice.

opérer (verbe). À l'hôpital, le chirurgien **opère** le malade, c'est-à-dire il ouvre son corps, il soigne la partie malade et il referme la peau.
□ attention, opérer, avec **é**, mais il opère, avec **è**.

opinion (nom fém. : *une opinion*). C'est ce qu'on pense de quelque chose ou de quelqu'un : Karim et moi, nous n'avons pas la même opinion sur ce film, lui le trouve bien et moi pas.

opposé (adjectif : *le sens opposé, la direction opposée*). Pierre est parti dans le sens opposé, c'est-à-dire dans le sens contraire, dans l'autre sens.

s'**opposer** (verbe). **1.** Mes parents **s'opposent** à ce que je fasse une fête à la maison, c'est-à-dire ils sont contre, ils ne veulent pas. **2.** Les deux équipes **s'opposent** dans le match, c'est-à-dire elles s'affrontent.

optimiste (adjectif). Une personne optimiste voit les choses du bon côté. Elle pense qu'il y a toujours de l'espoir, que l'avenir sera bon. Le contraire est pessimiste.

or. C'est un autre mot pour mais, cependant, dans les poésies, les contes.

or (nom masc.). L'or est un métal jaune brillant qui coûte cher. On en fait des bijoux.

Le vent, l'éclair, la pluie de l'orage.

orage (nom masc. : *un orage*). Tout à coup, on entend le tonnerre, puis on voit les éclairs dans le ciel et la pluie se met à tomber très fort. C'est un orage.

orageux (adjectif : *un temps orageux, une journée orageuse*). Quand le temps est orageux, il risque d'y avoir de l'orage.

oral (nom masc.). Julie est meilleure **à l'oral** qu'à l'écrit, c'est-à-dire quand elle a à parler.

orange (nom fém. : *une orange*). C'est un fruit rond qui pousse sur un arbre, l'oranger, dans les pays chauds : Le matin, je bois un jus d'orange.

orange (adjectif). La couleur orange est un mélange de jaune et de rouge.
☐ attention, ce mot ne change pas au pluriel : des robes orange.

orangeade (nom fém. : *une orangeade*). C'est une boisson faite avec du jus d'orange, de l'eau et du sucre.
☐ attention, **ge**.

orchestre (nom masc. : *un orchestre*). C'est un ensemble de musiciens qui jouent de différents instruments.
☐ attention, on écrit **ch** et on prononce [k].

ordinaire (adjectif). Du papier ordinaire, c'est du papier qui n'a rien de spécial, qui sert le plus souvent. Le menu ordinaire, c'est le menu de tous les jours, ce n'est pas un menu de fête.

ordinateur (nom masc. : *un ordinateur*). C'est une machine électronique qui fait des calculs beaucoup plus vite que l'homme. L'ordinateur peut garder dans sa « mémoire » beaucoup de renseignements.

Quelle bataille avec les oreillers !

ordonnance (nom fém. : *une ordonnance*). Le médecin écrit sur l'ordonnance les médicaments à prendre.
☐ attention, **nn.**

ordonné (adjectif : *il est ordonné, elle est ordonnée*). Une personne ordonnée a de l'ordre, toutes ses affaires sont rangées.

ordonner (verbe). **1.** C'est mettre en ordre : J'**ordonne** les nombres, du plus petit au plus grand. **2.** C'est aussi donner un ordre : Je vous **ordonne** d'obéir, vous devez le faire.

ordre (nom masc. : *un ordre*). **1.** Mettre en ordre, c'est ranger, mettre à sa place. Avoir de l'ordre, c'est aimer que ses affaires soient bien rangées. **2.** Un ordre, c'est aussi ce qu'on commande, ce qu'on ordonne de faire : Le chef donne des ordres, les autres lui obéissent.

ordures (nom fém. pluriel). Les ordures, ce sont toutes les choses que l'on jette.

oreille (nom fém. : *une oreille*). **1.** Grâce à tes oreilles, tu entends. **2.** Judith a de l'oreille, c'est-à-dire elle reconnaît bien les sons.

oreiller (nom masc. : *un oreiller*). C'est le coussin sur lequel tu poses ta tête dans ton lit.

organe (nom masc. : *un organe*). C'est une partie du corps qui sert à quelque chose de bien précis : Les yeux sont les organes de la vue. L'estomac est un des organes de la digestion.

organisation (nom fém. : *une organisation*). Nous sommes chargés de l'organisation de la fête, c'est-à-dire nous sommes chargés de l'organiser.

organiser (verbe). C'est tout mettre en place, tout préparer pour quelque chose : Nous **organisons** une fête à la fin de l'année.

organisme (nom masc. : *un organisme*). Notre corps est un organisme, c'est-à-dire chaque partie du corps joue son rôle, a sa place dans l'ensemble.

orge (nom fém.). L'orge est une céréale. Elle sert pour l'alimentation et pour la fabrication de la bière.

orgue (nom masc. : *un orgue*). **1.** C'est un instrument de musique qui se trouve surtout dans les églises. L'orgue a plusieurs claviers et toute une rangée de pédales. **2.** L'orgue électrique est comme un petit piano électrique.
☐ attention, au sens 1, ce mot est féminin au pluriel : les grandes orgues.

orgueil (nom masc.). C'est ce qu'on ressent quand on est très fier de quelque chose ou très fier de soi : Léa est première et elle nous regarde avec orgueil.
☐ attention, **ueil**.

orgueilleux (adjectif : *il est orgueilleux, elle est orgueilleuse*). Une personne orgueilleuse a beaucoup d'orgueil, elle est fière d'elle-même.

orientation (nom fém.). Avoir le sens de l'orientation, c'est repérer facilement où l'on est, et retrouver facilement son chemin. C'est savoir s'orienter.

orienter (verbe). **1.** C'est diriger : J'**oriente** la lampe vers toi, c'est-à-dire je la tourne, je la dirige vers toi. **2.** Avec une boussole, on **s'orientera** facilement, c'est-à-dire on trouvera notre chemin, on saura où on est et où on va.

original (adjectif : *il est original, elle est originale, ils sont originaux*). Un dessin original n'est pas comme tous les autres, il a quelque chose de particulier.
☐ attention, **aux** au masc. pluriel.

origine (nom fém.). L'origine, c'est la naissance, le point de départ de quelque chose : Quelle est l'origine du monde ?

ornement (nom masc. : *un ornement*). C'est quelque chose pour orner, décorer, faire joli.

orner (verbe). C'est décorer : Un joli col de dentelle **orne** sa robe.

ornière (nom fém. : *une ornière*). C'est un trou dans un chemin : Ce chemin est plein d'ornières.

orphelin (nom : *un orphelin, une orpheline*). C'est un enfant qui n'a plus ses parents.
☐ attention, **ph**.

orphelinat (nom masc. : *un orphelinat*). C'est une maison qui reçoit les orphelins.
☐ attention, **ph**, et **t** à la fin.

orteil (nom masc. : *un orteil*). C'est un doigt de pied : On a cinq orteils sur chaque pied.

F G H I J K L M N **O**

orthographe (nom fém.). L'orthographe, c'est la manière exacte d'écrire les mots : Les dictées sont des exercices d'orthographe.
□ attention, **th** et **ph**.

ortie (nom fém. : *une ortie*). C'est une plante qui pique et qui fait des petits boutons sur la peau quand on la touche.

os (nom masc. : *un os*). C'est la matière dure dans notre corps, sous la chair et les muscles. L'ensemble des os forme le squelette.
□ attention, on prononce le **s** au singulier, mais pas au pluriel.

oseille (nom fém.). L'oseille est un légume à feuilles vertes. Elle a un goût un peu acide.

oser (verbe). C'est ne pas hésiter à faire quelque chose, c'est n'avoir pas peur de le faire : Viens te battre avec moi, si tu l'**oses**.

osier (nom masc.). C'est une sorte d'arbre dont les plus fines branches sont utilisées pour faire des paniers, des fauteuils.

otage (nom : *un* ou *une otage*). C'est une personne que l'on retient prisonnière pour pouvoir l'échanger contre quelque chose ou quelqu'un.

otarie (nom fém. : *une otarie*). C'est un animal des mers froides qui ressemble un peu au phoque.

ôter (verbe). **1.** C'est enlever, retirer · **Ôte** ton manteau, il fait chaud. **2.** C'est enlever, soustraire, retrancher : J'ai 8. **J'ôte** 2, cela fait 6.
□ attention, **ô**.

otite (nom fém. : *une otite*). C'est une maladie. On a très mal à l'oreille.

ouate (nom fém.). L'ouate, c'est le coton pour les pansements.

oubli (nom masc. : *un oubli*). Je n'ai pas mon livre, c'est un oubli, c'est-à-dire je l'ai oublié.

oublier (verbe). **1.** C'est ne pas se souvenir : **J'ai oublié** la date de son anniversaire. **2.** Pierre **a oublié** son livre chez nous, c'est-à-dire il l'a laissé sans le faire exprès.

ouest (nom masc.). Sur la carte de France, l'ouest est à gauche. De l'autre côté, à droite, c'est l'est. Le soleil se couche à l'ouest.

ouistiti (nom masc. : *un ouistiti*). C'est un tout petit singe avec une

Avec de l'osier.

très longue queue qui vit dans les arbres d'Afrique.

ouragan (nom masc. : *un ouragan*). C'est une tempête très violente.

ourlet (nom masc. : *un ourlet*). Pour faire un ourlet, on replie le bord du tissu et on coud.

ours (nom masc. : *un ours*). C'est un animal qui vit dans différentes régions du monde : Il y a l'ours blanc près du pôle Nord, l'ours brun en Europe et en Asie et le petit ours noir en Amérique.

Les ours et les oursons.

oursin (nom masc. : *un oursin*). C'est un petit animal de la mer, rond comme une boule avec des piquants sur toute sa carapace.

ourson (nom masc. : *un ourson*). C'est le petit de l'ours.

outil (nom masc. : *un outil*). C'est un instrument pour faire un travail bien précis : Le marteau, la scie, la pince sont des outils.
☐ attention, **l** à la fin qui ne se prononce pas.

ouvert. Regarde ouvrir.

ouverture (nom fém. : *une ouverture*). **1.** C'est un endroit ouvert, un passage : Les enfants ont trouvé l'ouverture de la grotte. **2.** L'heure d'ouverture d'un magasin, c'est l'heure à laquelle ses portes sont ouvertes au public.

ouvrier (nom : *un ouvrier, une ouvrière*). C'est une personne qui fait un travail manuel pour un patron.

ouvrir (verbe). Il fait chaud, **ouvre** la fenêtre. La porte **est ouverte,** on peut entrer. Le contraire est fermer.

ovale (adjectif). Ce qui est ovale a un peu la forme d'un œuf : Le ballon de rugby est ovale.
☐ attention, **e** à la fin.

Le ballon est ovale.

oxygène (nom masc.). L'oxygène est un gaz. Il y a de l'oxygène dans l'air. Ce gaz est indispensable à la vie.
☐ attention, **y.**

F G H I J K L M N **O**

p

pacte (nom masc. : *un pacte*). C'est un accord entre deux personnes, deux groupes.

pagaie (nom fém. : *une pagaie*). C'est une sorte de rame, d'aviron.

page (nom fém. : *une page*). **1.** C'est chaque côté d'une feuille d'un livre, d'un cahier. **2.** C'est aussi la feuille : J'ai déchiré une page de mon livre.

paie. Regarde paye.

paillasson (nom masc. : *un paillasson*). C'est un petit tapis qu'on met devant la porte d'entrée.

Nous jouons dans la paille.

paille (nom fém. : *la paille*). **1.** C'est l'ensemble des tiges séchées de blé, d'avoine, quand on a enlevé les grains. **2.** Une paille, c'est aussi une sorte de fin tuyau pour boire.

paillette (nom fém. : *une paillette*). C'est une toute petite plaque brillante : Le clown blanc a un costume avec des paillettes.

pain (nom masc. : *le pain*). On fait le pain avec de la farine. Le boulanger met le pain à cuire dans son four.

pair (adjectif : *un nombre pair, une page paire*). **1.** Les nombres 2, 4, 6, 8, 10, 12,... sont des nombres pairs. On peut les diviser par deux. **2.** Une page paire porte un numéro pair. Le contraire est impair.

paire (nom fém. : *une paire*). C'est un ensemble de deux choses pareilles : Une paire de gants.

paix (nom fém. : *la paix*). **1.** Quand deux pays sont en paix, ils ne se font pas la guerre. **2.** Laisse-moi **en paix,** c'est-à-dire laisse-moi tranquille.

palais (nom masc. : *un palais*). **1.** C'est une maison, un château magnifique où vivent les princes, les rois, les présidents. **2.** Dans la bouche, le palais, c'est la partie du haut.

pâle (adjectif). Alain doit être malade, il est tout pâle, c'est-à-dire blanc, sans couleurs sur les joues. Un bleu pâle, c'est un bleu très clair.
☐ attention, **â**.

palette (nom fém. : *une palette*). C'est une sorte de plaque sur laquelle le peintre met toutes ses couleurs.

palier (nom masc. : *un palier*). À chaque étage, l'escalier s'arrête, c'est un palier.
☐ attention, un seul **l**.

pâlir (verbe). C'est devenir pâle, blanc, clair : Alain **a pâli** quand on lui a annoncé la mauvaise nouvelle.
☐ attention, **â**.

palissade (nom fém. : *une palissade*). C'est un petit mur fait de planches de bois.

palme (nom fém. : *une palme*). **1.** C'est une sorte de chaussure en caoutchouc, au bout long et plat, pour nager vite sous l'eau. **2.** C'est aussi la grande feuille du palmier.

palmier (nom masc. : *un palmier*). C'est un arbre des pays chauds, à très grandes et très larges feuilles qu'on appelle des palmes.

pamplemousse (nom masc. : *un pamplemousse*). C'est un fruit plus gros qu'une orange, au goût un peu acide.
☐ attention **m** devant **p**, et regarde fruit.

pancarte (nom fém. : *une pancarte*). C'est un panneau de carton, de métal sur lequel quelque chose est écrit.

panda (nom masc. : *un panda*). C'est un animal qui ressemble un peu à un petit ours. Il vit dans l'Himalaya, les plus hautes montagnes du monde, en Asie.

Les pandas.

panier (nom masc. : *un panier*). C'est un objet en osier pour transporter des choses, avec une anse pour le porter : Zoé remplit son panier de fraises.
☐ attention, un seul **n**.

panique (nom fém. : *la panique*). C'est une très grosse peur. On a si peur qu'on peut faire n'importe quelle bêtise : S'il y a un incendie, il faut éviter la panique.

panne (nom fém. : *une panne*). La voiture ne démarre pas, elle est en panne. La télévision est tombée en panne, il n'y a plus d'image.

P Q R S T U V W X Y Z

panneau (nom masc. : *un panneau, des panneaux*). C'est une plaque de carton, de bois, de métal qui signale quelque chose : Sur les routes, les panneaux indiquent les directions.
□ attention, **x** au pluriel.

panoplie (nom fém. : *une panoplie*). C'est un ensemble d'instruments, d'outils ou de costumes qui sont bien particuliers : une panoplie d'infirmière, une panoplie de menuisier, par exemple.

panorama (nom masc. : *le panorama*). C'est un très grand paysage qu'on voit de quelque part : Du haut de la colline, on découvre un magnifique panorama.

pansement (nom masc. : *un pansement*). C'est un tissu spécial, très propre, que l'on met sur une blessure.

pantalon (nom masc. : *un pantalon*). C'est un vêtement qui couvre les fesses et les jambes.

panthère (nom fém. : *une panthère*). C'est un animal féroce d'Afrique ou d'Asie.
□ attention, **th**.

pantin (nom masc. : *un pantin*). C'est une sorte de poupée de bois dont les bras, les jambes, la tête peuvent bouger : Pinocchio est un pantin.

pantoufle (nom fém. : *une pantoufle*). C'est une sorte de chausson.

Le paon fait la roue.

paon (nom masc. : *un paon*). C'est un bel oiseau. Le mâle a une très longue queue aux magnifiques plumes bleues et vertes qu'il peut dresser en éventail. On dit alors qu'il fait la roue.
□ attention, on écrit **aon** mais on prononce [an].

papa (nom masc. : *le papa*). C'est un autre mot pour père. J'appelle mon père « papa ».

La panthère noire.

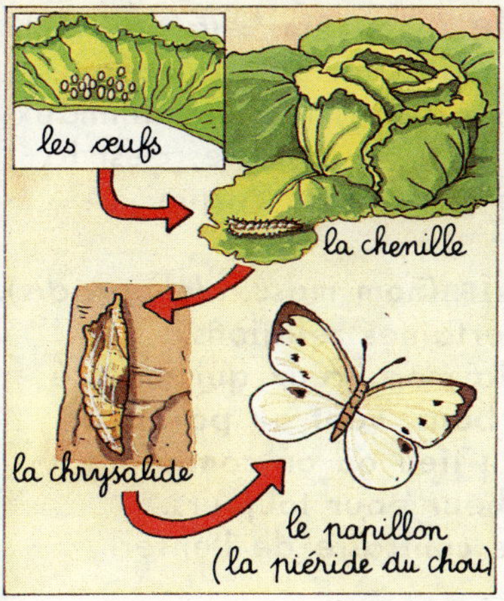

Connais-tu ces papillons ?

papeterie (nom fém. : *une papeterie*). C'est une boutique où on vend du papier, des cahiers, des stylos, des crayons.

papier (nom masc. : *le papier*). On fabrique le papier avec une pâte spéciale faite à partir de bois, de paille, d'écorce.

papillon (nom masc. : *un papillon*). La chenille devient un papillon. Le papillon prend sa nourriture sur les fleurs avec une sorte de très fine trompe.

paquebot (nom masc. : *un paquebot*). C'est un très gros bateau qui transporte des passagers à travers les mers.

pâquerette (nom fém. : *une pâquerette*). C'est une petite marguerite qui fleurit dans les prés, dans l'herbe, au printemps.
☐ attention, **â**, et regarde fleur.

Le paquebot s'en va.

P Q R S T U V W X Y Z

paquet (nom masc. : *un paquet*). **1.** C'est un ensemble, un groupe de choses : Range les allumettes par paquets de cinq. **2.** C'est quelque chose qui est emballé dans du papier : Un colis est un paquet.

parachute (nom masc. : *un parachute*). C'est une très grande toile qui s'ouvre et qui ralentit la chute de celui qui saute d'un avion.

Ils descendent en parachute.

parade (nom fém. : *la parade*). À la fin du spectacle de cirque, tous les artistes, tous les animaux font le tour de la piste, c'est la grande parade du cirque.

paradis (nom masc. : *le paradis*). Dans certaines religions, après la mort, ceux qui ont été justes, bons, vont au paradis. C'est un lieu où on connaît le bonheur pour toujours. C'est le contraire de l'enfer.

paraître (verbe). **1.** C'est avoir l'air : Marion **paraît** plus jeune que son âge. **2.** Il **paraît** que Pierre est malade, c'est-à-dire on le dit, on le croit.
☐ attention, **î** devant un **t**.

parallèle (adjectif). Les deux rails d'un train sont parallèles, c'est-à-dire toujours à la même distance l'un de l'autre.
☐ attention, un seul **r**, **ll** et **l**.

paralysé (adjectif : *il est paralysé, elle est paralysée*). Une personne paralysée ne peut plus se servir de ses jambes ou de ses bras.
☐ attention, **y**.

parapluie (nom masc. : *un parapluie*). Dehors, on se protège de la pluie avec un parapluie qu'on ouvre au-dessus de sa tête.

parasol (nom masc. : *un parasol*). À la plage, on se protège du soleil sous un parasol qu'on plante dans le sable.

parc (nom masc. : *un parc*). C'est un grand jardin avec des allées, des pelouses.

parce que. Ce mot indique la cause. Il répond à la question « pourquoi ? » : Arthur ne vient pas, parce qu'il est malade.
☐ attention, **parce que** s'écrit en deux mots.

parcourir (verbe). Le nageur **a parcouru** 500 mètres, c'est-à-dire il a fait cette distance.

parcours (nom masc. : *un parcours*). C'est le chemin, le trajet pour aller d'un endroit à un autre : Tous les ans le parcours du Tour de France change un peu.
☐ attention, **s** à la fin.

pardon (nom masc.). Si tu déranges quelqu'un ou si tu as fait une bêtise, tu demandes pardon, c'est-à-dire tu demandes qu'on t'excuse, qu'on te pardonne.

pardonner (verbe). Tu as fait une bêtise, mais je te **pardonne**, c'est-à-dire je t'excuse, c'est fini, on n'en parle plus.

pareil (adjectif : *il est pareil, elle est pareille*). Ces deux images sont pareilles, c'est-à-dire ce sont les mêmes images, elles sont identiques.

parent (nom : *un parent, une parente*). **1.** Monsieur Duval est un parent à moi, c'est-à-dire une personne de ma famille. **2.** Julie part en vacances avec ses parents, c'est-à-dire son père et sa mère.

paresse (nom fém. : *la paresse*). C'est le défaut d'une personne paresseuse, qui reste à ne rien faire.

paresseux (adjectif : *il est paresseux, elle est paresseuse*). Une personne paresseuse n'aime pas travailler, elle aime bien rester à ne rien faire.

parfait (adjectif : *il est parfait, elle est parfaite*). Une personne parfaite n'a aucun défaut. Ce qui est parfait est très bien.

parfaitement. David parle parfaitement l'anglais, c'est-à-dire très bien.

parfois. C'est quelquefois, de temps en temps : Pierre arrive parfois en retard, mais c'est rare.

parfum (nom masc. : *un parfum*). **1.** C'est une bonne odeur : Respire le parfum de ces fleurs. **2.** Le parfum d'une glace, c'est son goût : chocolat, fraise ou citron, par exemple.
☐ attention, **um**.

Ces parfums sentent bon.

P Q R S T U V W X Y Z

pari (nom masc. : *un pari*). Faire un pari, c'est annoncer quelque chose en étant sûr d'avoir raison. Si c'est vrai, on a gagné son pari, si c'est faux, on a perdu son pari.
□ regarde parier.

parier (verbe). C'est faire un pari : Je te **parie** une glace au chocolat que j'arriverai avant toi à la rivière. Si j'arrive le premier, tu me paies une glace, si je me suis trompé, c'est moi qui paie la glace.

parking (nom masc. : *un parking*). C'est un endroit pour garer les voitures.

parler (verbe). **1.** C'est dire des mots : Mon petit frère, Jérémie, commence à **parler**. **2.** Zoé et Julie ne **se parlent** plus, c'est-à-dire elles ne s'adressent plus la parole, elles sont fâchées.

parmi. Y en a-t-il un parmi vous pour m'aider ? C'est-à-dire l'un d'entre vous va-t-il m'aider ?
□ attention, **i** à la fin.

parole (nom fém. : *une parole*). **1.** Adresser la parole à quelqu'un, c'est lui parler, lui dire quelque chose. **2.** Les paroles d'une chanson, c'est le texte.

parquet (nom masc. : *le parquet*). C'est du bois qui recouvre le sol, par terre, dans les maisons.

parrain (nom masc. : *le parrain*). Le parrain présente l'enfant au baptême. L'enfant devient son filleul. Pour une femme, on dit la marraine.
□ attention, **rr**.

part (nom fém. : *une part*). **1.** C'est un morceau de quelque chose qu'on a partagé : Chacun prend sa part de gâteau. **2.** Je viens te voir **de la part de** Jean, c'est-à-dire c'est Jean qui m'envoie te voir. **3. Autre part,** c'est ailleurs, à un autre endroit. **Nulle part,** c'est à aucun endroit. **Quelque part,** c'est à un certain endroit, qu'on ne précise pas.

partager (verbe). **1.** C'est couper, diviser, séparer en parts : Nous **partageons** le gâteau en huit parts. **2.** Arthur **partage** ses billes avec son ami, c'est-à-dire il lui en donne la moitié.
□ attention, nous partageons, avec **e**.

Nous partageons le gâteau.

partenaire (nom : *le* ou *la partenaire*). C'est la personne avec qui on est dans un jeu, un sport.

parti (nom masc. : *le parti*). Papa prend toujours le parti de mon frère, c'est-à-dire il est toujours de son côté, il lui donne toujours raison.

participer (verbe). Tu dois t'inscrire pour **participer** à notre jeu, c'est-à-dire pour pouvoir jouer avec nous.

particulier (adjectif : *un film particulier, une histoire particulière*). **1.** Zoé a une façon très particulière de s'habiller, c'est-à-dire elle ne s'habille pas comme tout le monde, elle a sa façon bien à elle. **2.** J'aime les glaces et **en particulier** les glaces à la framboise, c'est-à-dire surtout.

particulièrement. J'aime particulièrement les glaces à la framboise, c'est-à-dire surtout, en particulier.

partie (nom fém. : *une partie*). **1.** C'est un morceau, un élément d'un tout : Le film est divisé en deux parties. **2.** Dans un jeu, une partie se termine quand un joueur a gagné.

partir (verbe). **1.** C'est quitter l'endroit où on est, c'est s'en aller : Il est 5 heures, je **pars.** **2.** C'est aussi disparaître : La tache **est partie** au lavage, il n'y a plus de tache. **3.** **À partir de** lundi, nous sommes en vacances, c'est-à-dire nos vacances commencent lundi.

partout. C'est dans tous les endroits : J'ai cherché partout, je ne l'ai pas trouvé.

pas (nom masc. : *un pas*). Quand on marche, on fait des pas. Dans la neige, il y a des traces de pas, on voit les marques des chaussures.

passage (nom masc. : *un passage*). **1.** C'est un endroit par où l'on passe, par où quelque chose passe : Nous avons trouvé un passage secret. **2.** Un passage, c'est aussi une partie d'un texte : Je vais te lire un passage de mon histoire.

Il y a un passage secret!

passager (nom : *un passager, une passagère*). C'est une personne qui voyage en train, en bateau, en avion : Les passagers embarquent sur le bateau.

passant (nom : *un passant, une passante*). C'est une personne qui marche dans la rue, qui passe dans la rue et qu'on ne connaît pas.

passé (nom masc. : *le passé*). C'est le temps avant aujourd'hui : Hier, c'est le passé. C'est le contraire du futur.

passé. Regarde passer.

passeport (nom masc. : *un passeport*). C'est un carnet spécial pour aller à l'étranger, avec sa photo, son nom, sa date de naissance : À la douane, on montre son passeport.

passer (verbe). **1.** C'est se déplacer : Les oiseaux **passent** dans le ciel. Je **suis passé** voir Arthur, c'est-à-dire j'y suis allé. **2.** À quoi **passes-**tu ton temps ? C'est-à-dire à quoi t'occupes-tu ? **3.** Cléa ne peut pas **se passer** de David, c'est-à-dire elle veut toujours être avec lui.

passerelle (nom fém. : *une passerelle*). C'est une sorte de petit pont : Pour monter sur le bateau, on prend la passerelle.
☐ attention, un seul **r** et **ll**.

passion (nom fém. : *la passion*). C'est un amour très fort, un intérêt très vif, très grand : Zoé a une passion pour les chats, elle les adore.

passionnant (adjectif : *un film passionnant, une histoire passionnante*). Quand on lit un livre passionnant, on veut le lire jusqu'au bout tout de suite, on est passionné.

passionner (verbe). C'est plaire beaucoup, intéresser très fort : Ce livre m'**a passionné,** je l'ai lu d'un coup, d'un bout à l'autre.

passoire (nom fém. : *une passoire*). Il y a beaucoup de petits trous dans une passoire. On verse les pâtes dans la passoire et l'eau passe à travers les trous.

pâte (nom fém. : *une pâte*). **1.** On fait la pâte du pain avec de la farine et de l'eau. **2.** Les pâtes sont fabriquées à partir d'une pâte faite de farine, d'eau et d'œufs : Les nouilles, les coquillettes, les spaghetti sont des pâtes. **3.** La pâte à modeler est assez molle pour pouvoir faire des formes.
☐ attention, **â**.

pâté (nom masc. : *un pâté*). **1.** On fait le pâté en hachant des viandes, des foies de volaille. **2.** Pour faire un pâté de sable, remplis ton seau de sable un peu mouillé. Tasse bien. Retourne d'un coup ton seau et démoule doucement.
☐ attention, **â**.

pâtée (nom fém. : *la pâtée*). C'est le repas préparé pour le chien, le chat.
☐ attention, **â**.

paternel (adjectif : *le grand-père paternel, la grand-mère paternelle*). Le grand-père paternel, c'est le grand-père du côté du père, le père du père. Le contraire est maternel.

patiemment. C'est avec patience, en étant patient : Ils attendent patiemment dans l'entrée.
☐ attention, on écrit **tie** et on prononce [sia].

Le patin à glace et le patin à roulettes.

patience (nom fém. : *la patience*). C'est la qualité des gens qui savent attendre, même longtemps, sans trop s'énerver.
☐ attention, le **t** se prononce [s].

patient (adjectif : *il est patient, elle est patiente*). Être patient, c'est bien vouloir attendre, même assez longtemps. C'est avoir de la patience.
☐ attention, le **t** du début se prononce [s].

patienter (verbe). C'est attendre : Tu auras ton cadeau tout à l'heure, **patiente** un peu.
☐ attention, le **t** du début se prononce [s].

patin (nom masc. : *le patin*). Avec des patins à glace, on glisse sur la glace. Avec des patins à roulettes, on roule vite sur les trottoirs, les pistes.

patinage (nom masc. : *le patinage*). Judith aime regarder le patinage à la télévision, c'est-à-dire les gens qui font du patin.

patiner (verbe). C'est glisser avec des patins, c'est faire du patin.

patineur (nom : *un patineur, une patineuse*). C'est une personne qui fait du patin.

patinoire (nom fém. : *une patinoire*). C'est un endroit couvert de glace pour faire du patin à glace, pour patiner.

pâtisserie (nom fém. : *la pâtisserie*). **1.** C'est la fabrication des gâteaux : Marion fait de la pâtisserie avec sa maman.
2. Une pâtisserie, c'est aussi une boutique où on fabrique et où on vend des gâteaux.
☐ attention, **â**.

pâtissier (nom : *le pâtissier, la pâtissière*). C'est la personne qui fabrique des gâteaux, qui tient une pâtisserie.
☐ attention, **â**.

patrie (nom fém. : *une patrie*). Ma patrie, c'est le pays où je suis né, où je vis.

patron (nom : *un patron, une patronne*). C'est une personne qui dirige une boutique, une usine. Le patron paye les employés, les ouvriers.

patte (nom fém. : *une patte*). L'homme a des bras et des jambes, l'animal a des pattes avant et des pattes arrière.

pâturage (nom masc. : *un pâturage*). C'est une grande étendue d'herbe où l'on mène le bétail pour qu'il mange.
□ attention, **â**.

paume (nom fém. : *la paume*). C'est l'intérieur de la main.

paupière (nom fém. : *une paupière*). C'est la peau au-dessus et au-dessous de l'œil. Les paupières sont bordées par les cils.

pause (nom fém. : *une pause*). Faire une pause, c'est s'arrêter un peu.

pauvre (adjectif). Une personne pauvre n'a pas assez d'argent pour s'acheter ce dont elle a besoin.

pauvreté (nom fém. : *la pauvreté*). C'est le contraire de la richesse : Les gens pauvres vivent dans la pauvreté.

pavé (nom masc. : *un pavé*). C'est une grosse pierre un peu carrée qui sert à faire les routes.

pavillon (nom masc. : *un pavillon*). C'est une maison habitée par une famille.

payant (adjectif : *un spectacle payant, une entrée payante*). Un spectacle payant, c'est un spectacle où il faut payer pour entrer. Le contraire est gratuit.

paye (nom fém. : *la paye*). C'est l'argent qu'on touche pour son travail, c'est le salaire.
□ attention, on écrit aussi paie.

payer (verbe). C'est donner de l'argent pour avoir quelque chose : **J'ai payé** ces bonbons 10 francs.
□ attention, il paye, avec **y** ou il paie, avec **i**.

pays (nom masc. : *un pays*). La France, l'Espagne, l'Italie, le Portugal sont des pays. Un pays occupe un territoire, il est limité par des frontières.

paysage (nom masc. : *le paysage*). C'est ce qu'on voit dehors autour de soi : Dans le train, j'aime regarder le paysage par la fenêtre.

paysan (nom masc. : *un paysan*). C'est une personne, à la campagne, qui s'occupe de la terre. Maintenant, on dit plutôt agriculteur.

péage (nom masc. : *le péage*). Sur l'autoroute, on s'arrête au péage pour payer le droit de rouler sur cette route.

peau (nom fém. : *une peau, des peaux*). **1.** La peau, c'est ce qui recouvre le corps. **2.** Certains fruits et légumes ont une peau qu'on enlève pour les manger.
□ attention, **x** au pluriel.

Les pêcheurs.

pêche (nom fém. : *une pêche*). C'est un fruit d'été à la peau douce comme du velours, avec un gros noyau dedans. La pêche pousse sur un arbre qui s'appelle le pêcher.
☐ attention, **ê**.

pêche (nom fém. : *la pêche*). Aller à la pêche, c'est aller pêcher, aller attraper du poisson.
☐ attention, **ê**.

pêcher (verbe). C'est attraper du poisson dans les rivières, les lacs ou dans la mer.
☐ attention, **ê**.

pêcheur (nom masc. : *un pêcheur*). C'est quelqu'un qui pêche : Le pêcheur est installé au bord de l'étang avec sa canne à pêche.
☐ attention, **ê**.

pédale (nom fém. : *une pédale*). On appuie sur une pédale avec le pied. Sur un vélo, il y a deux pédales qui font tourner les roues.

pédaler (verbe). C'est appuyer sur les pédales pour rouler à bicyclette.

peigne (nom masc. : *un peigne*). On se coiffe, on se peigne avec un peigne. Les pointes du peigne s'appellent des dents.

peigner (verbe). C'est coiffer les cheveux avec un peigne.

peindre (verbe). C'est mettre de la couleur, de la peinture avec un pinceau : Nous **peignons** les murs de la cour. Il **peint** un tableau.
☐ attention, il peint, nous pei**gn**ons.

Il peint dans son atelier.

P Q R S T U V W X Y Z

peine (nom fém. : *la peine*). **1.** Karim a perdu son petit chien, il a de la peine, c'est-à-dire du chagrin. **2.** Tu marches vite, j'ai de la peine à te suivre, c'est-à-dire j'ai du mal, je n'y arrive pas. **3.** Il est **à peine** plus âgé que moi, c'est-à-dire juste un tout petit peu.

peintre (nom masc. : *un peintre*). C'est une personne qui peint.

peinture (nom fém. : *la peinture*). Faire de la peinture, c'est peindre.

pelage (nom masc. : *le pelage*). C'est l'ensemble des poils d'un animal.

peler (verbe). **1.** C'est un autre mot pour éplucher : Je **pèle** ma pomme. **2.** C'est aussi avoir la peau qui se détache par petits lambeaux : Julie a eu un coup de soleil et maintenant elle **pèle**.
☐ attention, il pèle, avec **è**.

pélican (nom masc. : *un pélican*). C'est un grand oiseau blanc. Il a une grande poche sous son bec. Dans cette poche, il garde les poissons qu'il donne à manger à ses petits.

pelle (nom fém. : *une pelle*). C'est une plaque large et plate de métal au bout d'un manche : On creuse la terre, on ramasse la terre avec une pelle.

pellicule (nom fém. : *une pellicule*). C'est un rouleau de papier spécial pour mettre dans un appareil photo.

pelote (nom fém. : *une pelote*). C'est de la laine enroulée sur elle-même, en boule.
☐ attention, un seul **t**.

pelouse (nom fém. : *une pelouse*). C'est un terrain couvert d'herbe bien entretenue : Dans les parcs, les jardins, il y a des pelouses.

peluche (nom fém. : *la peluche*). C'est un tissu avec des longs poils d'un côté. On en fait des petits animaux pour les enfants : Zoé a toujours son ours en peluche.

Les pélicans.

pencher (verbe). **1.** Une écriture **penchée** n'est pas droite, pas verticale. **2.** Elle est toute petite, je **me penche** pour l'embrasser, c'est-à-dire je baisse la tête, je me plie, je m'incline en avant.

pendant. Ce mot indique le temps qui passe : J'ai travaillé pendant une heure.

pendre (verbe). **1.** La lampe **pend** au plafond, c'est-à-dire elle est accrochée en haut par le fil. **2.** Dans le film, ils ont **pendu** le bandit, c'est-à-dire ils l'on fait mourir en lui passant une corde au cou.

pendule (nom fém. : *une pendule*). C'est une horloge. La pendule indique l'heure.

pénétrer (verbe). C'est entrer : Le soleil **pénètre** dans la pièce. Les voleurs **ont pénétré** dans l'appartement pendant la nuit.
☐ attention, pénétrer, avec **é**, mais il pénètre, avec **è**.

pénible (adjectif). Ce qui est pénible est dur, difficile à supporter : Le travail dans la mine est pénible.

péniche (nom fém. : *une péniche*). C'est un bateau plat qui transporte des marchandises sur les fleuves et sur les canaux.

pensée (nom fém. : *une pensée*). Dis-nous le fond de tes pensées, c'est-à-dire ce que tu penses vraiment.

penser (verbe). **1.** C'est avoir une idée dans sa tête : À quoi **penses**-tu ? Je **pense** aux vacances. **2.** C'est aussi ne pas oublier : **As**-tu **pensé** à prendre ton disque ?

pension (nom fém. : *une pension*). C'est une école où les élèves restent le jour et la nuit. Ils rentrent chez eux de temps en temps.

pensionnaire (nom : *un* ou *une pensionnaire*). **1.** C'est l'élève d'une pension. **2.** Un demi-pensionnaire, c'est un élève qui reste à la cantine et qui rentre chez lui le soir.

pente (nom fém. : *une pente*). Quand le sol n'est pas droit, il est en pente. Les skieurs descendent les pentes des montagnes.

pépin (nom masc. : *un pépin*). C'est une petite graine qu'on trouve dans certains fruits ou certains légumes : Les oranges, les melons, les concombres, les tomates ont des pépins.

Ils vivent sur leur péniche.

Il saute très haut avec sa perche.

percer (verbe). **1.** C'est faire un trou, trouer : Ils **percent** la montagne pour faire un tunnel. **2.** J'ai une dent qui **perce,** c'est-à-dire qui commence à sortir à travers la gencive.
☐ attention, nous perçons, avec **ç.**

perche (nom fém. : *une perche*). C'est une sorte de grande barre de bois pour grimper ou pour sauter en hauteur.

se **percher** (verbe). C'est s'installer très haut : L'oiseau **est perché** sur la branche.

perdant (nom : *le perdant, la perdante*). C'est la personne qui a perdu à un jeu, à un match. C'est le contraire du gagnant.

perdre (verbe). **1.** Aline **perd** toujours ses affaires, c'est-à-dire elle ne sait plus où elles sont, elle ne les retrouve plus. **2.** Nous **nous sommes perdus** dans la forêt, c'est-à-dire nous ne savions plus où nous étions. **3.** Dans un jeu, celui qui **a perdu** n'a pas réussi, il n'a pas gagné.

perdrix (nom fém. : *une perdrix*). C'est un oiseau aux plumes rousses. Les chasseurs chassent les perdrix. Le petit de la perdrix s'appelle le perdreau.
☐ attention, **x.**

perdu. Regarde perdre.

père (nom masc. : *le père*). Quand un homme a un enfant, il est le père de cet enfant.

perfection (nom fém. : *la perfection*). Monsieur Duval joue du piano à la perfection, c'est-à-dire d'une manière parfaite.

périmé (adjectif : *un billet périmé, une carte périmée*). Un billet périmé n'est plus valable, la date est passée.

période (nom fém. : *une période*). C'est un temps, une durée ou une époque.

perle (nom fém. : *une perle*). Les perles, ce sont des petites boules qu'on enfile pour faire des colliers, des ceintures.

permettre (verbe). C'est donner la permission, vouloir bien, autoriser : Je te **permets** de te servir de mon appareil photo.

permission (nom fém. : *la permission*). José a la permission de regarder la télévision, c'est-à-dire ses parents le lui permettent, il a l'autorisation.

Le perroquet et les perruches.

perroquet (nom masc. : *un perroquet*). C'est un grand oiseau aux plumes de couleurs vives. Son bec est très recourbé. On lui apprend à parler.

Avec des perles.

perruche (nom fém. : *une perruche*). **1.** C'est la femelle du perroquet, mais elle ne parle pas. **2.** C'est aussi une sorte de perroquet de petite taille.

perruque (nom fém. : *une perruque*). Ce sont de faux cheveux.

persil (nom masc. : *le persil*). C'est une herbe verte qu'on utilise pour faire la cuisine. ☐ attention au **l** qui ne se prononce pas.

personnage (nom masc. : *un personnage*). C'est une personne dans une histoire, un film, un dessin.

personnalité (nom fém. : *la personnalité*). C'est le caractère de quelqu'un, ce qui fait qu'il est lui et pas un autre : Chaque enfant a sa personnalité.

personne (nom fém. : *une personne*). **1.** C'est un être humain, homme ou femme : L'ascenseur peut transporter trois personnes. **2.** Les grandes personnes, ce sont les adultes, ceux qui ne sont plus du tout des enfants.

personne. C'est pas un homme, pas une femme, pas un enfant : Il n'y a personne dans la maison, elle est vide.

personnel (adjectif : *un travail personnel, une idée personnelle*). **1.** Une idée personnelle est originale, elle vient de la personne elle-même, elle n'est pas prise aux autres. **2.** Mes objets personnels, ce sont mes objets à moi, auxquels je tiens.

P Q R S T U V W X Y Z

personnel (nom masc. : *le personnel*). C'est l'ensemble des personnes qui travaillent dans un bureau, une maison, une usine.

persuader (verbe). **1. Persuade**-le de venir avec nous, c'est-à-dire fais tout pour qu'il soit d'accord, essaie de le convaincre. **2.** Je **suis persuadé** que tu te trompes, c'est-à-dire j'en suis sûr.

perte (nom fém. : *une perte*). Quand on a perdu quelque chose, c'est une perte : Je ne recopie pas tout, c'est une perte de temps, c'est-à-dire je perds mon temps.

pervenche (nom fém. : *une pervenche*). C'est une petite fleur bleue.

pesanteur (nom fém : *la pesanteur*). Chaque chose a un poids. Si on la lâche, elle tombe vers la terre. Cette force qui attire vers le sol, c'est la pesanteur.

peser (verbe). **1.** C'est mesurer le poids : L'épicier **pèse** les fruits sur la balance. **2.** C'est avoir un poids : Arthur **pèse** 25 kilos, son poids est de 25 kilos.

pessimiste (adjectif). Une personne pessimiste pense toujours que tout va mal aller. C'est le contraire de optimiste.

pétale (nom masc. : *un pétale*). L'ensemble des pétales forme la fleur. Quand la fleur se fane, les pétales tombent.
□ regarde fleur.

pétard (nom masc. : *un pétard*). Les pétards éclatent en faisant beaucoup de bruit.

pétiller (verbe). **1.** Une boisson qui **pétille** est pleine de petites bulles. C'est une boisson gazeuse. **2.** Ses yeux **pétillent** de joie, c'est-à-dire ils brillent.

petit (adjectif : *il est petit, elle est petite*). **1.** Tu m'arrives à l'épaule, tu es plus petit que moi, c'est-à-dire tu mesures moins de centimètres. **2.** J'ai un petit frère, c'est-à-dire un frère plus jeune. Le contraire est grand.

petit (nom masc. : *un petit*). Le petit d'un animal, c'est son enfant, son bébé.

petite-fille (nom fém. : *une petite-fille*). Madame Legrand va voir sa petite-fille, c'est-à-dire la fille de sa fille ou de son fils. Madame Legrand est sa grand-mère.
□ attention au pluriel : **des petites-filles.**

Des balances pour peser.

petit-fils (nom masc. : *un petit-fils*). Madame Legrand va voir son petit-fils, c'est-à-dire le fils de sa fille ou de son fils.
☐ attention au pluriel :
des petits-fils.

petits-enfants (nom masc. pluriel : *les petits-enfants*). Madame Legrand a deux petits-enfants, ce sont les enfants de ses enfants.

pétrole (nom masc. : *le pétrole*). C'est une sorte d'huile qui existe dans le sol. On l'utilise pour faire de l'essence, pour fabriquer des produits chimiques.

peu. C'est une petite quantité, un petit nombre, pas beaucoup : Il pleut un peu. Aline mange peu. Peu d'élèves ont réussi.

peuple (nom masc. : *le peuple*). C'est l'ensemble des gens d'un même pays : Le peuple français, ce sont les Français.

peuplier (nom masc. : *un peuplier*). C'est un arbre très haut. On utilise son bois pour faire de la pâte à papier.

peur (nom masc. : *la peur*).
1. C'est ce qu'on ressent devant un danger, quand on pense qu'il peut arriver quelque chose de mauvais : Mon petit frère a peur dans le noir. J'ai peur des chiens, ils peuvent mordre. **2.** Marie a peur de poser sa question, c'est-à-dire elle n'ose pas.

peureux (adjectif : *il est peureux, elle est peureuse*). Une personne peureuse a facilement peur.

peut-être. Ce mot indique que quelque chose n'est pas sûr, cela peut être oui ou cela peut être non.

phare (nom masc. : *un phare*).
1. C'est une haute tour à côté d'un port. Sa lumière éclaire la mer pour les bateaux la nuit.
2. Les phares d'une voiture éclairent la route la nuit.

Le phare éclaire la mer.

pharmacie (nom fém. : *une pharmacie*). C'est une boutique où on achète les médicaments.

pharmacien (nom : *le pharmacien, la pharmacienne*). C'est la personne qui tient une pharmacie, qui prépare et qui vend les médicaments.

philtre (nom masc. : *un philtre*). Dans les contes, le philtre est une boisson qui a un pouvoir magique.
☐ attention, ne confonds pas avec filtre.

Les phoques.

phoque (nom masc. : *un phoque*). C'est un animal des mers très froides. Ses pattes sont des sortes de nageoires.

photo (nom fém. : *une photo*). C'est une image sur du papier qu'on obtient avec un appareil spécial, l'appareil photo, et avec un papier spécial, la pellicule ou le film. Ce mot est l'abréviation d'un mot plus compliqué : « photographie ».

photographier (verbe). C'est prendre en photo.

phrase (nom fém. : *une phrase*). C'est un ensemble de mots qui veut dire quelque chose. Quant on écrit, la phrase commence par une majuscule et elle se termine par un point.

physique (adjectif). La douleur physique, c'est la douleur dans le corps. L'éducation physique, c'est la gymnastique, les exercices pour le corps.
□ attention, **y** et **i**.

pianiste (nom : *un* ou *une pianiste*). C'est une personne qui joue du piano.

piano (nom masc. : *un piano*). C'est un instrument de musique. L'ensemble des touches s'appelle le clavier.
□ regarde instrument.

pic (nom masc. : *un pic*). C'est une montagne au sommet très pointu.

à **pic.** Le bateau a coulé à pic, c'est-à-dire droit vers le fond.

picorer (verbe). Les oiseaux **picorent** les miettes, c'est-à-dire ils en prennent une ici, une là.

pie (nom fém. : *une pie*). C'est un oiseau noir et blanc. On dit que la pie jacasse, c'est son cri.
□ regarde oiseau.

pièce (nom fém. : *une pièce*). **1.** Une pièce de monnaie, c'est un rond de métal qui vaut de l'argent. **2.** Une pièce, c'est aussi un élément, une partie de quelque chose : Zoé assemble les pièces de son puzzle. **3.** La chambre, la salle à manger sont des pièces d'un appartement. **4.** Une pièce de théâtre, c'est un spectacle sur scène avec des comédiens.

pied (nom masc. : *un pied*). **1.** L'homme marche sur ses pieds. Les doigts de pied s'appellent les orteils. **2.** Le pied d'un arbre, c'est le bas du tronc, près du sol. Les pieds de la chaise, ce sont les quatre bâtons qui la soutiennent.

piège (nom masc. : *un piège*). **1.** Un piège à souris, c'est un petit appareil pour attraper les souris. **2.** Dans cette question, il y a un piège, c'est-à-dire une difficulté cachée.

pierre (nom fém. : *la pierre*). **1.** C'est une matière naturelle dure : Les roches, les rochers sont faits de pierre. **2.** Une pierre, c'est aussi un morceau de cette matière : Les cailloux sont des pierres.

piétiner (verbe). C'est marcher presque sur place.

piéton (nom masc. : *un piéton*). C'est une personne qui marche à pied dans la rue.

piétonne (adjectif fém. : *une rue piétonne*). C'est une rue réservée aux piétons, où il n'y a pas de voitures.

pieu (nom masc. : *un pieu, des pieux*). C'est un grand morceau de bois enfoncé dans le sol, une sorte de grand piquet.
☐ attention, **x** au pluriel.

pieuvre (nom fém. : *une pieuvre*). C'est un animal de la mer qui a huit sortes de bras qu'on appelle des tentacules.

Les pieuvres.

pigeon (nom masc. : *un pigeon*). C'est un oiseau qui vole vite. On peut l'élever et l'habituer à porter des messages au loin, c'est alors un pigeon voyageur. Le pigeon roucoule, c'est son cri à lui.

pile (nom fém. : *une pile*). **1.** Une pile de livres, ce sont des livres les uns sur les autres. **2.** Une pile électrique permet de faire marcher un appareil sans le brancher avec un fil à une prise. **3.** Le côté pile d'une pièce de monnaie, c'est le côté où il y a les chiffres, l'autre côté, c'est le côté face.

pilier (nom masc. : *un pilier*). C'est ce qui soutient certaines constructions : Les piliers sont en pierre, en bois, en métal.

pilote (nom masc. : *un pilote*). C'est la personne qui conduit un avion, une moto, une voiture de course, un bateau.

Le pilote de course a gagné.

piloter (verbe). C'est conduire un avion, une voiture, une moto, un bateau.

pin (nom masc. : *le pin*). C'est un arbre très haut aux feuilles fines et pointues qu'on appelle des aiguilles. Elles restent toujours vertes.

pince (nom fém. : *une pince*). Avec une pince, tu peux saisir et serrer quelque chose.

pinceau (nom masc. : *un pinceau, des pinceaux*). On peint avec un pinceau. Il est fait d'une touffe de poils au bout d'un manche.
□ attention, **x** au pluriel.

pincer (verbe). C'est serrer très fort entre les doigts ou avec une pince.
□ attention, nous pinçons, avec **ç**.

pinède (nom fém. : *une pinède*). C'est une forêt de pins.

pingouin (nom masc. : *un pingouin*). C'est un grand oiseau noir et blanc qui vit près des mers froides. Il peut plonger dans l'eau pour pêcher du poisson et il peut aussi voler.

ping-pong (nom masc. : *le ping-pong*). C'est un jeu qui se joue sur une table avec des raquettes et une petite balle. On dit aussi « tennis de table ».

pinson (nom masc. : *un pinson*). C'est un petit oiseau aux jolies plumes. Le pinson aime chanter.
□ regarde <u>oiseau</u>.

pintade (nom fém. : *une pintade*). C'est un oiseau, une volaille de basse-cour.

pioche (nom fém. : *une pioche*). On creuse le sol avec une pioche. Elle est faite d'un morceau de fer très dur au bout d'un long manche.

piocher (verbe). **1.** C'est creuser avec une pioche. **2.** C'est aussi prendre au hasard dans un tas, un ensemble : Si tu n'as pas le domino qu'il faut, tu **pioches**.

Les pingouins.

pion (nom masc. : *un pion*). C'est une pièce de certains jeux comme le jeu de dames ou le jeu d'échecs par exemple.

pipe (nom fém. : *une pipe*). Pour fumer la pipe, papa met le tabac dans le creux qu'on appelle le « fourneau » et il aspire la fumée par le bout qu'on appelle le « tuyau ».

pipeau (nom masc. : *un pipeau, des pipeaux*). C'est une sorte de petite flûte en bois : Les bergers jouent du pipeau.
☐ attention, **x** au pluriel.

piquant (nom masc. : *un piquant*). C'est n'importe quelle petite chose pointue qui pique : L'oursin a des piquants. Le fil de fer barbelé a des piquants.

piquant (adjectif : *un goût piquant, une barbe piquante*). Un goût piquant pique dans la bouche. Une barbe piquante pique quand on la touche.

pique-nique (nom masc. : *un pique-nique*). C'est un petit repas en plein air.
☐ attention au pluriel : des pique-niques.

Nous faisons un pique-nique.

P Q R S T U V W X Y Z

A la piscine.

pique-niquer (verbe). C'est faire un pique-nique : Nous **pique-niquons** dans la forêt.

piquer (verbe). **1.** C'est enfoncer quelque chose de pointu : On **pique** la fourchette dans la viande. Il m'**a piqué** avec une aiguille. Zoé **s'est piquée** avec les épines. **2.** Les guêpes **piquent**, elles font des piqûres avec leur dard. **3.** La moutarde **pique**, c'est-à-dire elle a un goût très fort.

piquet (nom masc. : *un piquet*). C'est un petit pieu, un bâton enfoncé dans le sol : La chèvre est attachée à un piquet.

piqûre (nom fém. : *une piqûre*). **1.** C'est la marque de quelque chose qui a piqué : Une piqûre de moustique fait un petit bouton sur la peau. **2.** C'est aussi un médicament qu'on fait passer dans le corps à travers une aiguille, avec une seringue.
☐ attention, **û**.

pirate (nom masc. : *un pirate*). Autrefois, les pirates attaquaient les bateaux pour voler.

pire (adjectif). Mon dessin est mauvais, mais le tien est pire, c'est-à-dire encore plus mauvais.

pirogue (nom fém. : *une pirogue*). C'est un bateau léger et tout en longueur.

pirouette (nom fém. : *une pirouette*). La patineuse fait une pirouette sur la glace, c'est-à-dire elle tourne très vite sur elle-même.

pis (nom masc. : *un pis*). Les pis d'une vache ou d'une chèvre, ce sont ses mamelles, là où il y a le lait.
☐ attention au **s** qui ne se prononce pas.

piscine (nom fém. : *une piscine*). C'est un grand bassin pour nager, plonger.
☐ attention, **sc.**

pissenlit (nom masc. : *le pissenlit*). Les pissenlits poussent un peu partout à la campagne. Leurs feuilles sont larges et découpées. Leurs fleurs sont jaunes. Après la fleur, il y a une sorte de fruit, fait d'une boule de fils très fins. Si on souffle dessus, les fils s'envolent.

Il souffle sur le pissenlit.

piste (nom fém. : *une piste*). C'est un chemin, un terrain préparé spécialement pour rouler, courir, skier, patiner : Les voitures de course roulent sur la piste. Les skieurs descendent les pistes.

pistolet (nom masc. : *un pistolet*). C'est une petite arme à feu qui envoie des balles et qu'on tient d'une seule main.

pitié (nom fém. : *la pitié*). C'est ce qu'on ressent pour quelqu'un qu'on plaint. On est ému, touché par ce qui lui arrive : Il est malheureux, j'ai pitié de lui.

pitre (nom masc. : *un pitre*). Faire le pitre, c'est faire le clown, faire rire tout le monde.

pivert (nom masc. : *un pivert*). C'est un oiseau vert et jaune qui frappe les troncs d'arbre avec son bec pointu pour faire sortir les petits insectes qu'il mange.
☐ attention, on écrit aussi pic vert, et regarde oiseau.

pivoine (nom fém. : *une pivoine*). C'est une grosse fleur rouge ou blanche.
☐ regarde fleur.

placard (nom masc. : *un placard*). C'est un endroit, fermé par une porte, pour ranger les affaires. Les placards sont en général dans le mur.

place (nom fém. : *une place*). **1.** C'est un grand espace sans maisons, d'où partent des rues : Le marché est sur la place du village. **2.** C'est aussi l'endroit où une chose ou une personne doit être : Chaque chose doit être à sa place. Retourne à ta place. **3.** De la place, c'est de l'espace : Pousse-toi, je n'ai pas assez de place.

placer (verbe). C'est mettre, poser à une place : Je **place** chaque pièce du puzzle à la bonne place.
☐ attention, nous plaçons, avec **ç**.

plafond (nom masc. : *le plafond*). C'est la partie horizontale qui ferme une pièce en haut.
☐ attention, **d** à la fin.

P Q R S T U V W X Y Z

plage (nom fém. : *une plage*). C'est un terrain, couvert de sable ou de galets, au bord de la mer : L'été, nous jouons sur la plage.

plaie (nom fém. : *une plaie*). C'est une blessure : Arthur s'est coupé avec un morceau de verre et la plaie saigne.
☐ attention, **e** à la fin.

plaindre (verbe). **1.** Tu es malade, je te **plains,** c'est-à-dire je suis triste pour toi, je trouve que tu n'as pas de chance.
2. Julie **se plaint** tout le temps, elle trouve toujours qu'il y a quelque chose qui ne va pas.
☐ attention, il se plaint, nous nous plai**gn**ons.

plaine (nom fém. : *la plaine*). C'est une région où le sol est plat sur des kilomètres : La Beauce est une plaine.

plaire (verbe). Ce jeu me **plaît,** c'est-à-dire je le trouve bien, je l'aime bien. Mes vacances m'**ont** beaucoup **plu,** c'est-à-dire j'étais très content.
☐ attention, **î** devant un **t.**

plaisanter (verbe). J'ai dit cela pour **plaisanter,** c'est-à-dire pour rire, pour m'amuser.

plaisanterie (nom fém. : *une plaisanterie*). C'est une blague, quelque chose qu'on dit ou qu'on fait pour faire rire, pour plaisanter.

plaisir (nom masc. : *le plaisir*). C'est ce qu'on ressent quand on est content : J'ai lu ta lettre avec beaucoup de plaisir, de joie.

plan (nom masc. : *un plan*). **1.** C'est le dessin des pièces d'une maison, des rues d'une ville, des routes d'une région, des trajets de métro, d'autobus. **2.** Un plan, c'est aussi tout ce qu'on décide de faire, d'une manière bien organisée, pour arriver à ce qu'on veut : J'ai un plan pour le convaincre, je vais te l'expliquer.

planche (nom fém. : *une planche*). **1.** C'est une plaque de bois : Papa m'a installé une planche sur le mur pour mettre mes livres. **2.** Faire la planche, c'est flotter sur l'eau, allongé sur le dos, sans bouger. **3.** La planche à voile est un sport que l'on pratique sur l'eau, quand il y a un peu de vent.

plancher (nom masc. : *le plancher*). C'est le sol, le parquet à l'intérieur d'une maison : On a recouvert le plancher d'une moquette.

planer (verbe). C'est voler sans bouger les ailes, pour un oiseau ou voler sans moteur, pour un avion.

planète (nom fém. : *une planète*). C'est un astre. Les planètes tournent autour du Soleil. Elles n'envoient pas de lumière elles-mêmes. La Terre, Mars, Vénus sont des planètes.

plantation (nom fém. : *une plantation*). Marie fait des plantations sur son balcon, c'est-à-dire elle plante des fleurs, des herbes, pour les faire pousser.

Ils font de la planche à voile.

plante (nom fém. : *une plante*). **1.** Une plante a ses racines dans la terre et elle pousse. **2.** La plante des pieds, c'est le dessous des pieds.

planter (verbe). **1.** C'est mettre les racines d'une plante dans la terre pour qu'elle pousse : Nous **plantons** des tomates. **2.** C'est aussi enfoncer dans quelque chose d'assez dur : Karim **plante** un clou dans le mur.

plaque (nom fém. : *une plaque*). **1.** C'est un morceau plat d'une matière : Une vitre est une plaque de verre. **2.** Julie a des plaques rouges sur le visage, c'est-à-dire des taches.

plastique (nom masc. : *le plastique*). C'est une matière fabriquée dans des usines. Le plastique est souple ou dur. On peut lui donner toutes les formes. On dit aussi « matière plastique ».

Les planètes tournent autour du Soleil.

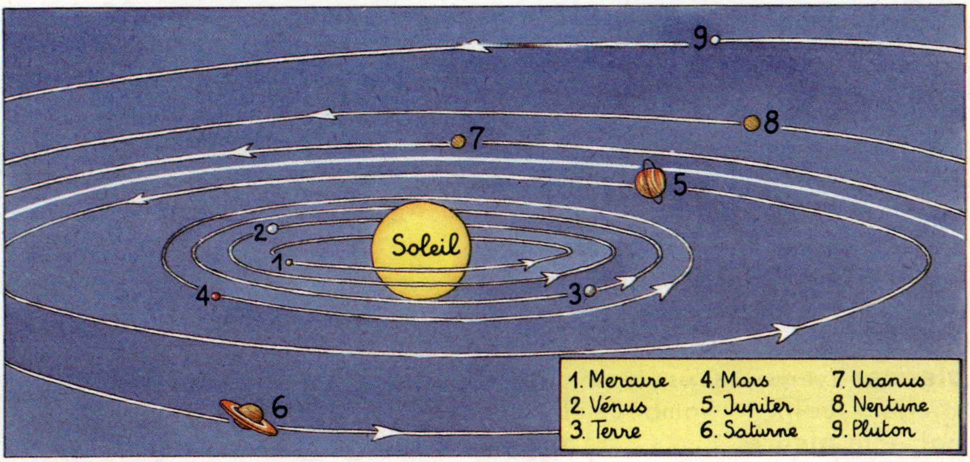

plat (adjectif : *un terrain plat, une route plate*). Un terrain plat n'a ni creux ni bosses, il n'y a pas de côte, pas de pente. Un disque est plat.

plat (nom masc. : *un plat*). **1.** C'est une sorte de grande assiette pour servir la nourriture à table. **2.** C'est aussi la nourriture préparée : un plat de viande, un plat de charcuterie.

platane (nom masc. : *un platane*). C'est un arbre qu'on plante souvent le long des routes, des avenues.

plateau (nom masc. : *un plateau, des plateaux*). **1.** Avec un plateau, on peut porter plusieurs verres, on peut prendre son petit déjeuner au lit. **2.** Un plateau, c'est aussi un très grand terrain plat dans une région assez haute.
☐ attention, **x** au pluriel.

plâtre (nom masc. : *le plâtre*). C'est une poudre blanche qu'on mélange à de l'eau pour faire une matière blanche assez dure : Les murs sont couverts de plâtre.
☐ attention, **â**.

plein (adjectif : *un verre plein, une tasse pleine*). **1.** Un verre plein d'eau est rempli d'eau, on ne peut plus en mettre, sinon il déborde. Le contraire est vide. **2.** Ta chemise est pleine de taches, c'est-à-dire il y en a beaucoup.

pleurer (verbe). C'est verser des larmes : Judith est tombée, elle a mal, elle **pleure**.

pleuvoir (verbe). Il **a plu** hier et il **pleut** encore, c'est-à-dire la pluie est tombée hier et elle tombe encore.

pli (nom masc. : *un pli*). C'est l'endroit où quelque chose est plié, c'est la marque faite en pliant : Tu plies le papier et tu coupes à l'endroit du pli.

plier (verbe). **1.** Julie **plie** le papier en deux, c'est-à-dire elle rabat une partie sur l'autre. **2.** Avec le vent, l'arbre **se plie**, c'est-à-dire il se courbe.

plisser (verbe). **1.** Papa **plisse** le front quand il réfléchit, c'est-à-dire il y a des plis, des rides sur son front. **2.** Une jupe **plissée** a beaucoup de plis.

pliure (nom fém. : *la pliure*). C'est la marque du pli.

plomb (nom masc. : *le plomb*). C'est un métal très lourd qui sert à fabriquer des tuyaux, des poids.
☐ attention, **m** devant **b.**

plombier (nom masc. : *le plombier*). C'est la personne qui installe les salles de bains, les douches et qui répare les tuyaux, les fuites d'eau.
☐ attention, **m** devant **b.**

plongée (nom fém. : *la plongée*). David fait de la plongée sous-marine avec son père, c'est-à-dire il descend très loin sous l'eau, il voit les poissons, les algues.

plongeoir (nom masc. : *un plongeoir*). C'est une grande planche installée au bord d'une piscine, au-dessus de l'eau ou de la mer pour plonger.
☐ attention, **ge**.

plongeon (nom masc. : *un plongeon*). Faire un plongeon, c'est plonger, sauter dans l'eau la tête la première.
☐ attention, **ge**.

plonger (verbe). **1.** C'est sauter dans l'eau la tête la première : Arthur **plonge** dans la piscine du haut du plongeoir. **2.** Marie **plonge** le bras dans l'eau, c'est-à-dire elle l'y met.
☐ attention, nous plongeons, avec **e**.

plu. Regarde pleuvoir et plaire.

pluie (nom fém. : *la pluie*). C'est l'eau qui tombe du ciel, des nuages, quand il pleut.

plumage (nom masc. : *le plumage*). C'est l'ensemble des plumes d'un oiseau.

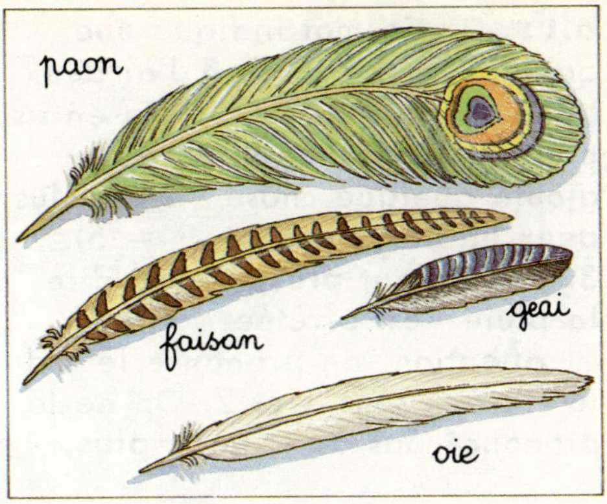

Les plumes.

plume (nom fém. : *une plume*). **1.** Les oiseaux ont des plumes sur le corps. **2.** Autrefois, on écrivait avec la tige d'une vraie plume. Aujourd'hui, la plume du stylo est en métal.

la **plupart**. Cela veut dire la plus grande partie, le plus grand nombre : La plupart des élèves sont gentils.

pluriel (nom masc. : *le pluriel*). Un nom au pluriel désigne plusieurs êtres ou choses.

Nous faisons de la plongée.

plus. **1.** Ce mot indique une quantité plus grande : J'ai deux bonbons, tu en as trois. Tu en as plus. **2.** Ce mot indique qu'on ajoute quelque chose : Trois plus deux égale cinq (3 + 2 = 5). **3.** Il **ne** pleut **plus,** c'est-à-dire la pluie s'est arrêtée.
□ attention, on prononce le **s** de la fin aux sens 1 et 2. On ne le prononce pas dans **ne... plus.**

plusieurs. Ce mot indique qu'il y a plus d'une chose, plus d'une personne : Plusieurs élèves sont malades aujourd'hui.

plutôt. Ce mot indique le choix, la préférence : J'aime bien les bonbons, mais je prendrai plutôt un chocolat.
□ attention, **ô.**

pluvieux (adjectif : *un temps pluvieux, une région pluvieuse*). Dans une région pluvieuse, il pleut souvent.

pneu (nom masc. : *un pneu*). C'est l'enveloppe en caoutchouc qui entoure la roue.

pneumatique (adjectif). Un bateau pneumatique est fait de caoutchouc. On le gonfle pour qu'il puisse flotter.

poche (nom fém. : *une poche*). Dans un vêtement, les poches servent à mettre de petits objets.

pochoir (nom masc. : *un pochoir*). C'est un dessin découpé dans du carton, du plastique. On place le carton, le plastique sur le papier. On peint dans le trou, cela fait le dessin tout net.

poêle (nom masc. : *un poêle*). Le poêle sert à chauffer une pièce, une maison. Aujourd'hui il est bien souvent remplacé par le radiateur.
□ attention, **oê** et on prononce [poil].

poêle (nom fém. : *une poêle*). La poêle sert à cuire les viandes, les poissons, les omelettes, les crêpes, sur le gaz ou la plaque électrique.
□ attention, **oê** et on prononce [poil].

poème (nom masc. : *un poème*). C'est une petite histoire écrite en vers, avec des phrases qui font comme une musique. C'est une poésie.

poésie (nom fém. : *la poésie*). **1.** C'est l'ensemble des poèmes, c'est l'art d'écrire des poèmes. **2.** Une poésie, c'est aussi un poème.

poète (nom masc. : *un poète*). C'est une personne qui écrit des poèmes, qui fait de la poésie.

poids (nom masc. : *le poids*). C'est ce que pèse un objet ou une personne. On mesure le poids en kilogrammes, en grammes.

poignard (nom masc. : *un poignard*). C'est une petite arme avec une lame très mince, une sorte de couteau pointu.

poignée (nom fém. : *une poignée*). **1.** On ouvre la porte en tournant la poignée. On tient la valise par sa poignée.

2. Arthur m'a lancé une poignée de sable, c'est-à-dire du sable qu'il tenait dans sa main.
☐ attention, **ée**.

poignet (nom masc. : *le poignet*). C'est la partie entre la main et le bras. On tourne la main grâce au poignet.
☐ attention, **et**.

poil (nom masc. : *un poil*). La barbe est faite de poils. La fourrure des animaux est faite de poils. Les cils sont des poils.

poing (nom masc. : *le poing*). C'est la main fermée : Il m'a donné un coup de poing.
☐ attention, **g** à la fin, pense à poignée.

point (nom masc. : *un point*). Si tu poses la pointe de ton crayon sur une feuille, cela fait un point. La phrase se termine par un point.
☐ attention, **t** à la fin, pense à pointe.

pointe (nom fém. : *une pointe*). C'est le bout fin, piquant de quelque chose.

pointu (adjectif : *un couteau pointu, une montagne pointue*). Un couteau pointu se termine par une pointe.

pointure (nom fém. : *la pointure*). C'est la taille pour les chaussures.

poire (nom fém. : *une poire*). C'est un fruit. La poire pousse sur un arbre, le poirier.
☐ regarde fruit.

poireau (nom masc. : *un poireau, des poireaux*). C'est un légume long avec un bout blanc et des feuilles qui deviennent vertes à la fin.
☐ attention, **x** au pluriel, et regarde légume.

poirier (nom masc. : *un poirier*). **1.** C'est l'arbre qui donne les poires. **2.** Faire le poirier, c'est se tenir sur la tête et les mains, avec les jambes bien droites en l'air.

Marie fait le poirier.

pois (nom masc. : *un pois*). **1.** Les pois sont des plantes dont on mange les graines, qui s'appellent aussi des pois. **2.** Un tissu à pois a des petits ronds de couleur.

poison (nom masc. : *le poison*). C'est quelque chose qui est très dangereux pour la santé, qui peut faire mourir si on l'avale ou s'il entre dans notre corps : Certains champignons sont du poison.

P Q R S T U V W X Y Z

Connais-tu tous ces poissons ?

poisson (nom masc. : *un poisson*). C'est un animal qui vit dans l'eau. Le poisson d'eau douce vit dans les rivières, les lacs, les étangs. Le poisson marin vit dans la mer.

poissonnerie (nom fém. : *une poissonnerie*). C'est une boutique où on vend du poisson.

poissonnier (nom : *le poissonnier, la poissonnière*). C'est la personne qui tient une poissonnerie.

poitrine (nom fém. : *la poitrine*).
1. C'est le devant du corps, là où il y a les seins.
2. C'est aussi les deux seins des femmes.

poivre (nom masc. : *le poivre*). C'est une graine qu'on écrase, qu'on moud et qui donne un goût fort, piquant à ce qu'on mange. Si on respire du poivre, on éternue.

pôle (nom masc. : *un pôle*). Quand tu regardes un globe terrestre, le pôle Nord, c'est le point en haut, le pôle Sud, c'est le point à l'opposé, tout en bas.
☐ attention, **ô**.

Il y a un incendie,

poli (adjectif : *il est poli, elle est polie*). Une personne polie est bien élevée, elle dit « bonjour », « merci », elle se tient bien.

police (nom fém. : *la police*). C'est l'ensemble des agents, des commissaires, des inspecteurs, des personnes qui s'occupent de protéger les gens et de trouver les voleurs, les bandits.

policier (nom masc. : *un policier*). C'est une personne de la police.

poliment. C'est d'une manière polie : David m'a poliment dit merci.

politesse (nom fém. : *la politesse*). C'est l'ensemble des choses à dire ou à faire pour être poli avec les autres.

politique (nom fém. : *la politique*). Faire de la politique, c'est s'intéresser à la manière dont le pays est dirigé, gouverné.

pollué (adjectif : *un air pollué, une mer polluée*). On dit que l'air est pollué quand il y a beaucoup de mauvaises choses dedans : des fumées, des gaz, des poussières.

pommade (nom fém. : *une pommade*). C'est une sorte de crème qu'on étale sur la peau comme médicament.

pomme (nom fém. : *une pomme*). **1.** C'est un fruit. La pomme pousse sur un arbre, le pommier. **2.** La **pomme de terre** pousse dans la terre, c'est un légume.
☐ regarde fruit et légume.

pommier (nom masc. : *le pommier*). C'est l'arbre qui donne les pommes.

pompe (nom fém. : *une pompe*). Avec une pompe tu peux gonfler un pneu. Avec une pompe, tu peux aussi aspirer, faire venir un liquide : Dans les stations-service, il y a des pompes à essence.
☐ attention, **m** devant **p.**

pompier (nom masc. : *un pompier*). C'est une personne qui lutte contre les incendies.
☐ attention, **m** devant **p.**

les pompiers se préparent dans la caserne.

Les bateaux arrivent au port.

pompon (nom masc. : *un pompon*). C'est une sorte de boule faite avec des brins de laine.
☐ attention, **m** devant **p**.

pondre (verbe). La poule **pond** des œufs.

poney (nom masc. : *un poney*). C'est une sorte de cheval de petite taille.

pont (nom masc. : *un pont*). C'est une construction qui permet de passer au-dessus d'une rivière, d'une route.

pont-levis (nom masc. : *un pont-levis*). C'est une sorte de pont qui existait autrefois à l'entrée des châteaux forts, et qu'on pouvait relever pour que plus personne n'entre.
☐ attention au pluriel : des pont**s**-levis.

populaire (adjectif). Une chanson populaire est connue de tout le monde, de tout le peuple d'un pays.

population (nom fém. : *la population*). C'est l'ensemble des personnes qui habitent une ville, une région, un pays, un continent ou le monde.

porc (nom masc. : *un porc*). C'est un cochon.
☐ attention au **c** qui ne se prononce pas.

porcelaine (nom fém. : *la porcelaine*). C'est de la céramique très fine, on en fait des tasses, des assiettes.

porc-épic (nom masc. : *un porc-épic*). C'est un petit animal au dos couvert de piquants.
☐ attention au pluriel : des porc**s**-épic**s** et à la prononciation [porkepik].

port (nom masc. : *un port*). C'est l'endroit, au bord de la mer ou d'un fleuve, où les bateaux arrivent et partent.

portail (nom masc. : *un portail*). C'est une très grande double porte.

porte (nom fém. : *une porte*). C'est un panneau qui s'ouvre et qui se ferme. La porte tourne sur ce qu'on appelle des « gonds ».

porte-bagages (nom masc. : *un porte-bagages*). Sur un vélo, le porte-bagages est derrière la selle, au-dessus de la roue arrière.
☐ attention, ce mot ne change pas au pluriel.

porte-bonheur (nom masc. : *un porte-bonheur*). C'est un objet dont on pense qu'il porte chance, qu'il porte bonheur.
☐ attention, ce mot ne change pas au pluriel.

portefeuille (nom masc. : *un portefeuille*). On range ses billets, ses cartes, ses tickets dans un portefeuille.

portemanteau (nom masc. : *un portemanteau, des portemanteaux*). C'est un objet, un crochet ou un cintre pour suspendre, accrocher les vêtements.
☐ attention, **x** au pluriel.

porte-monnaie (nom masc. : *un porte-monnaie*). Je mets mon argent dans un porte-monnaie.
☐ attention, ce mot ne change pas au pluriel.

porter (verbe). **1.** C'est prendre, soulever et tenir quelque chose : Aide-moi à **porter** ce paquet, il est lourd. **2.** Line **porte** des lunettes, c'est-à-dire elle a des lunettes. **3.** Monsieur Lemaire est guéri, il **se porte** bien maintenant, c'est-à-dire il va bien.

portière (nom fém. : *une portière*). C'est le nom d'une porte de voiture ou de train.

portion (nom fém. : *une portion*). C'est une part : Pierre a eu deux portions de frites.

portique (nom masc. : *un portique*). La corde, les anneaux, le trapèze, la perche sont accrochés au portique.

Le portique.

portrait (nom masc. : *un portrait*). C'est le dessin, la photo d'un visage.

poser (verbe). **1.** C'est placer, mettre : Ce paquet est trop lourd **pose**-le par terre. **2.** C'est aussi garder la même attitude, ne pas bouger pour une photo : Nous **avons posé** pour la photo de classe.

P Q R S T U V W X Y Z

position (nom fém. : *la position*). C'est la façon dont tu places ton corps ou dont tu places un objet : Tu es debout, c'est une position, tu es assis, c'est une position.

posséder (verbe). C'est avoir à soi : Ses parents **possèdent** une maison de campagne, il a de la chance.
☐ attention, posséder avec **é**, mais il possède, avec **è**.

possibilité (nom fém. : *une possibilité*). C'est ce qui peut se faire, ce qui peut arriver : Si j'ai la possibilité de venir, je viendrai, c'est-à-dire si je le peux.

possible (adjectif). **1.** Ce qui est possible, on peut le faire : Je viendrai, si c'est possible. **2.** Ce qui est possible peut arriver : Il est possible qu'il pleuve, je prends mon parapluie.

poste (nom masc. : *un poste*). Un poste de radio, c'est une radio. Un poste de télévision, c'est une télévision.

poste (nom fém. : *la poste*). On achète des timbres à la poste. On envoie des lettres, des colis par la poste.

poster (verbe). C'est envoyer une lettre, un colis par la poste : Je **poste** ma lettre et je te rejoins.

poster (nom masc. : *un poster*). C'est une grande photo, en forme d'affiche, que l'on met sur le mur.
☐ on prononce le **r** à la fin.

pot (nom masc. : *un pot*). Un vase est un pot. Les yaourts se vendent dans des pots.

potable (adjectif). Si l'eau est potable, on peut la boire.

potage (nom masc. : *un potage*). C'est une sorte de soupe légère.

potager (nom masc. : *un potager*). C'est un jardin où on fait pousser les légumes. On dit aussi « jardin potager ».

poteau (nom masc. : *un poteau, des poteaux*). C'est un haut morceau de bois, de métal, de ciment planté dans le sol.
☐ attention, **x** au pluriel.

potelé (adjectif : *il est potelé, elle est potelée*). Un bébé potelé est dodu, grassouillet.

poterie (nom fém. : *la poterie*). C'est la fabrication des pots en terre cuite.

potier (nom masc. : *un potier*). C'est une personne qui fabrique des pots, qui fait de la poterie.

potion (nom fém. : *une potion*). C'est un médicament que l'on boit : Quand Astérix boit sa potion magique, il devient très, très fort.

potiron (nom masc. : *un potiron*). C'est une sorte de citrouille.

pou (nom masc. : *un pou, des poux*). C'est une toute petite bête qui se met dans les cheveux.
☐ attention, **x** au pluriel.

poubelle (nom fém. : *une poubelle*). On jette à la poubelle ce qui ne sert plus à rien.

pouce (nom masc. : *le pouce*). 1. C'est le nom du premier doigt de la main : Jérémie suce son pouce. 2. On dit « Pouce ! » quand on veut arrêter de jouer un moment.

poudre (nom fém. : *la poudre*). La poudre est faite de grains très fins : La farine est une poudre.

poulailler (nom masc. : *le poulailler*). À la ferme, les poules logent dans le poulailler.

poulain (nom masc. : *un poulain*). C'est le petit du cheval et de la jument.

poule (nom fém. : *une poule*). C'est une volaille, un oiseau de basse-cour. La poule pond des œufs. Son mâle est le coq. Son petit est le poussin.

Les poules dans le poulailler.

poulet (nom masc. : *un poulet*). C'est une jeune poule ou un jeune coq.

pouliche (nom fém. : *une pouliche*). C'est une jeune jument, un poulain femelle.

Dans l'atelier du potier.

P Q R S T U V W X Y Z

Avec une poulie.

poulie (nom fém. : *une poulie*). C'est une sorte de roue sur laquelle passe une corde. Grâce à la poulie, on peut monter et descendre des objets.

poumon (nom masc. : *le poumon*). Quand on respire, l'air entre dans les poumons. Quand on souffle, on chasse l'air des poumons. On a deux poumons.

poupée (nom fém. : *une poupée*). C'est un jouet qui a la forme d'un bébé, d'une petite fille ou d'un petit garçon.

pour. 1. Ce mot indique à quoi sert quelque chose : Tu apprends pour savoir. **2.** On va à la piscine ? — Je suis pour, c'est-à-dire je suis d'accord.

pourboire (nom masc. : *un pourboire*). C'est une petite somme d'argent que l'on donne en plus du prix à quelqu'un : Au restaurant, on laisse parfois un pourboire au serveur.

pourquoi. Ce mot sert à poser des questions sur la cause, la raison : Pourquoi pleures-tu ? C'est-à-dire pour quelle raison ? On répond avec « parce que ».

pourrir (verbe). C'est s'abîmer, devenir mauvais : Les fruits **pourrissent** si on les garde trop longtemps.
☐ attention, **rr**.

poursuite (nom fém. : *une poursuite*). C'est une course pour rattraper quelqu'un : Les policiers se lancent à la poursuite du voleur.

poursuivre (verbe). C'est courir pour rattraper quelqu'un : Le voleur s'est enfui, les policiers le **poursuivent**.

pourtant. Ce mot indique une différence entre ce qui aurait dû se passer et ce qui s'est réellement passé : Aline a eu une mauvaise note, elle avait pourtant appris sa leçon.

pourvu que. Ce mot indique un désir, quelque chose qu'on souhaite très fort : Pourvu qu'il fasse beau pour le pique-nique !

pousse (nom fém. : *une pousse*). Les jeunes pousses d'un arbre, ce sont les petites branches qui commencent à pousser.

pousser (verbe). **1.** C'est appuyer sur quelque chose devant soi. C'est le contraire de tirer : La voiture est en panne, des hommes la **poussent**. **2**. C'est bousculer : On m'**a poussé** et je suis tombé. **3**. C'est grandir : Ma plante **pousse** bien.

poussette (nom fém. : *une poussette*). On promène le bébé assis dans sa poussette.

Une poussette.

poussière (nom fém. : *la poussière*). Ce sont de tout petits grains qui sont dans l'air et qui se déposent sur les meubles, sur les objets.

poussin (nom masc. : *un poussin*). C'est le petit de la poule.

poutre (nom fém. : *une poutre*). C'est un grand morceau de bois, long et carré : Les poutres soutiennent le plafond. En gymnastique, on essaie de marcher sur une poutre.

pouvoir (verbe). **1**. Je **peux** porter cette valise, c'est-à-dire j'en suis capable, j'y arrive. Il n'**a** pas **pu** venir, c'était impossible. **2**. Nous **pouvons** regarder la télévision, c'est-à-dire nous avons l'autorisation. **3**. Tout le monde **peut** se tromper, c'est-à-dire cela arrive à tout le monde.
☐ regarde la conjugaison, page 23.

prairie (nom fém. : *une prairie*). C'est un grand terrain couvert d'herbe : Les vaches broutent dans la prairie.

praline (nom fém. : *une praline*). C'est une amande cuite dans du sucre. La praline est marron, avec une forme irrégulière.

pratique (adjectif). Ce cartable est très pratique, c'est-à-dire il est bien fait, il est bien utile.

pratiquement. J'ai pratiquement fini mes devoirs, c'est-à-dire à peu près, presque.

pratiquer (verbe). C'est faire : Quels sports **pratiques**-tu ?

pré (nom masc. : *un pré*). C'est une petite prairie, un terrain couvert d'herbe.

préau (nom masc. : *un préau, des préaux*). C'est la grande salle de l'école.
☐ attention, **x** au pluriel.

précaution (nom fém. : *une précaution*). C'est ce qu'on fait à l'avance pour ne pas avoir d'ennuis après : Je pars un quart d'heure plus tôt, c'est une précaution pour ne pas être en retard.

P Q R S T U V W X Y Z

précédent (adjectif : *le mois précédent, l'année précédente*). Cette année-là, nous étions en vacances en Bretagne, comme l'année précédente, c'est-à-dire comme l'année d'avant.

précéder (verbe). C'est être avant : Dans l'ordre alphabétique, C **précède** D. Le contraire est suivre.
☐ attention, précéder avec **é**, mais il précède, avec **è**.

précieusement. Zoé garde précieusement ses photos, c'est-à-dire elle y fait très attention, parce qu'elles sont précieuses pour elle.

précieux (adjectif : *un bijou précieux, une pierre précieuse*). Ce qui est précieux compte beaucoup, a beaucoup de prix. Un bijou précieux coûte très cher. Ces photos sont précieuses, j'y tiens beaucoup, ne les perds pas.

précipice (nom masc. : *un précipice*). C'est un grand trou au bord d'une route, un grand ravin, en général en montagne.

se **précipiter** (verbe). C'est aller, courir très vite : La dame est tombée et tout le monde **s'est précipité** pour l'aider à se relever.

précis (adjectif : *un renseignement précis, une description précise*). **1.** Une description précise est juste, exacte, elle donne tous les détails. **2.** Viens à huit heures précises, c'est-à-dire exactement à huit heures, ni avant, ni après.

préciser (verbe). C'est donner une précision, un détail de plus : Nous avons rendez-vous jeudi, je te **préciserai** l'heure demain.

précision (nom fém. : *une précision*). C'est un détail, un renseignement qui rend quelque chose plus précis : Comment cela s'est-il passé ? Donne-moi des précisions.

précoce (adjectif). **1.** Un enfant précoce est en avance pour son âge. **2.** Cette année, l'hiver est précoce, c'est-à-dire il fait froid plus tôt que d'habitude.

prédire (verbe). C'est dire, annoncer ce qui va arriver, c'est dire l'avenir : À sa naissance, la fée lui **avait prédit** un mariage magnifique.

Quel précipice !

préface (nom fém. : *une préface*). C'est un petit texte au début du livre, qui dit un peu ce qu'est le livre.

préférence (nom fém. : *une préférence*). J'ai une préférence pour les glaces au chocolat, c'est-à-dire je les préfère, je les aime mieux que les autres.

Je préfère la robe rouge.

préférer (verbe). C'est aimer mieux : Je **préfère** la glace au chocolat. C'est ma glace **préférée**.
☐ attention, préférer, avec **é**, mais il préfère, avec **è**.

préhistoire (nom fém. : *la préhistoire*). C'est une époque très vieille, dans l'histoire, avant que l'écriture existe : Les hommes de la préhistoire vivaient dans les cavernes.

préhistorique (adjectif). Les animaux préhistoriques, ce sont les animaux de la préhistoire : Les dinosaures sont des animaux préhistoriques.

premier (adjectif : *il est premier, elle est première*). **1.** Julie est première en classe, c'est-à-dire elle a les meilleures notes. **2.** Le premier bus passe à 6 heures, il n'y en a pas d'autre avant.

prendre (verbe). **1.** C'est attraper, saisir, tenir avec la main : **Prends** ton livre.
2. C'est choisir : Quel dessert **prendras**-tu ? **3.** Le feu **prend,** c'est-à-dire il commence à brûler.
4. Je **suis pris** samedi, c'est-à-dire je ne suis pas libre.

prénom (nom masc. : *un prénom*). Pierre, Marie, Zoé, Arthur sont des prénoms. Chaque personne a un prénom et un nom de famille.

préparation (nom fém. : *la préparation*). C'est tout le travail fait avant, pour que quelque chose soit prêt : Cet exercice demande une bonne préparation.

préparer (verbe). **1.** C'est faire tout ce qu'il faut avant, pour être prêt : Marie **prépare** sa dictée, elle regarde les mots difficiles.
2. Ma grande sœur **prépare** le repas, elle le fait.

près. J'habite près de l'école, c'est-à-dire à côté, pas loin de l'école.
☐ attention, **ès.**

présence (nom fém. : *la présence*). La présence à l'école est obligatoire, c'est-à-dire il faut être présent, être là.

présent (nom masc. : *le présent*). C'est maintenant, c'est ce qui se passe de nos jours, aujourd'hui. Ce qui est avant, c'est le passé, ce qui est après, c'est le futur.

présent (adjectif : *il est présent, elle est présente*). Être présent, c'est être là : J'ai tout vu, j'étais présent.

présentation (nom fém. : *la présentation*). **1.** La présentation d'un devoir, c'est ce qu'on voit en premier : s'il est bien disposé, bien écrit, avec ou sans ratures, propre ou taché. **2.** Faire les présentations, c'est présenter une personne à une autre, la lui faire connaître.

présenter (verbe). **1.** La manière dont tu **présentes** ton devoir compte, c'est-à-dire sa présentation, s'il est propre, bien écrit. **2.** Judith m'**a présenté** sa meilleure amie, c'est-à-dire elle me l'a fait connaître, je l'ai rencontrée.

président (nom : *un président, une présidente*). C'est une personne qui dirige un groupe, une association, une réunion. Le président de la République est le chef de l'État, il dirige le pays.

presque. Il est presque huit heures, c'est-à-dire il n'est pas tout à fait huit heures, il est à peu près huit heures.

presqu'île (nom fém. : *une presqu'île*). C'est une terre qui avance en pointe dans la mer.
□ reconnais presque et île, avec î.

presse (nom fém. : *la presse*). C'est l'ensemble des journaux, des magazines.

pressé (adjectif : *il est pressé, elle est pressée*). **1.** Être pressé, c'est devoir se dépêcher parce qu'on n'a pas beaucoup de temps : Dépêche-toi, nous sommes pressés. **2.** Je suis pressé d'être en vacances, c'est-à-dire j'ai hâte d'être en vacances, vivement que les vacances arrivent.

presser (verbe). **1.** C'est serrer fort : On **presse** l'éponge entre ses mains pour que l'eau parte. **Presser** une orange, c'est en faire sortir le jus. **2. Se presser**, c'est se dépêcher : **Presse-toi,** nous allons être en retard.

prestidigitateur (nom masc. : *un prestidigitateur*). C'est une sorte d'illusionniste qui fait des tours : Le prestidigitateur a fait sortir un lapin de son chapeau.

C'est une presqu'île.

prêt (nom masc. : *un prêt*). Lorsqu'on te prête quelque chose, c'est un prêt, il faut le rendre après.
☐ attention, **ê**.

prêt (adjectif : *il est prêt, elle est prête*). Si tu es prête, nous partons, c'est-à-dire si tu as fini de te préparer.
☐ attention, **ê**.

prétentieux (adjectif : *il est prétentieux, elle est prétentieuse*). Une personne prétentieuse se prend pour quelqu'un de très important. Elle croit toujours qu'elle est mieux que les autres.

prêter (verbe). C'est donner, mais pour un certain temps : Je te **prête** ce livre, tu me le rendras quand tu l'auras lu.
☐ attention, **ê**.

prétexte (nom masc. : *un prétexte*). C'est une mauvaise raison, c'est n'importe quelle excuse : Il a dit qu'il était malade mais c'était un prétexte pour ne pas aller à l'école.

preuve (nom fém. : *une preuve*). C'est ce qui montre, ce qui prouve quelque chose : Tu ne t'es pas lavé les dents, la preuve, c'est que ta brosse à dents est sèche.

prévenir (verbe). C'est dire à l'avance, c'est avertir : Il m'**a prévenu** qu'il arriverait en retard.

prévoir (verbe). C'est savoir à l'avance, deviner d'avance : J'**avais prévu** qu'il oublierait d'apporter son disque, alors j'ai apporté le mien.

prier (verbe). **1.** C'est faire une prière. **2.** Je vous **prie** de sortir, c'est-à-dire je vous le demande, je vous l'ordonne poliment.

prière (nom fém. : *une prière*). **1.** Ce sont des mots que l'on dit à Dieu pour lui demander quelque chose ou pour le remercier. **2.** Prière de ne pas me déranger, c'est-à-dire je vous prie de ne pas me déranger, ne me dérangez pas s'il vous plaît.

primaire (adjectif). L'école primaire, c'est la première école, pour les enfants de six à onze ans, avant le collège.

primevère (nom fém. : *une primevère*). C'est une petite fleur des prés et des bois qui pousse au printemps.

prince (nom : *le prince, la princesse*). C'est le fils, la fille du roi et de la reine.

principal (adjectif : *un plat principal, une chose principale, des plats principaux*). Ce qui est principal, c'est ce qui compte le plus, ce qui est le plus important.
☐ attention, **aux** au masc. pluriel.

principe (nom masc. : *un principe*). **1.** C'est une règle, un devoir, une loi qu'on se donne à soi-même : J'ai un principe, je ne veux jamais être en retard. **2. En principe,** il devrait venir, c'est-à-dire normalement, si tout se passe comme prévu.

Les oiseaux reviennent et chantent, les arbres fleurissent,

nous cueillons les premières fleurs, on retourne la terre,

printemps (nom masc. : *le printemps*). C'est une saison. Le printemps vient après l'hiver et avant l'été. Il commence le 20 ou le 21 mars et il se termine le 21 ou le 22 juin.
☐ attention, **m** devant **p**, et **s**.

priorité (nom fém. : *la priorité*). Avoir la priorité, c'est avoir le droit de passer avant les autres : Les voitures qui viennent de la droite ont la priorité.

pris. Regarde prendre.

prise (nom fém. : *une prise*).
1. La prise électrique sert à brancher un appareil électrique. **2**. Une prise de judo, c'est une manière de saisir, de prendre son adversaire.

prison (nom fém. : *une prison*). Dans une prison, on enferme les personnes qui ont commis un vol, un crime.

prisonnier (nom : *un prisonnier, une prisonnière*). C'est une personne qu'on garde enfermée.

privé (adjectif : *un jardin privé, une école privée*). Dans un jardin privé, seules certaines personnes peuvent entrer, pas tout le monde. C'est le contraire de public.

priver (verbe). Pour le punir, ses parents l'**ont privé** de dessert, c'est-à-dire il n'aura pas de dessert.

prix (nom masc. : *le prix*).
1. C'est ce que coûte quelque chose, la somme d'argent qu'il faut payer pour l'avoir. **2**. Un prix, c'est aussi une récompense : Mon dessin a eu le premier prix au concours.

probable (adjectif). Ce qui est probable n'est pas vraiment sûr, mais c'est presque sûr.

les papillons sortent et volent,

Le printemps.

c'est le printemps!

problème (nom masc. : *un problème*). **1.** C'est une question à laquelle il faut réfléchir, à laquelle il faut trouver une solution. **2.** Pierre a des problèmes en ce moment, c'est-à-dire des difficultés, il y a des choses qui ne vont pas.

procès (nom masc. : *un procès*). Dans un procès, il y a le tribunal avec les juges, les avocats, et les témoins qui viennent raconter ce qu'ils savent.

prochain (adjectif : *le prochain bus, la prochaine fois*). Le prochain bus, c'est le bus qui vient après celui-là. C'est le bus suivant.

proche (adjectif). Le village est proche de la mer, c'est-à-dire près, pas loin.

produire (verbe). **1.** C'est donner, faire, fournir : Dans cette usine ils **produisent** des voitures, c'est-à-dire ils les fabriquent. **2.** L'accident **s'est produit** ici, c'est-à-dire il a eu lieu ici, il est arrivé ici.

produit (nom masc. : *un produit*). **1.** C'est n'importe quelle chose obtenue à partir d'autre chose : Les légumes sont les produits de l'agriculture. La lessive est un produit industriel. **2.** Le produit d'une multiplication, c'est son résultat.

professeur (nom masc. : *un professeur*). C'est une personne qui donne des leçons à des élèves.
☐ attention, un seul **f**.

profession (nom fém. : *la profession*). C'est le métier, le travail que l'on fait pour gagner sa vie. Quelle est la profession de ton père ? — Il est agriculteur.
☐ attention, un seul **f**.

professionnel (adjectif : *un sportif professionnel, une chanteuse professionnelle*). Un joueur de football professionnel joue au football pour son métier, pour gagner sa vie. Ce n'est plus un amateur.
□ attention, un seul **f**.

profil (nom masc. : *le profil*). C'est le visage vu de côté.

Ma photo de profil.

profiter (verbe). **Profite** bien de tes vacances, c'est-à-dire amuse-toi bien, repose-toi bien, utilise au mieux tes vacances.

profond (adjectif : *un trou profond, une rivière profonde*). Ce qui est profond a une grande profondeur, une grande distance jusqu'au fond.

profondeur (nom fém. : *la profondeur*). La profondeur d'une rivière, c'est la distance entre la surface de l'eau et le fond de l'eau.

programme (nom masc. : *un programme*). C'est la liste des parties d'un spectacle, c'est la liste des émissions à la télévision, à la radio. C'est aussi la liste des choses à apprendre dans l'année à l'école.

progrès (nom masc. : *un progrès*). Faire des progrès, c'est faire mieux qu'avant : Julie a fait des progrès, elle travaille mieux.
□ attention, **ès**.

progresser (verbe). C'est faire des progrès : Julie a progressé en mathématiques.

progressivement. C'est peu à peu : Ne t'inquiète pas si tu n'y arrives pas tout de suite, tu y arriveras progressivement.

proie (nom fém. : *une proie*). **1.** Le tigre a bondi sur sa proie, c'est-à-dire sur l'animal qu'il voulait attraper. **2.** Un oiseau de proie se nourrit d'autres animaux : L'aigle et le faucon sont des oiseaux de proie.

projecteur (nom masc. : *un projecteur*). **1.** C'est une très grosse lampe, qui éclaire très fort : Au théâtre, les comédiens sont éclairés par des projecteurs. **2.** C'est aussi un appareil pour passer des films, des photos sur un écran.

projet (nom masc. : *un projet*). C'est quelque chose qu'on pense faire, qu'on a l'idée de faire : As-tu des projets pour samedi ?

prolonger (verbe). C'est continuer, faire durer quelque chose : Chic, nous **prolongeons**

nos vacances d'une semaine !
☐ attention, nous prolongeons, avec **e**.

promenade (nom fém. : *une promenade*). Faire une promenade, c'est se promener.

se **promener** (verbe). C'est marcher dehors, rouler à bicyclette, juste pour le plaisir : Papa et maman **se promènent** dans le jardin.
☐ attention, il se promène, avec **è**.

promesse (nom fém. : *une promesse*). C'est ce qu'on a promis : Tu m'as promis de m'apporter ton disque, j'espère que tu tiendras ta promesse.
☐ regarde promettre.

promettre (verbe). Je te **promets** de t'apporter mon disque, c'est-à-dire je t'assure, je te donne ma parole que je le ferai.

prononcer (verbe). C'est dire les sons, les lettres, les mots avec la voix : Alain **prononce** mal les « s », il dit « z » à la place.
☐ attention, nous prononçons, avec **ç**.

prononciation (nom fém. : *la prononciation*). C'est la manière de prononcer : La prononciation de « prestidigitateur » est difficile.

proposer (verbe). Les parents de Karim m'**ont proposé** de m'emmener à la piscine, c'est-à-dire ils m'ont offert de m'emmener, à moi de dire si je suis d'accord ou non.

proposition (nom fém. : *une proposition*). Faire une proposition, c'est proposer quelque chose : Je te fais une proposition, je t'échange mon beau stylo contre ton ballon.

propre (adjectif). Ce qui est propre n'a pas de taches. Le contraire est sale.

proprement. Manger proprement, c'est manger sans faire de saletés.

propreté (nom fém. : *la propreté*). Aimer la propreté, c'est aimer que tout soit propre.

propriétaire (nom : *le* ou *la propriétaire*). Le propriétaire de la voiture, c'est la personne à qui la voiture appartient.

protéger (verbe). **1.** La chatte **protège** ses petits, c'est-à-dire elle les défend. **2.** Les manteaux **protègent** du froid, c'est-à-dire ils évitent d'avoir froid.
☐ attention à l'accent et au **e** après le **g** : il protège, nous prot**é**g**e**ons.

La chatte protège ses petits.

P Q R S T U V W X Y Z

protester (verbe). C'est dire qu'on n'est pas d'accord, c'est réclamer, montrer qu'on n'est pas content : Fais ce que je te dis et ne **proteste** pas.

prouver (verbe). C'est montrer que quelque chose est vrai, c'est en donner la preuve : Ta brosse à dents est sèche, cela **prouve** que tu ne t'es pas lavé les dents.

province (nom fém. : *une province*). **1.** C'est une partie d'un pays : Autrefois, la France était divisée en provinces. **2.** Marie habite en province, c'est-à-dire ailleurs que dans la capitale.

provision (nom fém. : *une provision*). **1.** J'ai emporté une provision de bandes dessinées, c'est-à-dire une grande quantité pour en avoir en réserve. **2.** Faire les provisions, c'est acheter tout ce qu'il faut pour manger, c'est faire les commissions.

prudence (nom fém. : *la prudence*). Monsieur Legrand conduit avec prudence, c'est-à-dire en étant prudent.

prudent (adjectif : *il est prudent, elle est prudente*). Une personne prudente fait attention à tous les dangers possibles.

prune (nom fém. : *une prune*). C'est un petit fruit à noyau qui pousse sur un arbre, le prunier. Il y a des prunes jaunes comme les mirabelles, vertes comme les reines-claudes ou violettes comme les quetsches.

pruneau (nom masc. : *un pruneau, des pruneaux*). C'est une prune séchée.
☐ attention, **x** au pluriel.

prunelle (nom fém. : *une prunelle*). **1.** C'est une toute petite prune noire. **2.** C'est aussi le rond noir au centre de l'œil. On l'appelle aussi la « pupille ».

pu. Regarde pouvoir.

public (nom masc. : *le public*). **1.** C'est l'ensemble des personnes qui regardent un spectacle. **2.** Ce chemin est interdit au public, c'est-à-dire à tous les gens qui passent.

public (adjectif : *un jardin public, une école publique*). Un jardin public est ouvert à tout le monde. Tout le monde peut y aller. Le contraire est privé.

Luc regarde la publicité.

publicité (nom fém. : *la publicité*). C'est l'ensemble des petits films, des affiches ou des petites histoires à la radio, qui sont faits pour donner envie d'acheter quelque chose.

puce (nom fém. : *une puce*). C'est une petite bête qui saute et qui pique, qui suce le sang : Les chiens ont quelquefois des puces.

pudeur (nom fém. : *la pudeur*). Quand on ne veut pas se montrer tout nu devant n'importe qui, on a de la pudeur.

puer (verbe). C'est sentir très mauvais, avoir une très mauvaise odeur.

puis. C'est un autre mot pour ensuite, après : David a pris son bain, puis il s'est installé dans son lit avec un livre.

puisque. Ce mot indique la cause : Puisque je sors, je rapporterai le pain.

puissance (nom fém. : *la puissance*). C'est la force : Ces phares ont assez de puissance pour éclairer très loin.

puissant (adjectif : *un train puissant, une voiture puissante*). Une voiture puissante peut aller très vite. Une lumière puissante, c'est une lumière forte.

puits (nom masc. : *un puits*).
1. C'est un trou qui descend très loin dans la terre, jusque là où il y a de l'eau : Autrefois, on allait chercher de l'eau au puits. **2.** Les puits de pétrole permettent d'aller chercher le pétrole, loin dans la terre.
☐ attention, **ts.**

pull (nom masc. : *un pull*). C'est un tricot qu'on enfile par la tête. Ce mot est l'abréviation d'un mot plus long : « pull-over ».

punaise (nom fém. : *une punaise*). **1.** C'est une toute petite bête, un insecte qui pique. **2.** C'est aussi une sorte de petit clou avec un bout rond et plat.

punir (verbe). J'ai mal agi et on va me **punir,** c'est-à-dire m'obliger à faire une chose ennuyeuse ou bien me priver d'une chose agréable.

punition (nom fém. : *une punition*). C'est ce qu'on doit faire parce qu'on est puni.

pur (adjectif : *un air pur, une eau pure*). **1.** L'air est pur ici, c'est-à-dire il n'y a pas de fumées, de gaz dedans. **2.** Du jus d'orange pur n'est pas mélangé à de l'eau, il n'y a que du jus d'orange.

Un puits.

purée (nom fém. : *la purée*). Pour faire une purée de pommes de terre, faire cuire les pommes de terre dans l'eau, les écraser et ajouter un peu de lait et du beurre.

pus (nom masc. : *le pus*). C'est une sorte de liquide épais et un peu jaune sous la peau : Quand un bouton ou une blessure s'infecte, il y a du pus.

puzzle (nom masc. : *un puzzle*). C'est un jeu fait de nombreux petits morceaux qu'il faut mettre à leur place pour que cela forme un dessin complet.
☐ attention, **zz**.

pyjama (nom masc. : *un pyjama*). C'est une veste et un pantalon pour dormir.
☐ attention, **y**.

pylône (nom masc. : *un pylône*). C'est une sorte de très haut poteau : La route est bordée de pylônes électriques.
☐ attention, **y** et **ô**.

pyramide (nom fém. : *une pyramide*). C'est un grand monument au sommet pointu que les Égyptiens construisaient autrefois. Les pyramides servaient de tombeaux.
☐ attention, **y**.

python (nom masc. : *un python*). C'est un très grand serpent d'Asie et d'Afrique.
☐ attention, **y** et **th**.

Les pyramides.

q

quadrillé (adjectif : *un papier quadrillé, une page quadrillée*). Sur du papier quadrillé, il y a des carreaux, des petits carrés.

quai (nom masc. : *un quai*). **1.** Le quai de la gare, c'est le bord de la voie où le train arrive. **2.** Le quai d'un fleuve, d'un port, c'est une sorte de trottoir au bord du fleuve, du port.

qualité (nom fém. : *la qualité*). **1.** Un jouet de bonne qualité est solide, bon. Un jouet de mauvaise qualité n'est pas solide. **2.** Une qualité, c'est aussi quelque chose de bien, le contraire d'un défaut : La bonté, la franchise sont des qualités.

quand. Ce mot indique le temps, le moment, la date : Quand viendras-tu à Lyon ? Quand je suis arrivé, il était déjà parti.
☐ attention, **d** à la fin.

quant à. Ce mot sert à mettre en relief la personne ou la chose dont on parle : Tu fais ce que tu veux, quant à moi, je pars.
☐ attention, **t** à la fin.

quantité (nom fém. : *la quantité*). C'est le nombre, le poids : Quelle quantité de beurre faut-il ? C'est-à-dire combien ?

quart (nom masc. : *un quart*). Un quart de gâteau, c'est une part d'un gâteau divisé en 4. Un quart d'heure, c'est 15 minutes. Il y a quatre quarts d'heure dans une heure.

quartier (nom masc. : *un quartier*). C'est une partie d'une ville : Dans quel quartier de Paris habites-tu ?

quelque chose. Ce mot s'emploie pour indiquer n'importe quelle chose dont on ne dit pas le nom : Veux-tu manger quelque chose ? J'ai vu quelque chose d'extraordinaire.
☐ attention, **quelque chose** s'écrit en deux mots.

quelquefois. C'est de temps en temps, parfois, pas toujours : Je vais quelquefois au cinéma.
☐ attention, **quelquefois** s'écrit en un mot.

quelques. Ce mot indique un petit nombre : Il y a quelques élèves malades. Je ne connais pas tous ces livres, j'en connais quelques-uns.
☐ attention, quelques-uns, quelques-unes, avec **-**.

quelqu'un. C'est une personne dont on ne dit pas le nom : Il y a quelqu'un qui vous demande.

Avec une quenouille.

quenouille (nom fém. : *une quenouille*). Autrefois, on fabriquait les fils de laine avec une quenouille.

question (nom fém. : *une question*). **1.** Poser une question, c'est demander quelque chose, vouloir une réponse. **2.** De quoi est-il question dans ce livre ? C'est-à-dire de quoi parle-t-on ? Quel est le sujet ?

questionnaire (nom masc. : *un questionnaire*). C'est une série de questions auxquelles il faut répondre.

questionner (verbe). C'est poser des questions : Mon frère **questionne** mon père sur tout.

queue (nom fém. : *une queue*). **1.** Beaucoup d'animaux ont une queue en bas du dos. **2.** Faire la queue, c'est se placer les uns derrière les autres et attendre son tour.

quille (nom fém. : *une quille*). C'est un morceau de bois qu'on met debout et qu'il faut faire tomber avec une boule qu'on lance.

Nous jouons aux quilles.

quincaillerie (nom fém. : *une quincaillerie*). C'est une boutique où on achète des clous, des vis, du fil de fer.

quitter (verbe). **1.** Nous **quittons** Paris demain, c'est-à-dire nous nous en allons, nous partons. **2. Se quitter,** c'est se séparer, ne plus être ensemble.

quotidien (adjectif : *le travail quotidien, la vie quotidienne*). La vie quotidienne, c'est la vie de tous les jours. Un journal quotidien paraît chaque jour.

quotient (nom masc. : *le quotient*). C'est le résultat d'une division.
☐ attention, le **t** du milieu se prononce [s].

r

rabattre (verbe). Pour fermer la boîte, tu **rabats** le couvercle, c'est-à-dire tu le baisses. Pour faire un pli, on **rabat** une partie sur l'autre, on la replie.

rabot (nom masc. : *un rabot*). C'est un outil de menuisier pour rendre les planches bien droites, bien lisses.

raccommoder (verbe). C'est réparer un trou, en cousant avec du fil et une aiguille.
☐ attention, **cc** et **mm**.

raccompagner (verbe). C'est ramener quelqu'un chez lui : Ma mère te **raccompagnera** chez toi.
☐ reconnais accompagner, avec **cc**, et **m** devant **p**.

raccourci (nom masc. : *un raccourci*). C'est un chemin plus court que le chemin normal.
☐ attention, **cc**.

raccourcir (verbe). C'est rendre plus court ou devenir plus court : À la fin de l'été, les jours **raccourcissent** beaucoup.
☐ attention, **cc**.

raccrocher (verbe). Quand on a fini de parler au téléphone, on **raccroche**, cela coupe la communication.
☐ attention, **cc**.

race (nom fém. : *une race*). Une race de chiens, c'est un groupe de chiens qui se ressemblent entre eux et qui sont différents d'autres groupes de chiens, qui forment d'autres races : Les caniches, les dalmatiens sont des races de chiens.

racine (nom fém. : *la racine*). C'est la partie d'une plante qui est enfoncée dans la terre.

raconter (verbe). C'est dire une histoire ou dire ce qui s'est passé : **Raconte**-moi l'histoire de Tarzan. Je lui **ai raconté** ce qui s'est passé ce matin.

Ils prennent le raccourci.

Nous sommes sur un radeau.

radar (nom masc. : *un radar*). C'est un appareil qui permet de se diriger sans voir : Quand il y a du brouillard, le bateau se dirige au radar.

radeau (nom masc. : *un radeau, des radeaux*). Ce sont des planches de bois, des petits troncs d'arbre attachés les uns aux autres pour flotter sur l'eau et servir de bateau.
☐ attention, **x** au pluriel.

radiateur (nom masc. : *un radiateur*). Le radiateur chauffe la pièce l'hiver. Les radiateurs ont remplacé les poêles et les cheminées.

radio (nom fém. : *une radio*). **1.** Avec un poste de radio, on écoute des émissions, des chansons. **2.** Une radio, c'est aussi une image de l'intérieur du corps, des os, que le médecin fait avec un appareil spécial. Dans ce sens on dit aussi « radiographie ».

radis (nom masc. : *un radis*). C'est une plante dont on mange la racine, une petite boule blanche à peau rose.
☐ regarde légume.

rafale (nom fém. : *une rafale*). Une rafale de vent, c'est le vent qui souffle très fort brusquement.
☐ attention, un seul **f**.

se **rafraîchir** (verbe). C'est devenir plus frais, plus froid : Le temps **se rafraîchit**.
☐ attention, **î**.

rage (nom fém. : *la rage*). **1.** C'est une grave maladie des chiens. **2.** Papa a une rage de dents, c'est-à-dire il a très mal aux dents. **3.** Arrête, tu vas le mettre en rage, c'est-à-dire très en colère.

raide (adjectif). **1.** Les cheveux raides ne bouclent pas, ne frisent pas. Ils sont tout droits. **2.** La pente est raide, c'est-à-dire très forte, elle monte beaucoup.

raie (nom fém. : *une raie*). **1.** C'est une rayure : Voilà un tissu à raies bleues et blanches. **2.** C'est la ligne que l'on fait en partageant les cheveux en deux : Aline a une raie sur le côté.

rail (nom masc. : *un rail*). Les rails, ce sont les barres d'acier sur lesquelles roulent les trains.

raisin (nom masc. : *le raisin*). C'est le fruit de la vigne. Il se présente en grains, tous accrochés à une grappe.

raison (nom fém. : *la raison*). **1.** C'est l'intelligence, le bon sens, la pensée, qui permet de juger ce qui est bien, juste, logique. **2.** Pour quelle raison as-tu été absent ? C'est-à-dire pourquoi ? **3.** Avoir raison, c'est ne pas se tromper, ne pas faire d'erreur. Le contraire est avoir tort.

raisonnable (adjectif). Être raisonnable, c'est faire ce qui est normal, ne rien demander d'impossible, re rien risquer de dangereux.

rajeunir (verbe). **1.** C'est faire paraître plus jeune : Cette coiffure te **rajeunit**, maman. **2.** C'est aussi devenir plus jeune : Les personnes âgées voudraient **rajeunir**.

rajouter (verbe). C'est ajouter encore : Il n'y a pas assez de sucre, j'en **rajoute**.

ralentir (verbe). C'est aller moins vite : Le chauffeur **ralentit** avant le virage.

rallonger (verbe). C'est rendre plus long : Tu as grandi, on va défaire l'ourlet pour **rallonger** ta jupe.
☐ attention, nous rallongeons, avec **e**.

ramassage (nom masc. : *le ramassage*). Le car de ramassage scolaire s'arrête pour prendre les enfants des environs et il les amène tous à l'école.

ramasser (verbe). C'est prendre ce qui est par terre : **Ramasse** tes affaires qui traînent partout. Nous **ramassons** des champignons.

rame (nom fém. : *une rame*). C'est une plaque de bois au bout d'un long manche pour faire avancer un bateau. On tire sur les rames pour que la barque avance.

rameau (nom masc. : *un rameau, des rameaux*). Une branche se divise en rameaux, et les rameaux se divisent en brindilles.
☐ attention, **x** au pluriel.

ramener (verbe). Mes parents te **ramèneront** chez toi, c'est-à-dire ils feront le voyage de retour avec toi, ils te raccompagneront.
☐ attention, il ramène, avec **è**.

ramer (verbe). C'est tirer sur les rames d'un bateau pour le faire avancer.

ramollir (verbe). C'est devenir mou : Le beurre **ramollit** quand il fait chaud.

ramoner (verbe). C'est nettoyer une cheminée.

C'est un vrai ranch.

ramoneur (nom masc. : *le ramoneur*). C'est la personne qui nettoie, ramone les cheminées.

Le ramoneur.

rampe (nom fém. : *la rampe*). C'est ce qu'il y a au bord d'un escalier pour se tenir.
□ attention, **m** devant **p.**

ramper (verbe). **1.** C'est se déplacer, allongé par terre, sans se servir de ses pieds. **2.** Les serpents **rampent,** c'est-à-dire ils avancent en se traînant sur le ventre.
□ attention, **m** devant **p.**

ranch (nom masc. : *un ranch*). C'est une sorte de grande ferme où on élève des bœufs, des chevaux, en Amérique.

rançon (nom fém. : *une rançon*). Des hommes ont enlevé quelqu'un. Puis ils ont demandé une rançon pour le libérer, c'est-à-dire une somme d'argent en échange.
□ attention, **ç.**

rancune (nom fém. : *la rancune*). C'est ce que l'on ressent quand on en veut beaucoup à quelqu'un et quand on ne lui pardonne pas.

rancunier (adjectif : *il est rancunier, elle est rancunière*). Si quelqu'un, un jour, t'a fait du mal et que tu continues à lui en vouloir très longtemps après, tu es rancunier, c'est-à-dire tu ne pardonnes pas, tu n'oublies pas.

randonnée (nom fém. : *une randonnée*). C'est une longue promenade : Judith aime faire des randonnées à cheval.

rang (nom masc. : *un rang*). **1.** C'est une rangée de bancs,

de tables, de chaises ou de personnes : Karim est assis au premier rang. Les élèves se mettent en rangs. **2.** Un rang, c'est aussi un niveau, une place, un grade : Ce champion est au premier rang mondial.
☐ attention, **g** à la fin.

rangée (nom fém. : *une rangée*). Ce sont des choses, des personnes placées les unes à côté des autres.

rangement (nom masc. : *le rangement*). Faire du rangement, c'est ranger les affaires, les objets, les papiers.

ranger (verbe). **1.** C'est mettre chaque chose à sa place : Tu **ranges** tes affaires. **2.** Les élèves **se rangent** devant la classe, ils se mettent en rangs.
☐ attention, nous rang**e**ons, avec **e**.

rapace (nom masc. : *un rapace*). L'aigle, le faucon, le vautour sont des rapaces, c'est-à-dire des oiseaux de proie, des oiseaux qui se nourrissent d'animaux.

râpe (nom fém. : *une râpe*). On râpe les carottes avec une râpe.
☐ attention, **â**.

râper (verbe). C'est faire des tout petits bouts de quelque chose avec une râpe : Nous **râpons** les carottes.
☐ attention, **â**.

rapetisser (verbe). C'est devenir plus petit : Dans le conte, les enfants **rapetissent** et ils deviennent si petits qu'ils peuvent s'installer dans une coquille.

rapide (adjectif). Ma voiture est plus rapide que la tienne, c'est-à-dire elle va plus vite.

rapidement. Tu marches trop rapidement, c'est-à-dire trop vite.

rapidité (nom fém. : *la rapidité*). C'est la vitesse : La flèche est partie avec la rapidité de l'éclair.

rappeler (verbe). **1.** C'est appeler une nouvelle fois : J'ai appelé Aline au téléphone, elle n'était pas là, je la **rappellerai.** **2. Se rappeler,** c'est se souvenir de quelque chose : Je ne **me rappelle** plus votre nom, je l'ai oublié, je ne m'en souviens plus.
☐ attention, rappeler, avec un **l**, mais il rappelle, avec **ll**.

rapport (nom masc. : *le rapport*).
1. Il y a un rapport entre ces deux histoires, c'est-à-dire un lien, quelque chose qui les rattache l'une à l'autre.
2. Tu es petit **par rapport** à ton frère, c'est-à-dire si je te compare à ton frère.

rapporter (verbe). **1.** C'est apporter d'ailleurs : Je te **rapporterai** un cadeau de Paris. **2.** C'est aussi répéter : Georges **a rapporté** à la maîtresse ce qu'on avait dit. **3.** Cette question **se rapporte** au premier chapitre, c'est-à-dire elle va avec le premier chapitre.

rapprocher (verbe). C'est mettre ou se mettre plus près : **Rapproche** ta chaise, tu es trop loin de la table.
☐ reconnais <u>proche</u>.

Des raquettes pour la neige.

raquette (nom fém. : *une raquette*). **1.** La raquette de tennis sert à lancer les balles de tennis. **2.** Les raquettes, ce sont aussi des sortes de larges semelles qu'on attache aux chaussures pour marcher dans la neige.

rare (adjectif). Ce qui est rare n'arrive pas souvent : C'est rare que Pierre soit malade.

raser (verbe). **1.** C'est couper les poils très courts : On **a rasé** notre chien. **2.** Papa **se rase** le matin, c'est-à-dire il coupe sa barbe. **3.** L'avion **a rasé** la montagne, c'est-à-dire il est passé tout près.

rasoir (nom masc. : *un rasoir*). C'est une lame pour se raser : Papa se rase avec un rasoir.

rassembler (verbe). C'est réunir, mettre ensemble : On **rassemble** les feuilles mortes pour faire un tas.
☐ attention, **m** devant **b.**

rassis (adjectif). Le pain est rassis, c'est-à-dire il n'est plus frais, il est dur.

rassurer (verbe). C'est enlever la peur, l'inquiétude : Jérémie a peur dans le noir, la lumière le **rassure.**

rat (nom masc. : *un rat*). C'est un petit animal qui ressemble à une grosse souris. Il ronge tout ce qu'il trouve. Il y a quelquefois des rats dans les caves, dans les égouts, dans les greniers.

râteau (nom masc. : *un râteau, des râteaux*). Avec un râteau, le jardinier nettoie les allées du jardin. Le râteau est fait d'un long manche avec des dents au bout.
☐ attention, **â,** et **x** au pluriel.

rater (verbe). **1.** C'est ne pas réussir : **J'ai raté** mon contrôle. **2.** C'est aussi ne pas réussir à attraper, à avoir : Vite, sinon nous **ratons** le train.

Il se fait raser.

ration (nom fém. : *une ration*). C'est la part de nourrriture prévue pour une personne : Je voudrais une double ration de frites.

rattraper (verbe). **1.** Tu pars devant et je te **rattrape,** c'est-à-dire j'irai plus vite et je vais te rejoindre. **2.** Pierre a été malade, il faut qu'il **se rattrape,** c'est-à-dire qu'il apprenne vite pour être au même niveau que les autres.
☐ attention, **tt** et un seul **p.**

Je vais la rattraper.

rature (nom fém. : *une rature*). C'est un trait sur un mot pour le rayer, pour le barrer.

ravage (nom masc. : *un ravage*). La tempête a fait des ravages, c'est-à-dire elle a abîmé beaucoup de choses.

ravi (adjectif : *il est ravi, elle est ravie*). Nous partons à la mer, les enfants sont ravis, c'est-à-dire ils sont très contents.

ravin (nom masc. : *un ravin*). C'est une petite vallée très profonde : Le torrent coule au fond d'un ravin.

ravissant (adjectif : *un objet ravissant, une chose ravissante*). Ce qui est ravissant est très joli, très charmant.

ravisseur (nom masc. : *le ravisseur*). Les ravisseurs du petit Éric demandent une rançon, c'est-à-dire les personnes qui ont enlevé le petit Éric.

rayer (verbe). **1.** C'est faire une rayure : **J'ai rayé** mes lunettes. **2.** C'est aussi faire une rature, barrer : Ce mot est mal écrit, tu le **rayes** et tu recommences.

rayon (nom masc. : *un rayon*). **1.** Les rayons d'une roue de bicyclette, ce sont les tiges de métal qui vont du milieu de la roue au bord. **2.** Les rayons du soleil, c'est la lumière du soleil qui forme comme de larges traits. **3.** Dans un grand magasin, à chaque rayon, on vend des choses différentes.

Les rayons du soleil.

P Q **R** S T U V W X Y Z

rayure (nom fém. : *une rayure*). **1.** C'est le trait fait sur ce qui est rayé : Il y a des rayures sur mes lunettes. **2.** C'est aussi une ligne de couleur différente sur un tissu : J'ai une jupe bleue à rayures rouges.

raz de marée (nom masc. : *un raz de marée*). C'est une énorme vague qui inonde la côte.

réaction (nom fém. : *une réaction*). C'est la manière de réagir : Ne tire pas sur la queue du chien ou tu vas voir sa réaction !

réagir (verbe). Comment ton père **a**-t-il **réagi** quand tu lui as dit ta note ? C'est-à-dire qu'est-ce que cela lui a fait ? Quelle a été son attitude ?

réaliser (verbe). C'est faire : Nous avons une idée de bande dessinée, maintenant nous allons la **réaliser**.

réaliste (adjectif). Être réaliste, c'est voir les choses comme elles sont, c'est ne pas se faire d'idées, d'illusions : Il faut être réaliste, si tu ne travailles pas davantage, tu redoubleras ta classe.

réalité (nom fém. : *la réalité*). C'est l'ensemble de ce qui existe vraiment, de ce qui se passe pour de vrai. Ce sont toutes les choses réelles.

rebondir (verbe). La balle **rebondit**, c'est-à-dire elle s'élève, elle repart en l'air dès qu'elle a touché le sol.

rébus (nom masc. : *un rébus*). C'est un jeu. Chaque dessin représente un mot ou une syllabe. Il faut trouver la phrase complète.
☐ attention, on prononce le **s** de la fin.

Ce rébus est facile.

récemment. C'est il y a peu de temps : Je l'ai vu récemment.
☐ attention, on écrit **e** devant les deux **m** mais on prononce [a].

récent (adjectif : *un événement récent, une histoire récente*). Ce qui est récent s'est passé il y a peu de temps.

réception (nom fém. : *une réception*). Madame Legrand fait une réception, c'est-à-dire elle reçoit des invités.

recette (nom fém. : *une recette*). **1.** C'est de l'argent qu'on touche, qu'on reçoit, c'est le contraire d'une dépense.
2. Une recette de cuisine donne toutes les explications pour faire un plat, un gâteau.

recevoir (verbe). **1.** Ton amie t'envoie une lettre et toi, tu la **reçois. 2.** Marie **a reçu** des amis chez elle samedi, c'est-à-dire ils sont venus.
☐ attention, il reçoit, avec **ç.**

de **rechange.** Des vêtements de rechange, ce sont des vêtements pour se changer, si on en a besoin.

réchauffer (verbe). **1.** C'est remettre à chauffer : Ta viande est froide, je vais la **réchauffer.** **2.** Il fait froid, on **se réchauffe** près de la cheminée, c'est-à-dire on se met près de la cheminée pour avoir plus chaud.

Marie et Julie se réchauffent.

rêche (adjectif). Un tissu rêche n'est pas doux, il gratte un peu.
☐ attention, **ê.**

recherche (nom fém. : *une recherche*). Faire une recherche, c'est chercher en faisant beaucoup d'efforts pour trouver : La police fait des recherches pour trouver le voleur.

rechercher (verbe). C'est chercher en faisant beaucoup d'efforts pour trouver : La police **recherche** le voleur.

rechute (nom fém. : *une rechute*). Tu es malade, tu vas mieux et puis tu tombes à nouveau malade, c'est une rechute.

récipient (nom masc. : *un récipient*). C'est n'importe quel objet dans lequel on peut mettre des choses ou des liquides : La bouteille, le vase, la casserole, la bassine sont des récipients.
☐ attention, **ent.**

réciproque (adjectif). Je t'aime, tu m'aimes, notre amitié est réciproque, c'est-à-dire de moi à toi et de toi à moi.

récit (nom masc. : *un récit*). C'est une histoire que l'on raconte.

récitation (nom fém. : *une récitation*). C'est un texte, un poème qu'il faut apprendre par cœur et qu'on récite après.

réciter (verbe). C'est dire à haute voix un texte, un poème qu'on a appris par cœur.

réclamer (verbe). Il pleure et **réclame** sa mère, c'est-à-dire il la demande très fort.

se **recoiffer** (verbe). C'est se coiffer parce qu'on était décoiffé, dépeigné.

récolte (nom fém. : *la récolte*). **1.** Faire la récolte, c'est ramasser, cueillir, couper les fruits, les céréales. **2.** La récolte, c'est aussi l'ensemble des fruits, des légumes, des céréales récoltés : La récolte de raisin est bonne cette année.

récolter (verbe). C'est faire la récolte.

recommander (verbe). Je te **recommande** ce livre, c'est-à-dire je te dis qu'il est bien et je te conseille de le lire.

recommencer (verbe). C'est faire encore une fois : Je me suis trompé, je **recommence.**
□ attention, nous recommen**ç**ons, avec **ç.**

récompense (nom fém. : *une récompense*). C'est ce qu'on donne à quelqu'un qui a très bien fait quelque chose : Le gagnant reçoit sa récompense, une magnifique coupe.
□ attention, **m** devant **p.**

récompenser (verbe). C'est donner une récompense : Mes parents me **récompensent** quand j'ai très bien travaillé.
□ attention, **m** devant **p.**

se **réconcilier** (verbe). Zoé et Maria étaient fâchées. Elles **se sont réconciliées,** c'est-à-dire elles ne sont plus fâchées, elles sont à nouveau amies.

reconnaître (verbe). **1.** Qu'il a changé ! Je ne l'**ai** pas **reconnu,** c'est-à-dire je n'ai pas su qui il était, je n'ai pas vu que c'était lui. **2. Reconnais** que tu as tort, c'est-à-dire avoue-le, dis-le franchement.
□ attention, **î** devant un **t.**

record (nom masc. : *un record*). C'est un exploit, quelque chose qui n'a jamais été fait avant et qui est réussi cette fois-là : Le champion a battu le record du monde, c'est un nouveau record.
□ attention, **d** à la fin.

recoudre (verbe). C'est coudre ce qui est décousu : Mon bouton est tombé, je vais le **recoudre.**

recouvrir (verbe). C'est couvrir, être ou mettre par-dessus : La neige **recouvre** le sol.

récréation (nom fém. : *la récréation*). C'est un moment libre entre les heures de classe, pendant lequel on va jouer dans la cour de l'école.

rectangle (nom masc. : *un rectangle*). C'est une forme avec quatre angles droits et quatre côtés, deux petits et deux grands.

reçu. Regarde <u>recevoir</u>.

reculer (verbe). C'est aller en arrière : Tu es trop près de la télévision, **recule** un peu.

à **reculons.** Marcher à reculons, c'est marcher en arrière.

récupérer (verbe). **1.** C'est reprendre ce qu'on avait prêté : **As**-tu **récupéré** le disque que tu avais prêté à Jean ? **2.** C'est aussi prendre, utiliser des restes, des choses qui ne servent plus :

On **récupère** ces bouts de tissu pour faire des déguisements.
☐ attention, récupérer, avec **é**, mais il récupère, avec **è**.

rédaction (nom fém. : *une rédaction*). C'est un petit texte, une petite histoire qu'on rédige pour la classe de français.

rédiger (verbe). C'est écrire, avec des phrases, une lettre, une histoire, un texte.
☐ attention, nous rédig**e**ons, avec **e**.

redire (verbe). C'est dire encore une fois : Je te l'**ai** dit et **redit** cent fois.

redoublant (nom : *un redoublant, une redoublante*). C'est un élève qui redouble sa classe : Il y a deux redoublants dans notre classe.

redoubler (verbe). C'est recommencer la même classe une année de plus, parce qu'on n'a pas assez compris ce qu'il fallait apprendre : Il y a deux élèves qui **redoublent** dans notre classe.

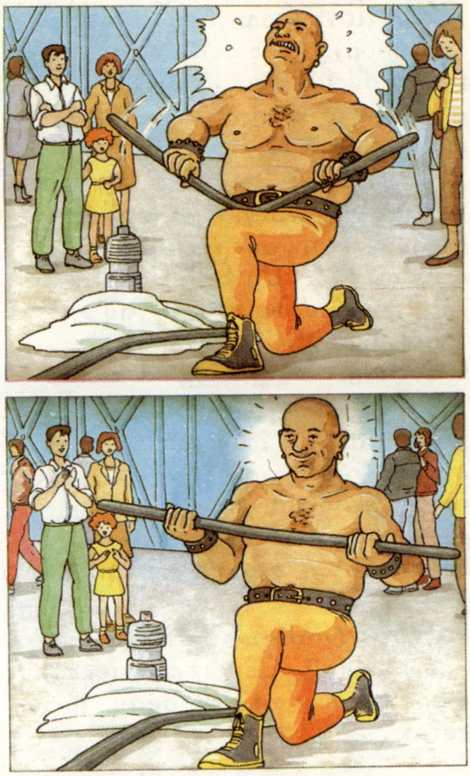

Il redresse la barre de fer.

redresser (verbe). C'est remettre droit : La barre de fer est pliée, l'homme est si fort qu'il la **redresse**.

Laissez passer ! Reculez !

P Q R S T U V W X Y Z

réduction (nom fém. : *une réduction*). Avec cette carte, on a une réduction sur le prix d'entrée, c'est-à-dire on paie moins cher.

réduire (verbe). **1.** C'est diminuer : Il faut **réduire** nos dépenses. **2.** Un billet à prix **réduit** coûte moins cher qu'un billet normal, il y a une réduction.

réel (adjectif : *un fait réel, une histoire réelle*). Ce qui est réel existe vraiment. Une histoire réelle est une histoire vraie.
☐ attention, **ée.**

refaire (verbe). C'est faire une nouvelle fois, c'est recommencer : Mon dessin n'est pas beau, je le **refais.**

réfectoire (nom masc. : *le réfectoire*). C'est la salle où l'on prend ses repas à l'école.

refermer (verbe). C'est fermer après avoir d'abord ouvert : Tu as laissé le placard ouvert, tu ne l'**as** pas **refermé.**

réfléchir (verbe). **1.** C'est bien penser dans sa tête pour comprendre, pour trouver une idée, une solution : Je n'ai pas trouvé, laisse-moi **réfléchir.**
2. Le miroir **réfléchit** les images, c'est-à-dire il les renvoie, on voit les images dans le miroir.

reflet (nom masc. : *un reflet*). Si tu te regardes dans l'eau de la rivière, tu vois ton reflet, c'est-à-dire ton image réfléchie par l'eau.

réflexe (nom masc. : *un réflexe*). C'est quelque chose qu'on fait automatiquement, sans y penser : Si tu touches quelque chose de chaud, tu enlèves vite ton doigt, c'est un réflexe.

réflexion (nom fém. : *une réflexion*). **1.** Laissez-moi le temps de la réflexion, c'est-à-dire le temps de réfléchir. **2.** Faire des réflexions, c'est faire des remarques, des critiques.

refrain (nom masc. : *un refrain*). Dans une chanson, le refrain, ce sont les paroles qui sont toujours les mêmes et qui reviennent après chaque couplet.

réfrigérateur (nom masc. : *un réfrigérateur*). On garde les aliments au froid dans un réfrigérateur.

refroidir (verbe). C'est devenir de plus en plus froid : Mange vite, ta soupe **refroidit.**

refuge (nom masc. : *un refuge*). **1.** C'est un endroit où on se sent protégé, en sécurité, à l'abri des dangers. **2.** C'est aussi une petite maison pour passer la nuit en montagne, pour être à l'abri du froid.

se **réfugier** (verbe). C'est aller se mettre quelque part où on se sent en sécurité, où il n'y a plus de danger : Dès que le petit chat a peur, il **se réfugie** sous le lit.

refus (nom masc. : *un refus*). Tu demandes quelque chose, on te dit non, c'est un refus, on a refusé.

refuser (verbe). C'est dire non à quelque chose : Papa **refuse** que je vienne te voir seul, il ne veut pas.

régal (nom masc. : *un régal*). Ce gâteau est un régal, c'est-à-dire il est délicieux, c'est un délice, je me régale.

se **régaler** (verbe). C'est trouver très, très bon ce qu'on mange.

regard (nom masc. : *un regard*). Aline a un beau regard, c'est-à-dire de beaux yeux.

regarder (verbe). **1.** C'est tourner ses yeux vers une chose, une personne pour la voir : Nous **regardons** la télévision. **2.** Ne t'occupe pas de cette histoire, cela me **regarde,** c'est-à-dire ce sont mes affaires.

Le refuge n'est plus loin.

régime (nom masc. : *un régime*). José doit faire un régime, c'est-à-dire il doit faire attention à ce qu'il mange, certaines choses lui sont interdites.

région (nom fém. : *une région*). C'est une partie d'un pays : Arthur habite dans la région parisienne, c'est-à-dire à Paris ou près de Paris.

régional (adjectif : *un journal régional, une émission régionale, des journaux régionaux*). Une émission régionale parle de la région et il n'y a que les gens de la région qui peuvent la voir.
☐ attention, un seul **n,** et **aux** au masc. pluriel.

règle (nom fém. : *une règle*). **1.** Avec une règle, tu peux tracer des traits droits. **2.** La règle du jeu dit comment il faut jouer, ce qu'on doit faire.

règlement (nom masc. : *le règlement*). C'est la liste de tout ce qu'il est obligatoire ou interdit de faire dans un groupe, à l'école, dans un jeu, à un concours.

régler (verbe). Papa **règle** la télévision, c'est-à-dire il tourne les boutons pour que l'image et le son soient bons.
☐ attention, régler, avec **é,** mais il règle, avec **è**.

règne (nom masc. : *le règne*). C'est le temps pendant lequel un roi règne : Il vivait sous le règne de Saint Louis, c'est-à-dire quand Saint Louis était roi.
☐ regarde <u>régner</u>.

régner (verbe). C'est être roi pendant un certain temps : Louis XIV **a régné** de 1643 à 1715.
☐ attention, régner, avec **é,** mais il règne, avec **è.**

regonfler (verbe). C'est gonfler à nouveau ce qui était dégonflé.

Nadia regonfle son pneu.

regret (nom masc. : *un regret*). C'est ce qu'on ressent quand on regrette quelque chose.

Ah ! Que je regrette mes vacances !

regretter (verbe). Ah ! Que je **regrette** mes vacances, c'est-à-dire je suis triste qu'elles soient finies, j'aurais préféré être encore en vacances.

régulier (adjectif : *un travail régulier, une vitesse régulière*). Une vitesse régulière est toujours à peu près la même.

régulièrement. C'est d'une manière régulière : J'écris régulièrement à ma grand-mère, tous les quinze jours.

rein (nom masc. : *un rein*).
1. Les reins servent à éliminer les choses inutiles ou mauvaises qui sont dans le sang. **2.** Avoir mal aux reins, c'est avoir mal au bas du dos.

reine. Regarde roi.

rejoindre (verbe). **1.** Pars devant, je te **rejoins,** c'est-à-dire je te retrouve, je te rattrape.
2. Ces deux routes **se rejoignent** à Lille, c'est-à-dire elles se rencontrent, elles se retrouvent.
☐ attention, il rejoint, nous rejoi**gn**ons.

relâcher (verbe). **1.** On **a relâché** le prisonnier, c'est-à-dire on l'a remis en liberté. **2.** À la fin de la journée, l'attention **se relâche,** c'est-à-dire on fait moins attention.
☐ attention, **â.**

relever (verbe). **1.** Je **relève** les mots qui commencent par « h », c'est-à-dire je les note.
2. Pierre est tombé. Il n'arrive plus à **se relever,**

c'est-à-dire à se remettre debout. ☐ attention, il relève, avec **è**.

relief (nom masc. : *le relief*). **1.** Un dessin est plat, une sculpture est en relief, c'est-à-dire on voit les creux, les bosses. **2.** Les montagnes, les volcans, les vallées, les plaines forment le relief d'une région, d'un pays.

relier (verbe). **1.** Pour faire ce jeu, tu **relies** chaque point au point suivant, c'est-à-dire tu fais un trait de l'un à l'autre. **2.** Ce livre **est relié** en cuir rouge, c'est-à-dire il a une couverture, une reliure en cuir rouge.

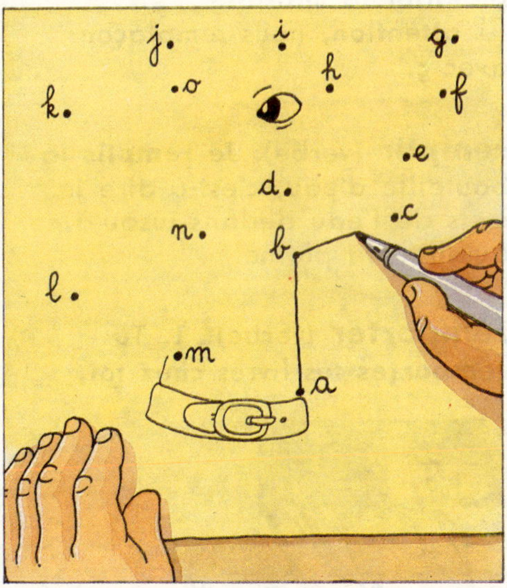

Tu relies les points dans l'ordre alphabétique.

religion (nom fém. : *une religion*). Quand on croit en Dieu et qu'on suit certaines règles, on a une religion. Il y a plusieurs religions, comme par exemple les religions chrétienne, juive, musulmane.

relire (verbe). C'est lire une nouvelle fois : J'ai aimé ce livre, je l'**ai relu** deux fois.

reliure (nom fém. : *la reliure*). C'est la couverture d'un livre, qui tient toutes les feuilles attachées.

remarquable (adjectif). Un film remarquable, c'est un très bon film, qu'on remarque parce qu'il n'est pas comme les autres.

remarque (nom fém. : *une remarque*). C'est ce que l'on dit pour faire remarquer quelque chose, en bien ou en mal : La maîtresse m'a fait une remarque sur mon travail, elle m'a dit que j'écrivais de mieux en mieux.

remarquer (verbe). C'est faire attention à une chose ou à une personne parce qu'elle a quelque chose de particulier : **As**-tu **remarqué** la tache sur le mur ? C'est-à-dire l'as-tu vue ?

rembourser (verbe). C'est rendre l'argent qu'on t'a prêté. ☐ attention, **m** devant **b**.

remède (nom masc. : *un remède*). C'est quelque chose pour guérir un mal, une maladie.

remercier (verbe). C'est dire merci.

remettre (verbe). **1.** C'est mettre une nouvelle fois : Je **remets** ton livre à sa place. **2.** C'est aussi donner : On m'**a remis** cette lettre pour toi. **3.** Après sa maladie, il **s'est** vite **remis**, c'est-à-dire il a vite retrouvé ses forces, sa santé.

remonter (verbe). **1.** On **remonte** le réveil pour qu'il marche, c'est-à-dire on tourne à fond le bouton. **2.** Prends un bon goûter, cela te **remontera,** c'est-à-dire cela te redonnera des forces. **3.** Mes notes avaient baissé, maintenant elles **remontent,** c'est-à-dire elles sont meilleures, plus hautes.

remords (nom masc. : *un remords*). C'est ce que l'on ressent quand on regrette beaucoup d'avoir fait quelque chose et qu'on voudrait revenir en arrière pour faire autrement.
□ attention, **ds.**

remorque (nom fém. : *une remorque*). La remorque est tirée par la voiture. On y met tous les bagages, toutes les choses à emporter qui n'entreraient pas dans le coffre.

remorquer (verbe). C'est tirer, derrière une voiture ou un bateau, une remorque, une voiture en panne ou un bateau en panne.

rempart (nom masc. : *un rempart*). C'est un grand mur pour se protéger, pour être à l'abri : Certaines villes étaient entourées de remparts.

remplaçant (nom : *un remplaçant, une remplaçante*). C'est une personne qui en remplace une autre : La maîtresse est malade, nous avons une remplaçante.
□ attention, **ç.**

remplacer (verbe). C'est mettre à la place d'une autre chose ou d'une autre personne : Papa **remplace** le carreau cassé. La maîtresse **sera remplacée** pendant sa maladie.
□ attention, nous remplaçons, avec **ç.**

remplir (verbe). Je **remplis** la bouteille d'eau, c'est-à-dire je mets de l'eau dedans jusqu'à ce qu'elle soit pleine.

remporter (verbe). **1.** Tu **remportes** tes livres chez toi,

Nous mettons le matériel dans la remorque.

La ville est entourée de remparts.

c'est-à-dire tu les reprends.
2. Remporter la victoire, c'est gagner. **Remporter** un prix, c'est l'avoir, le gagner.

remuer (verbe). C'est bouger : Il y a des vagues, le bateau **remue** beaucoup.

renard (nom masc. : *un renard*). C'est un petit animal sauvage. Il a un museau pointu et une queue couverte d'une magnifique fourrure. La femelle est la renarde. Son petit est le renardeau.

rencontre (nom fém. : *une rencontre*). **1.** Faire une rencontre, c'est rencontrer quelqu'un par hasard. **2.** Je vais à la rencontre de Pierre, c'est-à-dire je vais au-devant de lui.

rencontrer (verbe). C'est voir quelqu'un, se trouver en face de lui : Je l'**ai rencontré** dans la rue.

rendez-vous (nom masc. : *un rendez-vous*). Donner un rendez-vous à quelqu'un, c'est lui dire à quelle heure et à quel endroit on va le rencontrer, le voir.

se **rendormir** (verbe). C'est s'endormir de nouveau, après s'être réveillé.

rendre (verbe). **1.** Quand on me prête un livre, je le **rends** toujours, c'est-à-dire je le redonne, je le rapporte à celui qui me l'a prêté. **2. Se rendre** à l'école, c'est y aller. **3.** L'ennemi **s'est rendu**, c'est-à-dire il a reconnu qu'il avait perdu la bataille, il a arrêté de se battre. **4. Rendre**, c'est aussi vomir.

rêne (nom fém. : *une rêne*). C'est chacune des bandes de cuir qui servent à guider le cheval : Le cavalier tire sur les rênes.
☐ attention, **ê**, et un seul **n**.
Ne confonds pas avec renne.

P Q **R** S T U V W X Y Z

renfort (nom masc.). Les pompiers ont demandé des renforts, c'est-à-dire d'autres pompiers pour les aider.

renifler (verbe). C'est faire du bruit en respirant fort avec son nez : Mouche-toi au lieu de **renifler**.

renne (nom masc. : *un renne*). C'est un animal des pays froids, avec des bois sur la tête : Les rennes tirent les traîneaux.
☐ attention, **nn** et ne confonds pas avec rêne.

Les rennes.

renoncer (verbe). C'est abandonner une idée, ne plus vouloir faire quelque chose : Je n'arrive à rien avec lui, je **renonce**.
☐ attention, nous renonçons, avec **ç**.

renseignement (nom masc. : *un renseignement*). C'est une information, une indication, quelque chose qu'on cherchait à savoir.

renseigner (verbe). **1.** C'est donner un renseignement : Pouvez-vous me **renseigner** sur l'heure du train ? **2. Se renseigner**, c'est chercher à savoir : Les voyageurs **se renseignent** au bureau des renseignements.

rentrée (nom fém. : *la rentrée*). La rentrée des classes, c'est le moment où on recommence l'école, où on rentre en classe, après les vacances.

rentrer (verbe). **1.** C'est revenir à la maison : Aujourd'hui, je **rentre** à 4 heures et demie. **2.** C'est entrer, pénétrer : Cette clé ne **rentre** pas dans la serrure.

renverser (verbe). C'est faire tomber : Jérémie **a renversé** mon bol de chocolat.

renvoyer (verbe). **1.** C'est envoyer dans l'autre sens : Je t'ai lancé la balle, tu me la **renvoies. 2.** Il **a été renvoyé** de l'école, c'est-à-dire l'école ne veut plus de lui.
☐ attention, renvoyer, avec **y**, mais il renvoie, avec **i**.

repaire (nom masc. : *un repaire*). C'est un endroit, une maison qui sert de refuge : Les bandits étaient dans leur repaire.
☐ attention, **aire** et ne confonds pas avec repère.

répandre (verbe). C'est mettre, faire couler un peu partout : En renversant son bol, il **a répandu** son chocolat sur la nappe.
☐ attention, **an**.

réparation (nom fém. : *une réparation*). Faire une réparation, c'est réparer, arranger ce qui était cassé, abîmé.

Nadia répare son vélo.

réparer (verbe). C'est arranger ce qui était abîmé, cassé, c'est le remettre en bon état : Mon train ne marche plus, papa me le **réparera**.

repartir (verbe). C'est se remettre en route : Nous arrivons à 2 heures et nous **repartons** à 4 heures.

répartir (verbe). Nous nous **répartissons** le travail, c'est-à-dire chacun d'entre nous aura une partie du travail à faire.

repas (nom masc. : *un repas*). C'est l'ensemble des aliments que l'on mange, le matin au petit déjeuner, à midi au déjeuner et le soir au dîner.

repassage (nom masc. : *le repassage*). Quand on repasse du linge, on fait du repassage.

repasser (verbe). **1.** C'est passer une nouvelle fois : Si Jean n'est pas là, je **repasserai** demain.
2. Repasser le linge, c'est enlever tous les plis avec un fer.

Marie repasse avec papa.

repère (nom masc. : *un repère*). Pour ne pas te perdre, prends le grand immeuble comme point de repère, c'est-à-dire regarde où tu es par rapport à lui.
☐ attention, **è**, et ne confonds pas avec repaire.

repérer (verbe). **1.** C'est remarquer une chose ou une personne : Karim **a repéré** un nouveau jeu dans la boutique.
2. J'ai du mal à **me repérer** dans cette forêt, c'est-à-dire à savoir où je suis, où je dois aller.
☐ attention, repérer, avec **é**, mais il rep**è**re, avec **è**.

P Q **R** S T U V W X Y Z

Ils font un reportage.

répertoire (nom masc. : *un répertoire*). C'est un carnet spécial pour écrire les adresses ou les mots de vocabulaire. Ses pages suivent l'ordre alphabétique.

répéter (verbe). **1.** C'est dire encore une fois la même chose : On **répète** le refrain après chaque couplet. **2.** C'est aussi dire à un autre ce qu'on t'a dit : C'est un secret, ne le **répète** à personne.
□ attention, répéter, avec **é**, mais il répète, avec **è**.

répétition (nom fém. : *une répétition*). Quand on dit plusieurs fois la même chose, quand on emploie plusieurs fois le même mot, ce sont des répétitions.

replier (verbe). C'est fermer, ranger en pliant : On **replie** la tente pour la ranger.

répliquer (verbe). C'est répondre avec force : Faites ce que je vous dis et ne **répliquez** pas !

répondre (verbe). **1. Répondre** à une question, c'est dire ce qui est demandé dans la question. **2.** Je n'**ai** pas **répondu** à sa lettre, c'est-à-dire je ne lui ai pas écrit en retour.

réponse (nom fém. : *une réponse*). C'est ce qu'on dit quand on répond à une question : Je t'ai demandé quelque chose, j'attends ta réponse.

reportage (nom masc. : *un reportage*). C'est un récit ou un petit film fait par un journaliste qui est allé sur place, pour nous raconter, nous montrer ce qui s'est passé.

reporter (verbe). **1.** C'est remettre à plus tard : La réunion **est reportée** à la semaine prochaine. **2. Reportez-vous** page 10, c'est-à-dire allez regarder cette page.

repos (nom masc. : *le repos*). Avoir besoin de repos, c'est avoir besoin de se reposer.

reposer (verbe). **1.** C'est poser ce qu'on avait levé, soulevé, pris : **Repose** ton verre sur le plateau. **2.** Karim était fatigué, il **se repose** un peu, c'est-à-dire il arrête de faire des efforts pour se détendre, pour reprendre des forces.

repousser (verbe). **1.** C'est pousser en arrière : Dès que je m'approche de mon frère, il me **repousse. 2.** C'est aussi pousser encore : Tes cheveux sont trop courts, mais ne t'inquiète pas, ils **repousseront.**

reprendre (verbe). **1.** C'est prendre encore : Je **reprendrais** bien des pâtes. **2.** C'est recommencer à un endroit : On **reprend** la lecture à la première ligne.

représenter (verbe). Que **représente** ce dessin ? C'est-à-dire que montre-t-il ?

reproche (nom masc. : *un reproche*). Faire un reproche à quelqu'un, c'est lui dire qu'il a mal fait quelque chose, c'est lui faire une critique. Un reproche, c'est le contraire d'un compliment.

reprocher (verbe). C'est faire un reproche : Grand-mère m'**a reproché** de ne pas lui avoir écrit pendant les vacances.

reproduire (verbe). **1.** C'est copier, refaire : Avec ce papier spécial, on **reproduit** le dessin. **2. Se reproduire,** c'est se répéter, avoir lieu une autre fois : J'espère que cette erreur ne **se reproduira** pas.

reptile (nom masc. : *un reptile*). C'est un animal qui rampe : Les serpents sont des reptiles sans pattes. Les crocodiles, les lézards sont des reptiles avec de petites pattes courtes.

république (nom fém. : *la république*). La France est une république, c'est-à-dire elle est gouvernée par un président, qui est élu, choisi par le peuple.

requin (nom masc. : *un requin*). C'est un très gros poisson marin. Certains requins peuvent dévorer les hommes qui tombent dans l'eau ou qui font de la plongée sous-marine.

Les requins.

rescapé (nom : *un rescapé, une rescapée*). C'est une personne qui a échappé à un grave accident : Les sauveteurs ramènent les rescapés du naufrage.

réserve (nom fém. : *une réserve*). C'est une grande quantité de choses que l'on garde pour s'en servir quand on en a besoin : La maîtresse a une réserve de craies dans son bureau.

réserver (verbe). **1.** C'est garder, retenir : Je te **réserve** une place près de moi. **2.** La partie droite de la rue **est réservée** aux autobus, c'est-à-dire que seuls les autobus ont le droit d'y rouler.

réservoir (nom masc. : *un réservoir*). C'est un endroit, un récipient pour garder une réserve de liquide : On met l'essence de la voiture dans le réservoir à essence.

résidence (nom fém. : *une résidence*). C'est une maison ou un ensemble de maisons où on habite.

résine (nom fém. : *la résine*). C'est le liquide épais, collant qui coule de l'écorce des pins.

résistant (adjectif : *il est résistant, elle est résistante*). **1.** Du papier résistant est solide. **2.** Julie n'est pas très résistante, elle est souvent malade.

résister (verbe). C'est ne pas céder : Il veut me faire tomber par terre mais je **résiste** de toutes mes forces.

résonner (verbe). Les bruits de pas **résonnent** dans le couloir, c'est-à-dire on les entend beaucoup, ils retentissent.
☐ attention, **é.**

résoudre (verbe). **Résoudre** un problème, un mystère, c'est en trouver la solution.

respect (nom masc. : *le respect*). C'est ce qu'on ressent pour quelqu'un qu'on respecte.
☐ attention, **ct** qui ne se prononce pas.

respecter (verbe). Je **respecte** mes grands-parents, c'est-à-dire je fais attention à ce que je leur dis, je ne les traite pas comme des copains de mon âge. Je ne me moque pas d'eux.
☐ attention, **ct** qui se prononce.

respiration (nom fém. : *la respiration*). Retenir sa respiration, c'est ne pas respirer pendant un petit moment.

respirer (verbe). C'est aspirer l'air et le rejeter par le nez et la bouche.

responsable (adjectif). Tu es responsable de tes affaires, c'est-à-dire c'est à toi d'y faire attention, si tu les perds ce sera de ta faute.

ressemblance (nom fém. : *une ressemblance*). Il y a des ressemblances entre ces deux dessins, c'est-à-dire des choses qui se ressemblent, qui sont à peu près pareilles. Le contraire est <u>différence</u>.
☐ attention, **m** devant **b.**

ressemblant (adjectif : *un dessin ressemblant, une photo ressemblante*). Ton dessin est très ressemblant, c'est-à-dire on reconnaît bien ce que tu as dessiné, cela y ressemble beaucoup.
☐ attention, **m** devant **b**.

ressembler (verbe). Alain **ressemble** beaucoup à son frère, c'est-à-dire ils ont à peu près les mêmes traits, ils sont un peu pareils.
☐ attention, **m** devant **b**.

Ils se ressemblent beaucoup.

ressentir (verbe). C'est sentir, éprouver au fond de soi. On peut **ressentir** de la joie, de la peur, de l'amour, de la haine, de la fatigue.
☐ attention, **ss**.

resserrer (verbe). C'est serrer plus fort, serrer encore.
☐ attention, **ss**.

ressort (nom masc. : *un ressort*). C'est un fil de métal enroulé sur lui-même. Quand on le tire, et qu'on le lâche, il reprend sa forme.

Le diable est sur un ressort.

ressortir (verbe). Ce bleu **ressort** bien sur ce fond jaune, c'est-à-dire on le voit bien.
☐ attention, **ss**.

restant (nom masc. : *le restant*). C'est ce qui reste.

restaurant (nom masc. : *un restaurant*). Dans un restaurant, on se fait servir un repas qu'on paie.

reste (nom masc. : *le reste*). C'est ce qui n'a pas été pris, ce qui n'a pas été utilisé, ce qu'il y a encore : J'ai pris ma part, tu peux prendre le reste.

rester (verbe). **1.** C'est ne pas partir, ne pas sortir, être là pendant un certain temps : Je **suis resté** à la maison toute la journée. **Reste** avec moi, ne pars pas. **2.** Il **reste** du saucisson, c'est-à-dire il y en a encore.

P Q **R** S T U V W X Y Z

résultat (nom masc. : *un résultat*). **1.** Le résultat d'une opération, c'est le nombre qu'on trouve à la fin de l'opération. **2.** Quel est le résultat du match ? C'est-à-dire comment s'est-il terminé ? Qui a gagné ?

résumé (nom masc. : *un résumé*). Dans un résumé, on dit en peu de mots les choses les plus importantes, sans entrer dans les détails : Le feuilleton commence par un résumé des épisodes précédents.

résumer (verbe). Marie nous **a résumé** toute l'histoire, c'est-à-dire elle nous a dit rapidement ce qui s'est passé, sans entrer dans les détails.

se **rétablir** (verbe). C'est retrouver la santé : Après sa maladie, il **s'est** vite **rétabli.**

retard (nom masc. : *un retard*). Arriver en retard, c'est arriver plus tard que l'heure normale.

retarder (verbe). **1.** C'est remettre à plus tard : Nous **retardons** nos vacances d'une semaine, nous partirons une semaine plus tard. **2.** Dépêche-toi, tu vas nous **retarder**, c'est-à-dire tu vas nous mettre en retard.

retenir (verbe). **1.** J'allais tomber, mais heureusement, Luc m'**a retenu**, c'est-à-dire il m'a rattrapé pour que je ne tombe pas. **2.** Pierre **retient** tout ce qu'il lit, c'est-à-dire il s'en souvient, il le garde dans sa mémoire.

retentir (verbe). C'est faire un bruit qui s'entend fort : Les cloches **retentissent.**

retirer (verbe). C'est enlever : **Retire** ton cartable du couloir, on ne peut pas passer.

retomber (verbe). C'est revenir sur le sol : J'ai lancé la balle trop loin, elle **est retombée** dans la rivière.
□ attention, **m** devant **b.**

retour (nom masc. : *le retour*). C'est le contraire de l'aller, du départ : Je n'ai pas vu Zoé depuis son retour de vacances, c'est-à-dire depuis qu'elle est rentrée, revenue.

retourner (verbe). **1.** C'est tourner de l'autre côté : Le dessin est à l'envers, **retourne-**le. **2.** C'est aussi aller une autre fois quelque part : J'ai beaucoup aimé la Bretagne, j'y **retournerai.**

retraite (nom fém. : *la retraite*). Prendre sa retraite, c'est arrêter de travailler quand on a un certain âge : Grand-père a pris sa retraite.

retrancher (verbe). C'est enlever, ôter, soustraire : Si on **retranche** 3 de 5, il reste 2.

rétrécir (verbe). C'est devenir plus petit : Mon pull **a rétréci** au lavage.

retrousser (verbe). **1. Retrousser** ses manches, c'est les relever. **2.** Aline a un nez **retroussé,** c'est-à-dire le bout de son nez est un peu relevé.

retrouver (verbe). **1.** C'est trouver ce qu'on cherchait : J'ai enfin **retrouvé** mon livre de contes, il était sous mon lit. **2.** C'est agréable de **se retrouver** tous ensemble, c'est-à-dire d'être à nouveau ensemble.

rétroviseur (nom masc. : *un rétroviseur*). C'est une petite glace dans une voiture, sur une moto, pour voir ce qui se passe derrière soi.

réunion (nom fém. : *une réunion*). Il y a une réunion de parents à l'école, c'est-à-dire les parents se retrouvent ensemble pour discuter, ils se réunissent.

réunir (verbe). **1.** Pour mon anniversaire, je **réunis** tous mes amis, c'est-à-dire je les invite ensemble. **2.** Les parents **se réunissent** à l'école, c'est-à-dire ils se retrouvent tous ensemble pour discuter dans une réunion.

Mon pull a rétréci.

réussir (verbe). Arthur **a réussi** son exercice, c'est-à-dire il l'a bien fait, il y est arrivé.

réussite (nom fém. : *une réussite*). C'est un succès : Ma grande sœur a réussi son examen, nous allons fêter sa réussite.

revanche (nom fém. : *une revanche*). Si tu perds, tu as droit à une revanche, c'est-à-dire à une autre partie pour voir si cette fois-là tu gagnes.

rêve (nom masc. : *un rêve*). Quand on dort, on fait souvent des rêves, c'est-à-dire on voit des choses dans sa tête en dormant, on vit des aventures merveilleuses. ☐ attention, **ê**.

réveil (nom masc. : *le réveil*). **1.** C'est le moment où on se réveille, où on se lève : Que fais-tu le matin au réveil ? **2.** Un réveil, c'est aussi une petite pendule qui donne l'heure et qui sonne pour te réveiller.

réveiller (verbe). Je dormais si bien et tu m'**as réveillé,** c'est-à-dire tu m'as sorti du sommeil, je ne dors plus.

revenant (nom : *un revenant, une revenante*). J'ai lu une histoire de revenants, il paraît que ce sont des morts qui reviennent sur terre, des sortes de fantômes.

revendre (verbe). C'est vendre ce qu'on avait acheté : Papa **revend** sa voiture pour en acheter une plus grande.

revenir (verbe). **1.** C'est rentrer : Papa est en voyage, il **revient** demain. **2.** C'est venir une nouvelle fois : Si tu as encore de la fièvre demain, le docteur **reviendra**.

rêver (verbe). **1.** C'est faire un rêve, voir quelqu'un ou quelque chose en rêve : Cette nuit, **j'ai rêvé** de toi. **2.** Zoé **rêve** de devenir artiste, c'est-à-dire elle aimerait beaucoup cela. **3.** Alain **rêve** en classe, c'est-à-dire il pense à autre chose.
☐ attention, **ê**.

réverbère (nom masc. : *un réverbère*). C'est une lampe qui éclaire les rues la nuit.

Le réverbère éclaire la rue.

révérence (nom fém. : *une révérence*). Devant le roi, la reine, on fait la révérence, c'est-à-dire on se courbe en signe de respect, pour les saluer.

rêveur (adjectif : *un garçon rêveur, une fille rêveuse*). Un enfant rêveur a souvent l'air perdu dans ses pensées, il pense à autre chose.
☐ attention, **ê**.

réviser (verbe). C'est revoir ses leçons pour préparer un exercice en classe.

révision (nom fém. : *la révision*). Pour demain, je n'ai que de la révision à faire, c'est-à-dire des leçons à réviser.

revoir (verbe). C'est voir une autre fois : J'aimerais **revoir** tes photos, elles sont si belles.

au **revoir**. C'est ce qu'on dit à quelqu'un qu'on quitte.

revolver (nom masc. : *un revolver*). C'est une petite arme à feu qui tire des balles.

rez-de-chaussée (nom masc. : *le rez-de-chaussée*). Dans une maison, le rez-de-chaussée est au même niveau que la rue. Au-dessus, ce sont les étages, au-dessous, c'est le sous-sol.
☐ attention, ce mot ne change pas au pluriel.

se **rhabiller** (verbe). C'est remettre ses vêtements après s'être déshabillé.
☐ attention, **rh**.

rhinocéros (nom masc. : *un rhinocéros*). C'est un gros animal d'Afrique ou d'Asie. Il a une peau très épaisse et une ou deux cornes sur le nez.
☐ attention, **rh**.

rhume (nom masc. : *un rhume*). Marie a attrapé froid, elle a le nez qui coule, les yeux qui pleurent. C'est un rhume.
☐ attention, **rh**.

ri. Regarde <u>rire</u>.

riche (adjectif). Les personnes riches ont beaucoup d'argent.

richesse (nom fém. : *la richesse*). C'est la fortune, c'est beaucoup d'argent. La richesse est le contraire de la pauvreté.

ricochet (nom masc. : *un ricochet*). Tu lances une pierre plate sur l'eau et elle fait des ricochets, c'est-à-dire elle rebondit plusieurs fois.

ride (nom fém. : *une ride*). C'est une petite ligne en creux sur la peau : Quand on est vieux, on a des rides.

Le rhinocéros.

Nous faisons des <u>ricochets</u>.

rideau (nom masc. : *un rideau, des rideaux*). C'est un tissu qu'on met devant les fenêtres : Le soir, on ferme les rideaux.
☐ attention, **x** au pluriel.

ridicule (adjectif). Madame Duval porte un chapeau ridicule, c'est-à-dire qui donne envie de rire, de se moquer.

rien. C'est pas une chose : Il n'y a rien à manger. Il fait noir, je ne vois rien.

rigide (adjectif). Une matière rigide n'est pas souple, pas molle, elle ne se plie pas facilement : Ce livre a une couverture en carton rigide.

rincer (verbe). C'est passer à l'eau propre : On **rince** le linge pour enlever le savon, la lessive.
☐ attention, nous rinçons, avec **ç**.

rire (verbe). **1.** Quand quelque chose est drôle, on **rit** : Ce que nous **avons ri,** au cinéma !
2. J'ai fait cela **pour rire,** c'est-à-dire pour m'amuser, ce n'était pas pour de vrai.

rire (nom masc. : *le rire*). On entend des rires dans la classe à côté, c'est-à-dire on entend le bruit des élèves qui rient.

risque (nom masc. : *le risque*). C'est la possibilité que quelque chose, et surtout un danger, se produise. Courir un risque, c'est courir un danger : Le héros de mon livre n'a peur de rien, il aime le risque, le danger.

risquer (verbe). **1.** Attention, tu **risques** de te faire mal, c'est-à-dire cela peut arriver.
2. Il **a risqué** sa vie pour sauver le petit chien, c'est-à-dire il a couru un grave danger.

rivage (nom masc. : *le rivage*). C'est le bord de la mer, la côte : Le bateau s'éloigne du rivage.

rive (nom fém. : *la rive*). C'est le bord d'un fleuve, d'une rivière : Un pont permet de passer de la rive droite à la rive gauche du fleuve.

rivière (nom fém. : *une rivière*). C'est un cours d'eau, plus grand qu'un ruisseau mais pas aussi grand qu'un fleuve. La rivière se jette dans un autre cours d'eau, alors que le fleuve va jusqu'à la mer.

riz (nom masc. : *le riz*). C'est une céréale qui pousse dans des terres humides, pleines d'eau, dans des régions chaudes.
☐ attention, **z** à la fin.

rizière (nom fém. : *une rizière*). C'est le terrain humide où pousse le riz.
☐ attention, **z.**

robe (nom fém. : *une robe*).
1. C'est un vêtement de fille.
2. Une robe de chambre, c'est un vêtement pour la maison, pour les garçons et pour les filles.

On cultive le riz dans les rizières.

robinet (nom masc. : *un robinet*). Pour avoir de l'eau, au-dessus de l'évier ou du lavabo, on tourne le robinet.

robot (nom masc. : *un robot*). C'est une sorte de machine qui fait le travail des hommes : Dans les usines, ce sont des robots qui peignent les voitures maintenant.

Ce robot fait tout !

robuste (adjectif). Un garçon robuste est fort, il n'est pas fragile.

roche (nom fém. : *la roche*). C'est une matière dure, une sorte de pierre. Quand on creuse la terre, on trouve de la roche dure au fond. Les rochers, les falaises sont faits de roches. Les grottes sont creusées dans la roche.

rocher (nom masc. : *un rocher*). C'est un gros bloc de pierre dure : En Bretagne, au bord de la mer, il y a beaucoup de rochers.

rôder (verbe). Il y a quelqu'un qui **rôde** dans le jardin, c'est-à-dire qui va et qui vient sans qu'on sache ce qu'il cherche, ce qu'il veut faire, où il veut aller.
□ attention, **ô**.

roi (nom : *le roi, la reine*). C'est la personne qui est le chef d'un royaume. Son fils ou sa fille lui succédera. Autrefois, la France était gouvernée par des rois.

rôle (nom masc. : *un rôle*).
1. L'acteur apprend son rôle, c'est-à-dire ce que doit dire et faire le personnage qu'il joue.
2. Le soleil a un rôle important sur les plantes, c'est-à-dire il agit sur les plantes, il a un effet sur elles.
□ attention, **ô**.

David et Cléa escaladent les rochers.

P Q **R** S T U V W X Y Z

roman (nom masc. : *un roman*). C'est un livre qui raconte une histoire inventée.

ronces (nom fém. pluriel). Les ronces, ce sont des plantes avec des épines. Il y en a souvent au bord des chemins à la campagne.

Aïe ! Les ronces piquent !

rond (nom masc. : *un rond*). Pour faire la lettre O, on fait un rond, c'est-à-dire un cercle.

rond (adjectif : *il est rond, elle est ronde*). **1.** Une table ronde a la forme d'un rond, d'un cercle. **2.** Judith est un peu ronde, c'est-à-dire un peu grosse, grassouillette.

ronde (nom fém. : *une ronde*). C'est une danse où on se tient par la main, en rond.

rondelle (nom fém. : *une rondelle*). C'est une tranche ronde : Julien coupe des rondelles de saucisson.

ronfler (verbe). C'est faire du bruit en respirant fort quand on dort.

ronger (verbe). C'est gratter, grignoter avec les dents : Les rats **rongent** ce qu'ils trouvent. Le chien **ronge** son os.
☐ attention, il rongeait, avec **e**.

rongeur (nom masc. : *un rongeur*). Les rats, les souris, les lapins, les écureuils sont des rongeurs, c'est-à-dire des animaux qui rongent leurs aliments.

ronronner (verbe). Les chats **ronronnent** quand ils sont contents, c'est-à-dire ils font une sorte de long bruit du fond de la gorge.
☐ attention, **nn**.

Nous faisons une ronde.

rose (nom fém. : *une rose*). C'est une belle fleur qui pousse sur un arbuste, le rosier. Sa tige a des épines. Les roses peuvent être roses, blanches, rouges, jaunes.
☐ regarde fleur.

rose (adjectif). Si tu mélanges du rouge et du blanc, cela fait une couleur rose.

rose (nom masc. : *le rose*). C'est de la couleur rose : Maman met du rose sur ses joues.

roseau (nom masc. : *un roseau, des roseaux*). C'est une plante qui pousse au bord de l'eau, des étangs, des marais. Ses tiges sont creuses.
☐ attention, **x** au pluriel.

rosée (nom fém. : *la rosée*). Ce sont les petites gouttes d'eau qu'on voit le matin sur les herbes, les fleurs, les arbustes.

rosier (nom masc. : *un rosier*). C'est l'arbuste qui donne les roses.

rossignol (nom masc. : *un rossignol*). C'est un petit oiseau qui chante très joliment.
☐ regarde oiseau.

roucouler (verbe). Les pigeons **roucoulent**, c'est leur cri à eux.

roue (nom fém. : *une roue*). Les roues tournent et en tournant, elles permettent au vélo, à la voiture, à la charrette d'avancer.

rouet (nom masc. : *un rouet*). C'était une sorte de roue avec une pédale pour filer la laine.

rouge (adjectif). La couleur rouge est la couleur du sang.

rouge (nom masc. : *le rouge*). Mets du rouge sur ton dessin, c'est-à-dire de la couleur rouge.

rougeur (nom fém. : *une rougeur*). Aline a des rougeurs sur les joues, c'est-à-dire des taches rouges.

rougir (verbe). C'est devenir rouge : Marc est timide, il **rougit** dès qu'on l'interroge.

rouille (nom fém. : *la rouille*). C'est une sorte de croûte rouge foncé qui se forme sur le fer quand il reste mouillé longtemps.

rouiller (verbe). C'est se couvrir de rouille : Ne laisse pas ton vélo sous la pluie, il va **rouiller**.

roulade (nom fém. : *une roulade*). C'est une galipette.

rouleau (nom masc. : *un rouleau, des rouleaux*). Tu prends un papier, tu le roules sur lui même, cela fait un rouleau.
☐ attention, **x** au pluriel.

rouler (verbe). **1.** Si tu lances une balle par terre, elle **roule**, elle tourne sur elle-même en avançant. **2.** La voiture **roule**, c'est-à-dire elle avance grâce à ses roues qui tournent, **roulent**. **3.** **Roule** ton dessin, c'est-à-dire enroule-le, fais-en un rouleau.

roulette (nom fém. : *une roulette*). C'est une petite roue : Julie fait du patin à roulettes.

Un voyage en roulotte.

roulotte (nom fém. : *une roulotte*). C'est une sorte de maison sur des roues, tirée par une voiture ou par des chevaux : Les gens du cirque habitent dans des roulottes.
☐ attention, **tt**.

rouquin (nom : *un rouquin, une rouquine*). C'est une personne qui a les cheveux roux, rouges : Églantine est une adorable petite rouquine aux yeux verts.

rousseur (nom fém.). Au soleil, j'ai des taches de rousseur, c'est-à-dire des petites taches brunes qui apparaissent sur ma peau.

route (nom fém. : *une route*). Les routes mènent d'un endroit à un autre. Elles sont faites pour que les voitures puissent y rouler.

roux (adjectif : *il est roux, elle est rousse*). **1.** Une personne rousse a les cheveux un peu rouges. **2.** En automne, les feuilles des arbres deviennent rousses, c'est-à-dire d'une couleur entre le brun et le rouge.

royal (adjectif : *le pouvoir royal, la famille royale, les pouvoirs royaux*). La famille royale, c'est la famille du roi, de la reine.
☐ attention, **aux** au masc. pluriel.

royaume (nom masc. : *un royaume*). C'est un pays, un territoire gouverné par un roi ou par une reine.

ruban (nom masc. : *un ruban*). C'est une bande étroite et longue de tissu ou de papier : Cléa a attaché ses cheveux avec des rubans roses.

rubis (nom masc. : *un rubis*). C'est une magnifique pierre rouge qui coûte très cher. On l'utilise pour faire des bijoux.

ruche (nom fém. : *une ruche*). C'est une sorte de petite cabane où on élève des abeilles.

Les ruches.

rude (adjectif). **1.** Un hiver rude est difficile à supporter. **2.** Ici, la pente est rude, c'est-à-dire difficile à monter.

rue (nom fém. : *une rue*). C'est une route bordée de maisons, dans les villes.

ruelle (nom fém. : *une ruelle*). C'est une petite rue étroite.

ruer (verbe). **1.** Quand le cheval **rue,** il lance violemment ses pattes en arrière. **2. Se ruer** sur quelqu'un, c'est se jeter sur lui, se précipiter vers lui.

rugby (nom masc. : *le rugby*). C'est un sport qui se joue à deux équipes de 15 joueurs avec un ballon ovale.
☐ attention, **y.**

rugir (verbe). Le lion **rugit**, c'est son cri à lui.

rugueux (adjectif : *un bois rugueux, une peau rugueuse*). L'écorce du bois est rugueuse, c'est-à-dire elle est dure au toucher, elle gratte, elle n'est pas lisse, pas douce.

Un match de rugby.

Nous explorons les ruines.

ruine (nom fém. : *une ruine*). **1.** C'est ce qui reste d'une maison qui s'est écroulée ou qui s'est beaucoup abîmée avec le temps. **2.** Monsieur Legrand est au bord de la ruine, c'est-à-dire il a perdu tout son argent, tout ce qu'il possédait, il n'a presque plus rien.

ruiner (verbe). Monsieur Legrand **est ruiné**, c'est-à-dire il a perdu sa fortune, c'est la ruine.

ruisseau (nom masc. : *un ruisseau, des ruisseaux*). **1.** C'est un tout petit cours d'eau qui se jette dans une rivière ou un lac. **2.** C'est aussi là où l'eau coule, au bord des trottoirs.
□ attention, **x** au pluriel.

ruminer (verbe). Les vaches **ruminent** l'herbe, c'est-à-dire elles mâchent l'herbe, elles l'avalent, et puis l'herbe revient dans leur bouche et elles la mâchent une seconde fois.

ruse (nom fém. : *une ruse*). C'est un moyen habile, une astuce pour tromper l'adversaire et arriver à ce qu'on veut.

rusé (adjectif : *il est rusé, elle est rusée*). Une personne rusée emploie des ruses pour arriver à ce qu'elle veut. Elle ne fait pas les choses franchement, directement.

rythme (nom masc. : *le rythme*). **1.** Avec sa batterie, il marque le rythme de la musique, c'est-à-dire chaque moment, chaque temps qui fait l'allure, la vitesse de la musique. **2.** Le rythme, c'est aussi la vitesse : Si tu travailles à ce rythme, tu auras fini dans un quart d'heure.
□ attention, **yth**.

rythmer (verbe). C'est marquer le rythme : Karim **rythme** sa chanson en tapant avec son pied.
□ attention, **yth**.

S

sable (nom masc. : *le sable*). C'est une sorte de roche faite de tout petits grains : Sur la plage il y a du sable.

sabot (nom masc. : *un sabot*). **1.** C'est une sorte de chaussure en bois. **2.** Les sabots des chevaux, c'est la matière très dure qu'ils ont au bout de leurs pieds.

sabre (nom masc. : *un sabre*). C'est une sorte d'épée qui ne coupe que d'un côté.

sac (nom masc. : *un sac*). On met des objets dans un sac. Le sac est en tissu, en papier, en plastique, en cuir : Grand-mère a toujours des surprises pour nous dans son sac.

saccager (verbe). Les ennemis **ont saccagé** la ville, c'est-à-dire ils ont tout détruit, tout abîmé. □ attention, **cc,** et nous saccageons, avec **e.**

sachet (nom masc. : *un sachet*). C'est un petit sac en papier : J'ai acheté un sachet de bonbons à la menthe.

sacoche (nom fém. : *une sacoche*). C'est une sorte de sac : Il y a des sacoches accrochées au porte-bagages de sa moto.

Il fabrique des sabots.

P Q R **S** T U V W X Y Z

sacrifice (nom masc. : *un sacrifice*). Faire un sacrifice, c'est accepter de se priver de quelque chose qu'on aime bien.

safari (nom masc. : *un safari*). C'est une grande chasse, en pleine nature, en Afrique.

sage (adjectif). **1.** Un enfant sage écoute ce qu'on lui dit, il ne fait pas de bêtises. **2.** Nous partirons après l'orage, c'est plus sage, c'est-à-dire c'est plus raisonnable, plus prudent.

sagement. Les enfants jouent sagement dans leur chambre, c'est-à-dire ils sont sages, tranquilles, ils ne font pas de bruit, pas de bêtises.

sagesse (nom fém. : *la sagesse*). C'est la qualité d'une personne sage : Cet enfant est plein de sagesse, il est très sage.

saigner (verbe). Je me suis coupé, je **saigne,** c'est-à-dire du sang sort de ma blessure.

sain (adjectif : *un air sain, une vie saine*). **1.** En montagne, l'air est sain, c'est-à-dire bon pour la santé. **2.** Ils sont sortis **sains et saufs** de l'accident, c'est-à-dire sans blessure.

saisir (verbe). **1.** C'est attraper : Il m'**a saisi** par le bras et il s'est mis à me secouer. **2.*** C'est aussi comprendre : Je n'**ai** pas bien **saisi** ce que vous avez expliqué.

saison (nom fém. : *une saison*). C'est une partie de l'année. Il y en a quatre qui durent chacune 3 mois : le printemps, l'été, l'automne et l'hiver.

salade (nom fém. : *une salade*). **1.** C'est un légume dont on mange les feuilles crues : La laitue est une salade. **2.** Une salade de tomates, ce sont des tomates qu'on mange crues avec de la vinaigrette. **3.** Une salade de fruits, ce sont des fruits mélangés avec du sucre.

saladier (nom masc. : *un saladier*). C'est une sorte de plat creux, de large bol pour servir la salade.

salaire (nom masc. : *le salaire*). C'est l'argent qu'on gagne chaque mois, par son travail.

sale (adjectif). Sur ce qui est sale, il y a des taches, de la poussière. Il faut le laver, le nettoyer. Le contraire est propre.

Ce que tu es sale !

Dans un saloon.

salé (adjectif : *un goût salé, une eau salée*). Un goût salé, c'est un goût de sel.

saler (verbe). C'est mettre du sel : Tu **as** trop **salé** ta viande.

saleté (nom fém. : *la saleté*). La lessive fait partir la saleté, c'est-à-dire les taches, la poussière de ce qui est sale.

salière (nom fém. : *une salière*). Le sel est dans la salière. On apporte la salière sur la table.

salir (verbe). C'est rendre sale, faire des taches : Tu **as sali** ton short en jouant au football, il faut le laver.

salissant (adjectif : *un jeu salissant, une couleur salissante*). **1.** Le blanc est salissant, c'est-à-dire il devient vite sale, il se salit facilement. **2.** Ce jeu est salissant, c'est-à-dire on se salit vite en jouant à ce jeu.

salive (nom fém. : *la salive*). C'est l'eau, le liquide qu'on a dans la bouche.

salle (nom fém. : *une salle*). C'est une pièce : Notre salle de classe est grande. La salle à manger, c'est la pièce où on mange.
☐ attention, **ll.**

salon (nom masc. : *un salon*). **1.** C'est une pièce où on reçoit les invités. **2.** Le salon de coiffure, c'est la boutique du coiffeur.
☐ attention, un seul **l.**

saloon (nom masc. : *un saloon*). Dans les westerns, les cow-boys boivent et jouent aux cartes dans les saloons.
☐ attention on écrit **oo** et on prononce [ou].

salopette (nom fém. : *une salopette*). C'est un pantalon avec des bretelles.

saluer (verbe). **1.** C'est dire bonjour ou au revoir. **2.** À la fin du spectacle, les acteurs **saluent** le public, c'est-à-dire ils se penchent en avant pour remercier.

Les comédiens saluent.

salut (nom masc. : *un salut*). C'est un geste pour saluer, dire bonjour ou au revoir.

samedi (nom masc. : *le samedi*). C'est le jour après vendredi et avant dimanche : Tous les samedis, Judith va à la patinoire.

sandale (nom fém. : *une sandale*). C'est une chaussure légère d'été.

sandwich (nom masc. : *un sandwich*). Pour faire un sandwich, tu prends deux tranches de pain et tu mets du jambon ou du fromage ou autre chose à l'intérieur.
☐ attention, on écrit **wich** et on prononce [ouitch].

sang (nom masc. : *le sang*). C'est le liquide rouge qu'on a dans les veines. Quand on se blesse, le sang coule, on saigne.
☐ attention, **g** à la fin qui ne se prononce pas.

sang-froid (nom masc. : *le sang-froid*). S'il y a un danger, il faut garder son sang-froid, c'est-à-dire rester calme, réfléchir à ce qu'il faut faire, ne pas s'affoler.

sanglier (nom masc. : *un sanglier*). C'est une sorte de porc sauvage qui a une peau épaisse avec des poils noirs et durs. La femelle est la laie. Son petit est le marcassin.

Les sangliers.

sanglot (nom masc. : *un sanglot*). Éclater en sanglots, c'est se mettre à pleurer très fort.

sangloter (verbe). C'est pleurer très fort : Cléa a beaucoup de peine, elle **sanglote** dans les bras de sa maman.

sans. C'est le contraire de avec : Luc est sorti sans manteau, il n'en a pas mis. Dans un ciel sans nuages, il n'y a pas de nuages.

santé (nom fém. : *la santé*). Zoé est en bonne santé, c'est-à-dire elle est en forme, elle n'est pas malade. Jérémie est en mauvaise santé, il est fatigué, malade.

saoul. Regarde soûl.

sapin (nom masc. : *un sapin*). C'est un arbre. Ses feuilles fines et dures s'appellent des aiguilles. Elles restent toujours vertes. On voit surtout les sapins en montagne.

sarbacane (nom fém. : *une sarbacane*). C'est un petit tuyau dans lequel on souffle : Ils envoient des boulettes de papier en soufflant dans leurs sarbacanes.

sarcophage (nom masc. : *un sarcophage*). C'était une sorte de cercueil dans lequel les Égyptiens plaçaient les momies.
☐ attention, **ph.**

sardine (nom fém. : *une sardine*). C'est un petit poisson de mer. On mange les sardines fraîches ou en conserve.
☐ regarde poisson.

satellite (nom masc. : *un satellite*). **1.** La Lune est un satellite de la Terre, c'est-à-dire un astre qui tourne autour de la Terre. **2.** Un satellite artificiel, c'est un engin qu'on envoie dans l'espace et qui tourne autour de la Terre.
☐ attention, **ll.**

Ils vont réparer le satellite.

satin (nom masc. : *le satin*). C'est un tissu doux, lisse et brillant.

satisfaction (nom fém. : *la satisfaction*). C'est ce qu'on ressent quand on est satisfait, content.

satisfaisant (adjectif : *un travail satisfaisant, une note satisfaisante*). Un travail satisfaisant, c'est un travail correct, assez bien.

satisfait (adjectif : *il est satisfait, elle est satisfaite*). Je suis satisfait de tes notes, c'est-à-dire je suis assez content.

sauce (nom fém. : *une sauce*). C'est une sorte de jus, de liquide qu'on fait pour donner du goût aux plats.

saucisse (nom fém. : *une saucisse*). On achète les saucisses à la charcuterie. On les fait cuire pour les manger.

saucisson (nom masc. : *le saucisson*). C'est un produit déjà cuit de la charcuterie. On le coupe en rondelles pour le manger.

sauf. Zoé aime tous les bonbons sauf les bonbons à la menthe, c'est-à-dire à part, excepté les bonbons à la menthe, qu'elle n'aime pas.

saumon (nom masc. : *un saumon*). C'est un poisson de mer qui remonte les fleuves au moment où il pond ses œufs.
□ regarde poisson.

saut (nom masc. : *un saut*). Pierre a fait un saut de 50 centimètres, c'est-à-dire il a sauté 50 centimètres.

saute-mouton. Pour jouer à saute-mouton tu dois sauter par-dessus moi en t'appuyant juste sur les mains et en écartant les jambes.

Nous jouons à saute-mouton.

sauter (verbe). C'est aller le plus haut ou le plus loin possible sans toucher le sol avec les pieds.

sauterelle (nom fém. : *une sauterelle*). La sauterelle avance en faisant de petits sauts. Elle est verte.
□ regarde insecte.

sautiller (verbe). C'est faire de petits sauts.

sauvage (adjectif). **1.** Les animaux sauvages vivent en liberté, en pleine nature. Ce ne sont pas des animaux domestiques. **2.** Les plantes sauvages poussent sans être cultivées. **3.** Un enfant sauvage n'aime pas parler aux autres il reste souvent seul.

sauver (verbe) **1.** Le petit chien allait se noyer, Luc l'**a sauvé,** c'est-à-dire il est allé le chercher, il l'a ramené, le petit chien n'a rien eu. **2. Se sauver,** c'est partir vite, s'enfuir : On a fait du bruit, le lapin **s'est sauvé.**

sauvetage (nom masc. : *le sauvetage*). Avec un gilet de sauvetage, on ne risque pas de se noyer.
☐ reconnais sauver.

sauveteur (nom masc. : *un sauveteur*). C'est une personne qui va au secours d'une autre personne en danger, pour la sauver.

savant (adjectif : *il est savant, elle est savante*). Une personne savante connaît, sait énormément de choses.
☐ reconnais savoir.

savoir (verbe). **1.** Je **sais** ma leçon, c'est-à-dire je l'ai apprise et je la connais. **2.** Comment **as-**tu **su** que j'étais malade ? C'est-à-dire qui te l'a dit, qui te l'a appris ?

savon (nom masc. : *un savon*). Avec le savon, on se lave. Le savon mousse.

savonner (verbe). C'est passer du savon pour laver, nettoyer : Marie **se savonne** les mains.
☐ attention, **nn.**

savonnette (nom fém. : *une savonnette*). C'est un petit savon pour la toilette.
☐ attention, **nn** et **tt.**

Ils plongent avec leurs scaphandres.

scaphandre (nom masc. : *un scaphandre*). Avec un scaphandre, on peut rester et respirer sous l'eau.
☐ attention, **ph.**

scaphandrier (nom masc. : *un scaphandrier*). C'est un homme qui plonge, travaille sous l'eau, avec un scaphandre.
☐ attention, **ph.**

scène (nom fém. : *une scène*). **1.** C'est quelque chose qui se passe et qu'on regarde : Dans le film, la scène de l'attaque de la diligence est très réussie. **2.** C'est aussi une sorte d'estrade où les comédiens jouent, au théâtre.
☐ attention, **sc.**

sceptre (nom masc. : *un sceptre*). C'est une sorte de bâton sculpté que les rois tiennent à la main.
☐ attention, **sc**.

schéma (nom masc. : *un schéma*). C'est un dessin très simple qui explique quelque chose.
☐ attention, **sch**.

scie (nom fém. : *une scie*). On coupe le bois avec une scie. La lame de la scie est bordée de petites dents.
☐ attention, **sc**.

science (nom fém. : *la science*). C'est grâce à la science qu'on peut soigner des maladies, envoyer des fusées dans l'espace, inventer de nouvelles voitures.
☐ attention, **sc** au début, et **c** à la fin.

scientifique (adjectif). Une émission scientifique explique des choses de la science.
☐ attention, **sc**.

scier (verbe). C'est couper avec une scie : Le bûcheron **scie** les arbres.
☐ attention, **sc**.

scintiller (verbe). Les étoiles **scintillent**, c'est-à-dire elles brillent de mille lumières.
☐ attention, **sc**.

sciure (nom fém. : *la sciure*). Ce sont les poussières de bois qui tombent quand on scie le bois.
☐ attention, **sc**.

scolaire (adjectif). Le travail scolaire, c'est le travail pour l'école.

score (nom masc. : *le score*). C'est le nombre de points obtenus par chaque joueur, chaque équipe dans un match.

scorpion (nom masc. : *un scorpion*). C'est un tout petit animal avec huit pattes et deux grandes pinces. Au bout de son ventre, il a une pointe qui contient du poison. Avec cette pointe, il pique.

sculpter (verbe). C'est faire des formes, des statues dans la pierre, le bois, en taillant, en enlevant des morceaux.
☐ attention au **p** qui ne se prononce pas.

sculpteur (nom masc. : *un sculpteur*). C'est une personne qui fait des statues, qui sculpte la pierre, le bois.
☐ attention au **p** qui ne se prononce pas.

sculpture (nom fém. : *la sculpture*). **1**. C'est le travail, le métier du sculpteur. **2**. C'est aussi ce qu'il a sculpté.
☐ attention au **p** qui ne se prononce pas.

séance (nom fém. : *une séance*). C'est un temps bien précis réservé à un spectacle ou à une activité : Il y a deux séances de marionnettes, une à 14 heures et une à 16 heures.

seau (nom masc. : *un seau, des seaux*). C'est un grand récipient avec une anse pour le tenir à la main : On remplit le seau d'eau pour aller laver la voiture.
☐ attention, **x** au pluriel.

sec (adjectif : *un linge sec, une chemise sèche*). Ce qui est sec n'est pas mouillé, il n'y a pas d'eau dedans : Avec le soleil, mon maillot de bain sera très vite sec.

sécher (verbe). Le linge **sèche** au soleil, c'est-à-dire il devient sec.
☐ attention, sécher avec **é**, mais il sèche, avec **è**.

sécheresse (nom fém. : *la sécheresse*). Cela fait plusieurs semaines qu'il n'a pas plu, les plantes souffrent de la sécheresse, c'est-à-dire du temps trop sec, sans eau.

seconde (nom fém. : *une seconde*). C'est une mesure du temps : Il y a 60 secondes dans une minute.
☐ attention, on écrit **c** mais on prononce [g].

secouer (verbe). C'est remuer dans tous les sens : On **secoue** la nappe pour faire tomber les miettes.

secours (nom masc.). Il appelle « au secours », c'est-à-dire il crie pour qu'on vienne l'aider, le sauver.
☐ attention, **s** à la fin.

secret (nom masc. : *un secret*). **1.** C'est quelque chose qu'on ne doit répéter à personne, que personne ne doit connaître : Ne le dis à personne, c'est un secret. **2.** Ils se sont rencontrés **en secret**, c'est-à-dire sans que personne ne le sache.

secret (adjectif : *un code secret, une visite secrète*). **1.** Pierre et moi, nous avons un code secret pour nous appeler, c'est-à-dire un moyen que nous sommes seuls à connaître. **2.** Une visite secrète, c'est une visite dont personne n'est au courant.

Dans l'atelier de sculpture.

P Q R **S** T U V W X Y Z

secrétaire (nom : *un* ou *une secrétaire*). C'est une personne qui s'occupe du courrier, des rendez-vous : La directrice dicte une lettre à sa secrétaire.

section (nom fém. : *une section*). **1.** C'est une partie, une division : À l'école maternelle, il y a la section des petits, la section des moyens, la section des grands. **2.** C'est aussi une partie du trajet d'un autobus.

sécurité (nom fém. : *la sécurité*). Être en sécurité quelque part, c'est être à l'abri du danger. En voiture, la ceinture de sécurité te protège en cas d'accident.

seigle (nom masc. : *le seigle*). C'est une céréale, une plante qui donne des grains. On en fait de la farine : Le pain de seigle est foncé, presque noir.

seigneur (nom masc. : *un seigneur*). Autrefois, les seigneurs étaient des nobles qui possédaient des terres.

sein (nom masc. : *un sein*). On a deux seins sur la poitrine. Les seins des femmes sont développés : Le bébé tète le sein de sa maman.

séjour (nom masc. : *un séjour*). C'est un temps que l'on passe quelque part : Notre séjour à la campagne était très agréable.

sel (nom masc. : *le sel*). Notre corps à besoin de sel. Il y a du sel dans les aliments. Il y a beaucoup de sel dans l'eau de la mer.

Il place la selle sur le dos de son cheval.

selle (nom fém. : *une selle*). On s'assied sur la selle du vélo. Le cavalier s'installe sur la selle de son cheval.

selon. Nous verrons ce que nous ferons selon le temps, c'est-à-dire cela dépendra du temps.

semaine (nom fém. : *une semaine*). Il y a 7 jours dans une semaine : lundi, mardi, mercredi, jeudi, vendredi, samedi, dimanche.

semblable (adjectif). C'est un autre mot pour pareil : Ces deux objets sont semblables.
☐ attention, **m** devant **b.**

semblant. Faire semblant, c'est faire comme si : Marion fait semblant de pleurer, c'est-à-dire elle ne pleure pas vraiment, elle fait comme si elle pleurait.
☐ attention, **m** devant **b**.

sembler (verbe). C'est un autre mot pour paraître, avoir l'air : Tu **sembles** fatigué, tu as l'air fatigué.
☐ attention, **m** devant **b**.

semelle (nom fém. : *la semelle*). C'est ce qu'il y a sous la chaussure : Mes chaussures sont usées, la semelle est trouée.

semer (verbe). C'est mettre des graines en terre pour qu'elles germent et pour que les plantes poussent.
☐ attention, il sème avec **è**.

semestre (nom masc. : *un semestre*). C'est une période de six mois.

semoule (nom fém. : *la semoule*). C'est une sorte de grosse farine, de tout petits grains ronds de blé.

sens (nom masc. : *un sens*). **1.** Nous avons cinq sens : le toucher (= on touche), la vue (= on voit), l'odorat (= on sent les odeurs), l'ouïe (= on entend), le goût (= on goûte). **2.** Le sens d'un mot c'est ce qu'il veut dire : Le dictionnaire donne les sens des mots. **3.** Un sens, c'est aussi une direction : Dans quel sens est-il parti ? **4.** Avoir du **bon sens** c'est savoir ce qu'il faut faire sans compliquer tout.

sensation (nom fém. : *une sensation*). **1.** C'est ce que l'on ressent, ce que l'on éprouve : J'ai froid, j'ai chaud, j'ai peur, tout cela, ce sont des sensations. **2.** Ma robe a fait sensation, c'est-à-dire tout le monde l'a remarquée.

sensationnel (adjectif : *il est sensationnel, elle est sensationnelle*). C'est au autre mot pour formidable, extraordinaire.

sensé (adjectif : *il est sensé, elle est sensée*). Marion est une enfant sensée, c'est-à-dire elle a du bon sens.

sensible (adjectif). **1.** Une personne sensible est facilement émue, elle est touchée par ce qu'elle voit, par ce qu'on lui dit. **2.** Ma dent est très sensible, c'est-à-dire je la sens et j'ai mal dès que j'y touche, dès que je mange.

sentier (nom masc. : *un sentier*). C'est un petit chemin à travers la campagne, la forêt, ou qui grimpe dans la montagne.

sentiment (nom masc. : *un sentiment*). C'est ce que l'on ressent pour une personne, pour un animal ou pour quelque chose : L'amour, l'amitié, l'affection, la haine sont des sentiments.

sentinelle (nom fém. : *une sentinelle*). C'est un soldat qui surveille l'entrée d'une caserne, d'un camp.

sentir (verbe). 1. Avec ton nez, tu **sens** les odeurs, tu les respires et tu les reconnais. Avec la peau de tes doigts, tu **sens** si quelque chose est doux ou non. **2.** Ces fleurs **sentent** bon, c'est-à-dire elles ont une bonne odeur.
3. J'ai senti que je me trompais, c'est-à-dire je l'ai su en moi-même.

séparation (nom fém. : *la séparation*). 1. Jérôme est triste depuis la séparation de ses parents, c'est-à-dire depuis que ses parents se sont séparés. **2.** Nous sommes dans la même chambre, mais avec une séparation entre nos deux coins, c'est-à-dire quelque chose qui sépare.

séparément. Nous travaillons séparément, c'est-à-dire chacun de notre côté, pas ensemble.

séparer (verbe). 1. C'est mettre à part, d'un côté et d'un autre côté : Marion et moi, nous parlions en classe, la maîtresse nous **a séparés. 2.** Les parents de Jérôme **se sont séparés,** c'est-à-dire ils ne vivent plus ensemble.

septembre (nom masc.). Le mois de septembre vient après le mois d'août et avant le mois d'octobre. C'est la fin de l'été et le début de l'automne, le 22 ou le 23 septembre.
□ attention, **m** devant **b**.

série (nom fém. : *une série*). Il m'a posé une série de questions, c'est-à-dire plusieurs questions à la suite.

sérieusement. C'est d'une manière sérieuse : Luc travaille sérieusement.

sérieux (adjectif : *il est sérieux, elle est sérieuse*). 1. Papa a toujours l'air sérieux, c'est-à-dire il ne rit pas, il ne sourit pas beaucoup. **2.** Un élève sérieux fait son travail comme il faut.

serin (nom masc. : *un serin*). C'est un petit oiseau jaune des îles Canaries.

seringue (nom fém. : *une seringue*). On fait les piqûres avec une seringue. Au bout de la seringue, on met l'aiguille. Dans la seringue, on met le médicament.

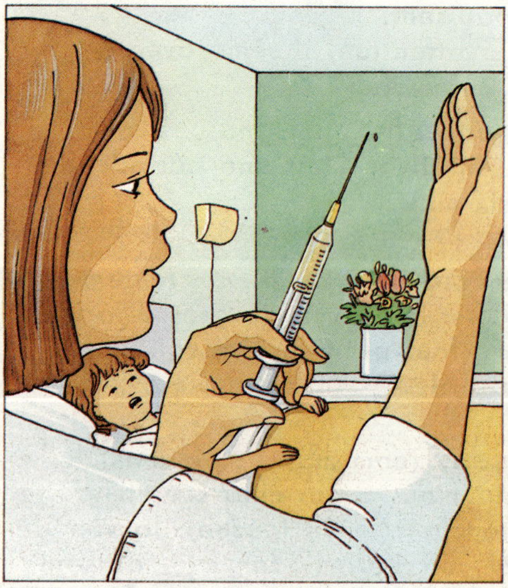

Une seringue.

serpe (nom fém. : *une serpe*). La serpe a une lame recourbée. On coupe les branches avec une serpe.

Les serpents.

serpent (nom masc. : *un serpent*). C'est un animal qui n'a pas de pattes. Il se déplace en rampant. C'est un « reptile ». Certains serpents sont très dangereux.

serre (nom fém. : *une serre*). La serre est fermée par des vitres. Les plantes y sont à l'abri du froid. On peut faire pousser toutes sortes de fleurs, de plantes, dans des serres, quel que soit le temps qu'il fait dehors.

serrer (verbe). **1.** Marion **serre** sa poupée contre son cœur, c'est-à-dire elle l'appuie très fort contre elle. **2.** Mes chaussures **sont** trop **serrées,** c'est-à-dire je n'ai pas assez de place dedans.

serrure (nom fém. : *une serrure*). La serrure est sur la porte. On met la clé dans la serrure pour ouvrir ou pour fermer la porte.

serrurier (nom masc. : *le serrurier*). C'est la personne qui pose les serrures, qui fabrique les clés.

servante (nom fém. : *une servante*). C'était une jeune fille qui s'occupait de la maison et de la dame de maison : Autrefois, les princesses avaient des servantes.

La serrure est réparée.

P Q R **S** T U V W X Y Z

serveur (nom : *un serveur, une serveuse*). C'est une personne qui sert les boissons et les plats au restaurant.

serviable (adjectif). Une personne serviable rend facilement service.

service (nom masc. : *un service*). **1.** Rendre service à quelqu'un, c'est l'aider, faire quelque chose pour lui. **2.** À la cantine, il y a deux services, c'est-à-dire certains mangent à midi et d'autres un peu plus tard, on sert deux fois le repas.

serviette (nom fém. : *une serviette*). C'est un tissu pour s'essuyer.

servir (verbe). **1.** C'est donner un plat à table : Donne-moi ton assiette, je te **sers. 2.** C'est être utile à quelque chose : À quoi **sert** cet objet ? Que peut-on faire avec ?

serviteur (nom masc. : *un serviteur*). C'était un homme qui aidait au travail dans les maisons, les châteaux et qui servait à table.

seuil (nom masc. : *le seuil*). Franchir le seuil de la maison, c'est passer la porte, pour entrer ou pour sortir.

seul (adjectif : *il est seul, elle est seule*). **1.** Marion a fait son exercice toute seule, c'est-à-dire personne ne l'a aidée. Les enfants sont seuls à la maison, c'est-à-dire personne ne les garde. **2.** Je veux un seul bonbon, c'est-à-dire vraiment, seulement un.

seulement. 1. Nous étions seulement deux, c'est-à-dire pas plus, pas davantage, nous n'étions que deux. **2.** C'est aussi un autre mot pour mais : Tu dis peut-être la vérité, seulement je ne te crois pas.

sève (nom fém. : *la sève*). C'est le liquide qu'il y a à l'intérieur des plantes, des arbres. La sève permet aux plantes et aux arbres de vivre, de grandir.

sévère (adjectif). Les parents de Luc sont sévères, c'est-à-dire ils ne plaisantent pas avec la discipline, avec le travail, ils grondent Luc s'il le faut.

sévérité (nom fém. : *la sévérité*). C'est le caractère d'une personne sévère.

sexe (nom masc. : *le sexe*). Il y a deux sexes : masculin et féminin. Le garçon est du sexe masculin, la fille est du sexe féminin.

shampooing (nom masc. : *un shampooing*). C'est une sorte de savon liquide pour laver les cheveux.
☐ attention, **oo**.

shérif (nom masc. : *un shérif*). Dans les westerns, le shérif est une sorte de chef de la police.

short (nom masc. : *un short*). C'est une culotte courte pour faire du sport, pour les vacances.

siècle (nom masc. : *un siècle*). C'est une période de 100 ans. Le vingtième siècle a commencé en 1900.

siège (nom masc. : *un siège*). C'est un meuble pour s'asseoir : Le banc, la chaise, le fauteuil, le tabouret sont des sièges.

sieste (nom fém. : *une sieste*). Faire la sieste, c'est dormir un peu pendant la journée, après le déjeuner, l'après-midi.

sifflement (nom masc. : *un sifflement*). C'est le bruit de quelque chose qui siffle : On entend le sifflement du train.
☐ attention, **ff**.

siffler (verbe). **1.** C'est faire un son aigu avec la bouche : Papa **siffle** pour appeler le chien.
2. C'est faire un bruit long et aigu : Le train **siffle**. L'agent de police **siffle** avec son sifflet.
☐ attention, **ff**.

Le shérif.

sifflet (nom masc. : *un sifflet*). C'est un petit objet pour siffler : L'agent de police a un sifflet.
☐ attention, **ff**.

signal (nom masc. : *un signal, des signaux*). C'est un bruit, une lumière ou un geste pour prévenir de quelque chose : Le feu rouge est un signal pour que les voitures s'arrêtent.
☐ attention, **aux** au pluriel.

signalement (nom masc. : *le signalement*). Le journal donne le signalement du voleur, c'est-à-dire il le décrit, il donne sa description, pour qu'on puisse le reconnaître.

signaler (verbe). C'est annoncer, dire, prévenir, indiquer : Le panneau **signale** qu'il y a une école et que les voitures doivent faire attention.

signature (nom fém. : *une signature*). Ta signature, c'est ton nom écrit à ta manière à toi, et toujours de la même manière : Tu mets ta signature à la fin de ta lettre, tu signes ta lettre.

signe (nom masc. : *un signe*).
1. C'est un trait, un dessin, une marque qui veut dire quelque chose, qui a un sens : Dans ton dictionnaire, le signe ☐ annonce une remarque sur le mot.
2. La maîtresse m'a fait signe de venir près d'elle, c'est-à-dire elle a fait un geste et j'ai compris ce que cela voulait dire.

signer (verbe). C'est écrire son nom, sa signature : Tu **signes** à la fin de ta lettre.

P Q R **S** T U V W X Y Z

signification (nom fém. : *une signification*). La signification d'un mot, c'est ce qu'il veut dire, c'est son sens.

signifier (verbe). C'est vouloir dire : Que **signifie** ce mot ? C'est-à-dire quel est son sens, quelle est sa signification ?

silence (nom masc. : *le silence*). **1.** C'est l'absence de bruit, le calme : J'aime le silence de la campagne. **2.** Garder le silence, c'est se taire, ne pas parler.

silencieusement. C'est sans faire de bruit, en silence : Les enfants travaillent silencieusement.

silencieux (adjectif : *il est silencieux, elle est silencieuse*). **1.** Une machine silencieuse ne fait pas de bruit. **2.** Luc est resté silencieux, c'est-à-dire il n'a pas parlé, il a gardé le silence.

silex (nom masc. : *le silex*). C'est une pierre très dure : Les hommes de la préhistoire faisaient du feu en frottant, en tapant des silex. Ils s'en servaient aussi pour faire des armes, des outils.
☐ attention, on prononce [ks].

silhouette (nom fém. : *une silhouette*). C'est la forme générale du corps de quelqu'un : Je vois sa silhouette derrière le rideau.
☐ attention, **lh**.

sillage (nom masc. : *un sillage*). Le sillage d'un bateau, c'est la trace qu'il laisse derrière lui, sur l'eau, quand il avance.

sillon (nom masc. : *un sillon*). C'est une longue fente dans la terre, faite par la charrue.

simple (adjectif). **1.** Ce qui est simple n'est pas compliqué : Cette addition est simple, facile. **2.** Notre maîtresse s'habille d'une manière simple, c'est-à-dire normalement, sans chercher des vêtements extraordinaires.
☐ attention, **m** devant **p**.

simplement. C'est d'une manière simple : Notre maîtresse s'habille simplement.
☐ attention, **m** devant **p**.

simplicité (nom fém. : *la simplicité*). Cet exercice est d'une grande simplicité, c'est-à-dire il est très simple.
☐ attention, **m** devant **p**.

simplifier (verbe). C'est rendre plus simple, plus facile : Aide-moi, cela me **simplifiera** le travail.
☐ attention, **m** devant **p**.

sincère (adjectif). Une personne sincère dit vraiment ce qu'elle pense, elle est franche. Une amitié sincère, c'est une amitié vraie.

sincèrement. C'est avec sincérité, avec franchise, d'une manière sincère : Je suis ton ami et je te dis sincèrement ce que je pense.

sincérité (nom fém. : *la sincérité*). C'est la qualité d'une personne sincère : Je vous parle avec sincérité, c'est-à-dire avec franchise, en étant sincère.

Quelques singes.

singe (nom masc. : *un singe*). C'est un animal d'Afrique, d'Asie ou d'Amérique. Il a des mains et des pieds avec lesquels il peut saisir des objets. Le ouistiti, le gorille, le chimpanzé, le gibbon sont des singes.

singulier (nom masc. : *le singulier*). On emploie le singulier quand il s'agit d'une seule chose ou d'une seule personne : Un chat, le chat, une femme, la femme sont du singulier.

sinistre (adjectif). Ce qui est sinistre est triste, inquiétant, sombre, cela fait un peu peur : Le vieux château abandonné était sinistre.

sirène (nom fém. : *une sirène*). **1.** Dans les contes et les légendes, on dit que les sirènes ont une tête et un corps de femme et une queue de poisson à la place des jambes. **2.** Une sirène, c'est aussi un signal qui fait du bruit pour avertir : Sur le port, on entend les sirènes des bateaux.

Une sirène.

sirop (nom masc. : *un sirop*). **1.** C'est un liquide très sucré. On le mélange à de l'eau pour faire une boisson. **2.** C'est aussi une sorte de médicament à boire.
☐ attention, **p** à la fin qui ne se prononce pas.

situation (nom fém. : *une situation*). **1.** La situation d'une ville, c'est l'endroit où elle est située. **2.** Monsieur Legrand a une bonne situation, c'est-à-dire un bon métier.

situer (verbe). Où **se situe** cette ville ? C'est-à-dire où est-elle ? À quel endroit ?

sketch (nom masc. : *un sketch*). C'est une petite pièce drôle : À la fin de l'année, les élèves de notre classe joueront un sketch.

ski (nom masc. : *le ski*). C'est un sport de neige que l'on fait avec des sortes de longues planches qu'on appelle aussi des skis : Avec des skis, on glisse sur la neige.

skier (verbe). C'est faire du ski, glisser sur des skis : Marie **skie** bien, mais elle tombe quand même.

skieur (nom : *un skieur, une skieuse*). C'est une personne qui fait du ski : Les skieurs descendent les pentes.

slalom (nom masc. : *un slalom*). Faire du slalom, c'est aller à droite, à gauche, à droite, à gauche, c'est faire sans arrêt des virages.

slip (nom masc. : *un slip*). C'est une culotte.

société (nom fém. : *la société*). **1.** Ce sont tous les hommes qui vivent en groupe, avec leurs lois, leurs règles, leur manière de s'organiser, d'être ensemble. **2.** Julie se tient bien en société, c'est-à-dire quand il y a du monde.

sœur (nom fém. : *une sœur*). Ma sœur et moi, nous sommes les enfants des mêmes parents. Une sœur aînée est plus âgée, une sœur cadette est plus jeune.

Ils font du ski.

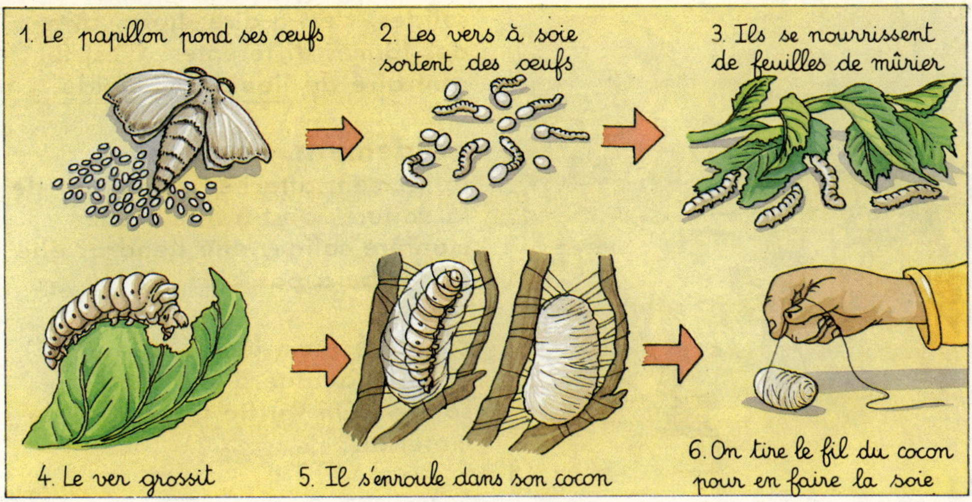

Sais-tu comment on obtient la soie ?

soie (nom fém. : *la soie*). C'est un tissu fin et doux. On le fabrique à partir de fils faits par certaines chenilles et surtout par celle que l'on appelle le « ver à soie ».
☐ attention, **e** à la fin.

soif (nom fém. : *la soif*). C'est ce que l'on ressent quand on a envie de boire : Il fait chaud, j'ai soif.

soigner (verbe). **1.** C'est donner des soins, essayer de guérir : Le médecin **soigne** les malades. **2.** C'est aussi faire très attention à ses affaires, à son travail : Marie ne **soigne** pas ses vêtements. Ton cahier n'**est** pas assez **soigné**.

soigneusement. C'est avec soin : Il range soigneusement ses affaires.

soigneux (adjectif : *il est soigneux, elle est soigneuse*). Un élève soigneux soigne ses cahiers, ses devoirs, qui sont très propres. Une personne soigneuse fait attention à ses affaires.

soin (nom masc. : *le soin*). **1.** David a eu une bonne note pour le soin, c'est-à-dire ses cahiers sont propres, sans taches, sans ratures. Son travail est soigné. **2.** À l'hôpital, on donne des soins aux malades, c'est-à-dire on les soigne.

soir (nom masc. : *le soir*). C'est la fin de la journée, quand le soleil s'est couché, quand la nuit est tombée.

soirée (nom fém. : *la soirée*). C'est la période après le dîner et avant de se coucher, c'est le soir.

sol (nom masc. : *le sol*). **1.** C'est la terre, le terrain : Le blé pousse bien sur le sol de cette région. **2.** C'est par terre : Nous marchons sur le sol. Le sol de la cuisine est en carrelage.

Bruno joue avec ses soldats.

soldat (nom masc. : *un soldat*). Les soldats sont dans l'armée, ce sont des militaires.

sole (nom fém. : *une sole*). C'est un poisson de mer plat, délicieux à manger.
☐ regarde poisson.

soleil (nom masc. : *le soleil*). **1.** C'est l'astre qui envoie la lumière et la chaleur sur la Terre : La Terre tourne autour du Soleil. **2.** Quand il y a du soleil, il fait beau, le temps est ensoleillé.

solfège (nom masc. : *le solfège*). Faire du solfège, c'est apprendre à lire et à chanter les notes de musique.

solide (adjectif). **1.** Ce qui est solide ne se casse pas facilement, ne s'abîme pas vite : Ce jeu est solide, il durera longtemps. **2.** Le bois, le métal sont des matières solides, c'est-à-dire dures, avec des formes différentes. C'est le contraire de liquide ou fluide.

solidement. La valise est solidement attachée sur le toit de la voiture, c'est-à-dire d'une manière solide, elle tiendra, elle ne tombera pas.

solidité (nom fém. : *la solidité*). C'est la qualité d'une chose solide : On vérifie la solidité du matériel.

solitaire (adjectif). Un enfant solitaire reste seul, dans son coin.

solitude (nom fém. : *la solitude*). Quand on vit seul, c'est la solitude : Grand-mère se plaint de sa solitude.

solution (nom fém. : *une solution*). **1.** La solution d'un problème, c'est la réponse à la question posée. **2.** C'était difficile, mais j'ai trouvé une solution, c'est-à-dire un moyen pour m'en sortir.

sombre (adjectif). Une couleur sombre est plus proche du noir que du blanc. C'est le contraire d'une couleur claire.
☐ attention, **m** devant **b**.

somme (nom fém. : *une somme*). **1.** C'est une addition : La somme de deux plus trois est cinq. **2.** C'est aussi une quantité d'argent : 100 francs, c'est une grosse somme.

somme (nom masc. : *un somme*). Faire un somme, c'est dormir un petit moment.

sommeil (nom masc. : *le sommeil*). Avoir sommeil, c'est avoir envie de dormir.

sommet (nom masc. : *le sommet*). Les alpinistes arrivent au sommet de la montagne, c'est-à-dire tout en haut.

sommier (nom masc. : *le sommier*). C'est la partie du lit qui est sous le matelas.

somnambule (adjectif). Pierre est somnambule, c'est-à-dire il se lève et il marche en dormant.
☐ attention, **m** devant **b**.

Oh! Il est somnambule!

son (nom masc. : *le son*). Chaque bruit que l'on entend est un son. La musique est faite de sons.

sonner (verbe). **1.** Les cloches **sonnent**, c'est-à-dire on entend leur son, leur bruit. **2. Sonner** à la porte, c'est appuyer sur la sonnette.

sonnerie (nom fém. : *la sonnerie*). C'est le bruit, le son du téléphone, du réveil qui sonne.

sonnette (nom fém. : *une sonnette*). Si on appuie sur la sonnette, cela fait un son assez fort pour qu'on l'entende dans la maison.

sonore (adjectif). Une voix sonore s'entend bien. Dans une pièce sonore, tous les bruits résonnent.

sorcier (nom masc. : *un sorcier*). C'est un homme qui a des pouvoirs extraordinaires : Le sorcier africain appelle la pluie.

Un sorcier africain.

P Q R **S** T U V W X Y Z

La sorcière sur son balai.

sorcière (nom fém. : *une sorcière*). Dans les contes, les sorcières jettent des sorts, en général pour faire du mal. On dit qu'elles se promènent sur un balai qui vole.

sort (nom masc. : *un sort*). **1.** La sorcière lui avait jeté un sort : dès qu'il parlerait, des grenouilles sortiraient de sa bouche. **2.** Tirer un nom au sort, c'est le tirer au hasard, sans choisir.

sorte (nom fém. : *une sorte*). C'est une espèce, un genre, un type : Il y a plusieurs sortes de fleurs.

sortie (nom fém. : *la sortie*). **1.** C'est la porte, l'endroit par où l'on sort : Où est la sortie, s'il vous plaît ? **2.** C'est aussi le moment où l'on sort : Les élèves se dispersent à la sortie de l'école.

sortir (verbe). **1.** C'est partir, quitter un endroit, aller dehors : Maman, nous **sortons** jouer dans le jardin. Je **sors** de l'école à 4 heures. **2.** C'est trop difficile, je ne **m'en sors** pas, c'est-à-dire je n'y arrive pas.

sosie (nom masc. : *un sosie*). Si ce n'est pas Pierre, c'est son sosie, c'est-à-dire quelqu'un qui lui ressemble tout à fait.
☐ attention, **e** à la fin.

sot (adjectif : *il est sot, elle est sotte*). C'est un autre mot pour bête, stupide, idiot.

sottise (nom fém. : *une sottise*). C'est une bêtise : Tu dis des sottises. J'ai fait une sottise.
☐ attention, **tt**.

sou (nom masc. : *un sou*). **1.** Autrefois, le sou était une pièce de monnaie qui ne valait pas très cher. **2.** Aujourd'hui, on dit souvent « des sous » pour « de l'argent ».

souci (nom masc. : *un souci*). **1.** C'est une fleur jaune. **2.** Se faire du souci, c'est s'inquiéter. Avoir des soucis, c'est être ennuyé, avoir des problèmes.

soucoupe (nom fém. : *une soucoupe*). **1.** C'est une petite assiette qu'on place sous une tasse. **2.** On dit que les extraterrestres, les Martiens voyagent en soucoupe volante.

soudain. C'est tout à coup, brusquement : Soudain, il s'est mis à pleuvoir.
☐ attention, **ain**.

souder (verbe). Pour attacher deux tuyaux de fer ensemble, on **soude** leurs deux bouts en les chauffant très fort.

Il fait de la soudure.

soudure (nom fém. : *la soudure*). Quand on soude deux tuyaux de fer, on fait de la soudure.

souffle (nom masc. : *le souffle*). **1.** C'est l'air qui sort de la bouche quand on respire. **2.** J'ai trop couru, je n'ai plus de souffle, c'est-à-dire j'ai du mal à respirer. **3.** Il n'y a pas un souffle de vent, c'est-à-dire pas de vent du tout.
☐ attention, **ff**.

souffler (verbe). **1.** C'est rejeter de l'air par la bouche : Cléa **souffle** sur ses bougies d'anniversaire pour les éteindre. **2.** Le vent **souffle** fort, c'est-à-dire il y a beaucoup de vent.
☐ attention, **ff**.

souffrance (nom fém. : *la souffrance*). C'est un autre mot pour douleur.
☐ attention, **ff**.

souffrant (adjectif : *il est souffrant, elle est souffrante*). Une personne souffrante est un peu malade : Mademoiselle Durand ne viendra pas, elle est souffrante.
☐ attention, **ff**.

souffrir (verbe). C'est avoir mal : Pierre est tombé, il **souffre**.
☐ attention, **ff**.

souhait (nom masc. : *un souhait*). C'est un désir, un vœu, quelque chose qu'on souhaite. Ce mot s'emploie surtout dans les histoires écrites et dans la phrase : « À vos souhaits », que l'on dit à quelqu'un qui éternue.
☐ attention, **h**.

souhaiter (verbe). **1.** Je te **souhaite** un bon anniversaire, c'est-à-dire j'espère que tout se passera bien pour toi, je fais des vœux pour toi. **2. Souhaiter,** c'est aussi un autre mot pour désirer, vouloir : Que **souhaitez**-vous faire pour les vacances ?
☐ attention, **h**.

soûl (adjectif : *il est soûl, elle est soûle*). Une femme soûle a bu trop d'alcool, elle est ivre.
☐ attention, on ne prononce pas le **l** au masc. Il y a deux manières d'écrire : soûl, avec **û**, ou saoul, avec **a**.

P Q R **S** T U V W X Y Z

soulager (verbe). **1.** Un médicament **soulage** la douleur, c'est-à-dire il la diminue, il la fait disparaître. **2.** J'étais inquiète, et maintenant je **suis soulagée**, c'est-à-dire j'ai moins de soucis, je suis plus tranquille.
☐ attention, nous soulag**e**ons, avec **e**.

soulever (verbe). C'est lever, porter en levant : Pierre est fort, il **soulève** la valise.
☐ attention, il soul**è**ve, avec **è**.

Pourra-t-il soulever la valise?

soulier (nom masc. : *un soulier*). C'est un autre mot pour chaussure.

souligner (verbe). C'est tirer un trait sous un mot : Dans l'exercice, je **souligne** tous les noms.

soupçon (nom masc. : *un soupçon*). La police n'est pas sûre que monsieur Martin soit le voleur, mais elle a des soupçons, c'est-à-dire elle le soupçonne, elle pense que c'est peut-être lui pour plusieurs raisons.
☐ attention, **ç**.

soupçonner (verbe). Il y a eu un vol et la police **soupçonne** monsieur Martin, c'est-à-dire elle pense que c'est peut-être lui le coupable.
☐ attention, **ç**.

soupe (nom fém. : *la soupe*). C'est un aliment liquide : Pour faire une soupe de légumes, il faut faire cuire les légumes dans de l'eau et tout écraser ensemble.

souper (verbe). C'est un autre mot pour dîner. C'est prendre le repas du soir.

soupière (nom fém. : *une soupière*). On présente la soupe à table dans la soupière.

soupir (nom masc. : *un soupir*). Pousser un soupir, c'est soupirer.

soupirail (nom masc. : *un soupirail, des soupiraux*). C'est une petite fenêtre dans une cave.
☐ attention, **aux** au pluriel.

soupirer (verbe). C'est respirer et souffler fort parce qu'on est fatigué, parce qu'on en a assez ou parce qu'on est soulagé, rassuré.

souple (adjectif). Ce qui est souple peut facilement se plier, changer de forme : Ce tissu est souple. Julie est très souple, elle peut mettre ses pieds sur sa tête. Le contraire est raide.

souplesse (nom fém. : *la souplesse*). C'est la qualité d'une personne, d'un animal ou d'une matière souple : Julie a sauté avec beaucoup de souplesse, c'est-à-dire sans être raide.

source (nom fém. : *une source*). **1.** C'est de l'eau qui sort du sol, de la terre. La source d'une rivière, c'est l'endroit où la rivière commence. **2.** Une lampe est une source de lumière, c'est-à-dire elle donne, elle fournit de la lumière.

sourcil (nom masc. : *un sourcil*). Les sourcils, ce sont les deux lignes de poils que l'on a au-dessus des yeux, en bas du front.
☐ attention, **l** à la fin qui ne se prononce pas.

sourd (adjectif : *il est sourd, elle est sourde*). Une personne sourde n'entend rien ou bien elle entend très mal.

souriant (adjectif : *il est souriant, elle est souriante*). Une personne souriante a le sourire.

sourire (nom masc. : *un sourire*). C'est un mouvement des lèvres qui montre qu'on est content, heureux, gai.

sourire (verbe). C'est faire un sourire, montrer un visage gai, heureux : **Souriez** pour la photo.

souris (nom fém. : *une souris*). C'est un petit animal qui ronge, grignote : Les chats chassent les souris.
☐ attention, **s** à la fin.

sous. La bouche est sous le nez, c'est-à-dire plus bas, dessous.

sous-marin (nom masc. : *un sous-marin*). C'est un bateau spécial qui se déplace sous l'eau. On ne le voit pas à la surface.
☐ attention au pluriel : des sous-marins.

Le sous-marin va plonger.

P Q R **S** T U V W X Y Z

sous-sol (nom masc. : *le sous-sol*). Les caves et les garages sont au sous-sol, c'est-à-dire sous le rez-de-chaussée, en dessous du niveau du sol.
☐ attention au pluriel : les sous-sols.

soustraction (nom fém. : *une soustraction*). C'est l'opération que l'on fait quand on soustrait, quand on ôte, quand on enlève. C'est le contraire de l'addition.

Sais-tu faire ces soustractions ?

soustraire (verbe). C'est faire une soustraction : 15, dont je **soustrais** 12. Il me reste 3.

soutenir (verbe). **1.** Les murs **soutiennent** la maison, c'est-à-dire ils la font tenir. **2.** La vieille dame a du mal à marcher, il faut la **soutenir**, c'est-à-dire la tenir pour l'aider à rester droite.

souterrain (nom masc. : *un souterrain*). C'est un passage sous le sol, sous une route.
☐ attention, **rr** comme dans terre, terrain.

souvenir (nom masc. : *un souvenir*). **1.** C'est ce dont on se souvient, ce que l'on garde dans sa mémoire : J'ai de bons souvenirs de mes vacances.
2. C'est aussi un objet que l'on rapporte, que l'on garde pour se souvenir.

se **souvenir** (verbe). C'est garder dans sa mémoire, c'est ne pas oublier : Zoé **se souvient** bien de son ancienne maison. Je ne **me souviens** plus de son nom, je ne me le rappelle plus.

souvent. Pierre oublie souvent ses affaires, c'est-à-dire de nombreuses fois.

sparadrap (nom masc. : *le sparadrap*). C'est un tissu spécial, qui colle, pour les pansements.
☐ attention, **p** à la fin qui ne se prononce pas.

speaker (nom : *le speaker, la speakerine*). C'est la personne qui annonce les programmes à la télévision.
☐ attention, on prononce [spikeur] et [spikrine].

spécial (adjectif : *un crayon spécial, une forme spéciale, des crayons spéciaux*). **1.** J'écris sur cette ardoise avec un crayon spécial, c'est-à-dire un crayon fait exprès pour cela. **2.** Une forme spéciale, c'est une forme particulière, pas ordinaire.
☐ attention, **aux** au masc. pluriel.

spécialement. Je suis venu spécialement pour toi, c'est-à-dire exprès.

spectacle (nom masc. : *un spectacle*). C'est ce que l'on regarde, ce que l'on va voir. Le théâtre, le cinéma, le cirque sont des spectacles.

spectateur (nom : *un spectateur, une spectatrice*). C'est une personne qui regarde un spectacle.

sphère (nom fém. : *une sphère*). C'est quelque chose qui a la forme d'une boule : La Terre est une sphère.
☐ attention, **ph**.

spirale (nom fém. : *une spirale*). C'est une ligne qui tourne sur elle-même : Dans un cahier à spirale, les feuilles sont attachées par un fil de fer qui tourne sur lui-même.

splendide (adjectif). Ce qui est splendide est magnifique, très beau : Il fait un temps splendide.

spontané (adjectif : *il est spontané, elle est spontanée*). Une personne spontanée dit tout de suite ce qu'elle pense. Elle est franche. Elle agit comme son cœur lui dit d'agir.

sport (nom masc. : *le sport*). La gymnastique, la course, le tennis, le football, le judo sont des sports, ce sont des exercices physiques.

sportif (adjectif : *il est sportif, elle est sportive*). Une personne sportive aime faire du sport.

sportif (nom : *un sportif, une sportive*). C'est une personne qui fait du sport.

sprint (nom masc. : *un sprint*). Faire un sprint, c'est courir le plus vite possible, surtout à la fin de la course, juste avant l'arrivée.
☐ attention, on prononce le **n** et le **t** à la fin.

square (nom masc. : *un square*). C'est un petit jardin public dans les villes.
☐ attention, on prononce [squoir].

Les enfants jouent dans le square.

P Q R **S** T U V W X Y Z

Nous sommes au stand du jeu de massacre.

squelette (nom masc. : *le squelette*). C'est l'ensemble des os du corps.

stable (adjectif). Ce qui est stable est en équilibre, ne bouge pas, ne risque pas de tomber : Je mets une pièce sous le pied de la table parce qu'elle n'est pas stable.

stade (nom masc. : *un stade*). C'est un grand terrain pour faire du sport.

stand (nom masc. : *un stand*). À notre kermesse, il y a plusieurs stands : des stands pour les jeux, des stands pour des objets à vendre.

station (nom fém. : *une station*). **1.** C'est l'endroit où un bus, un car, un métro s'arrête régulièrement. **2.** Une station de sports d'hiver, c'est un village en bas des pistes pour les personnes qui viennent faire du ski.

stationnement (nom masc. : *le stationnement*). Le stationnement est interdit ici, c'est-à-dire on n'a pas le droit de stationner.

stationner (verbe). C'est s'arrêter et garer sa voiture dans la rue.

station-service (nom fém. : *une station-service*). C'est un endroit où on peut acheter de l'essence pour la voiture, faire vérifier ses pneus, faire nettoyer ses vitres, au bord de la route.
☐ attention au pluriel : des station**s**-service.

Regarde les décors,

statue (nom fém. : *une statue*). C'est une forme sculptée dans la pierre ou le bois qui représente une personne, un animal.

statuette (nom fém. : *une statuette*). C'est une petite statue.

stock (nom masc. : *un stock*). Le commerçant a un stock de marchandises, c'est-à-dire une grosse réserve de marchandises.
☐ attention, **ck**.

stop. C'est ce qu'on dit pour demander de s'arrêter : Stop ! On ne passe pas !

stopper (verbe). C'est s'arrêter : La voiture **stoppe** au feu rouge.
☐ attention, **pp**.

store (nom masc. : *un store*). C'est une sorte de rideau qui protège du soleil à l'extérieur de la fenêtre.

strapontin (nom masc. : *un strapontin*). C'est un petit siège qui se replie dans les métros, les trains, les cinémas.

strophe (nom fém. : *une strophe*). C'est une partie d'un poème, d'une poésie.
☐ attention, **ph**.

studieux (adjectif : *il est studieux, elle est studieuse*). Un élève studieux étudie, apprend avec application.

studio (nom masc. : *un studio*). **1.** C'est un petit appartement d'une pièce. **2.** Dans un studio de cinéma, on monte les décors, on tourne les films.

stupéfait (adjectif : *il est stupéfait, elle est stupéfaite*). Je suis stupéfait par ce que tu me dis, c'est-à-dire je suis très étonné, très surpris.

les comédiens, les caméras dans le studio de cinéma.

P Q R S T U V W X Y Z

stupide (adjectif). C'est un autre mot pour bête, idiot.

stupidité (nom fém. : *la stupidité*). Dire des stupidités, c'est dire des bêtises, des choses stupides, idiotes.

style (nom masc. : *un style*). C'est une manière d'écrire, de s'habiller, de se coiffer, de se meubler : J'aime bien ce style de coiffure.
□ attention, **y**.

stylo (nom masc. : *un stylo*). On écrit à l'encre avec un stylo.
□ attention, **y**.

su. Regarde savoir.

subir (verbe). Jean fait quelque chose à Pierre. On dit que Jean fait l'action et que Pierre la **subit**. Judith **a subi** une opération, c'est-à-dire on l'a opérée.

subitement. C'est tout à coup : Il est parti subitement.

succéder (verbe). **1.** C'est venir après : Quel est le roi qui **a succédé** à Louis XIV ? C'est-à-dire qui a été roi après lui ? **2.** Les jours **se succèdent**, c'est-à-dire ils se suivent.
□ attention, **cc**, et succéder, avec é mais il succède, avec **è**.

succès (nom masc. : *le succès*). C'est la réussite : Ce film est un grand succès, c'est-à-dire il marche très bien, le public l'aime beaucoup.
□ attention, **cc** et **ès** à la fin.

succession (nom fém. : *une succession*). C'est une suite, une série : Il y a eu une succession d'accidents.
□ attention, **cc** et regarde succéder.

sucer (verbe). **1.** Marie **suce** un bonbon, c'est-à-dire elle le fait fondre dans sa bouche.
2. Jérémie **suce** son pouce, il le tient dans sa bouche.
□ attention, nous **suçons**, avec **ç**.

sucette (nom fém. : *une sucette*). C'est un grand bonbon, une friandise, sur un petit bâton, qu'on suce dans sa bouche.

sucre (nom masc. : *le sucre*). Le sucre à un goût très doux. Les bonbons sont faits avec du sucre. On tire le sucre des betteraves ou de la canne à sucre qui est une sorte de grand roseau.

sucré (adjectif : *un goût sucré, une boisson sucrée*). Un goût sucré, c'est un goût de sucre, un goût très doux. Une boisson sucrée contient du sucre.

sucrer (verbe). C'est mettre du sucre : **As**-tu **sucré** mon chocolat ?

sucrier (nom masc. : *un sucrier*). Les morceaux de sucre sont dans le sucrier.

sud (nom masc. : *le sud*). Sur la carte de France, le sud est en bas, à l'opposé du nord.

suer (verbe). C'est transpirer, être en sueur parce qu'on a chaud.

C'est une suite d'images à mettre dans l'ordre.

sueur (nom fém. : *la sueur*). Quand on a très chaud, on transpire, on est en sueur. Des gouttes de sueur sortent de notre peau.

suffire (verbe). Trois bonbons, cela **suffit**, c'est-à-dire c'est assez, il n'en faut pas plus.

suffisamment. C'est assez : Pierre a suffisamment de jouets.

suffisant (adjectif : *un nombre suffisant, une quantité suffisante*). J'ai un nombre suffisant de billes pour jouer, c'est-à-dire cela suffit, c'est assez pour jouer.

se **suicider** (verbe). C'est se tuer soi-même, volontairement.

suie (nom fém. : *la suie*). C'est la matière noire déposée par les fumées dans les cheminées.
☐ attention, **e** à la fin.

suite (nom fém. : *une suite*). **1.** Une suite de nombres, c'est une série de nombres qui se suivent. **2.** La suite, c'est aussi ce qui se passe après : Raconte-moi la suite de l'histoire.

suivant (adjectif : *le mot suivant, la page suivante*). Le mot suivant, c'est le mot qui suit, qui vient juste après.

suivre (verbe). **1.** C'est être derrière : Tu marches devant et je te **suis**. **2.** C'est venir après : Mardi est le jour qui **suit** lundi. **3. Suivre** une route, c'est la prendre : Vous **suivez** le sentier jusqu'au ruisseau. **4.** Julie **suit** bien en classe, c'est-à-dire elle comprend bien, elle a de bonnes notes.

sujet (nom masc. : *le sujet*). Quel est le sujet du livre ? C'est-à-dire de quoi parle le livre ?

Le samedi, nous faisons nos courses

superbe (adjectif). Ce qui est superbe est très beau : Il fait un temps superbe.

superficie (nom fém. : *la superficie*). C'est la mesure de la surface.

superficiel (adjectif : *un travail superficiel, une blessure superficielle*). Un travail superficiel n'est pas approfondi. Une blessure superficielle n'est pas profonde.

supérieur (adjectif : *un nombre supérieur, une quantité supérieure*). **1.** Le nombre 4 est supérieur au nombre 3, c'est-à-dire plus grand.
2. L'étage supérieur, c'est l'étage du dessus, plus haut. Le contraire est inférieur.

supermarché (nom masc. : *un supermarché*). C'est un grand magasin où on peut acheter tout ce qu'il faut pour manger, pour la maison, pour jouer, pour s'habiller.

superposé (adjectif). Des lits superposés sont placés l'un au-dessus de l'autre.

superstitieux (adjectif : *il est superstitieux, elle est superstitieuse*). Une personne superstitieuse croit que certaines choses portent bonheur et que d'autres portent malheur.

supplément (nom masc. : *un supplément*). C'est quelque chose qui vient en plus : Je voudrais un supplément de frites.
☐ attention, **pp**.

au supermarché.

supplier (verbe). C'est demander avec force, presqu'en priant : Je te **supplie** de me dire la vérité.

support (nom masc. : *un support*). C'est n'importe quel objet sur lequel on place un autre objet pour le faire tenir : Marie a posé son modelage sur un petit support en bois.

supportable (adjectif). Ce qui est supportable, on peut le supporter : Il fait chaud mais la chaleur est supportable.

supporter (verbe). **1.** C'est tenir, soutenir : Cette planche **supportera** ton poids, tu peux monter dessus, elle tiendra. **2.** Marie **supporte** bien la chaleur, c'est-à-dire elle n'est pas malade. Je ne **supporte** pas que tu cries, c'est-à-dire je ne l'accepte pas, je n'aime pas cela.

supporter (nom masc. : *un supporter*). C'est une personne qui vient encourager un sportif, une équipe, à un match, à une compétition.
☐ attention, on prononce le **r** de la fin.

supposer (verbe). C'est penser que quelque chose est possible : Arthur est absent, je **suppose** qu'il est malade, c'est-à-dire je pense que c'est pour cela qu'il est absent.

supposition (nom fém. : *une supposition*). C'est ce que l'on suppose.

suppositoire (nom masc. : *un suppositoire*). C'est un médicament qu'on met dans le derrière, dans les fesses.
☐ attention, **e** à la fin.

supprimer (verbe). C'est enlever : Ce médicament **supprime** la douleur, on n'a plus mal.

sur. La nappe est sur la table, c'est-à-dire au-dessus.

sûr (adjectif : *il est sûr, elle est sûre*). **1.** Je suis sûr que c'est vrai, c'est-à-dire je le crois, je le pense très fort, j'en suis certain. **2.** Alain est sûr de lui, c'est-à-dire il a confiance en lui. **3.** Ne te baigne pas par ce temps, ce n'est pas sûr, c'est-à-dire il y a du danger.
☐ attention, **û**.

sûrement. C'est certainement : Zoé va sûrement venir, attends-la.
☐ attention, **û**.

sûreté (nom fém.). Elle a mis ses bijoux **en sûreté,** c'est-à-dire dans un endroit sûr, où ils ne risquent rien.
☐ attention, **û**.

surf (nom masc. : *le surf*). C'est un sport. Il faut se tenir debout sur une planche au-dessus des vagues.
☐ attention, on prononce [seurf].

Ils font du surf.

surface (nom fém. : *la surface*). **1.** C'est la partie au-dessus : Quand l'eau bout, il y a des bulles à la surface. **2.** C'est une étendue : Ma chambre est plus grande que la tienne, sa surface est plus grande.

surgelé (adjectif : *du poisson surgelé, de la viande surgelée*). Les aliments surgelés sont conservés dans un très grand froid.

surgir (verbe). C'est apparaître tout à coup : Une voiture **a surgi** de la gauche.

sur-le-champ. C'est tout de suite, immédiatement.

surnom (nom masc. : *un surnom*). C'est un autre nom que l'on donne à quelqu'un : Elle est un peu grosse, alors on l'appelle « Bouboule », c'est son surnom.

surprenant (adjectif : *il est surprenant, elle est surprenante*). C'est un autre mot pour étonnant.

surprendre (verbe). **1.** C'est étonner : Ce que tu me dis me **surprend** beaucoup, je ne l'aurais jamais cru possible. **2.** La police **a surpris** le voleur en train de voler, c'est-à-dire elle l'a vu faire.

surprise (nom fém. : *une surprise*). **1.** C'est quelque chose à quoi on ne s'attend pas : Papa m'a fait une surprise, il m'a offert un livre. **2.** Une surprise, c'est aussi un paquet avec des bonbons et un petit cadeau qu'on ne connaît pas dedans.

sursauter (verbe). C'est faire un petit saut, un petit bond parce qu'on est surpris, étonné.

surtout. Ce mot indique qu'on insiste sur quelque chose : Et surtout, n'oublie pas tes disques !

Nous survolons un village.

surveillance (nom fém. : *la surveillance*). Les enfants jouent sous la surveillance de leur mère, c'est-à-dire à côté de leur mère qui les surveille.

surveillant (nom : *un surveillant, une surveillante*). C'est une personne qui surveille d'autres personnes.

Qu'as-tu dans ta surprise ?

surveiller (verbe). C'est regarder avec attention pour voir si tout se passe bien : La maman **surveille** ses enfants au square.

survêtement (nom masc. : *un survêtement*). C'est un pantalon et une veste que l'on met pour faire du sport.
□ attention, ê comme dans vêtement.

survivant (nom : *un survivant, une survivante*). C'est une personne qui est encore en vie après une catastrophe, un grave accident, après que d'autres sont morts.

survoler (verbe). C'est voler au-dessus : En avion, nous **survolons** la mer, les villes, les montagnes.

susceptible (adjectif). Une personne susceptible se vexe facilement.
□ attention, **sc**.

P Q R **S** T U V W X Y Z

Marion se __suspend__ au trapèze par les jambes.

suspendre (verbe). C'est accrocher : Marie **suspend** son manteau au portemanteau. Je **me suspends** par les pieds au trapèze.

suspense (nom masc. : *le suspense*). Quand on attend la suite et la fin d'une histoire avec beaucoup d'impatience, on dit qu'il y a du suspense.
□ attention, on prononce le **e** et le **n**.

syllabe (nom fém. : *une syllabe*). C'est une lettre ou un groupe de lettres qu'on prononce d'un coup, en une fois : Dans le mot « chapeau » il y a deux syllabes : « cha » et « peau ».
□ attention, **y**.

sympathie (nom fém. : *la sympathie*). J'ai de la sympathie pour José, c'est-à-dire je l'aime bien, je le trouve sympathique, gentil.
□ attention à toutes les lettres : **y, m** devant **p**, et **th**.

sympathique (adjectif). On aime bien une personne sympathique, on a envie de la connaître davantage, on la trouve aimable, agréable.
□ attention, **y, m** devant **p**, et **th**.

système (nom masc. : *un système*). **1.** C'est un ensemble de choses, bien organisées, qui forment un tout, comme par exemple le système solaire.
2. Dans ma poupée, il y a un système pour qu'elle pleure, c'est-à-dire un mécanisme.
□ attention, **y**.

t

tabac (nom masc. : *le tabac*). C'est une plante dont on fume les feuilles séchées sous forme de cigarettes, de cigares ou dans une pipe.
☐ attention, **c** à la fin.

table (nom fém. : *une table*). **1.** C'est un meuble fait d'un plateau monté sur quatre pieds. **2.** Mettre la table, c'est mettre le couvert, les assiettes, les verres pour le repas. **3.** Une table, c'est aussi une liste ou un tableau, comme une table des matières ou une table de multiplication.

tableau (nom masc. : *un tableau, des tableaux*). **1.** C'est un grand panneau sur lequel on peut écrire : Le maître écrit sur le tableau. **2.** C'est aussi une peinture, un dessin qu'on met au mur. **3.** Un tableau, c'est aussi une liste de mots, de nombres qui donnent des renseignements.
☐ attention, **x** au pluriel.

tablette (nom fém. : *une tablette*). **1.** C'est une petite étagère : Le dentifrice est sur la tablette au-dessus du lavabo. **2.** Une tablette de chocolat, c'est du chocolat sous forme de plaque.

tablier (nom masc. : *un tablier*). On met un tablier pour ne pas salir ses vêtements.

tabouret (nom masc. : *le tabouret*). C'est le siège le plus simple, sans dossier et sans bras.

tache (nom fém. : *une tache*). **1.** C'est une marque sale : Zoé a une tache de confiture sur sa robe. **2.** C'est aussi une marque de couleur différente : Le léopard a des taches sur sa fourrure.
☐ attention, **a** sans accent.

tâche (nom fém. : *une tâche*). C'est un travail, une chose à faire.
☐ attention, **â** avec accent.

tacher (verbe). C'est faire des taches : Zoé **a taché** sa robe avec de la confiture.
☐ attention, **a** sans accent.

tâcher (verbe). C'est essayer vraiment : Je **tâcherai** d'être à l'heure.
☐ attention, **â** avec accent.

tactique (nom fém. : *une tactique*). C'est une manière de faire, une méthode pour arriver à quelque chose : J'ai une bonne tactique pour le convaincre.

taie (nom fém. : *une taie*). C'est l'enveloppe, la housse d'un oreiller.
☐ attention, **e** à la fin.

taille (nom fém. : *la taille*).
1. C'est la grandeur d'une chose ou d'une personne : Cléa et moi, nous sommes de la même taille.
2. La taille, c'est aussi l'endroit du corps, au-dessus des hanches, où on peut se plier en avant : Les jupes, les pantalons sont resserrés à la taille.

taille-crayon (nom masc. : *un taille-crayon*). On taille ses crayons avec un taille-crayon.
☐ attention au pluriel : des taille-crayon**s**.

tailler (verbe). C'est couper pour donner une forme : Grand-père **taille** les rosiers dans le jardin. Maman **taille** une robe pour ma poupée dans un beau tissu.

tailleur (nom masc. : *un tailleur*). C'est un homme qui fabrique des vêtements, des costumes pour les hommes.

se **taire** (verbe). C'est ne pas parler, c'est garder le silence : Chut ! **Taisez-vous,** le bébé dort. Les élèves **se sont tus** quand il est entré.

talent (nom masc. : *le talent*). Cet acteur a du talent, c'est-à-dire il joue bien, il est doué.

talon (nom masc. : *le talon*).
1. C'est la partie arrière du pied. **2.** C'est aussi la partie de la chaussure qui est à la même place que le talon du pied.

talus (nom masc. : *un talus*). C'est un terrain en hauteur sur le bord de la route.

Ils jouent du tambour.

tambour (nom masc. : *un tambour*). C'est un instrument de musique que l'on frappe avec des baguettes pour marquer un rythme.
☐ attention, **m** devant **b**.

tambourin (nom masc. : *un tambourin*). C'est une sorte de petit tambour.
☐ attention, **m** devant **b**, et regarde instrument.

tampon (nom masc. : *un tampon*). Avec un tampon et de l'encre, on imprime une marque, un mot.
☐ attention, **m** devant **p**.

tamponner (verbe). **1.** C'est marquer avec un tampon : Le postier **tamponne** l'enveloppe.
2. Les voitures **se sont tamponnées,** c'est-à-dire elles se sont touchées, heurtées, cognées.
☐ attention, **m** devant **p**.

tandis que. C'est un autre mot pour alors que, pendant que : Tu t'amuses tandis que moi, je travaille.

tanière (nom fém. : *la tanière*). C'est le trou dans lequel le renard se cache.
□ attention, un seul **n**.

tank (nom masc. : *un tank*). Le tank roule sur tous les terrains. Il avance grâce à de larges bandes qu'on appelle des « chenilles ». C'est un véhicule militaire. On l'appelle aussi « char d'assaut » ou « char de combat ».

tant. **1.** C'est un autre mot pour tellement : Marie aime tant le chocolat qu'elle mangerait bien deux tablettes à elle toute seule. **2.** Je ne lui parlerai pas **tant qu'**il ne m'aura pas rendu mon jeu, c'est-à-dire aussi longtemps qu'il ne me l'aura pas rendu.

tante (nom fém. : *une tante*). Ma tante, c'est la sœur de ma mère ou de mon père.

tantôt. Pierre joue tantôt avec moi, tantôt avec Jérémie, c'est-à-dire une fois avec moi, une fois avec Jérémie.
□ attention, **ô**.

taon (nom masc. : *un taon*). C'est une sorte de grosse mouche qui pique.
□ attention, le **o** ne se prononce pas.

tapage (nom masc. : *le tapage*). Faire du tapage, c'est faire beaucoup trop de bruit.

tape (nom fém. : *une tape*). C'est un petit coup donné avec la main.
□ attention, un seul **p**.

taper (verbe). C'est donner des coups, c'est frapper : Alain est méchant, il **tape** son chien. On **tape** sur le clou avec un marteau.
□ attention, un seul **p**.

tapis (nom masc. : *un tapis*). C'est un tissu épais qu'on met par terre.

Les tanks.

tapisserie (nom fém. : *la tapisserie*). C'est la fabrication des tapis ou de jolis tissus avec un canevas et des gros fils de laine.

taquin (adjectif : *il est taquin, elle est taquine*). Un enfant taquin aime bien taquiner les autres.

taquiner (verbe). Luc **taquine** sa sœur, c'est-à-dire il la fait un peu enrager, il l'agace exprès, pour rire, pour s'amuser. Il se moque un peu d'elle.

tard. C'est après l'heure normale : Pierre est arrivé trop tard, il n'a pas vu le film. Le contraire est <u>tôt</u>.

tarder (verbe). C'est mettre beaucoup de temps à venir : Ton père ne **tardera** plus maintenant, il va arriver.

tardif (adjectif : *un hiver tardif, une heure tardive*). Un hiver tardif arrive tard, il fait froid plus tard que d'habitude. Se coucher à une heure tardive, c'est se coucher tard.

tarif (nom masc. : *le tarif*). C'est le prix à payer pour un billet de train, de métro ou pour une place de spectacle.

tarte (nom fém. : *une tarte*). C'est un gâteau plat et rond avec des fruits dessus.

tartine (nom fém. : *une tartine*). C'est une tranche de pain avec du beurre, de la confiture ou du miel dessus.

tartiner (verbe). C'est étaler du beurre, de la confiture, du fromage sur une tartine.

tas (nom masc. : *un tas*). Ce sont plusieurs choses les unes sur les autres : Je ramasse toutes les feuilles et j'en fais un tas.

tasse (nom fém. : *une tasse*). On boit le thé, le café dans une tasse. La tasse a une anse pour la tenir à la main. On la met sur une soucoupe.

tasser (verbe). C'est appuyer, serrer pour que cela prenne le moins de place possible : Julie **tasse** ses affaires dans sa valise pour que tout puisse tenir.

tâter (verbe). C'est toucher avec la main pour bien sentir : **Tâte** ma bosse, tu vas voir comme elle est grosse.
☐ attention, **â**.

à **tâtons.** Marcher à tâtons, c'est marcher sans voir, en touchant les objets autour de soi pour savoir où on est, c'est marcher en tâtonnant.
☐ attention, **â**.

tâtonner (verbe). **1.** Il marche dans le noir en **tâtonnant,** c'est-à-dire en touchant, en tâtant les objets autour de lui pour se guider. **2.** La police **tâtonne** dans son enquête, c'est-à-dire elle n'avance pas vite.
☐ attention, **â**.

taudis (nom masc. : *un taudis*). C'est une maison misérable, très pauvre.

taupe (nom fém. : *une taupe*). C'est un petit animal qui creuse des tunnels, des galeries dans le sol en rejetant la terre à l'extérieur, ce qui forme des petits tas. La taupe est presque aveugle.

La taupe.

taureau (nom masc. : *un taureau, des taureaux*). Le taureau est le mâle de la vache.
☐ attention, **x** au pluriel.

taxi (nom masc. : *un taxi*). C'est une voiture avec un chauffeur que l'on paye pour qu'il nous conduise où on veut.

technique (nom fém. : *une technique*). C'est une manière de faire, de construire, de fabriquer : Il y a plusieurs techniques pour peindre sur du tissu.
☐ attention, **ch** qui se prononce [k].

teindre (verbe). C'est changer la couleur de quelque chose avec un produit, la teinture : On **teint** les laines de toutes les couleurs.
☐ attention, il teint, nous **teign**ons.

teint (nom masc. : *le teint*). C'est la couleur de la peau du visage : Zoé a le teint clair.

teinte (nom fém. : *une teinte*). C'est une couleur.

teinture (nom fém. : *une teinture*). C'est un produit pour teindre dans une couleur. C'est aussi l'action de teindre.

télécommandé. C'est un autre mot pour téléguidé.

télégramme (nom masc. : *un télégramme*). C'est un message, une petite lettre qui arrive très rapidement grâce à la poste et au téléphone.

téléguidé (adjectif : *un bateau téléguidé, une voiture téléguidée*). Une voiture téléguidée, c'est une voiture que l'on peut déplacer, diriger, guider à distance.

Des voitures téléguidées.

P Q R S **T** U V W X Y Z

Le téléphérique nous mène en haut des pistes.

téléphérique (nom masc. : *un téléphérique*). C'est une sorte de cabine, suspendue à un gros câble, qui transporte des personnes en haut des montagnes.
☐ attention, **ph.**

téléphone (nom masc. : *le téléphone*). Grâce au téléphone, on peut parler à quelqu'un qui est loin.
☐ attention, **ph.**

téléphoner (verbe). C'est parler à quelqu'un au téléphone.
☐ attention, **ph** et un seul **n.**

télescope (nom masc. : *un télescope*). Avec un télescope, on peut voir ce qui est très loin, on peut observer les étoiles, la lune.

téléspectateur (nom : *un téléspectateur, une téléspectatrice*). C'est une personne qui regarde la télévision.

télévision (nom fém. : *la télévision*). Grâce à la télévision on peut voir chez soi, sur un écran, des émissions et des films.

tellement. Ce mot indique une très grande quantité : J'ai tellement mangé de chocolat que j'ai mal au cœur.

téméraire (adjectif). Une personne téméraire n'a pas du tout peur du danger. Elle a beaucoup d'audace mais elle ne pense pas assez à ce qui peut arriver après.

témoin (nom masc. : *un témoin*). C'est une personne qui a vu ou qui a entendu quelque chose : J'ai vu l'accident, je suis témoin, et je peux raconter ce qui s'est passé.

tempe (nom fém. : *la tempe*). C'est chacun des côtés du front, entre l'œil et l'oreille.

tempérament (nom masc. : *le tempérament*). C'est le caractère, la nature de quelqu'un : Arthur a un tempérament gai, il aime bien rire.

température (nom fém. : *la température*). C'est la mesure de la chaleur : Quand il fait froid, les températures sont basses. Quand on a de la fièvre, la température du corps est élevée.

tempête (nom fém. : *une tempête*). Le vent souffle très fort, la mer est très agitée, c'est la tempête.
□ attention, ê.

temple (nom masc. : *un temple*). C'est un grand bâtiment, construit pour pratiquer une religion.

Un temple grec.

temps (nom masc. : *le temps*). **1.** Les heures, les jours, les mois comptent, mesurent le temps. Les montres, les horloges indiquent le temps, la durée, l'heure. **2.** Le temps, c'est aussi s'il fait beau ou mauvais, s'il fait froid ou chaud, s'il pleut ou s'il neige.
□ attention, **s** à la fin.

tenailles (nom fém. pluriel). Avec des tenailles, on peut arracher des clous. C'est une sorte de grosse pince.

tendre (verbe). C'est tirer, étirer, allonger : **Tends** tes bras devant toi. On **a tendu** une corde entre les deux arbres.

tendre (adjectif). **1.** Une viande tendre, n'est pas dure, on la mâche facilement. **2.** Une personne tendre aime bien les baisers, les paroles gentilles, elle est affectueuse.

tendrement. C'est d'une manière tendre, avec tendresse : Maman embrasse tendrement son bébé.

tendresse (nom fém. : *la tendresse*). C'est un amour, une affection tendre, gentille.

tenir (verbe). **1.** C'est garder, avoir dans sa main : Je te **tiens** par la main. **2.** C'est être bien fixé : Le tableau **tient** bien, il ne tombera pas. **3.** C'est aussi s'occuper d'une boutique : Monsieur Durand **tient** une pharmacie. **4.** Marie **se tient** bien à table, c'est-à-dire elle a une attitude correcte, une bonne tenue.

Un match de tennis.

tennis (nom masc. : *le tennis*). C'est un sport qui se joue avec des raquettes, des balles, sur un terrain qu'on appelle un « court ».

tentative (nom fém. : *une tentative*). C'est un essai, quand on tente quelque chose : Le prisonnier a fait deux tentatives d'évasion, il a essayé deux fois de s'évader.
☐ regarde tenter.

tente (nom fém. : *une tente*). La tente est en toile. On la monte en plein air pour dormir dedans.

tenter (verbe). **1.** C'est essayer : Le prisonnier **a tenté** de s'évader. **2.** C'est aussi plaire, faire envie : Ces bonbons me **tentent**, j'ai envie d'en manger.

tenue (nom fém. : *une tenue*). **1.** C'est la manière dont on est habillé ou bien c'est un ensemble de vêtements : Tu ne peux pas rester dans cette tenue, change-toi. Cléa s'est acheté une tenue de tennis. **2.** Un peu de tenue, s'il vous plaît ! C'est-à-dire tenez-vous bien.

terminaison (nom fém. : *la terminaison*). La terminaison d'un verbe, ce sont les lettres de la fin du mot.

terminer (verbe). C'est finir : **J'ai terminé** mon livre. Le film **se termine** bien.

terminus (nom masc. : *le terminus*). C'est le dernier arrêt d'un bus, d'un métro, d'un train.
☐ attention, on prononce le **s** à la fin.

terne (adjectif). Ce qui est terne n'a pas d'éclat. Une couleur terne ne brille pas, elle n'est pas vive.

terrain (nom masc. : *un terrain*). C'est une étendue de terre : On installe les tentes sur le terrain de camping.

terrasse (nom fém. : *une terrasse*). C'est un espace dehors, devant la porte d'une maison : L'été, nous mangeons sur la terrasse.

terre (nom fém. : *la terre*). **1.** La Terre, c'est notre planète et

c'est le monde où nous vivons. **2.** La terre, c'est aussi la matière sur le sol : Les arbres sont plantés dans la terre. **3.** Assieds-toi **par terre**, c'est-à-dire sur le sol.
☐ attention, **par terre** s'écrit en deux mots.

terrestre (adjectif). Le globe terrestre, c'est la Terre.

terreur (nom fém. : *la terreur*). C'est une peur violente, très forte.

terrible (adjectif). **1.** Ce qui est terrible fait très peur : La bombe atomique est une arme terrible. **2.** Un enfant terrible est insupportable. **3.** Un vent terrible est un vent très fort.

terrier (nom masc. : *un terrier*). C'est un trou creusé dans la terre par des animaux comme le lapin.

territoire (nom masc. : *le territoire*). C'est tout le terrain, toute la terre d'un pays : Nous sommes à Paris sur le territoire français.

têtard (nom masc. : *un têtard*). C'est la première forme de la grenouille.
☐ attention, **ê**, et regarde grenouille.

tête (nom fém. : *la tête*). **1.** C'est une partie du corps. L'os de la tête s'appelle le crâne. Le devant de la tête est le visage. Dans la tête, il y a le cerveau, grâce auquel on pense. **2.** Arriver **en tête,** c'est arriver le premier, avant tous les autres.
☐ attention, **ê**.

téter (verbe). C'est boire le lait du sein, de la mamelle de sa mère : Le bébé, le chaton **tètent.**
☐ attention, téter, avec **é** mais il tète avec **è**.

têtu (adjectif : *il est têtu, elle est têtue*). Une personne têtue ne change pas facilement d'avis, on ne peut pas la convaincre. Elle est entêtée. On dit que les ânes sont têtus quand ils ne veulent pas avancer.
☐ attention, **ê**.

Que cet âne est têtu!

texte (nom masc. : *un texte*). Ce sont des phrases écrites. Un poème, un roman, un article de journal sont des textes : J'ai un texte de dix lignes à apprendre par cœur.

thé (nom masc. : *le thé*). Ce sont les feuilles d'un petit arbre. On les utilise, séchées, pour faire une boisson qu'on appelle aussi le thé.

P Q R S **T** U V W X Y Z

Nous sommes au théâtre.

théâtre (nom masc. : *un théâtre*). **1.** C'est l'endroit où des comédiens jouent devant le public, les spectateurs. **2.** Une pièce de théâtre, c'est un texte écrit pour être joué par des comédiens.
☐ attention, **â**.

théière (nom fém. : *la théière*). C'est le pot pour faire le thé.

thème (nom masc. : *un thème*). Le thème d'un livre, c'est son sujet, ce dont il parle.

thermomètre (nom masc. : *un thermomètre*). C'est un instrument qui mesure la température.

thon (nom masc. : *le thon*). C'est un gros poisson de mer. On le mange frais ou en conserve.
☐ regarde poisson.

thorax (nom masc. : *le thorax*). C'est la partie du corps entre le cou et la taille. Le thorax est entouré par des os ronds, les côtes. À l'intérieur, il y a le cœur et les poumons.

thym (nom masc. : *le thym*). C'est une plante qui sent très bon. On l'utilise pour faire la cuisine.
☐ attention, **ym**.

tibia (nom masc. : *le tibia*). C'est l'os qu'on a tout le long de la jambe, sur le devant.

tic (nom masc. : *un tic*). C'est un geste, un mouvement qu'on fait tout le temps sans le faire exprès : Philippe a un tic, il plisse tout le temps les yeux.

ticket (nom masc. : *un ticket*). C'est un billet pour le bus, le train, le métro.
☐ attention, **ck**.

tiède (adjectif). Ce qui est tiède n'est ni chaud ni froid : L'eau du bain est tiède.

tiers (nom masc. : *un tiers*). Si on divise un gâteau en trois parts égales, chaque part est un tiers du gâteau. Deux est le tiers de six, c'est-à-dire il y a trois fois deux dans six.

tige (nom fém. : *une tige*).
1. C'est la partie longue et mince qui porte la fleur et les feuilles. **2.** C'est aussi n'importe quelle partie longue et mince d'un objet comme par exemple, la tige d'un lampadaire, la tige d'un clou.

tigre (nom masc. : *un tigre*).
C'est un animal d'Asie. Le tigre est un fauve.

Le tigre.

tilleul (nom masc. : *un tilleul*).
C'est un grand arbre. On utilise ses fleurs, qui sentent très bon, pour faire une tisane qu'on appelle aussi le tilleul.

timbale (nom fém. : *une timbale*). C'est une sorte de verre en métal, en argent ou en plastique.
☐ attention, **m** devant **b.**

timbre (nom masc. : *un timbre*).
On colle un timbre sur l'enveloppe pour envoyer une lettre. Chaque timbre vaut de l'argent.
☐ attention, **m** devant **b.**

timide (adjectif). Une personne timide n'ose pas parler, demander quelque chose. Elle n'est pas sûre d'elle.

timidité (nom fém. : *la timidité*).
C'est le caractère d'une personne timide.

tinter (verbe). C'est faire un joli bruit léger : Les clochettes **tintent.**

tir (nom masc. : *le tir*). Au stand de tir, à la fête, on tire sur des cibles.

tire-bouchon (nom masc. : *un tire-bouchon*). On enlève les bouchons des bouteilles avec un tire-bouchon.
☐ attention au pluriel :
des tire-bouchon**s.**

tirelire (nom fém. : *une tirelire*).
C'est un objet avec une fente dans laquelle on met des pièces pour faire des économies.

tirer (verbe). **1.** C'est traîner derrière soi ou amener vers soi. C'est le contraire de <u>pousser</u> :
Mon petit frère **tire** son camion au bout d'une ficelle. Je **tire** la porte pour l'ouvrir. **2.** C'est aussi envoyer une balle, une flèche :
Le chasseur **a tiré** avec son fusil.

tiroir (nom masc. : *un tiroir*).
C'est une partie d'un meuble qu'on tire pour l'ouvrir : J'ai un bureau avec deux tiroirs.

tisane (nom fém. : *une tisane*).
C'est une boisson chaude que l'on fait en laissant certaines feuilles ou certaines fleurs dans l'eau : Le tilleul est une tisane.

tissage (nom masc. : *le tissage*). Faire du tissage, c'est tisser.

tisser (verbe). C'est fabriquer un tissu en passant des fils les uns sur les autres.

tisserin (nom masc. : *le tisserin*). C'est un petit oiseau qui tisse son nid sous une branche.
☐ regarde nid.

tissu (nom masc. : *un tissu*). Le tissu est fait avec des fils tissés. C'est une étoffe. Il y a des tissus de laine, de coton, de soie.

titre (nom masc. : *le titre*).
1. C'est le nom d'un film, d'un livre, d'un chapitre : « Cendrillon » est le titre d'un conte. **2.** C'est aussi le nom auquel ont droit certaines personnes : Prince, duc, comte sont des titres.

toboggan (nom masc. : *un toboggan*). On monte à l'échelle du toboggan et puis on glisse très vite pour descendre.
☐ attention, **gg**.

toile (nom fém. : *une toile*).
1. C'est une sorte de tissu. **2.** Une toile d'araignée, ce sont les fils fins tissés par l'araignée.

toilette (nom fém. : *la toilette*).
1. Faire sa toilette, c'est se laver. **2.** Changer de toilette, c'est changer de vêtements. **3.** Les toilettes, ce sont les cabinets, les waters.

toise (nom fém. : *une toise*). Le médecin de l'école nous mesure avec la toise.

toit (nom masc. : *le toit*). C'est le dessus de la maison.

tomate (nom fém. : *une tomate*). La tomate est rouge. On la mange crue ou cuite. Elle pousse sur une plante.
☐ regarde légume.

tombe (nom fém. : *une tombe*). C'est l'endroit où un mort est enterré.

tombeau (nom masc. : *un tombeau, des tombeaux*). C'est la construction où il y a la tombe : Les pyramides des Égyptiens sont des tombeaux.
☐ attention, **x** au pluriel.

tombée (nom fém. : *la tombée*). À la tombée du jour ou de la nuit, c'est le soir, quand la nuit tombe.

Ouah ! J'aime glisser sur le toboggan.

tomber (verbe). **1.** C'est ne plus tenir fixé ou droit, debout. C'est être emporté vers le sol : Le tableau était mal fixé, il **est tombé**. **2.** La nuit **tombe,** c'est-à-dire il commence à faire nuit. **3. Tomber** malade, c'est attraper une maladie.

tombola (nom fém. : *une tombola*). C'est une sorte de loterie où on gagne des lots : Je vends des billets de tombola.

ton (nom masc. : *le ton*). C'est une manière de parler, gentille ou méchante, douce ou autoritaire : Il m'a parlé sur un ton très dur.

tondeuse (nom fém. : *une tondeuse*). C'est une machine pour tondre l'herbe, le gazon.

tondre (verbe). **1.** C'est couper l'herbe avec une tondeuse : Le jardinier **tond** le gazon. **2. Tondre** les moutons, c'est couper leurs poils, leur laine.

tonne (nom fém. : *une tonne*). C'est mille kilos.

tonneau (nom masc. : *un tonneau, des tonneaux*). On garde le vin dans des tonneaux avant de le mettre en bouteille.
☐ attention, **x** au pluriel.

tonnelle (nom fém. : *une tonnelle*). Ce sont des plantes accrochées sur des fils de métal et qui forment comme un abri, comme un toit : Quand il y a trop de soleil, nous allons à l'ombre, sous la tonnelle.
☐ attention, **nn** et **ll.**

tonnerre (nom masc. : *le tonnerre*). C'est le bruit de l'orage.
☐ attention, **nn** et **rr.**

torche (nom fém. : *une torche*). **1.** C'est un bâton que l'on enflamme à un bout pour s'éclairer. C'est un flambeau. **2.** Une torche électrique, c'est une grosse lampe électrique.

torchon (nom masc. : *un torchon*). C'est une sorte de serviette de toile pour essuyer la vaisselle.

tordre (verbe). **1.** C'est tourner chaque bout en sens contraire : On **tord** le linge pour faire partir l'eau. **2.** La clé **est tordue,** c'est-à-dire elle n'est plus droite.

tornade (nom fém. : *une tornade*). C'est une tempête avec un vent très violent.

torrent (nom masc. : *un torrent*). C'est un cours d'eau qui coule vite et fort : Il y a des torrents dans la montagne.
☐ attention, **rr.**

Les tonneaux.

C

torse (nom masc. : *le torse*). C'est le haut du corps, jusqu'à la taille : Il fait chaud, nous nous mettons torse nu.

tort (nom masc.). Avoir tort, c'est se tromper, c'est ne pas avoir raison.
□ attention, **t** à la fin.

torticolis (nom masc. : *un torticolis*). Quand on a un torticolis, on a mal au cou, on n'arrive plus à tourner la tête.
□ attention, **s** à la fin.

tortiller (verbe). Jérémie **tortille** le bout de son drap, c'est-à-dire il le tord dans tous les sens.

tortue (nom fém. : *une tortue*). C'est un animal qui a une grosse carapace. La tortue avance très lentement.

Marie a une tortue.

tôt. Arriver trop tôt, c'est arriver avant l'heure prévue. Se lever tôt, c'est se lever de bonne heure. Le contraire est tard.
□ attention, **ô**.

total (nom masc. : *un total, des totaux*). C'est le résultat d'une addition, c'est une somme.
□ attention, **aux** au pluriel.

total (adjectif : *un poids total, une somme totale, des poids totaux*). **1.** Le poids total, c'est la somme de tous les poids. **2.** C'est une victoire totale, c'est-à-dire une vraie victoire, complète.
□ attention, **aux** au masc. pluriel.

totalement. C'est complètement, entièrement : Ton calcul est totalement faux.

totalité (nom fém. : *la totalité*). C'est l'ensemble, le tout : J'ai lu la totalité de tous ces livres, je les ai tous lus.

totem (nom masc. : *un totem*). C'est une sorte de statue qui protège une tribu : Les Indiens dansent autour du totem.

touchant (adjectif : *il est touchant, elle est touchante*). Une scène touchante nous touche. Nous sommes émus, attendris.

touche (nom fém. : *une touche*). Le clavier du piano est un ensemble de touches sur lesquelles on pose les doigts.

toucher (verbe). **1.** C'est mettre la main, les doigts : **Touche** le tissu, et sens comme il est doux. **2.** Nos maisons **se touchent,** c'est-à-dire elles sont l'une contre l'autre. **3.** Il a de la peine et cela me **touche,** c'est-à-dire cela me fait quelque chose, je suis ému.

touffe (nom fém. : *une touffe*). Une touffe d'herbe, ce sont plusieurs brins d'herbe ensemble.
☐ attention, **ff**.

toujours. **1.** C'est tout le temps : J'ai toujours habité Paris. Le contraire est jamais. **2.** Il pleut toujours ? C'est-à-dire encore ?

toupie (nom fém. : *une toupie*). C'est un jouet qu'on lance et qui tourne très vite sur lui-même.
☐ attention, **e** à la fin.

Un concours de toupies.

tour (nom fém. : *une tour*). C'est une construction très haute et pas très large : De chaque côté du château, il y a une tour.

tour (nom masc. : *un tour*). **1.** Donner un tour de clé, c'est tourner complètement la clé sur elle-même une fois. **2.** Les coureurs font un tour de piste, c'est-à-dire ils suivent toute la piste en rond et ils reviennent au point de départ. **3.** Nous irons chacun à notre tour, c'est-à-dire l'un après l'autre. **4.** Jouer un tour à quelqu'un, c'est lui faire quelque chose pour rire ou pour l'ennuyer.

tourbillon (nom masc. : *un tourbillon*). Des tourbillons de poussière, c'est de la poussière qui s'envole en tournant.

tourbillonner (verbe). C'est tourner rapidement : Les feuilles tombent en **tourbillonnant.**

touriste (nom : *un* ou *une touriste*). C'est une personne qui visite un pays, une région ou qui est en vacances quelque part.

tournant (nom masc. : *un tournant*). C'est un virage, c'est l'endroit où la route tourne.

tourne-disque (nom masc. : *un tourne-disque*). C'est un appareil pour écouter les disques, c'est un électrophone.
☐ attention au pluriel : des tourne-disques.

tournée (nom fém. : *une tournée*). Le facteur fait sa tournée, c'est-à-dire il porte le courrier d'une maison à l'autre.

tourner (verbe). **1.** La Terre **tourne** autour du Soleil, c'est-à-dire elle se déplace en rond autour du Soleil.
2. **Tourner,** c'est aussi changer de direction : À la prochaine rue, tu **tournes** à droite.

P Q R S **T** U V W X Y Z

Les tournesols.

tournesol (nom masc. : *un tournesol*). C'est une plante à grosse fleur jaune qui se tourne vers le soleil. On en tire de l'huile.

tournevis (nom masc. : *un tournevis*). Avec un tournevis, on visse ou on dévisse les vis.
☐ attention, on prononce le **s** à la fin.

tournoi (nom masc. : *un tournoi*).
1. Autrefois, au Moyen Âge, un tournoi était un combat entre deux cavaliers qui essayaient chacun de faire tomber l'autre de son cheval.
2. Un tournoi de tennis, c'est une série de matchs de tennis.

tourterelle (nom fém. : *une tourterelle*). C'est une sorte de petit pigeon. La tourterelle roucoule, c'est son cri à elle.
☐ regarde oiseau.

tousser (verbe). Quand on a mal à la gorge ou quand on a avalé de travers, on **tousse**.

tout. Ce mot indique la totalité, l'ensemble des éléments : **Toute** la classe part en excursion, c'est-à-dire la classe entière, avec **tous** les élèves, l'ensemble des élèves. Il pleut **tout** le temps, c'est-à-dire toujours.

toux (nom fém. : *la toux*). Un sirop contre la toux empêche de tousser.
☐ attention, **x.**

toxique (adjectif). Ce qui est toxique contient du poison. C'est très dangereux pour la santé.

trac (nom masc. : *le trac*). Avoir le trac, c'est avoir un peu peur, être très ému pour jouer, parler, chanter devant un public.

tracasser (verbe). C'est inquiéter, donner du souci : Son retard me **tracasse.**

trace (nom fém. : *une trace*). C'est une marque laissée par quelque chose : Il y a des traces de doigts sur le mur.

tracer (verbe). C'est faire un trait, une ligne, une trace : Nous **traçons** la ligne de départ sur le sol avec un bâton.
☐ attention, nous traçons, avec **ç.**

tracteur (nom masc. : *un tracteur*). C'est un véhicule qui sert à tirer une charrue ou des machines, dans les champs.

traduire (verbe). Cette chanson est en anglais, mon grand frère me la **traduit,** c'est-à-dire il change les mots anglais en mots français pour que je comprenne.

C'est un train très moderne.

tragédie (nom fém. : *une tragédie*). C'est un drame, une catastrophe, un malheur.

tragique (adjectif). Ce qui est tragique est terrible, très grave, dramatique.

trahir (verbe). C'est passer du côté de l'ennemi, c'est ne plus être fidèle à son groupe, à ses amis : Il a raconté nos secrets à l'autre bande, il nous **a trahis.**
☐ attention, **h.**

train (nom masc. : *le train*).
1. C'est un ensemble de wagons tirés par une locomotive.
2. Marie est **en train de** lire, c'est-à-dire elle lit en ce moment.

traîne (nom fém. : *une traîne*).
1. La princesse a une robe avec une traîne, c'est-à-dire avec le bas de sa robe qui traîne par terre derrière elle. **2.** Il est toujours **à la traîne,** c'est-à-dire en retard, après tous les autres.
☐ attention, **î.**

Le tracteur dans les champs.

Les chiens tirent le traîneau.

traîneau (nom masc. : *un traîneau, des traîneaux*). Le traîneau glisse sur la neige, tiré par des animaux.
☐ attention, **î**, et **x** au pluriel.

traîner (verbe). **1.** Toutes les affaires **traînent** par terre, c'est-à-dire elles sont n'importe où par terre, elles ne sont pas rangées. **2.** Mon petit frère **traîne** son camion derrière lui, c'est-à-dire il le tire, il le fait avancer par terre en le tirant. **3. Traîner,** c'est aussi mettre trop de temps à faire quelque chose et se mettre en retard : Il est l'heure, ne **traînons** pas.
☐ attention, **î**.

traire (verbe). C'est tirer le lait des pis de la vache : La fermière **trait** les vaches à l'étable.

trait (nom masc. : *un trait*). **1.** C'est une marque, une ligne : On souligne le titre d'un trait rouge. **2.** Les traits du visage, ce sont ses lignes, sa forme.

traiter (verbe). **1.** Chez nous, les animaux **sont** bien **traités,** c'est-à-dire nous nous en occupons bien. **2.** Il m'**a traitée** d'idiote, c'est-à-dire il m'a appelée « idiote ».

traître (nom masc. : *un traître*). C'est une personne qui trahit ses amis.
☐ attention, **î**, et regarde trahir.

trajet (nom masc. : *le trajet*). C'est le chemin pour aller d'un endroit à un autre : L'autobus fait toujours le même trajet, le même parcours.

trampoline (nom masc. : *un trampoline*). Sur un trampoline, on peut sauter très haut.
☐ attention, **a**, et **m** devant **p**.

tramway (nom masc. : *un tramway*). C'est une sorte de petit train qui roule à l'intérieur des villes.
☐ attention, **way**.

tranche (nom fém. : *une tranche*). Une tranche de jambon, de saucisson, c'est une partie mince et plate que l'on a coupée dans le jambon, le saucisson.

trancher (verbe). C'est couper net.

tranquille (adjectif). **1.** Dans une rue tranquille, il n'y a pas de bruit. **2.** Les enfants sont tranquilles, c'est-à-dire sages. **3.** Tout se passera bien, sois tranquille, c'est-à-dire ne t'inquiète pas, ne t'énerve pas.

tranquillement. Les enfants jouent tranquillement, c'est-à-dire sans bruit, sans cris, sans s'énerver, calmement.

tranquillité (nom fém. : *la tranquillité*). C'est le calme.

transformation (nom fém. : *une transformation*). C'est un grand changement : Les Durand ont fait des transformations dans leur maison, tout est changé.

Elle saute sur le trampoline.

transformer (verbe). C'est donner une autre forme, changer, modifier complètement : La fée **a transformé** la citrouille en carrosse.

transparence (nom fém. : *la transparence*). L'eau de la rivière est claire, on voit le fond en transparence, c'est-à-dire parce que l'eau est transparente.

transparent (adjectif : *un papier transparent, une eau transparente*). On voit à travers ce qui est transparent.

transpercer (verbe). C'est passer, traverser d'un côté à l'autre : La pluie **a transpercé** mon manteau, je suis trempé.
☐ attention, nous transperçons, avec **ç**.

transpiration (nom fém. : *la transpiration*). C'est ce qui se passe quand on transpire. C'est la sueur.

transpirer (verbe). Quand on a très chaud, on **transpire,** c'est-à-dire on a la peau un peu mouillée par la sueur.

transport (nom masc. : *le transport*). **1.** Ce camion fait le transport des marchandises, c'est-à-dire il les transporte. **2.** Le bus, le métro, le train sont des **moyens de transport,** ils mènent d'un endroit à un autre.

transporter (verbe). C'est emporter d'un endroit à un autre endroit : Le camion **transporte** des marchandises.

Ils font du trapèze.

trapèze (nom masc. : *un trapèze*). C'est une barre de bois suspendue par des cordes à un portique ou au toit d'un cirque. On fait de l'acrobatie, de l'équilibre sur un trapèze.
☐ attention, **è** et **z**.

trapéziste (nom : *un* ou *une trapéziste*). C'est un acrobate qui fait du trapèze.
☐ attention, **é** et **z**.

trappe (nom fém. : *une trappe*). C'est une sorte de petite porte par terre, sur le sol, qui ouvre sur un trou.
☐ attention, **pp**.

travail (nom masc. : *un travail, des travaux*). **1.** Avoir du travail, c'est avoir des choses à faire. **2.** Le père d'Aline a perdu son travail, c'est-à-dire son emploi, sa place.
☐ attention, **aux** au pluriel.

travailler (verbe). **1.** C'est faire quelque chose pour gagner de l'argent, c'est faire son métier : Il **travaille** dans un garage. **2.** C'est aussi apprendre, faire ses devoirs : Marion **travaille** bien en classe.

travailleur (adjectif : *il est travailleur, elle est travailleuse*). Un garçon travailleur aime bien faire son travail, il n'est pas paresseux.

travers. 1. L'eau passe **à travers** le papier, c'est-à-dire elle le transperce, elle le traverse. **2.** Il y avait un arbre **en travers** de la route, c'est-à-dire entre les deux côtés. **3.** Ton bonnet est **de travers,** c'est-à-dire il n'est pas bien mis, il n'est pas droit.

traversée (nom fém. : *une traversée*). C'est le voyage que l'on fait quand on traverse une mer, un fleuve, en bateau : Nous avons pris le bateau pour aller sur l'île et Marion a été malade pendant toute la traversée.

traverser (verbe). C'est passer d'un côté à l'autre : Attention, en **traversant** la route.

La moto saute du tremplin.

traversin (nom masc. : *un traversin*). C'est un long coussin qui fait la largeur du lit et qu'on met quelquefois sous les oreillers. On dit aussi un « polochon ».

trèfle (nom masc. : *le trèfle*). C'est une herbe à trois petites feuilles. On dit que si on trouve un trèfle à quatre feuilles, cela porte bonheur.

tremblement (nom masc. : *un tremblement*). C'est le mouvement de ce qui tremble. Un tremblement de terre, c'est la terre qui tremble, qui bouge tout d'un coup.
☐ attention, **m** devant **b**.

trembler (verbe). C'est être agité de tout petits mouvements qu'on ne peut pas empêcher : Il a froid, il **tremble**.
☐ attention, **m** devant **b**.

tremper (verbe). **1.** C'est mettre, plonger dans un liquide : Julie **trempe** sa tartine dans son café au lait. **2. Être trempé,** c'est être tout mouillé.
☐ attention, **m** devant **p**.

tremplin (nom masc. : *un tremplin*). C'est une sorte de large planche qui va de bas en haut, pour prendre son élan avant de sauter.
☐ attention, **m** devant **p**.

très. C'est beaucoup : J'ai eu très peur.

trésor (nom masc. : *un trésor*). C'est un ensemble de choses précieuses, chères : On a découvert un trésor dans l'épave du bateau.

tresse (nom fém. : *une tresse*). C'est un autre mot pour natte : Julie a de longues tresses blondes.

treuil (nom masc. : *un treuil*). C'est une sorte de roue autour de laquelle une corde est enroulée. Le treuil sert à descendre ou à remonter des objets : Pour remonter le seau du puits, on tourne le treuil.

tri (nom masc. : *un tri*). Faire un tri, c'est trier des choses.
☐ regarde trier.

triangle (nom masc. : *un triangle*). C'est une forme avec trois côtés, trois angles.

tribu (nom fém. : *une tribu*). C'est un ensemble de familles qui ont le même chef : Le chef indien réunit les membres de sa tribu.
☐ attention, **u** à la fin.

tribunal (nom masc. : *un tribunal, des tribunaux*). Le tribunal est formé des juges qui vont juger quelqu'un.
☐ attention, **aux** au pluriel.

tricher (verbe). C'est tromper les autres en faisant des choses interdites par les règles du jeu : Si tu **triches**, je ne joue plus.

tricheur (nom : *un tricheur, une tricheuse*). C'est une personne qui triche.

tricot (nom masc. : *un tricot*). **1.** C'est un pull, un gilet en laine tricotée. **2.** Faire du tricot, c'est tricoter.
☐ attention, **t** à la fin.

tricoter (verbe). C'est fabriquer un pull, une écharpe, avec des aiguilles et de la laine.

tricycle (nom masc. : *un tricycle*). C'est un petit vélo d'enfant à trois roues.
☐ attention, **cy**, comme dans bi**cy**clette, **cy**cliste.

trier (verbe). C'est mettre à part ce qui est bon et ce qui est mauvais, ce qui sert à une chose, ce qui sert à autre chose : Julie **trie** ses affaires, ses objets, ses papiers, pour ranger ses tiroirs.

trimestre (nom masc. : *un trimestre*). C'est un ensemble de trois mois qui se suivent : Il y a quatre trimestres dans une année.

tringle (nom fém. : *une tringle*). C'est une barre pour accrocher les rideaux, par exemple.

trio (nom masc. : *un trio*). C'est un ensemble de trois personnes inséparables : Julie, Arthur et Marion forment un joyeux trio.

triomphe (nom masc. : *un triomphe*). C'est un immense succès, une grande victoire.
☐ attention, **m** devant **ph**.

triple. Six est le triple de deux, c'est-à-dire trois fois deux.

triste (adjectif). **1.** Être triste, c'est avoir de la peine, du chagrin, c'est ne pas être gai, content. **2.** Une histoire triste donne un peu envie de pleurer.

tristement. Il l'a regardé partir tristement, c'est-à-dire en étant triste, avec tristesse.

Julie sait tricoter.

tristesse (nom fém. : *la tristesse*). C'est ce que l'on ressent quand on est triste, quand on a de la peine, du chagrin.

trognon (nom masc. : *un trognon*). Le trognon de la pomme, c'est la partie du milieu, là où il y a les pépins.

trombe (nom fém. : *une trombe*). **1.** Il tombe des trombes d'eau, c'est-à-dire la pluie tombe très fort. **2.** La voiture est partie **en trombe**, c'est-à-dire à toute vitesse.
☐ attention, **m** devant **b**.

trompe (nom fém. : *une trompe*). **1.** C'est la partie très longue du nez de l'éléphant : Avec sa trompe, l'éléphant peut attraper des objets. **2.** C'est aussi un instrument de musique qui ressemble au cor de chasse.
☐ attention, **m** devant **p**.

tromper (verbe). **1. Tromper** un ami, c'est ne pas lui être fidèle. **2. Se tromper**, c'est faire une erreur, une faute : Aline **s'est trompée** dans son addition.
☐ attention, **m** devant **p**.

trompette (nom fém. : *une trompette*). C'est un instrument de musique dans lequel on souffle.
☐ attention, **m** devant **p**.

tronc (nom masc. : *un tronc*). **1.** Le tronc de l'arbre, c'est la partie de l'arbre qui va du sol aux branches. **2.** Le tronc, c'est aussi la partie du corps sans la tête, sans les bras, sans les jambes.
☐ attention, **c** à la fin.

Le trône du roi.

trône (nom masc. : *le trône*). C'est le beau fauteuil qui est réservé au roi ou à la reine.
☐ attention, **ô**.

trop. C'est plus qu'il ne faut : J'ai trop mangé, j'ai mal au cœur.
☐ attention, **p** à la fin.

trot (nom masc. : *le trot*). C'est une allure de course des chevaux, moins rapide que le galop.
☐ attention, **t** à la fin.

trotter (verbe). **1.** C'est courir au trot, pour un cheval. **2.** Mon petit frère **trotte** à côté de moi, c'est-à-dire il marche à petits pas.

trottoir (nom masc. : *le trottoir*). C'est l'espace de chaque côté de la rue où les piétons marchent.

trou (nom masc. : *un trou*). Il y a un trou dans le mur, c'est-à-dire un endroit vide. J'ai fait un trou à ma robe, c'est-à-dire je l'ai déchirée, trouée.

P Q R S **T** U V W X Y Z

trouble (adjectif). Avec le sable, l'eau de la rivière est trouble, c'est-à-dire elle n'est plus transparente, elle n'est plus claire.

troubler (verbe). **1.** C'est rendre trouble : Le sable **trouble** l'eau de la rivière. **2.** Tais-toi, tu me **troubles,** c'est-à-dire tu m'empêches d'avoir des idées claires.

trouer (verbe). **1.** C'est faire un trou : **J'ai troué** ma robe.
2. Être troué, c'est avoir un trou : Mes chaussettes **sont trouées.**

troupe (nom fém. : *une troupe*). **1.** C'est un groupe de personnes qui sont ensemble, qui jouent ensemble, comme par exemple une troupe de comédiens, de musiciens. **2.** Les troupes d'un pays, ce sont les groupes de soldats de son armée.
☐ attention, un seul **p.**

troupeau (nom masc. : *un troupeau, des troupeaux*). C'est un groupe d'animaux qui vivent ensemble, comme par exemple un troupeau de vaches, de chèvres, de bisons, d'éléphants.
☐ attention, **x** au pluriel.

trousse (nom fém. : *une trousse*). C'est un étui pour ranger les crayons, les règles, les stylos.

trousseau (nom masc. : *un trousseau, des trousseaux*). **1.** Le trousseau pour la colonie de vacances, c'est l'ensemble des vêtements et du linge qu'il faut emporter. **2.** Un trousseau de clés, ce sont des clés accrochées ensemble.
☐ attention, **x** au pluriel.

Marion a trouvé son œuf.

trouver (verbe). **1. J'ai trouvé** un petit chat dans la rue, c'est-à-dire je l'ai découvert, je l'ai vu par hasard et je l'ai pris. **2.** Marion **a trouvé** ce qu'elle cherchait, c'est-à-dire elle l'a. **3.** Mes parents **trouvent** que tu es gentil, c'est-à-dire ils le pensent. **4.** Où **se trouve** ton école ? C'est-à-dire où est-elle ?

truc (nom masc. : *un truc*). C'est une manière de faire habile, astucieuse : Il doit y avoir un truc pour réussir à sortir un lapin d'un chapeau.

truelle (nom fém. : *une truelle*). C'est une sorte de petite pelle plate : Le maçon pose le plâtre avec sa truelle.

truie (nom fém. : *la truie*). C'est la femelle du porc.

truite (nom fém. : *une truite*). C'est un poisson qui vit dans les rivières ou dans les lacs.
☐ regarde poisson.

tube (nom masc. : *un tube*). Le tube est long et rond. Il peut contenir différentes choses : dentifrice, colle, cachets.

tuer (verbe). C'est faire mourir une personne ou un animal : Le chasseur **a tué** le lièvre.

tuile (nom fém. : *une tuile*). C'est une sorte de petite plaque de terre cuite rouge. On utilise les tuiles pour couvrir les toits.

tulipe (nom fém. : *une tulipe*). C'est une fleur qu'on cultive, et qui fleurit au printemps. Elle peut avoir des couleurs très différentes.
☐ regarde fleur.

tunnel (nom masc. : *un tunnel*). C'est un long passage creusé sous la terre ou à travers une montagne.
☐ attention, **nn** et **l** à la fin.

turbulent (adjectif : *il est turbulent, elle est turbulente*). Un enfant turbulent n'est pas calme, pas sage, il bouge sans arrêt.
☐ attention, **ent**.

turquoise (nom fém. : *une turquoise*). C'est une belle pierre d'une couleur entre le bleu et le vert. On en fait des bijoux.

tutoyer (verbe). C'est dire « tu » à quelqu'un : Le maître nous **tutoie**.
☐ attention, tutoyer, avec **y**, mais il tutoie, avec **i**.

tuyau (nom masc. : *un tuyau, des tuyaux*). C'est une sorte de très long tube dans lequel passe un liquide ou un gaz : Le plombier répare la fuite du tuyau d'eau.
☐ attention, **x** au pluriel.

tympan (nom masc. : *le tympan*). C'est une sorte de peau très fine au fond de l'oreille, et qui sert à entendre.
☐ attention, **m** devant **p**.

type (nom masc. : *un type*). C'est une forme, un genre, une sorte : L'usine fabrique un nouveau type de voitures.

tyran (nom masc. : *un tyran*). C'est une personne très autoritaire et très cruelle avec les autres.

Un tunnel dans la montagne.

U

uni (adjectif : *un sol uni, une jupe unie*). **1.** Un sol uni est plat, sans creux et sans bosses. **2.** Une jupe unie est d'une seule couleur.

uniforme (nom masc. : *un uniforme*). C'est une tenue, un ensemble de vêtements qui sont les mêmes pour tous les membres d'un même groupe : Les pompiers, les militaires portent un uniforme.

union (nom fém. : *une union*). C'est un accord entre plusieurs personnes, plusieurs groupes, plusieurs pays, qui mettent toutes leurs forces ensemble : On dit que l'union fait la force.

unique (adjectif). **1.** Un enfant unique n'a ni frère ni sœur. **2.** Ce qui est unique est seul dans son genre, il n'y en a pas d'autre pareil : Ce timbre est unique, j'y fais attention.

uniquement. C'est un autre mot pour seulement : Un égoïste pense uniquement à lui.

unir (verbe). **1.** C'est lier, réunir : Une grande amitié les **unit**. **2. S'unir**, c'est se mettre ensemble, faire une union.

unité (nom fém. : *une unité*). **1.** C'est un : Ces vélos coûtent 500 francs l'unité, c'est-à-dire 500 francs chacun. **2.** Le mètre est une unité de longueur, le gramme est une unité de poids. Ils servent à mesurer les longueurs, les poids.

univers (nom masc.). L'univers, c'est le monde, la Terre, le Soleil, les étoiles.
□ attention, **s** à la fin.

urbain (adjectif : *un paysage urbain, la vie urbaine*). La vie urbaine, c'est la vie dans les villes.

urgence (nom fém. : *une urgence*). C'est ce qui ne peut pas attendre, ce qui est urgent : À l'hôpital, on s'occupe en premier des urgences, c'est-à-dire des malades qu'on ne peut pas faire attendre.

urgent (adjectif : *un cas urgent, une lettre urgente*). Ce qui est urgent doit être fait en premier, le plus vite possible.

urticaire (nom fém.). Quand on a de l'urticaire, on a plein de petits boutons et on a sans arrêt envie de se gratter.

usage (nom masc.). Ce pull m'a fait un long usage, c'est-à-dire je m'en suis servi longtemps.

On fabrique des voitures dans cette <u>usine</u>.

usagé (adjectif : *un vêtement usagé, une jupe usagée*). Un vêtement usagé a déjà beaucoup servi, il est un peu usé.

usé (adjectif : *un tissu usé, une jupe usée*). Ce qui est usé est abîmé à force d'avoir servi.

user (verbe). **1.** C'est abîmer peu à peu quelque chose à force de s'en servir : Tu **uses** le bout de tes chaussures en jouant au football. **2.** C'est aussi utiliser, dépenser : Cette voiture **use** beaucoup d'essence.

usine (nom fém. : *une usine*). C'est un grand bâtiment où il y a beaucoup d'ouvriers et de machines pour fabriquer des objets, des produits, des voitures.

usure (nom fém.). Il y a des traces d'usure aux genoux de ton pantalon, c'est-à-dire le tissu est usé aux genoux.

utile (adjectif). Ce qui est utile sert à quelque chose : Une lampe de poche est bien utile à la campagne.

utiliser (verbe). C'est employer quelque chose, s'en servir : J'**utilise** un crayon pour écrire.

utilité (nom fém.). Quelle est l'utilité de cet appareil ? C'est-à-dire à quoi sert-il ?

V

vacances (nom fém. pluriel). Les vacances, c'est la période où on ne travaille pas, où on ne va pas à l'école : Nous passerons les vacances de Pâques chez ma grand-mère.

vacarme (nom masc. : *le vacarme*). C'est beaucoup de bruit.

vaccin (nom masc. : *un vaccin*). Le médecin te fait des vaccins pour t'empêcher d'attraper certaines maladies graves.
☐ attention, **cc** qu'on prononce [ks].

vacciner (verbe). C'est faire un vaccin.
☐ attention, **cc** qu'on prononce [ks].

vache (nom fém. : *la vache*). C'est la femelle du taureau, la mère du veau. La vache meugle, c'est son cri à elle. Les vaches donnent du lait.

vagabond (nom masc. : *un vagabond*). C'est une personne qui n'a pas de domicile, qui dort dehors la nuit, qui va d'un endroit à l'autre.
☐ attention, **d** à la fin.

Nous passons nos vacances au bord de la mer.

Un vaisseau spatial.

vague (nom fém. : *une vague*). Les vagues, ce sont les mouvements de la mer.

vague (adjectif). **1.** Ce qui est vague n'est pas précis : Il m'a dit des choses très vagues, rien n'est sûr. **2.** Un terrain vague, c'est un terrain qui n'est pas utilisé, pas entretenu, un peu sauvage.

vaincre (verbe). C'est remporter la victoire, c'est gagner contre un adversaire : Notre équipe **vaincra**.

vaincu (adjectif : *il est vaincu, elle est vaincue*). L'équipe vaincue, c'est l'équipe qui a perdu.

vainqueur (nom masc. : *le vainqueur*). C'est le gagnant, celui qui a vaincu son adversaire.

vaisseau (nom masc. : *un vaisseau, des vaisseaux*). **1.** Autrefois, un vaisseau était un navire de guerre. **2.** Aujourd'hui, un vaisseau spatial traverse l'espace, il va sur la Lune.
☐ attention, **x** au pluriel.

vaisselle (nom fém. : *la vaisselle*). **1.** C'est l'ensemble des assiettes, des plats, des bols, de tout ce qui sert à table. **2.** Faire la vaisselle, c'est laver tout cela.

valable (adjectif). Ce billet est encore valable, c'est-à-dire il est encore bon, on l'accepte.

valet (nom masc. : *un valet*). C'était un domestique qui servait, travaillait dans les fermes, les maisons, les châteaux.

valeur (nom fém. : *la valeur*). C'est ce que vaut quelque chose : Un billet de cent francs a une valeur de cent francs. Ce disque a une grande valeur pour moi, c'est-à-dire j'y tiens beaucoup.

valise (nom fém. : *une valise*). Quand on part en voyage, on emporte ses affaires dans une valise. La valise fait partie des bagages.

vallée (nom fém. : *une vallée*). C'est un grand terrain creux, en bas de collines ou de montagnes.
☐ attention, **ée**.

valoir (verbe). **1.** Combien **vaut** ce livre ? C'est-à-dire quel est son prix, quelle est sa valeur ? **2.** Ce tissu ne **vaut** rien, c'est-à-dire il est de mauvaise qualité. **3.** Il **vaudrait mieux** partir, c'est-à-dire ce serait mieux.

valse (nom fém. : *une valse*). C'est une danse que l'on danse à deux, en tournant.

vampire (nom masc. : *un vampire*). Dans les histoires qui font peur, on dit que les vampires sont des morts qui reviennent sur terre pour sucer le sang des vivants. Mais les vampires n'existent pas.
□ attention, **m** devant **p**.

vanille (nom fém. : *la vanille*). C'est une plante exotique. On l'utilise pour donner un goût aux glaces, aux crèmes.

vaniteux (adjectif : *il est vaniteux, elle est vaniteuse*). Une personne vaniteuse est trop fière d'elle-même, trop orgueilleuse, elle est prétentieuse.

se **vanter** (verbe). C'est dire qu'on a plus de qualités que celles qu'on a vraiment. C'est exagérer ses succès, ses réussites.

vapeur (nom fém. : *la vapeur*). Quand l'eau bout, elle se transforme en vapeur qui monte dans l'air. Ce sont de très petites gouttelettes d'eau.

varier (verbe). C'est changer, être différent : Le prix des bonbons **varie** selon les boutiques où on les achète.

vase (nom fém. : *la vase*). C'est une sorte de boue très molle au fond des étangs ou de certaines rivières.

vase (nom masc. : *un vase*). On met les fleurs coupées dans un vase rempli d'eau.

vaste (adjectif). C'est un autre mot pour grand, immense : Le monde est vaste.

vaurien (nom masc. : *un vaurien*). C'est une personne qui ne vaut rien, c'est un garnement, un voyou.

vautour (nom masc. : *un vautour*). C'est un grand oiseau qui se nourrit de cadavres, d'animaux morts.

veau (nom masc. : *un veau, des veaux*). C'est le petit de la vache et du taureau.
□ attention, **x** au pluriel.

Le veau et les vaches.

Quelle veillée agréable !

vécu. Regarde vivre.

vedette (nom fém. : *une vedette*). C'est un acteur, un comédien, un chanteur très connu.

végétal (nom masc. : *un végétal, des végétaux*). Les herbes, les plantes, les fleurs, les arbres sont des végétaux.
☐ attention, **aux** au pluriel.

végétation (nom fém. : *la végétation*). **1.** C'est l'ensemble des plantes qui poussent dans une région, un pays. **2.** Marie s'est fait opérer des végétations, c'est-à-dire on lui a enlevé des sortes de peaux qu'elle avait tout au fond du nez et qui l'empêchaient de bien respirer.

véhicule (nom masc. : *un véhicule*). C'est un moyen de transport : La voiture, le camion, le bateau, le train, l'avion sont des véhicules.
☐ attention, **h.**

veille (nom fém. : *la veille*). C'est le jour juste avant le jour dont on parle : Nous serons en vacances la veille de Noël, c'est-à-dire le jour d'avant.

veillée (nom fém. : *une veillée*). C'est une partie de la soirée, entre le dîner et le moment du coucher, que l'on passe en s'amusant ensemble, en chantant des chansons : En colonie, nous faisons quelquefois des veillées.

veiller (verbe). C'est ne pas aller dormir tout de suite le soir : Ma grande sœur aime lire et elle **veille** tard le soir.

veilleuse (nom fém. : *une veilleuse*). C'est une petite lampe, qui reste allumée toute la nuit : Jérémie a peur dans le noir, il ne peut pas dormir sans veilleuse.

veine (nom fém. : *une veine*). Le sang de notre corps circule dans les veines. Sur notre peau, on les voit quelquefois. Elles dessinent des lignes bleues.

vélo (nom masc. : *un vélo*). C'est un mot que l'on emploie souvent à la place de bicyclette.

velours (nom masc. : *le velours*). C'est un tissu avec, sur un côté, de tout petits poils dressés. Le velours est doux au toucher.
☐ attention, **s** à la fin.

C'est l'époque des <u>vendanges</u>.

vendange (nom fém. : *la vendange*). C'est la récolte du raisin. Cette année, les vendanges ont commencé le 15 septembre.
☐ attention, **en** et **an**.

vendeur (nom : *un vendeur, une vendeuse*). C'est une personne qui vend quelque chose.

vendre (verbe). C'est le contraire de <u>acheter</u> : Le boulanger **vend** du pain, le libraire **vend** des livres, c'est-à-dire ils nous les donnent contre de l'argent.

vendredi (nom masc. : *le vendredi*). C'est le cinquième jour de la semaine, après jeudi et avant samedi : Marie fait de la flûte tous les vendredis.

vénéneux (adjectif : *un champignon vénéneux, une plante vénéneuse*). Un champignon vénéneux contient du poison.
☐ attention, ce mot s'emploie pour les plantes qu'on mange, ne confonds pas avec <u>venimeux</u>.

vengeance (nom fém. : *la vengeance*). Il lui a fait mal par vengeance, c'est-à-dire pour se venger.
☐ attention, **ge**.

se **venger** (verbe). C'est chercher à rendre à quelqu'un le mal qu'il nous a fait : Il s'est moqué de moi, mais je **me vengerai**.
☐ attention, nous nous vengeons, avec **e**.

venimeux (adjectif : *un serpent venimeux, une araignée venimeuse*). La piqûre ou la morsure d'un serpent venimeux contient du poison, du venin.
☐ attention, ne confonds pas avec <u>vénéneux</u>.

venin (nom masc. : *le venin*). C'est une sorte de poison que certains animaux fabriquent.

venir (verbe). **1.** Pierre **est venu** à la maison hier, c'est-à-dire il était là. **2.** Ces oranges **viennent** du Maroc, c'est-à-dire on les transporte du Maroc jusqu'ici. **3.** Ton amie **vient de** téléphoner, c'est-à-dire elle a téléphoné il y a juste un moment. **4.** L'automne **vient** après l'été, c'est-à-dire l'automne est juste après.

vent (nom masc. : *le vent*). C'est l'air qui se déplace plus ou moins vite : Quand il y a du vent, les feuilles des arbres bougent.

vente (nom fém. : *la vente*). À la kermesse, je m'occupe de la vente de nos objets, c'est-à-dire je m'occupe de les vendre.

ventre (nom masc. : *le ventre*). Le ventre est sur le devant du corps. Dans le ventre, il y a l'estomac, l'intestin, le foie.

ventriloque (nom : *un* ou *une ventriloque*). C'est une personne qui peut parler sans remuer les lèvres. Alors, on croit que la voix sort de sa marionnette.

venu. Regarde venir.

ver (nom masc. : *un ver*). C'est un tout petit animal au corps tout en longueur et tout mou.

verbe (nom masc. : *le verbe*). C'est le mot principal de la phrase. Il est très particulier, il change de forme selon la personne (je, tu, il, elle, nous, vous, ils, elles) et selon le temps qu'il indique (présent, passé, futur) : Manger, parler, écrire, vendre sont des verbes.

verdir (verbe). C'est devenir vert.

verdure (nom fém. : *la verdure*). Ce sont les herbes, les plantes, les feuilles vertes : La colline est couverte de verdure.

verger (nom masc. : *un verger*). C'est un grand jardin, un terrain où sont plantés des arbres qui donnent des fruits.

Julie et Marie cueillent des fruits dans le verger.

verglas (nom masc. : *le verglas*). Ce sont des plaques de glace qu'il y a sur les routes quand il a gelé : Les voitures dérapent sur le verglas.
□ attention, **s** à la fin.

vérification (nom fém. : *la vérification*). Quand on vérifie quelque chose, on fait une vérification.

vérifier (verbe). C'est voir, regarder si quelque chose est bien fait, juste, correct : Avant de partir à l'école, je **vérifie** si j'ai bien pris toutes mes affaires.

véritable (adjectif). C'est un autre mot pour vrai : Ce bijou est en or véritable.

vérité (nom fém. : *la vérité*). Dire la vérité, c'est dire ce qui s'est vraiment passé, c'est ne pas inventer, ne pas mentir.

vernis (nom masc. : *un vernis*). C'est un produit qui brille en séchant : Maman se met du vernis à ongles.
□ attention, **s** à la fin.

verre (nom masc. : *le verre*). **1.** C'est une matière transparente. On fabrique le verre à partir du sable : Les vitres sont en verre. **2.** Un verre, c'est aussi un objet pour boire.

verrou (nom masc. : *un verrou*). C'est une sorte de petite serrure.

verrue (nom fém. : *une verrue*). C'est une sorte de petit bouton dur qui pousse sur la peau, souvent sur la plante des pieds.

vers. 1. Ce mot indique une direction : Nous allons vers la mer. **2.** Ce mot indique aussi un moment pas très précis : Je viendrai vers midi.

vers (nom masc. : *un vers*). C'est chacune des lignes d'un poème.

versant (nom masc. : *le versant*). C'est la pente, le côté d'une montagne, d'une colline.

verser (verbe). C'est faire couler dans quelque chose : Je **verse** le lait dans les tasses.

vert (adjectif : *un arbre vert, une couleur verte*). **1.** La couleur verte, c'est la couleur de l'herbe, des feuilles, des épinards. **2.** On dit qu'un fruit est vert quand il n'est pas encore mûr.

vert (nom masc. : *le vert*). C'est la couleur verte.

vertébrale (adjectif fém.). La colonne vertébrale soutient le dos du haut des fesses au cou. Elle est faite d'une suite de petits os qu'on appelle les vertèbres.
□ attention, **é**.

vertèbre (nom fém. : *une vertèbre*). C'est chacun des petits os de la colonne vertébrale.
□ attention, **è**.

vertical (adjectif : *un trait vertical, une ligne verticale, des traits verticaux*). Quand tu es debout, tu es dans une position verticale. Un mur est vertical. C'est le contraire de horizontal.
□ attention, **aux** au masc. pluriel.

Bruno a le vertige, il ne peut pas regarder en bas.

vertige (nom masc. : *le vertige*). Quand on a le vertige, on a l'impression que tout tourne autour de soi et qu'on va tomber: Bruno a le vertige en montagne, il croit toujours qu'il va tomber.

veste (nom fém. : *une veste*). C'est un vêtement avec des manches qui couvre le haut du corps.

vestiaire (nom masc. : *un vestiaire*). C'est un endroit pour laisser ses vêtements: À la piscine, nous laissons nos affaires au vestiaire.

vêtement (nom masc. : *un vêtement*). C'est un habit : Les robes, les pantalons, les manteaux, les pulls sont des vêtements.
☐ attention, **ê**.

vétérinaire (nom masc. : *un vétérinaire*). C'est un médecin qui soigne les animaux.
☐ attention, **aire**.

vêtu (adjectif : *il est vêtu, elle est vêtue*). Marie était vêtue d'une belle robe bleue, c'est-à-dire elle portait une belle robe bleue, elle était habillée comme cela.
☐ attention, **ê** comme dans vêtement.

veuf (adjectif : *il est veuf, elle est veuve*). Un homme veuf est un homme dont la femme est morte. Une femme veuve est une femme dont le mari est mort.

vexer (verbe). C'est dire ou faire quelque chose qui fait de la peine, qui fait rougir, qui blesse au fond du cœur : Si tu lui dis qu'elle est grosse, tu la **vexes**.

viaduc (nom masc. : *un viaduc*). C'est un très grand pont au-dessus d'un fleuve : Le train passe sur le viaduc.

viande (nom fém. : *la viande*). C'est la chair des animaux qu'on mange : Le boucher vend de la viande.

victime (nom fém. : *une victime*).
1. L'accident a fait deux victimes, c'est-à-dire deux personnes qui sont blessées ou mortes.
2. Il a été victime d'un vol, c'est-à-dire on l'a volé.

P Q R S T U **V** W X Y Z

victoire (nom fém. : *la victoire*). C'est le contraire de l'échec, c'est la réussite, le succès.

Nous avons gagné. C'est la victoire!

vide (adjectif). Ce qui est vide ne contient rien : Il n'y a plus de bonbons, la boîte est vide.

vider (verbe). C'est rendre vide : Je **vide** mon verre dans l'évier.

vie (nom fém. : *la vie*). **1.** La vie commence à la naissance et se termine à la mort. Risquer sa vie, c'est risquer de mourir.
2. Grand-père m'a raconté sa vie, c'est-à-dire son histoire, tout ce qu'il a vécu.

vieil, vieille. Regarde vieux.

vieillard (nom masc. : *un vieillard*). C'est une personne très vieille.

vieillesse (nom fém. : *la vieillesse*). C'est la période, la partie de la vie où on est vieux.

vieillir (verbe). **1.** C'est devenir vieux : Tout le monde **vieillit.**
2. C'est faire paraître plus vieux : Cette coiffure te **vieillit.**

vieux (adjectif : *il est vieux, elle est vieille*). **1.** François a 12 ans, j'ai 8 ans, François est plus vieux que moi, c'est-à-dire plus âgé.
2. Un vieil homme est très âgé.
3. Un vieux manteau a déjà beaucoup servi, il n'est plus neuf.
☐ attention, au masc. : on dit **vieil** devant un mot qui commence par **h** ou par une voyelle.

vif (adjectif : *il est vif, elle est vive*). **1.** Un air vif est fort, il réveille. **2.** Une couleur vive est éclatante, elle n'est pas terne, pas pâle. **3.** Un enfant vif comprend vite, agit vite.

vigne (nom fém. : *la vigne*). C'est un ensemble de tout petits arbres qui donnent du raisin.

vigoureux (adjectif : *il est vigoureux, elle est vigoureuse*). Une personne vigoureuse a de la force, de la vigueur.

vigueur (nom fém. : *la vigueur*). C'est la force, l'énergie : Le bûcheron coupe les arbres avec vigueur.

vilain (adjectif : *il est vilain, elle est vilaine*). Ce qui est vilain est mal, laid ou mauvais : C'est vilain de mentir. Tu es vilaine avec ta sœur, c'est-à-dire méchante.

villa (nom fém. : *une villa*). C'est une jolie maison avec un jardin.

village (nom masc. : *un village*). C'est un grand groupe de maisons à la campagne, plus petit qu'une ville.

ville (nom fém. : *une ville*). Dans une ville, il y a beaucoup de maisons, beaucoup de rues, beaucoup d'écoles, des quartiers différents : Paris, Marseille et Lyon sont les plus grandes villes de France.

vin (nom masc. : *le vin*). C'est une boisson faite avec le jus du raisin. Le vin contient de l'alcool.

vinaigre (nom masc. : *le vinaigre*). Le vinaigre est fait avec de l'alcool, du vin ou du cidre. On l'utilise pour assaisonner la salade.

vinaigrette (nom fém. : *une vinaigrette*). C'est une sauce pour la salade faite avec du vinaigre, de l'huile, du sel et du poivre.

violemment. C'est avec violence, brutalité : Il m'a repoussé violemment.
☐ attention, on écrit **em** et on prononce [am].

violence (nom fém. : *la violence*). **1.** Le vent souffle avec violence, c'est-à-dire très fort. **2.** La violence, c'est aussi la force brutale : Il a frappé le chien avec violence.

violent (adjectif : *il est violent, elle est violente*). **1.** Un vent violent souffle très fort. **2.** Une personne violente peut battre, frapper quand elle est en colère. C'est une personne brutale.

violet (adjectif : *un tissu violet, une couleur violette*). En mélangeant du bleu et du rouge, on obtient une couleur violette.

violet (nom masc. : *le violet*). C'est la couleur violette.

violette (nom fém. : *une violette*). C'est une petite fleur de couleur violette qui sent très bon.
☐ regarde fleur.

violon (nom masc. : *un violon*). C'est un instrument de musique. On en joue avec un « archet ».
☐ regarde instrument.

violoncelle (nom masc. : *un violoncelle*). C'est un instrument de musique beaucoup plus grand que le violon.

vipère (nom fém. : *une vipère*). C'est un serpent dangereux.

virage (nom masc. : *un virage*). C'est un tournant sur la route.

Cette route est pleine de virages!

P Q R S T U **V** W X Y Z

virgule (nom fém. : *une virgule*). C'est un signe (,) que l'on met pour séparer des parties de la phrase.

vis (nom fém. : *une vis*). Avec des vis, on fixe des objets. On enfonce ou on enlève une vis en tournant dans un sens ou dans l'autre, c'est-à-dire en vissant ou en dévissant.
☐ attention, on prononce le **s**.

visage (nom masc. : *le visage*). C'est le devant de la tête, la figure, avec le front, les yeux, le nez, la bouche, le menton et, de chaque côté, les joues.

viser (verbe). C'est bien regarder ce qu'on veut atteindre, ce qu'on veut toucher pour ne pas le manquer : Avant d'envoyer sa flèche, il **vise** bien le centre de la cible.

Karim vise la cible.

visible (adjectif). Ce qui est visible, on peut le voir : Le bateau est trop loin, il est à peine visible.

visiblement. Papa est visiblement en colère, c'est-à-dire cela se voit.

vision (nom fém. : *la vision*). **1.** C'est la vue : Avec ces lunettes, tu auras une meilleure vision, c'est-à-dire tu verras mieux. **2.** Avoir des visions, c'est voir, imaginer des choses qui n'existent pas.

visite (nom fém. : *une visite*). **1.** La visite de la vieille ville était très intéressante, c'est-à-dire tout ce qu'on a vu dedans, en la visitant. **2.** Nous allons rendre visite à ma grand-mère, c'est-à-dire nous allons la voir chez elle.

visiter (verbe). C'est se promener dans un endroit pour tout regarder : Nous **avons visité** la vieille ville.

visiteur (nom : *un visiteur, une visiteuse*). C'est une personne qui vient voir quelqu'un ou qui vient visiter un endroit : Le musée reçoit 200 visiteurs par jour.

visser (verbe). C'est tourner une vis pour l'enfoncer.

vitamine (nom fém. : *une vitamine*). Dans les aliments, il y a toutes sortes de vitamines différentes et bonnes pour la santé. Certaines aident à grandir, d'autres sont bonnes pour la peau, pour les yeux.

vite. C'est en se dépêchant, en prenant le moins de temps possible : Viens vite, je veux te montrer quelque chose.

vitesse (nom fém. : *la vitesse*). **1.** C'est le temps qu'on met à faire quelque chose, à aller d'un endroit à un autre : Plus la vitesse est grande et moins on met de temps. **2.** Faire de la vitesse, c'est aller le plus vite possible.

vitrail (nom masc. : *un vitrail, des vitraux*). Les vitraux de l'église, ce sont les vitres décorées des fenêtres. Ils sont faits d'un assemblage de verres colorés.
☐ attention, **aux** au pluriel.

vitre (nom fém. : *une vitre*). C'est une plaque, un carreau de verre, par exemple sur une fenêtre.

vitrine (nom fém. : *une vitrine*). C'est une grande vitre devant une boutique. Le marchand expose les objets qu'il vend derrière la vitrine.

vivant (adjectif : *il est vivant, elle est vivante*). **1.** Il est blessé mais il est vivant, c'est-à-dire il est en vie, il vit. **2.** Un élève vivant est vif, éveillé.

vive. C'est ce que l'on crie pour montrer sa joie que quelqu'un ou quelque chose soit là : Vive le roi ! Vive les vacances !

vivement. Ce mot veut dire qu'on est pressé que quelque chose arrive : Vivement les vacances !

vivre (verbe) **1.** Les plantes, les animaux, les hommes **vivent**, c'est-à-dire ils naissent, ils se développent, ils forment d'autres plantes, d'autres animaux, d'autres hommes, ils vieillissent et ils meurent. **2.** Mon grand-père **a vécu** 90 ans, c'est-à-dire sa vie a duré 90 ans. **3.** Mon oncle **vit** à la campagne, c'est là qu'il habite.

vocabulaire (nom masc. : *le vocabulaire*). C'est l'ensemble des mots d'une langue.

vœu (nom masc. : *un vœu, des vœux*). **1.** Faire un vœu, c'est vouloir, souhaiter quelque chose et y penser très fort dans sa tête, en espérant que cela arrivera. **2.** Tous mes vœux de bonne année, c'est-à-dire je te souhaite une bonne année.
☐ attention, **x** au pluriel.

voguer (verbe). C'est un autre mot pour naviguer, qu'on rencontre surtout dans les vieilles chansons, les contes, les histoires écrites.

voici, voilà. Ces mots se disent en montrant une chose ou une personne : Voici mon frère Jérémie et voilà ma sœur Marie.
☐ attention, voil**à**, avec **à**.

voie (nom fém. : *une voie*). **1.** La voie ferrée, c'est l'ensemble des rails sur lesquels les trains roulent. **2.** Il y a quatre voies sur l'autoroute, c'est-à-dire quatre parties séparées par des bandes.
☐ attention, **e** à la fin, et ne confonds pas avec voix.

voilà. Regarde voici.

P Q R S T U **V** W X Y Z

voile (nom masc. : *un voile*). C'est un tissu très fin : La mariée porte un voile sur sa tête.

voile (nom fém. : *une voile*). C'est un grand tissu que le vent gonfle et qui permet au bateau à voiles d'avancer.

voilier (nom masc. : *un voilier*). C'est un bateau à voiles.

Un voilier.

voir (verbe). **1.** Nous **voyons** grâce à nos yeux : Arthur **voit** mal, il porte des lunettes pour lire. **2. Faire voir,** c'est montrer : **Fais**-moi **voir** ton nouveau jeu. **3.** Hier, j'**ai vu** ma grand-mère, c'est-à-dire je l'ai rencontrée, je lui ai rendu visite.

voisin (nom : *un voisin, une voisine*). **1.** C'est une personne qui habite juste à côté : Marie va regarder la télévision chez les voisins. **2.** Ta voisine de classe, c'est la fille à côté de qui tu es assise.

voisin (adjectif : *le bâtiment voisin, la maison voisine*). La maison voisine, c'est la maison à côté.

voiture (nom fém. : *une voiture*). **1.** C'est une automobile : Les voitures roulent sur les routes. **2.** C'est aussi n'importe quel véhicule à roues qui transporte des personnes ou des choses. Un wagon est une voiture d'un train. Une charrette est une voiture tirée par un cheval.

voix (nom fém. : *la voix*). Quand on parle, quand on chante, quand on crie, on se sert de sa voix.
□ attention, **x**, et ne confonds pas avec voie.

vol (nom masc. : *un vol*). **1.** Le vol des oiseaux, c'est le mouvement des oiseaux qui volent. **2.** Un vol, c'est aussi ce que fait un voleur quand il vole, quand il prend ce qui n'est pas à lui.

volaille (nom fém. : *une volaille*). C'est un oiseau de basse-cour que l'on mange : La poule, le poulet, la dinde, l'oie sont des volailles.

volant (nom masc. : *le volant*). Dans une voiture, on dirige les roues à droite ou à gauche en tournant le volant.

volcan (nom masc. : *un volcan*). C'est une sorte de montagne faite de matières qui viennent de l'intérieur de la terre, et qu'on appelle la lave. La lave brûlante jaillit en haut du « cratère », et elle coule sur ses pentes.

La lave jaillit du volcan.

voler (verbe). 1. C'est se déplacer dans l'air sans toucher le sol : Les oiseaux **volent** grâce à leurs ailes. 2. C'est aussi être malhonnête en prenant ce qui appartient aux autres : Le voleur **a volé** tous les bijoux.

volet (nom masc. : *un volet*). C'est un panneau que l'on ferme, la nuit, derrière une fenêtre.

voleur (nom : *un voleur, une voleuse*). C'est une personne malhonnête qui vole.

volière (nom fém. : *une volière*). C'est une grande cage où les oiseaux peuvent voler : Au zoo, les oiseaux sont dans des volières.

volontaire (adjectif). 1. Ce qui est volontaire, on le fait exprès, parce qu'on le veut. 2. Une personne volontaire a de la volonté, quand elle veut quelque chose, elle essaie vraiment de l'avoir.

volontairement. Il m'a fait mal volontairement, c'est-à-dire parce qu'il le voulait, il l'a fait exprès, c'était volontaire.

volonté (nom fém. : *la volonté*). 1. Avoir de la volonté, c'est faire des efforts pour arriver à ce que l'on veut, c'est avoir du courage, de l'énergie. 2. Faire les quatre volontés de quelqu'un, c'est faire tout ce qu'il veut, céder à tous ses caprices.

volume (nom masc. : *le volume*). 1. C'est la place, l'espace total que prend quelque chose : Cette grosse armoire a plus de volume que ce petit meuble. 2. Un volume, c'est aussi un livre : Mes parents ont un dictionnaire en trois volumes.

vomir (verbe). C'est rejeter par la bouche des aliments qu'on n'a pas digérés, c'est rendre.

vorace (adjectif). Un animal vorace mange beaucoup et vite.

vote (nom masc. : *le vote*). Faire un vote, c'est voter. Ton vote, c'est ce que tu as voté.
☐ regarde voter.

voter (verbe). Pour choisir, élire un président, on **vote** : Chaque personne donne le nom du président qu'elle voudrait avoir. Celui qui a été choisi le plus grand nombre de fois a gagné, il est élu, il devient président.

vouloir (verbe). **1.** C'est désirer, souhaiter, avoir envie : Que **veux**-tu boire ? **2.** Je **veux bien** te prêter mon disque, c'est-à-dire j'accepte. **3.** Que **veut dire** ce mot ? C'est-à-dire quel est son sens ? Que signifie-t-il ? **4.** Pierre m'**en veut**, c'est-à-dire il est fâché, il ne me pardonne pas quelque chose que j'ai dit ou que j'ai fait.
☐ regarde la conjugaison, page 23.

voyage (nom masc. : *un voyage*). Faire un voyage, c'est aller dans un autre endroit, dans une autre ville, dans un autre pays, en voiture, en train, en bateau, en avion.

voyager (verbe). C'est faire un voyage, c'est aller d'un endroit à un autre endroit : Nous **avons voyagé** en train.
☐ attention, nous voyageons, avec **e**.

voyageur (nom : *un voyageur, une voyageuse*). C'est une personne qui voyage : Les voyageurs doivent montrer leur billet au contrôleur.

voyant (adjectif : *un chapeau voyant, une couleur voyante*). Une couleur voyante se voit de loin. Elle attire le regard, l'attention.

voyelle (nom fém. : *une voyelle*). C'est une lettre qu'on prononce sans fermer les lèvres ni placer sa langue contre le palais : **a, e, i, o, u, y** sont les six voyelles de l'alphabet français.

vrai (adjectif : *un film vrai, une histoire vraie*). **1.** Une histoire vraie s'est réellement passée. Elle a existé, elle n'est pas inventée. **2.** Ce que je dis est vrai, c'est-à-dire c'est la vérité, je ne mens pas, ce n'est pas un mensonge.

vraiment. C'est réellement : Ce que je te raconte s'est vraiment passé, c'est-à-dire c'est vrai, c'est la vérité.

vu. Regarde <u>voir</u>.

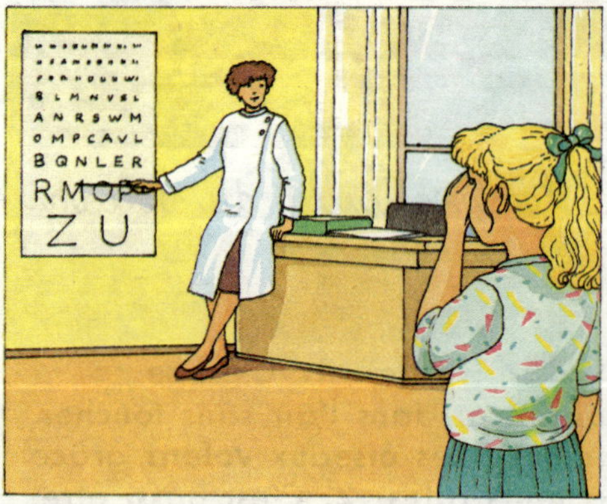

Zoé a une bonne <u>vue</u>.

vue (nom fém. : *la vue*). **1.** C'est le sens qui nous permet de voir, avec nos yeux : Arthur a une mauvaise vue, il porte des lunettes. **2.** D'ici, la vue est belle sur la campagne, c'est-à-dire on voit bien la campagne et ce que l'on voit est beau.

wxyz

wagon (nom masc. : *un wagon*). C'est chaque voiture d'un train : Les wagons sont tirés par la locomotive.
☐ on prononce [v].

waters (nom masc. pluriel). Les waters, ce sont les toilettes, les cabinets, les W.-C.
☐ on prononce [oua].

week-end (nom masc. : *un week-end*). C'est la fin de la semaine, le samedi et le dimanche.
☐ on prononce [wik], et attention au pluriel : des week-ends.

western (nom masc. : *un western*). C'est un film avec des cow-boys.
☐ on prononce [ouestern].

Les Yo-Yo.

xylophone (nom masc. : *un xylophone*). C'est un instrument de musique. Il est fait d'une rangée de longues plaques que l'on frappe avec un petit marteau.

Cléa joue du xylophone.

yaourt (nom masc. : *un yaourt*). Le yaourt est fait avec du lait. On dit aussi yogourt.

yeux. Regarde œil.

Yo-Yo (nom masc. : *un Yo-Yo*). C'est un jeu. On le fait monter et descendre au bout d'un fil.

Les zèbres.

zèbre (nom masc. : *un* zèbre).
C'est une sorte de cheval d'Afrique dont le corps est rayé de noir ou de brun.

zéro (nom masc. : *un zéro*).
1. Cent s'écrit avec deux zéros : 100. **2.** J'ai eu zéro à ma dictée, c'est-à-dire aucun point, c'est une très mauvaise note.

zeste (nom masc. : *un zeste*).
C'est un morceau de la peau d'une orange ou d'un citron.

zigzag (nom masc. : *un zigzag*).
Une route qui fait des zigzags tourne sans arrêt, une fois à gauche, une fois à droite.

zone (nom fém. : *une zone*).
C'est une partie d'un espace, d'une région : La zone industrielle d'une ville, c'est l'endroit où il y a les usines.

zoo (nom masc. : *un* zoo). C'est un grand jardin où l'on garde des animaux de tous les pays.
☐ attention, on prononce [zo].

Au zoo.